東アジア研究所講座

KEIO INSTITUTE OF EAST ASIAN STUDIES

アジアの文化遺産

過去・現在・未来

鈴木正崇 編

慶應義塾大学東アジア研究所

序　アジアの文化遺産——過去・現在・未来

はじめに

本書は二〇一四年四月から七月まで計一三回にわたって行われた慶應義塾大学東アジア研究所講座「アジアの文化遺産——過去・現在・未来」にもとづく論集である。本講座は文化遺産や文化財をめぐって、歴史・宗教・社会・文化・民族・政治・経済・観光など多様な視座からとらえる企画であった。日本でも毎年のように新しい世界遺産が登録されて、文化遺産や文化財は身近になり、今後どのようにつきあっていくかが課題となってきた。今回の講座はその中でもアジアの文化遺産に着目し、単なる紹介にとどまらず、今後の我々の生き方や、未来の人々に対しての責任を自覚することを含めて総合的な考察を加えた。

1　世界遺産

世界各地の伝統文化を「遺産」(heritage)としてとらえる傾向は、一九七〇年代以降に顕著になったが、その契機はユネスコ（UNESCO）が進めてきた世界遺産への登録である。世界遺産とは一九七二年の第一七回ユネスコの総会で採択され、一九七五年に発効した「世界の文化遺産及び自然遺産の保護に関する条約」（以下「世界遺産条約」）によって、「顕著な普遍的価値」（outstanding universal value）があると認められた文化や自然のことで、人類共通の財産として保護し、後世に伝えるために一覧表（リスト）に記載される。一般には登録という用語が流通しているが、正確には一覧表への「記載」である。世界遺産は「文化遺産」と「自然遺産」から構成される。世界遺産条約第一条の定義にもとづけば「文化遺産」は、歴史・芸術・科学の観点から見て「顕著な普遍的価値」をもつ記念建造物（monuments）、建築物群（groups of buildings）と、歴史性・審美性・民族学・人類学の観点から見て「顕著な普遍的価値」をもつ遺跡（sites）であり、「自然遺産」は、物質的・生物的な形成物としての自然相貌（natural features consisting of physical and biological formations or groups）、地質や地相の形成物（geological and physiographical formations）、科学的に保護すべき美的な自然景勝（natural sites from the point of view of science, conservation or natural beauty）である。「自然遺産」と「文化遺産」が結合した「複合遺産」もある。世界遺産は、あくまでも有形の「物」が主体で、保護（protection）、管理（management）、真正性（authenticity）、完全性（integrity）が考慮される。

世界遺産の登録が進むにつれて自然遺産と文化遺産の不均衡が増大した。文化遺産の数が自然遺産を大きく上回り、登録地域も北半球、特に西欧に多いという地理的偏在が顕著になった。ユネスコは対応策として、遺産のもつ精神性や機能を考慮して、一九九二年に「文化的景観」（cultural landscape）の概念を導入して選定基準に加えることにした。その定義は「人間と自然環境の重要な相互作用」（significant interactions between people and the natural environment）で、以下の三つからなる。①人間の意志に基づいて設計・創造された景観（公園・庭園、宗教的・記念碑的建築物を伴う景観など）、②有機的に発展してきた景観（歴史的に展開した生活様式に基づく景観）、③複合的な文化的景観で、自然と宗教的・審美的・文化的に連関する景観である。特に、②と③では精神的で無形の要素が大きい生活文化や宗教文化に関わるものも広く選定され、「文化遺産」は、棚田、木造建築物、集落群、巡礼道、聖地、近代産業遺産などに拡大した。「文化的景観」は過去から現在に至る人間の活動を総体として把握する視点として重要だが、定義が包括的で、解釈の許容度が高いので、各国でさまざまに受容されて展開することになった。

「世界遺産条約」は各国の文化政策に大きな影響を与え、特に伝統文化の把握は、文化財（cultural property）から文化遺産（cultural heritage）へと大きく転換した。二〇一五年七月八日現在、世界遺産は全一〇三一件（文化遺産：八〇二件、自然遺産：一九七件、複合遺産：三二件）、条約締約国は一九一ケ国に達している。現在では日本の世界遺産への関心は高く、登録されると、政府や関係諸県、地元の市町村に至るまで歓迎ムード一色に染まる。「遺産」というブランド化によって、地域活性化の起爆剤としての期待が高まる。しかし、世界遺産への登録で引き起こされる過度の観光ブームや自然破壊が問題となった。世界遺産は保護や保全を目的としていたにもかかわらず、観光産業と強く結びつき地域開発の手段として利用される傾向が顕著である。また、「世界遺産」になったことで、国家間に政治・経済・宗教などをめぐる対立や葛藤が生じる事例も増加し、特に「文化遺産」では意図的な破壊が行われる事態も発生している。「世界遺産」の登録は文化の「客体化」や「資源化」の動きを加速させて、各国の「文化政策」

が遺産を利用して新たな「国民文化」を生成し、ナショナリズムを活性化させてきた。伝統文化は「遺産」という称号を授ける制度や政策によって発見され、グローバルな政治の動きの中で意図的に操作され再構築されるようになった。

2　世界遺産と日本

日本は先進国としては最も遅く、一九九二年に一二四番目の締約国として「世界遺産条約」を受諾した。受諾の背景には世界情勢の変化がある。一九八九年のベルリンの壁の崩壊、一九九一年のソ連解体によって、冷戦が終結に向かい、世界の政治・外交の構図が変化する中で、日本政府はユネスコを舞台にする文化外交の切り札として世界遺産の活用に乗り出し、国際社会での存在感を高めることを目標にした。日本は保護・保存の資金を運用するユネスコの世界遺産基金への拠出では、世界でもトップクラスで、その貢献を最大限に生かす政策の展開が要請された。

日本が締結国になって以来、ヴェニス憲章（一九六四年）に基づいた西欧的な「真正性」(authenticity)の概念の適用が見直され、アジアの文化遺産の特色を考慮して「真正性」の概念を拡大する必要性があることが、世界遺産委員会で検討された。一九九四年に奈良で国際会議が開催され「真正性に関する奈良ドキュメント」が宣言され、文化と遺産の多様性を尊重し、世界遺産の選定に際して、用途、機能、伝統、技術、精神、感性など無形の要素が加味された。石や土など恒久性をもつ材質にこだわらず、日本を含むアジアやアフリカなどに多い腐食する木造建築物に選定対象を広げて、修復や復元も考慮することになった。これによって、世界遺産の南北問題ともいわれた地域的偏りを是正しようと試みた。

一方で、グローバリゼーションが進行し世界が画一化へ向かうことへの反動として各国・各地域での伝統文化の保全が強調され、文化的多様性への関心が高まった。一九九二年にブラジルのリオ・デ・ジャネイロで開催された国連環境開発会議（UNCED、地球サミット）で「生物の多様性条約」が採択され、先住民の伝統的知識の価値が認識されて、一九九三年は「国際先住民年」、一九九四年から二〇〇四年まで「国連先住民一〇年」が制定され、無形文化遺産と先住民の「文化権」の保障に関して国際世論が喚起された。

日本の世界遺産は、一九九三年に「法隆寺地域の仏教建造物」と「姫路城」の二件が文化遺産として、「白神山地」と「屋久島」の二件が自然遺産として、世界遺産一覧表に記載された。その後、文化遺産は、一九九四年に「古都京都の文化財」、一九九五年に「白川郷・五箇山の合掌造り集落」、一九九六年に「原爆ドーム」と「厳島神社」、一九九八年に「古都奈良の文化財」、一九九九年に「日光の社寺」、二〇〇〇年に「琉球王国のグスク及び関連遺産群」、二〇〇四年に「紀伊山地の霊場と参詣道」、二〇〇七年に「石見銀山遺跡とその文化的景観」、二〇一一年に「平泉―仏国土（浄土）を表す建築・庭園及び考古学的遺跡群」、二〇一三年に「富士山―信仰の対象と芸術の源泉」、二〇一四年に「富岡製糸場と絹産業遺産群」が世界遺産一覧表に記載された。自然遺産は二〇〇五年に「知床」、二〇一一年に「小笠原諸島」が記載された。二〇一五年五月四日にはユネスコの世界遺産に関する諮問機関のイコモス（国際記念物遺跡会議International Council on Monuments and Sites）が「明治日本の産業革命遺産―製鉄・製鋼、造船、石炭産業」を世界文化遺産に記載（登録）するよう勧告した。しかし、韓国は五月六日に遺産を構成する二三資産のうち七施設について朝鮮半島出身者の強制徴用が行われたと批判して「植民地化を美化するな」と登録に反対した。中国も五月一四日に反対を表明した。日本は今回の申請対象は一八五〇年代から一九一〇年までで、日韓併合後とは時期が異なるとの立場をとっていたが、韓国は受け入れなかった。その後、協議を重ねて六月二一日の日韓外相会談で登録協力に合意し、日本は一部施設で朝鮮半島出身者が働いたことの明示を約束した。第三九回ユネスコ世界遺産委員会は六月二八日にドイツのボンで開幕したが、韓国は「登録の決議案に強制労働（forced labor）を明示」すべきだとして紛糾し、七月四日に予定されていた審議が七月五日に延期された。最終的には日本代表団が声明で「労働を強いられた（forced to work）」と表現し、情報センターなどで記憶に留めることを検討すると表明したことを、韓国が最大限重視することで折り合いがついた。そして、七月八日に世界遺産一覧表へ記載された。文化遺産の登録には、政府の政治的立場や国民感情が関与し、国家のアイデンティティや歴史認識のあり方が問われる。日本の世界遺産は、二〇一五年七月八日現在で、文化遺産一五件、自然遺産四件、総計一九件となった。

3　無形文化遺産

文化遺産は、世界遺産の下位分類として登場し、「世界文化遺産」として急速に認知度を高めた。しかし、二〇〇〇年代に入って、有形の不動産を主とする世界遺産とは別の新たなカテゴリーが条約にもとづいて加わった。それは「無形文化遺産」（Intangible Cultural Heritage）である。ユネスコは世界中の口頭伝承・舞踊・音楽・染織などを「無形文化遺産」として把握し、保護・育成・継承するプロジェクトを開始した。「無形文化遺産保護条約」（正式名、無形文化遺産の保護に関する条約）が二〇〇三年のユネスコ総会で採択され、二〇〇六年に発効した。ユネスコの無形文化遺産の定義は、「人びとの慣行・表象・表現・知識及び技能（道具、物品、加工品、文化的空間を含む）」（the intangible cultural heritage as the practices, representations, expressions, as well as the knowledge and skills (including instruments, objects, artefacts, cultural spaces)）である。そして無形文化遺産は、「世代から世代へと伝達され、コミュニティや集団（時には個人）によって、環境や自然との相互作用及び歴史と呼応して絶えず再創造され、人々にアイデンティティや連続性の感覚を提供し、文化の多様性や人間の創造性を促進する」と説明される。具体例として、口頭伝承と表現、芸能、社会的慣習・儀礼・祭礼、自然と宇宙に関する知識と慣習、伝統工芸技術の五つが挙げられている。世界遺産は「土地と一体になった物件（不動産）」で有形を対象とした「物」が中心で定義が明確であるのに対して、無形文化遺産は人間の知恵や習慣など無形のものを対象とする人間の活動が評価の中心で曖昧さをもつ。重要なのは広義のコミュニティ（共同活動者、集団、個人など）によって担われると明記されたことで、「文化は誰のものか」という問いが意識化された。ただし、無形文化遺産の内容は、運用の積み重ねで具体化していくことが意図されている。

なお、「無形文化遺産保護条約」に先立って、一九九八年に「人類の口承及び無形遺産に関する傑作の宣言」が採択され、二〇〇一年、二〇〇三年、二〇〇五年の三度、総計で九〇件の「傑作」宣言がおこなわれた。日本では二〇〇一年に能楽、二〇〇三年に人形浄瑠璃文楽、二〇〇五年に歌舞伎が「傑作」として宣言されている。無形文化遺産は二〇〇〇年代前半は世界遺産の基準を適用した少数選定の時代で、世界遺産と同様に「優品主義」をとっていた。しかし、二〇〇六年の「無形文化遺産保護条約」の発効に伴い、二〇〇一年以来の「人類の口承及び無形遺産の傑作」九〇件は二〇〇八年に「無形文化遺産」に統合された。正確に言えば「人類の無形文化遺産の代表的な一覧表」、略称「代表一覧表」への登録である。綿密な審査による「傑作」の概念が取り除かれ、優劣の基準がなくなった。これは「文化相対主義」(文化に優劣はない)の導入であり、多文化主義を尊重し、文化の多様性を重視する立場に立ったことを意味する。また、無形文化遺産は、「生きている遺産」を対象とし、「変化」を前提としている点も、従来の世界遺産とは異なる。保護の観点も、有形は保存(conservation)や修復(restoration)を目的とするが、無形は伝承の存続(viability)を重視する。

ユネスコでの無形文化遺産の保護に関する法制化や制度化に関しては日本の役割が大きく、一九五〇年の文化財保護法の制定以来、美術工芸品や建造物などの有形文化財や記念物の保護と並行して積み重ねてきた「無形の文化財」(演劇・音楽・工芸の無形文化財、風俗習慣、民俗芸能)に関する保護・保存の運用知識を提供した。ユネスコで無形文化遺産に関する検討が開始された時、世界では無形の文化財の制度化は日本と韓国のみが行っており大きな影響を与えた。しかし、ユネスコの基準と国内基準とは徐々に乖離してきた。

4 文化遺産の「拡大解釈」

「人類の口承及び無形遺産の傑作」が無形文化遺産に統合され、二〇〇九年以後はユネスコの委員会が、各国からの申告をもとに審査を行い、代表一覧表への記載を検討することになった。しかし、世界遺産のような厳格な価値の評価基準は適用されないので登録数は増大した。二〇〇九年に七六件、二〇一〇年には四七件が新たに登録され、東アジアへの過度の集中が問題になり、再検討の段階にある。日本の場合は、国内での国指定重要無形民俗文化財（一九七五年制定）を登録順に、ユネスコに推薦していく計画であったが、不可能となった。二〇一〇年には「フランスの美食術」「メキシコの伝統料理」「地中海の料理」といった食文化が登録され、これ以後は各国の独自の解釈と運用が顕著となり、日本の思惑は大きく外れた。日本も申請の方針を変えて枠組みを流動化し、二〇一三年は「和食―日本人の伝統的な食文化」が選定され、二〇一四年に「和紙」が選定された。二〇一三年には韓国の「キムジャン文化―キムチ作りと分かち合い」も選定されている。日本では無形文化遺産は国家戦略に位置づけられて選定を練り直され、世界における日本の存在感の強化に取り組む施策に利用されている。無形文化遺産の概念は拡張や読み替えによって増殖し変質しつつあり、政治や経済との連携を強めてきている。

総じて、二〇〇九年以後は、無形文化遺産の概念が大きく変質し、概念や枠組みの組み替えが起こった。そして、有形の世界遺産における文化遺産と、無形文化遺産における文化遺産は、異なる条約による規定であるにもかかわらず相互に影響を与え合うようになった。現在では、双方を広義の文化遺産として「拡大解釈」していく方向が顕著である。しかし、二種類の文化遺産を「統合」していくことは困難な課題である。先進国では文化遺産は国家の威信の表象や存在感の誇示に使われ、発展途上国の場合は有形でも無形でもブランド化が与えられれば、利権が渦巻く場となる。「文化」の概念が拡張され、格差が生じ、「文化は誰のものか」「文化を評価できるのか」「文化の価値とは何か」などの根源的な問いが浮かび上がった。

伝承者の育成のための経済的な援助も新たな問題を生み出した。「遺産」概念には曖昧さが伴うので、その解釈や言説をめぐって様々な利害集団や新たな社会関係が生成され、摩擦や葛藤、協調や連携などの多様な実践が生まれるのである。

無形文化遺産への国家による強い反応や関与は中国に典型的に見られる。二〇〇一年に無形文化遺産を法制化し、国務院は二〇〇六年と二〇〇八年に計一〇二八項目の国家級非物質文化遺産（無形文化遺産の中国語訳）を認定し、国家の威信の上昇や観光開発の起爆剤にしようと試みた。国家行政の強い関与で、文化政策が直接的に地域社会に浸透し、観光や地域振興を通じて、大きな変動を起こしている。文化遺産をめぐる価値づけは文化ナショナリズムを活性化し、地域社会の変動や、国家間相互の葛藤を引き起こした。文化遺産は、グローバリゼーションとナショナリズムとローカリズムがせめぎ合う場なのである。

5　文化遺産への多様なアプローチ

本論集はアジアを中心として、有形と無形の双方の文化遺産に関わる様々な論考から構成されている。執筆者の専門分野は、建築学・考古学・歴史学・美術史・社会学・文化人類学・民俗学・宗教学・民族音楽学・指定や登録に関わる文化政策の実務者など多岐にわたり、文化遺産の多角的な把握を試みた。

稲葉信子氏は、世界遺産条約の基本理念とその変質の過程をたどり、真正性の議論や、遺産をカテゴリーとするかアプローチとするかなど諸問題を整理し、文化的景観の概念の登場や各国の対応のズレなどを考慮して、遺産の今後のあり方を考えた。髙谷紀夫氏はミャンマーの文化政策に関して、歴史的変遷をたどり、「文化」観の動態、世界遺産への対応を概観した上で、文化省の行政官で民族誌家であった人物の研究・出版を通して民族文化の多様性の認識の問題点を批判的に検討する。石澤良昭氏は約五〇年にわたるカンボジアでのアンコールの発掘の成果を示し、碑文解読による生活史の復元の試みを行って遺跡の保存価値を論じ、文化遺産をめぐる国際協力や修復・保全のあり方を検討した。菊池誠一氏は世界遺産であるベトナムのホイアンについて、日本との朱印船貿易による歴史的関係を述べ、考古学の発掘調査の成果にもとづく街並みの復元や保存の現状、文化遺産を介しての相互交流について述べる。皆川厚一氏はインドネシアのバリ島での「音文化の伝統」としてのガムランについて、歴史的変遷と使用方法の多様性を論じ、文化の伝承に果たす学校教育の役割や新たなパフォーマンスへの挑戦などを紹介する一方、時代を越えて継続する本質性も提示する。前島訓子氏はインドのボードガヤーが、発掘によって発見され、世界遺産に登録され仏教聖地として整備されていく過程で、周囲の村人が仏教徒へ改宗する現象を検討し、遺産が引き起こした葛藤について検討する。前田耕作氏はアフガニスタンのバーミヤンの歴史を紹介し、二〇〇一年のタリバンによる破壊によって、文化遺産としてのバーミヤンの評価が高まり、修復への動きが活性化した過程を論じ、保存に関する諸問題を指摘する。藤木庸介氏は世界遺産の登録によって盛んになったエスニックツーリズムの功罪を述べる。中国雲南省の麗江では文化遺産が景観や街並みをつくり変え全く異なる景観を生み出し地元民の生き方を変えたこと、その一方で、世界遺産にならなかったことで別の観光化を目指す事例としてインドネシアのスラウェシ島のタナ・トラジャを取り上げて、対照的に論じる。菅豊氏は中国がユネスコの無形文化遺産の制度を読み替え、意図的にずらし、積極的に地域活性化やナショナリズムの高揚に結び付けていく実態を都市の事例に基づいて検討し、グローバル・ポリティックスの観点から遺産を見ていく。朴原模氏は長年にわたり、韓国で無形文化遺産の選定や記録化を行ってきた実地体験を通じて、政策や法律を通じてどのように無形遺産が確定され、制度化されてきたかを多くの事例を踏まえつつ検討する。才津祐美子氏は「生きている遺産」(living heritage)の典型的な事例として日本の白川郷での変遷を考察し、外部からの制度化と内部からの維持・保存の活動のせめぎあいを通じて、遺産の保護と再創造の動態を描き、人々の暮らしの行方を展望する。岩本通弥氏は日本と韓国の文化政策が、無形文化遺産をめぐって、ユネスコの提示するグローバル・スタンダードと摺り合わせを行い、対応を変化させてきたかを比較対照して、今後の行方を考える。菊池健策氏は文化庁での長い実務経験にもとづき、戦後の日本の文化財政策の変遷を制度史の角度から論じて、近年の無形文化遺産や文化的景観に関しての政府側の変化の経緯を検討した。

6　遺産の増殖

現在は、遺産のインフレーションとでも呼ぶべき増殖現象が起こっている。ユネスコは、文化遺産関係では、国際条約に依拠して一覧表に記載される世界文化遺産と無形文化遺産を選定している。これとは別にユネスコは一九九二年に世界記憶遺産(原文は memory of the world)を設定した。これは文化的価値がある文書、書物、楽譜、絵画、映画など動産の記録物を登録・保護して公開することを目的として、情報・コミュニケーションセクターが行う事業である。自然遺産関係では、世界遺産のサブカテゴリーとは別に、ユネスコの自然科学セクターの事業として一九七六年に始まったユネスコエコパーク（原文はBiosphere Reserves）の認定や、二〇〇四年にユネスコ支援で設立された世界ジオパーク（global geoparks network）への登録がある。一方、国際連合食糧農業機関（ＦＡＯ）が二〇〇二年に開始した世界重要農業遺産（globally important agricultural heritage systems）の登録も進んでいる。これらはいずれも海外の諸機関の認定で、日本国内では権威を利用して広義の遺産として認識されている。翻訳によってイメージを変形させたものも含まれる。

日本国内でも独自の遺産化が始まった。日本ユネスコ協会連盟は二〇〇九年から地域の文化・自然を未来に伝える市民活動を「プロジェクト未来遺産」として登録して応援するようになった。「地域の文化や自然を守り、継承し、まちづくりに活かす」ことや「地域を再発見し、人々がわくわくするような楽しい活動」等が選考基準である。二〇一四年で六回目となった。京都市は二〇一三年から独自の基準で「京都をつなぐ無形文化遺産」の制度を創設した。現行の法令上、定義や概念、保存団体が不明確で、文化財としての指定・登録が困難なものを、京都市が独自に「無形文化遺産」として選定する制度である。文化芸術都市・京都が世代を越えて伝えられてきた遺産の価値を再発見、再認識し、内外に魅力を発信し、大切に引き継いでいく市民的気運を盛り上げる意図をもつ。「京の食文化―大切にしたい心、受け継ぎたい知恵と味」（二〇一三年）、「京・花街《かがい》の文化―いまも息づく伝統技芸とおもてなし」（二〇一四年）、「京の地蔵盆―地域と世代をつなぐまちの伝統行事」（二〇一四年）の三件が指定された。観光振興を兼ねた新たな地域創生の試みに「遺産」概念が利用されている。

二〇一五年には文化庁が「日本遺産」の登録を開始した。四月二四日に、「日本遺産審査委員会」の審議を経て、八三件の申請のうち一八件を認定した。「かかあ天下―ぐんまの絹物語」（群馬県一市二町一村）、「国境の島　壱岐・対馬―古代からの架け橋」（長崎県の三市一町）、「四国遍路―回遊型巡礼路と独自の巡礼文化」（四国四県の五七市町村）、「近世日本の教育遺産群―学ぶ心・礼節の本源」（水戸市、足利市、備前市、日田市）、「六根清浄と六感治癒の地―日本一危ない国宝鑑賞と世界屈指のラドン泉」（島根県三朝町）、「琵琶湖とその水辺景観―祈りと暮らしの水遺産」（滋賀県の六市）などである。ユネスコの世界遺産とは全く関係がない。審査では、古くからの建物や遺跡、祭りや伝統芸能などの様々な有形と無形の文化財を組み合わせ、地域の歴史的価値や文化的意義をわかりやすく、魅力的に表現する「ストーリー」が重視される。また、歴史や文化の特色をインターネットなどで多くの人々に伝える仕組みを整え、遺産を活かした地域づくりの将来像を明確に示す方策や、地域活性化の推進体制の整備も求められる。二〇二〇年の東京オリンピックまでに一〇〇件ほど選定して、日本の文化を世界中に伝えるイベントも開くという。地域に点在する有形の文化財と無形の文化財をパッケージ化し、日本の文化・伝統を語るストーリーをつくり、「日本遺産」として「点」から「面」へ展開する施策である。歴史的魅力に溢れた文化財群を地域主体で総合的に整備・活用し、世界に戦略的に発信して、地域の活性化を促進する意図をもつ。さらに「文化遺産オンライン構想」があり、文化庁は、全国の博物館・美術館等の所蔵品（国宝・重文を含む）と、国指定文化財（史跡名勝天然記念物、歴史的建造物、無形文化財、民俗文化財、重要文化的景観等）について、概要・画像・動画・所在地図等の情報を国内外に広く発信するポータルサイトを整備・運営する計画を立てている。国家が積極的に「地元」の地域社会に介入して文化を資源として活用し海外に発信する動きであり、今後、遺産をめぐって世界と日本と地域社会の連関が強まり、政治・経済・文化・社会の大きな変動が引き起こされることが予想される。

7　文化遺産の転換期

現在、文化遺産は大きな転換期にある。二〇一五年は文化遺産をめぐって重要な出来事が相次いで起こり様々な問題が提起された。イラク北部で急進的な近代イスラム政治運動を展開するイスラム国（ＩＳＩＬ）が一月二七日に古代アッシリア帝国の首都であったニネヴェ遺跡で彫像・神像を破壊したとの報道があった。三月には世界遺産のパルティア王国のハトラ遺跡、四月一一日にはアッシリア帝国のニムルド遺跡も破壊されたと伝えられた。五月二〇日には、シルクロードのオアシス都市遺跡として著名な世界遺産のパルミラも占拠され、破壊の恐れが高まっている。古代遺跡の破壊は、イスラム化以前に遡って偶像崇拝の否定を徹底化するとともに、西欧社会を中心とした価値観や評価を拒否する意図をもつ。しかし、こうした行為は人類共通の遺産を破壊する愚行である。二〇〇一年のアフガニスタンのバーミヤンでのタリバンによる仏像破壊以来の最大の蛮行で、ユネスコは即座に抗議したがなすすべはない。第三九回ユネスコ世界遺産委員会では、ハーグ条約（武力紛争の際の文化財の保護に関する条約。一九五四年）にもとづきイスラム国の文化浄化に対する非難がなされた（二〇一五年六月二八日）。しかし、テロリストの集団が文化遺産を標的として破壊することへの対応策や倫理規定は確立していない。

他方、自然災害による世界遺産の破壊が起こった。二〇一五年四月二五日にネパールのカトマンドゥ付近で発生した大地震によって、一九七九年に世界遺産に登録された七つの歴史的建造物のうち、四つが壊滅的被害を受けた。修復には最長で一〇年かかるとされ、遺産の破壊への対応はユネスコの新たな課題になりつつある。世界遺産を観光に結び付けて観光業を営むサービス産業はネパールの国内総生産（GDP）の五割を占めており、経済的な打撃は大きい。文化遺産を持続的な発展や地域開発に繋げていこうとするユネスコの対応が問われる。

そして、二〇一五年に日本がユネスコに世界遺産として推薦した「明治日本の産業革命遺産―製鉄・製鋼、造船、石炭産業」の登録については、日本・韓国・中国の間で歴史認識の相違から問題提起がなされて紛糾し、討議の末に最終的には日本と韓国が合意して決定された。ユネスコの遺産登録は国を単位とした申請が基本であり、特に文化遺産に関しては巧みな外交政策が求められる。人類の負の記憶に関わる世界遺産にはアウシュヴィッツ（一九七九年登録）や広島の原爆ドーム（一九九六年登録）などがあるが、戦争や植民地をテーマとする遺産の登録は常に論議の的となり、政治的に利用されてきた。近年は、死、戦場、人種差別などをテーマとする文化遺産をめぐるダーク・ツーリズムも盛んになっており、その是非について論議が引き起こされるようになった。

文化遺産の多くは博物館に保管され展示される過去の遺物とは異なり、現在の生きている人々の生活実践に関わり、過去から受け継がれ、現在を生き、未来へと継承される。時代を越えて微妙に変化して維持されていく。今後は、文化遺産を、単に保護・保存・修復するのではなく、どのようにつきあい、活用し、未来に託すかが問われる。文化遺産を過去の中に閉じ込めずに、「生きている遺産」としての可能性と問題点を様々に検討し、未来を展望して人類史の中に位置づけることが望まれる。

謝辞　本講座の開催にあたって東アジア研究所の小沢あけみさんには煩瑣な連絡や調整などの切り盛りをして頂いた。改めて御礼申し上げたい。

二〇一五年七月一〇日

慶應義塾大学名誉教授　鈴木正崇

目次

世界遺産条約の課題とこれからの遺産アプローチ

稲葉　信子

はじめに——和食が世界遺産に？

ある外国首脳の来日時に政府が用意した料理屋での会食の際に、報道は「世界遺産になった和食でおもてなし」と伝えた。実際のところ和食は、ユネスコの世界遺産条約(1)で規定する世界遺産一覧表に載ったのではなく、同じユネスコでも別の条約である無形文化遺産保護条約(2)で規定する代表一覧表の方に載った（二〇一三年一二月四日付）のであるが、その違いを記者は知っていただろうか。あるいは知っていても世界遺産という、短くて、かつきわめて分かりやすい四文字熟語を使わない手はない、世界遺産の語はすでに一般用語として定着しているという判断だったのだろうか。

ユネスコ無形文化遺産保護条約の代表一覧表に記載された和食の正式名称は「和食；日本人の伝統的な食文化—正月を例として」Washoku, traditional dietary cultures of the Japanese, notably for the celebration of New Yearであり、次はその説明である。

「和食」は、食の生産、加工、調理や消費に関する技能、知識、伝統に基づく社会的慣習である。それは、自然資源の持続的な利用と密接に関わる自然の尊重という根本的な精神に関連している。和食に関する基礎的な知識と社会的・文化的特色は、正月行事にその一典型を見ることができる。日本人は、新年の神々を迎えるため、餅つきをし、また、縁起ものとしての象徴的な意味を持つ、新鮮な素材を使い、美しく盛りつけられた特別な料理を準備する。これらの料理は、特別な器に盛られ、家族やコミュニティが集って食される。地域で採れる米、魚、野菜、山菜等といった自然の食材がよく用いられる社会的慣習である。（以下略）（ユネスコ無形文化遺産保護条約第八回政府間委員会決議から抜粋、日本語訳は二〇一三年一二月五日文化庁報道発表資料による）

果たして寿司や天ぷらなど外国人に好まれるメニューは範囲のうちに含まれているのだろうか。文化遺産として評価されている以上、価値にかかわる何らかの枠組みが設定されているはずで、和食ならなんでもいいというわけではないだろう。しかし難しい解釈など抜きにして、一般の日本人にインタビューしたとしたら、和食を日本ブランドとして売り出せるなら、それでいいではないかという人の方が大多数を占めるのかもしれない。

1　国際的な遺産ブランドのいろいろ

世界遺産という非常によくできたネーミングの力を借りて、地域振興のためのブランドとして文化遺産を戦略的に利用しようとする傾向は、世界のあちらこちらで進んでいる。かつては遺産という言葉に違和感を覚えたものだが、今や世界遺産にあやかった○○遺産というのが定着して、いろいろなところで目にするようになった。二〇一一年のことであるが、筑豊の炭鉱で働いていた山本作兵衛（一八九二―一九八四）が描いた炭鉱労働者の記録絵画がユネスコのさらに別の制度による認定を受けたときには、「ユネスコ三大遺産」の一つ「世界記憶遺産」に選ばれたと報道された。世界遺産、無形文化遺産、世界記憶遺産の三つでユネスコの三大遺産事業というわけである。世界記憶遺産は、ユネスコでの正式名称は「世界の記憶」(3) Memory of the World（ＭＯＷ）である。世界遺産や無形文化遺産とは異なり国際条約に依拠するものではなく、ユネスコが予算のうちで実施するプログラムであり、また担当部局も前二者が文化セクターの仕事であるのに対し情報・コミュニケーションセクターに属している。

自然遺産分野でも同じような傾向にある。自然保護地域の登録制度あるいはこれに類するものとしては、例えばユネスコが自ら行っている「生物圏保存地域」(4)（日本名：ユネスコエコパーク）」Biosphere Reserves（ＢＲ）、ユネスコが支援する「世界ジオパークネットワーク」(5) Global Geoparks Network（ＧＧＮ［一九九九年開始］）、ユネスコではないが同じ国連機関のうちである国際連合食糧農業機関 Food and Agriculture Organization of the United Nations（ＦＡＯ）が行っている「世界重要農業遺産システム」(6)

Globally Important Agricultural Heritage systems（ＧＩＡＨＳ［二〇〇二年開始］）などがあり、これらも地元が注目する地域振興に有効な制度として、ここ数年のうちににわかに報道が取り上げるようになった。中でも生物圏保存地域（ユネスコエコパーク）は、世界遺産条約の採択よりも早く一九七一年からユネスコが始めていた自然保護プログラム「人と生物圏保存計画」Man and the Biosphere Programme（ＭＡＢ）の枠組みのうちで、すでに一九七六年から行われてきた認定制度である。地道なプログラムでありながら、しかしその名称ではなかなか知られることもなかったのに、二〇一〇年に日本政府がこれに「ユネスコエコパーク」という名を与えてから途端に知名度があがった。また世界重要農業遺産システムは、日本で報道される時は「世界農業遺産」と省略されて一般には価値づけされた遺産リストのように理解されているのかもしれないが、具体的にはパイロット地区を特定して行う啓発のためのモデル事業である。

文化遺産、自然遺産のいずれであっても、地域の資源を大事にしながら持続可能な地域づくりを行っていく施策に役立つなら、こうした傾向に筆者は必ずしも反対する立場にはない。本章では、こうした状況を踏まえて世界遺産条約を軸に国際的な状況を分析してみることで、国際的な遺産保護制度の今後について考えてみようと思う。

2　保護あるいは保存か、保全かの議論について

二〇一四年一月、日本政府は「明治日本の産業革命遺産」世界遺産推薦書をユネスコに提出した。二〇一五年六月にドイツ・ボン市で開催される第三九回世界遺産委員会でその最終審査が行われる予定である。

工場や鉱山などの産業遺産には今も使われている遺産があり、これを稼働遺産と呼んで、従来の制度、すなわち文化財保護法でいう国宝や重要文化財の制度で保護を担保することが適切なのかどうか、世界遺産に申請するにあたって検討が行われた。世界遺産に推薦するにあたっては、適切な保護の制度で守られている必要があるが、これまではこれを文化財保護法で担保していた。

議論の対象となったのは、現状を維持することが原則となるような規制が強い保護制度に、稼働中の産業遺産を適用することが可能かどうか、あるいは適切かどうかということであった。日本における既存の文化財保護制度との整合性について同様の議論は、これまでも無形文化遺産の分野において行われていたことではある。変化することがその本質であるような無形文化遺産に、そもそも文化遺産の概念が適用可能なのかどうか、文化遺産保護の制度が行政の仕事であることも重なって、批判的に扱われることがあった。また無形文化遺産については、民俗学的なものも扱うその対象の特性から、認定という行為を通じて価値の優劣をつけることの是非論も常に論じられてきた。

こうした心配を背景にユネスコの無形文化遺産保護条約は、「顕著で普遍的な価値」outstanding universal value があるかないかを審査基準とする世界遺産条約を反面教師のようにして制度設計をしてきた経緯があるが、しかし一般社会がそのブランドを利用する傾向にひきずられて、登録審査のプロセスのみが強調され、世界遺産に類似するかのように制度が変化してきているようにみえるのは皮肉なことである。

本章では保護という言葉を文化遺産にかかわる行為の総称として用いるが、保護以外によく使われる言葉に保存がある。普段は余り意識して使い分けているわけではないが、使い分ける場合には保存は保護の下位概念として最も厳密な保護の行為、すなわち変化を止める行為に対して用いている。変化していくことが前提となる、あるいは変化を止めることが不可能である都市計画の分野では、凍結を連想させる保存ではなく意識的に保全という言葉を使う傾向にある。自然保護分野では、保護区の適切な管理の必要性からも保存と保全を明確に使い分けている。一方で無形文化遺産には、そもそも保存という言葉の適用は論外のことであろうし、かといって保全でもないのかもしれない。

遺産保護の原則は、価値を特定してその価値を維持していくことにあり、従ってその価値のあり様に応じて手法は一つではないというのが現在の一般的な解釈である。保護のために既存の行政制度を利用するのであれば、目的、あるいは必要な支援の程度に応じて適切なものを選択し、その枠のうちで一つ一つ検討していくことになる。遺産だからといって変化は禁止するものと決まっているわけではない。例えば文化財保護法にも指定制度以外に登録制度があるが、登録制度は、指定制度のように許可制による強い規制と補助などを組み合わせて手厚い保護をかけるのではなく、届出制と指導・助言によるゆるやかな保護により幅広く文化財を継承していくことを目的としている。この制度は、都市の近代建築など急速に失われていく対象に対して、まずは価値を評価することで減少に歯止めをかけようと一九九六年に導入された制度である。やむを得ない事情によって抹消されて解体されていったものもあるが、しかし確実にすそ野を広げて、駅前の老舗の和菓子屋や蕎麦屋、銭湯など、それなりにそれぞれの店の認知度向上にも貢献しているのかもしれない。登録文化財は、すでに建造物分野だけで九九五一件を超えている（抹消三二三件、二〇一五年一月一日現在）。

文化庁の施策に限らずとも他省庁や地方自治体にも、〇〇百選などと称して、保護よりもむしろ啓発を目的としている認定制度もある。認定すなわち価値づけの行為が対象に優劣をつけるものだと批判する議論に対しては、それは認定の制度設計の問題であって、目的に応じてふさわしい制度設計をすればいいだけのことである。また認定制度だけが、遺産保護の方法ではなく、各種の個別のプロジェクトを、例えば開発支援などの枠組みで展開していく方法もある。目的と種別に応じて選択と組み合わせが可能な、総体的な制度を築き上げていくことが重要であって、どれか一つですべてをまかなうことはそもそも不可能である。

世界遺産、無形文化遺産、世界記憶遺産、ユネスコエコパーク、世界農業遺産……いずれもそれぞれ役割を分担し、相互に補完している制度の一部にしか過ぎない。しかし世界遺産のブランド化に従って、世界遺産がそうしたシステムのすべての受け皿になって、いわば鏡のように遺産保護にかかる今日的な問題を投影している。筆者はそのように感じている。

3　カルチュラルランドスケープ―文化的景観―を例に考える

遺産とは何か、遺産を価値づけするということはどういうことかという問題に、産業遺産以上に大きな影響を与えてきたのは、一九九二年以降世界遺産を通じて国際社会に広まったカルチュラルランドスケープ cultural landscape ではなかろうか。全く重なるわけではないが、一般の日本人には例えば里山などもそのうちであるといえばイメージしやすいかもしれない。欧州評議会 Council of Europe で二〇〇〇年に採択された欧州景観条約 European Landscape Convention では、単にランドスケープと言ったりもしている。世界遺産におけるカルチュラルランドスケープの影響を受けて、日本では、二〇〇四年文化財の種別の一つとして文化財保護法に「文化的景観」が追加された。もちろん既存の制度に組み込むわけであるから、この文化財保護法における文化的景観と、世界遺産の枠組みを含め国際的な遺産保護分野で使われているカルチュラルランドスケープはその範囲が一致しているわけではない。世界遺産のカルチュラルランドスケープも日本では文化的景観と訳されて定着している。しかし両者の混同を避けるため、ここでは国際的な動向については、英語の原語のままカルチュラルランドスケープと表記することにする。

カルチュラルランドスケープは、世界遺産委員会が自ら定める作業指針(7)を一九九二年に改訂し、その名称とも世界遺産の領域に導入した遺産の概念である。カルチュラルランドスケープは、世界遺産委員会の作業指針には次のように定義されている。すなわち「カルチュラルランドスケープは、文化遺産であって、条約第一条のいう「自然と人間との共同作品」に相当する。それは、人間社会とその居住地が、自然環境による物理的な制約また恵みのなかで、社会的、経済的、文化的な内外の力に継続的に影響されながら、どのような進化をたどってきたのかを例証するものである」(作業指針第四七条、筆者訳)。

また作業指針は、「カルチュラルランドスケープの語は、人とその自然環境の交流の多様な現れ方を包含するものである」(作業指針附属資料三)として、三つのカテゴリーに分けて説明している。すなわち、(1)庭園など、人が意図的にデザインして創造してきた景観、(2)農業などの生業にかかわる景観など、有機的に進化してきた景観、(3)聖なる山など、人と自然の強い関係を表す文化的景観である(以上の三つのカテゴリーの説明は作業指針原文の直訳ではなく筆者による説明)。

例えば二〇一二年に世界遺産一覧表に記載された富士山は、自然遺産として難しかったから文化遺産に鞍替えしたのだと言われてきたが、外国人専門家の間ではカルチュラルランドスケープ導入時から、前記のうちの三番目のカテゴリーに属する代表的な事例として認識されていた。世界遺産委員会の諮問機関の一つイコモスＩＣＯＭＯＳ(8)において世界遺産の事前審査を一九八〇年から一九九〇年まで担当していたフランス人研究者レオン・プレスィール Léon Pressouyre（一九三五—二〇〇九）が、世界遺産条約二〇周年に際して発表した「世界遺産条約、二〇年を経て」The World Heritage Convention, Twenty Years later（一九九二年仏語初版、一九九六年改訂英語版）には、芸術と関連するカルチュラルランドスケープの代表例として「日本の絵画におけるフジヤマ、トスカーナの絵画におけるフィレンツェの田舎、あるいはアメリカ風景画家にとってのアパラチア山脈」とある。また生業にかかわるものとしては、アジアでは稲作が重要な生業であるが、一九九五年に開催されたアジアの稲作文化と棚田景観に関する専門家会議の成果をもとに、まず同年フィリピンの棚田が登録され、その後インドネシア、そして中国の棚田と続き、またヨーロッパからはワイン生産のためのぶどう畑、メキシコからはテキーラの産地、キューバからはたばこ畑が、アフリカからは、特徴的な民族学的価値を持つ村落景観などが世界遺産一覧表に記載されている。

カルチュラルランドスケープは、従来の文化遺産と自然遺産のいずれの概念でも吸収しきれない境界領域の遺産を定義するために導入された。現在のところカルチュラルランドスケープは、世界遺産条約の制度の上では自然遺産ではなく文化遺産のうちに仕分けられているが、歴史的にもこの概念は、自然遺産と文化遺産の基準の間を揺れ動きながら現状に落ち着いてきた経緯がある。カルチュラルランドスケープの名称で新たな遺産の概念として導入されるのを待つ必要もなく、棚田などの農業景観を世界遺産として認めることを可能にする文言は、世界遺産委員会が定める登録のための価値基準では自然遺産の基準に当初から含まれていた。すなわち一九七七年から一九九二年まで自然遺産の価値基準には、「人の自然環境との相互作用を代表する顕著な例」man's interaction with his natural environment の記述があり（カルチュラルランドスケープの導入に伴って削除）、また一九八〇年まではその具体的な例として「棚田状農業景観」terraced agricultural landscapes が挙げられていた。[9]

世界遺産におけるカルチュラルランドスケープの導入は、文化遺産と自然遺産の数のアンバランス、すなわち文化遺産の申請・登録数が自然遺産に比べて多いことを懸念する議論から出発した。アメリカやアフリカのように広大な自然が手つかずのまま残っているところはいいが、ヨーロッパは特に、またアジアの多くの国においても自然とは、多くが農地などとして開発されてきた土地であり、そうでなくとも何らかの形で人の手が入って、そしてその関係のうちに育ってきた自然の土地である。数ではなく面積で比較すれば対等になるという冗談はさておいても、人の自然への関与を肯定的に考えない限り、人の手が入った自然は遺産の領域としてはいつまでも二次的なものとしてしか扱われない。カルチュラルランドスケープの導入に向けた議論はすでに一九八四年から始まっていた。[10] 世界遺産の登録が一九七八年から始まったことを考えれば、割と早いうちに議論はそこまで行きついていたことになる。具体的にこの問題を考える申請も登場した。ピーターラビットの作者ビアトリクス・ポター、あるいは詩人ウィリアム・ワーズワースで有名なイギリスの湖水地方 Lake District である。

人が手を加えて変化していく景観をどのように評価できるのか。それは、変化を止めることを習わしとしてきた建造物や遺跡の保護と同列に語れるのか、世界遺産のレベルで扱うことが妥当な対象なのか、保護の責任は果たせるのか、遺産保護とは何をすることであるか、という本質的な議論に触れて、議論は収束しなかったようである。結局のところ湖水地方は、イギリスの二回にわたる挑戦[11]にもかかわらず、文化遺産と自然遺産の双方の価値を包含する複合遺産としても（一九八七年記載延期）、単独の文化遺産としても（一九九〇年記載延期）、世界遺産として認められることはなかった。それから二五年余り、イギリスは二〇一六年に改めて申請を出し直すことを決めている。二五年余りの時間を経て、湖水地方を受け入れるまで世界遺産委員会での議論は深化したのだろうか。

カルチュラルランドスケープは、前記の議論の初期段階にはルーラルランドスケープ rural landscape（田園景観あるいは田舎景観と訳すか）と呼ばれていた。ルーラルランドスケープが、最終段階で現在のカルチュラルランドスケープという言葉に置きかわった。一方で歴史的にカルチュラルランドスケープは、地理学の分野では、ナチュラルランドスケープ natural landscape とともに土地（領域）を研究するための概念としてすでに一九世紀から使われてきた言葉である。これを日本ではそれぞれ文化景観、自然景観と訳してきた。もともとはドイツ地理学で使われてきた用語 kulturlandschaft であるが、英語としては、米・カリフォルニア大学バークレー校の地理学者カール・サウアー Carl Ortwin Sauer（一八八九―一九七五）がその著書で使ったことで知られている。サウアーが一九二五年に発表した「景観の形態学」The Morphology of Landscape に、「文化景観は自然景観から文化集団によってつくられる。文化は作用者、自然は媒体であり、その結果が文化景観である」The cultural landscape is fashioned from a natural landscape by a cultural group. Culture is the agent, the natural are the medium, the cultural landscape is the result とある。世界遺産のカルチュラルランドスケープあるいはその日本語訳としての文化的景観、日本の文化財保護法の文化的景観、地理学の文化景観、それぞれが重なるところもあり、異なるところもある。

ルーラルランドスケープの語がどういう経緯でカルチュラルランドスケープに代わったのか、また世界遺産のカルチュラルランドスケープが景観地理学のカルチュラルランドスケープを直接的に参照したかどうかについては明らかではない。

参考として、欧州評議会の欧州景観条約における景観の定義は「景観とは、自然あるいは人の力により、またその相互作用から生まれてきた、人がそのように意味を読み解く場所」（欧州景観条約第一条a）、日本の文化財保護法における文化的景観の定義は「地域における人々の生活又は生業及び当該地域の風土により形成された景観地で我が国民の生活又は生業の理解のため欠くことのできないもの」（文化財保護法第二条）である。

4　遺産のカテゴリーか、アプローチか

カルチュラルランドスケープは、これまで述べてきたように、世界遺産においては遺産のカテゴリーすなわち種別として明確な定義のもとに文化遺産と自然遺産の境界領域を手当てするために導入された。しかしカルチュラルランドスケープの語が、先述したようにもともとは地理学の分野で使われてきた領域概念を意味する用語であったこと、また導入のための議論の初期に使われていたルーラルランドスケープの語に比べれば、遺産の種類を指す言葉としては抽象性が増した用語となってしまったことなどがあり、世界遺産の認知度に乗って広がったにもかかわらず、その使い方は世界遺産における定義を超えて、自然の地域もそうでない地域も包含して、人によって、地域によって、はるかに柔軟にそれぞれの解釈で使われ

るようになっている。

ユネスコは、カルチュラルランドスケープの成功にあやかってか、不動産分野における続く施策として、ヒストリックアーバンランドスケープ（歴史的都市景観）Historic Urban Landscape（ＨＵＬ）の保護のための制度を導入しようとした。経済対策のため、ヨーロッパの著名な歴史都市で再開発の動きが進んでいることを懸念しての動きでもある。当初目指した条約の制定までには至らなかったが、「歴史的都市景観に関する勧告」Recommendation on the Historic Urban Landscape が二〇一一年にユネスコ総会で採択された。文化遺産として定義するためには対象の範囲が明確でなければならないが、しかしヒストリックアーバンランドスケープに果たしてそれが可能なのか。そもそもカルチュラルランドスケープとヒストリックアーバンランドスケープは別のものなのか。これらの議論を経て関係者は、各国の混乱を避けるためにも、ヒストリックアーバンランドスケープとは、カテゴリーすなわち文化遺産の種別ではなく、保護の手法としてのアプローチであると定義した。このヒストリックアーバンランドスケープの検討の経緯、特にアプローチという用語の使用は、改めてカルチュラルランドスケープとは何かを考える上でも有効であったと筆者は考えている。すなわちこのアプローチかカテゴリーかということにおいて、国際社会におけるカルチュラルランドスケープの概念も、今日ではもう文化遺産のカテゴリーであることを超えて、アプローチになってしまっているのではないかと考えているからである。この場合のアプローチとは、遺産の様々な種別を包含してそれらを面でまとめていく保護の手法という意味においてである。

先進国において戦後における文化遺産の概念は、点から面へ、すなわち個別の遺跡や建造物から都市や町並みへと、また歴史的・芸術的価値が高い遺産から、産業遺産や農業遺産など庶民の歴史にかかわる遺産へと、遺産の枠組みを広げる方向で進んできた。これに地方分権や地域振興などの政治課題が重なり、現在は遺産の種別を超えて、地域全体を捉える総合的な遺産施策の導入へと進んでいる。国によって施策の名称や枠組み、導入時期は、それぞれの国の状況によって様々であるが、地域を総合的に捉えて遺産を地域社会とともに考えようとする方向性は同じである。例えば筆者が知る限りでもアメリカにはナショナルヘリテージエリア、オランダにはベルベデーレエリアなど、地域を設定して地元が総合的にプロジェクトを展開することを支援する施策があり、また日本では文化庁が実施する施策「歴史文化基本構想」があり、文部科学省、農林水産省、国土交通省の共管による二〇〇八年公布の「地域における歴史的風致の維持及び向上に関する法律」（歴史まちづくり法）がある。こうした総合的な遺産アプローチが、相応する施策を持たない、持つことができないでいる世界の多数の国において、世界遺産の力を借りたカルチュラルランドスケープの名のもとに、いわば遺産の次世代概念として広がっている。

二〇一二年一〇月に米ラトガース Rutgers 大学が主催した国際シンポジウム「カルチュラルランドスケープ：二一世紀における保存のチャレンジ」Cultural Landscapes: Preservation Challenges in the 21st Centuryでは、アフリカ、南米、中央アジアなどから集まった専門家が、カルチュラルランドスケープという言葉に地域マイノリティのアンデンティティを託して、有形と無形の区別なく、まさに新たな遺産保護アプローチが世界的に模索されていることを象徴するような内容の発表を行った。会議に出席していた自然遺産の側の参加者から、サトヤマを知っているかとの発言があった。環境省は国連大学を通して「SATOYAMAイニシアティブ」を展開している。参加者の発表は必ずしもいわゆる里山の領域にかぶるものばかりではなかったが、手法において類似するところを感じたのであろう。会議中に使われたキーワードのうち、頻度が高かった言葉の文字をより大きくして並べたプレゼンテーションスライドを主催者は会議のまとめのセッションで提示したが、最も使われたキーワードは、「コミュニティ」communities、「変化」change、「人々」people、「マネージメント」management、「持続可能」sustainableであり、まさにカルチュラルランドスケープが遺産保護の次世代概念として広まっていることを確認することとなった。同様にブラジルで二〇一四年九月に開催されたカルチュラルランドスケープに関する国際会議では、南米のある地方における無形文化遺産の調査結果の発表があり、また同月メキシコで開催された無形文化遺産に関する国際会議では、先のラトガース大学のカルチュラルランドスケープの会議と素材は違っても内容が類似する発表が大半を占めるなど、領域をクロスして概念が浸透しているのを再認識させられた。このようにカルチュラルランドスケープの解釈がいい意味で混乱し拡散しているのを見ると、いずれは用語そのものの変更、位置づけの再検討をせまられる時が来るのかもしれないと筆者は考えている。

5　オーセンティシティの議論と文化の多様性

カルチュラルランドスケープが普及した一九九〇年代は、もう一つ、文化の多様性のキーワードとともに、文化遺産の概念の拡充が一部の先進国の間だけでなく国際的に広がった時でもあった。これにも世界遺産条約が貢献した。カルチュラルランドスケープ導入の議論に並行して、申請数が増加する世界遺産、特に文化遺産の審査をどのように行っていくかについても議論が始まっていた。自然遺産に比べて文化遺産の申請数だけが増えていくという、問題の背景及び議論の発端はカルチュラルランドスケープ導入の時と同じである。どうやって審査を行っていくのか、基準はあっても優劣の比較はそう簡単ではない。世界遺産委員会の側で事前の調査を行っておいて、審査をスムーズに進める準備をしておく必要はないか。こうして一九八七年、グローバルスタディの名のもとにワーキンググループが設置されて世界遺産審査のための調査研究が始まった。このグローバルスタディが、グローバルストラテジーと名を変えて一九九四年に世界遺産委員会で採択されたときには、審査のための予備的な調査研究であることを超えて、世界遺産リストの地域的・種別的アンバランスの是正に向けた委員会の施政方針に近いものに変化していた。世界遺産委員会が採択したグローバルストラテジー、すなわち一九九四年六月にパリで開催された「代表的な世界遺産リストのためのグローバルストラテジーとテーマ別研究」[12] Global Strategy and thematic studies for a representative World Heritage List に関する専門家会議の勧告は、世界各地の庶民の文化、特に生きている伝統的な文化への配慮が足りなかったことを指摘し、次の重点エリアを掲げた。

人と土地の共存　　人の移動（遊牧、移住）／集住／生業／技術の発展
社会における人の存在　　人の交流／文化の共存／精神的、創造的表現

一九九二年の文化的景観の導入、そして一九九四年のグローバルストラテジーは、相互に密接に関係して、その後の文化遺産の国際的な施策の展開に大きな影響を与えていくことになった。これらの成果を反映して、世界遺産の審査のための価値基準の改訂が行われ、「生きている……文化的伝統」cultural tradition ... which is still living や、「土地や海の利用」land-use or sea-use、「生きている伝統」living tradition などの文言が新たに挿入されていった[13]。世界遺産の審査のあり方、そしてその審査の結果として生まれる世界遺産一覧表のあり方をめぐって、世界遺産登録開始一九七八年からわずか一〇年ほどの間にこれだけの議論が進んでそれを世界に広めたのは、四〇年余りの世界遺産条約の歴史のうちで最も大きな成果であったといえるのではなかろうか。それを支えてきたのが文化の多様性の語であった。

この時期に日本が主催し、国際的によく知られた世界遺産条約関係の専門家会議に一九九四年一一月に奈良で開催された世界文化遺産奈良コンファレンスとその成果として生まれた「オーセンティシティに関する奈良ドキュメント」Nara Document on Authenticity がある。オーセンティシティを日本では真実性あるいは真正性と訳したりしてきたが、しかし遺産分野でのこの語を実際の用途に基づいてどう訳すべきか、漢字文化圏の中国、韓国、そして日本では今も専門家の間で議論の対象である。オーセンティシティは、近代的な遺産保護の理念の最も重要なキーワードとして用いられてきた。近代的な遺産保護の理念にかかる議論の歴史を総決算するかのように、一九六四年に開催された国際会議で採択された「ベニス憲章」International Charter for the Conservation and Restoration of Monuments and Sites（Venice Charter）の前文に、「こうした記念建造物の真正な価値を完全に守りながら後世に伝えていくことが、われわれの義務となっている」It is our duty to hand them on in the full richness of their authenticity.（ベニス憲章前文より抜粋）と、この語への言及がある。

遺産保護にかかるすべての行為はオーセンティシティの存在あるいはその維持が前提となる。このベニス憲章を理念として一九六五年にイコモスＩＣＯＭＯＳが発足した。世界遺産では、文化遺産の審査に際しては価値の審査に加えてオーセンティシティの審査も行うことになっている。米国では歴史的に、価値を担保するための条件としてオーセンティシティではなく自然遺産もインテグリティ（完全性）integrityという言葉を使ってきた。世界遺産委員会作業指針の策定準備段階で関係者は、文化遺産、自然遺産ともに世界遺産の価値が担保されていることを証明する条件を表すのにインテグリティの語で統一しようとしていた。その準備会合に欧州から参加した文化遺産の専門家が、文化遺産についてはインテグリティでは不足であるとして、オーセンティシティに変更したのである。それ以来、文化遺産についてはオーセンティシティの審査、そして自然遺産についてはインテグリティの条件を満たすことが、世界遺産登録審査のプロセスに組み込まれてきた。

文化遺産にとってそれほど重要であるはずのオーセンティシティの概念。しかし先に紹介したイコモス世界遺産コーディネーターであったプレスィール、世界遺産におけるオーセンティシティの審査を自ら行ってきたはずの彼が、同じく一九九二年「世界遺産条約、二〇年を経て」で、オーセンティシティという曖昧で難しい概念が世界遺産の審査を困らせているという意味のことを書いて、関係者の注意を喚起しようとしたのは何を意図していたのであろうか。彼は日本を例に引いて、定期的に建て替えていて材料が全く新しいものになっている日本の宗教建築に真実性をどう問うのか、一九九二年に日本が世界遺産条約に加盟したからには机上の空論ではなくなったと書いているのである。(14) 法隆寺など日本の文化財建造物の保存修復と、伊勢神宮式年造替との混同はともかく、文化的景観など変化を前提とする遺産も含んで多種多様、文化的背景も異なる遺産に対してそれぞれ真実性をどのように問うのか、世界遺産の審査のみならず、文化遺産とは何かを考えていく上でも重要な課題である。プレスィールの記述は日本の例をセンセーショナルに取りあげてはいるが、彼の考えは欧州の中ですら解釈が一定していないこの概念を世界にあてはめるのはさらに難しいという前提に基づいている。一九九四年奈良コンファレンスは、このオーセンティシティの概念を世界遺産の価値との関係でどう扱うかについて考えるために開催された。

オーセンティシティの議論に関係させて我々がよく使うストーリーに、ジョン・ラスキンJohn Ruskin（一八一九―一九〇〇）とヴィオレ・ル・デュクEugène Emmanuel Viollet-le-Duc（一八一四―一八七九）の相反する二つの立場の構図がある。フランス人建築家ヴィオレ・ル・デュクは、歴史的建造物の修復にあたって、その建造物が持つ最も重要な理念を再現するためなら復原も辞さない、あるいはそれを積極的に肯定する修復を行ってきた。これに対し、ラスキンは復原を否定し、遺跡は遺跡のままに、必要な補強は最低限にして保存すべしという立場を主張した。ベニス憲章は原則として後者の立場にたって、もとからある材料の維持を原則とし、以下のように復原に制限を設けている。

九条　修復は高度に専門的な作業である。修復の目的は、記念、建造物の美的価値と歴史的価値を保存し、明示することにあり、オリジナルな材料と確実な資料を尊重することに基づく。推測による修復を行ってはならない。さらに、推測による修復に際してどうしても必要な付加工事は、建築的構成から区別できるようにし、その部材に現代の後補を示すマークを記しておかなければならない。いかなる場合においても、修復前および修復工事の進行中に、必ずその歴史的建造物についての考古学的および歴史的な研究を行うべきである。（ベニス憲章より抜粋。日本イコモス国内委員会訳による）

一九九四年奈良ドキュメントは、オーセンティシティの概念を再定義して、対象となる文化遺産と我々との間に存在して価値を伝える情報源 information source（有形の材料のみならず、無形の要素も含む）が、信頼できるものであるかどうかを評価するための指標であるとした。以下は奈良ドキュメントから関係する部分の抜粋である。

9．文化遺産をそのすべての形態や時代区分に応じて保存することは、遺産がもつ価値に根ざしている。我々がこれらの価値を理解する能力は、部分的には、それらの価値に関する情報源が、信頼できる、または真実であるとして理解できる度合いにかかっている。文化遺産の原型とその後の変遷の特徴およびその意味に関連するこれら情報源の知識と理解は、オーセンティシティのあらゆる側面を評価するために必須の基盤である。

10．このように理解され、ベニス憲章で確認されたオーセンティシティは、価値に関する本質的な評価要素として出現する。オーセンティシティに対する理解は、世界遺産条約ならびにその他の文化遺産の目録に遺産を記載する手続きと同様に、文化遺産に関するすべての学術的研究において、また保存と復原の計画において、基本的な役割を演じる。

（中略）

13．文化遺産の性格、その文化的文脈、その時間を通じての展開により、オーセンティシティの評価は非常に多様な情報源の真価と関連することになろう。その情報源の側面は、形態と意匠、材料と材質、用途と機能、伝統と技術、立地と環境、精神と感性、その他内的外的要因を含むであろう。これらの要素を用いることが、文化遺産の特定の芸術的、歴史的、社会的、学術的次元の厳密な検討を可

能にする。(奈良ドキュメントより抜粋。文化庁訳による)

奈良ドキュメントは文化遺産の概念の再構築において重要な提言を行った。しかしその名が世界に知られているのは、遺産概念の再構築に寄与したというよりは、奈良ドキュメントが実際の運用において考慮すべき重要な要素だとした文化の多様性の語のみが、特に非欧米圏の専門家に飛びつかれて広まっていったからであるというのは、これもまた興味深い事象であった。会議開催場所が欧州ではない日本であったというのも重要であったかもしれない。欧州における過度な修復の是非論の問題を前提に、文化遺産の保存修復を客観的かつ学術的なものにしようとして生まれたベニス憲章が、出来上がって普及してしまうと今度は権威的な文書として非欧州圏の専門家から嫌われ、それに対抗する歴史的な文書として奈良ドキュメントが評価されるようになった。文化の多様性を重視するだけの目的であったら、先述のグローバルストラテジーの方がそれにかなったものであったが、実際に広まったのは奈良ドキュメントの方であった。

奈良ドキュメント一〇周年を記念して二〇〇四年、「有形文化遺産及び無形文化遺産の保護のための統合的アプローチ」Integrated Approaches for Safeguarding Tangible and Intangible Cultural Heritage に関する国際会議がやはり文化庁の主催により奈良で開催された。文化的景観あるいは無形文化遺産という変化を前提とする素材を得て、面白い議論ができると期待していたが、無形文化遺産の側からオーセンティシティの概念は、無形文化遺産には適用できないとしてあっさり退けられてしまった。奈良文書でオーセンティシティの再定義をしたにもかかわらず、オーセンティシティという語が本来持つ権威性、あるいは堅苦しい凍結的な保存のイメージが災いしてのことであったのだろう。次は、二〇〇四年奈良会議で採択された大和宣言から関係するところの抜粋である。

7．オーセンティシティの解釈とその適用は特定の文化的文脈の中で講じられるべきことを強調した奈良文書が遺産の保全において画期的であったことを考慮しつつ、

8．さらに、無形文化遺産は絶えず再現されるものであり、有形文化遺産に適用される場合の「オーセンティシティ」という言葉は、無形文化遺産を認識し、保護する際には適切ではないことを考慮しつつ、（大和宣言から抜粋。文化庁訳による）

二〇〇四年は無形文化遺産条約が採択された二〇〇三年の翌年であり、こうした問題を論じるには時期尚早であったかもしれない。しかし現在において無形文化遺産条約もすでに採択から一〇年が経過している。無形文化遺産保護条約では、第二条の定義でカルチュラルスペース（文化的空間）cultural space というものを規定している。カルチュラルスペースは、カルチュラルランドスケープとどう違うのか。無形文化遺産保護の具体的な事例における経験を蓄積して、今なら遺産保護の理念について議論が可能な段階に来ているのではないだろうか。

6　世界遺産条約と遺産保護制度の今後

一九九〇年代に世界遺産の枠組みで行われてきた遺産の概念及び保護の理念に関する議論は、二〇〇〇

年代に入ると毎年の登録数をより効率的に絞っていくための世界遺産委員会運営手続き論にシフトしていった。数を問題にしているのは結局のところ一九八〇年代と変わらない。カルチュラルランドスケープやグローバルストラテジーなど、新たな領域を開拓して地域的な不均衡を補うことで全体のバランスをとろうとするのではなく、一つの国からの申請数を制限するなど、より強制力のある運営面でのコントロールが議論の中心になっていった。そもそもカルチュラルランドスケープのように地域性を特色とする遺産の登録を推進してきたことは、数のコントロールの上では反対の効果を生んできたのは事実である。しかしなぜ数を問題にするのだろうか。そこを問うことも遺産保護の理念を考える上で重要なことである。しかし世界遺産委員会では「顕著な普遍的価値」にかかる審査を厳密かつ公正に行って数を制限していく方針を堅持し続けている。しかしそれは本当に可能なことなのか。世界遺産条約の目的は保護すなわち適切な保存管理の推進、すなわち保護のモデル構築にあり、数を増やし続けることはマイナスの影響を生むというわけである。カルチュラルランドスケープそしてグローバルストラテジーで遺産の枠組みの拡充を進めてきたにもかかわらず、その結果として増えてきている登録の要請を処理しきれていない。

二〇一二年は、世界遺産条約採択四〇周年にあたり各地で記念イベントが開催された。テーマは「世界遺産と持続可能な開発：地域社会の役割」World Heritage and Sustainable Development: the Role of Local Communities、その最終会合は京都で開催され「京都ビジョン」が採択された。持続可能な開発の語は、カルチュラルランドスケープの定義に際してその社会的意義に言及する文言にも盛り込まれ、文化の多様性の語とともに世界遺産の現場ではキーワードとして使われてきた。振り返ればカルチュラルランドスケープが導入された一九九二年は、リオデジャネイロで環境と開発に関する国際連合会議（地球サミット）が開催され、持続可能な開発を実現するためのアジェンダ21が採択された年であった。一方、地域社会あるいはコミュニティの語は、ニュージーランドで二〇〇七年に開催された第三一回世界遺産委員会において、すでに二〇〇二年世界遺産条約採択三〇周年に際して採択されていたブダペスト宣言に盛り込まれた四つの目標（credibility, conservation, capacity-building, communication）に加えて五番目のC（community）とされ、以来世界遺産委員会の5Cの目標として扱われてきた。

遺産保護は、人口に膾炙し、低成長時代において地域振興あるいは持続可能な社会づくりに貢献する有力なツールとして、よい意味でも悪い意味でも拡散を続けている。その中でリスティングというブランド化の手法が一人歩きしている。その最も知られたブランドが世界遺産リストである。世界遺産条約の目的においてリスティング、すなわち世界遺産リストの作成はどのような意味を持つのか。歴史を遡って条約の目的を考えることに意味はあるのだろうか。

世界遺産条約は、文化遺産と自然遺産それぞれ別個に進んでいた国際条約の原案を合体させて制定された。前者はユネスコが進めていた「普遍的価値がある記念工作物、建造物群及び場所の保護に関する条約」Convention Concerning the Protection of Monuments, Groups of Buildings and Sites of Universal Value、後者は米国がＩＵＣＮ（国際自然保護連合）とともに進めていた自然遺産を中心に文化遺産も包含した「普遍的価値を有する自然地域と文化的場所の保存と保護のための世界遺産トラスト条約」World Heritage Trust Convention Concerning the Preservation and Protection of Natural Areas and Cultural Sites of Universal Value である。米国は一九七二年六月ストックホルムで開催された最初の国連人間環境会議での後者の条約の採択を目指していたが、ユネスコ原案との類似が問題となり、両者を合体させてユネスコの条約として採択することになったものである。ユネスコ案では現在の世界遺産一覧表に相当する価値認定によって生まれる一覧表は想定されておらず、国際援助が緊急に必要な「大規模な作業が必要とされ、かつ援助の要請がある最も重要な記念建造物、建造物群、サイトのショートリスト」A short list of most important monuments, groups of buildings and sites whose conservation entails major operations and for which aid has been requested のみが規定されていた。現在の世界遺産一覧表は、「顕著な」outstanding という優劣の比較を前提とする文言とともに、米国案にあった「国際的な認知と保存・保護の措置に値する顕著な重要性を有する「世界遺産登録簿」」“World Heritage Register”- a list of natural areas and cultural sites ... to have outstanding significance for the heritage of all mankind and hence to merit international recognition and measure of preservation and protection から持ち込まれた。ユネスコ案にあった緊急援助リストは、「危機にさらされている世界遺産一覧表」List of World Heritage in Danger として世界遺産条約に残った。文化遺産の側において、すなわちユネスコ案において価値の認定プロセスのみで作成する一覧表の規定を避けたと考えれば、その難しさを関係者はすでに想定していたことになる。優れた価値を顕彰する世界遺産一覧表と緊急援助待ちの危機遺産一覧表の二つにおいて、条約の本来の目的にもどって後者の方が重要であると強調したところで、前者はすでに国際ブランドとしてはるか先を走っている。すでに述べてきたように、どれか一つのリストですべてをまかなえるわけではない。高い価値を認める数を絞ったリストから、一般社会の認知を目的としたゆるやかで幅の広いリストまで、様々なレベルのリスティング、保護のための具体的な支援の仕組み、これらが組み合わさって制度設計の全体となる。しかし今のところ文化遺産については世界遺産条約がすべての役割を背負って四苦八苦しているようにみえる。世界遺産リストの審査は、価値と保護のレベルの両面から行われている。すなわち最高の遺産保護モデルのリストというわけであるが、それは世界遺産のブランドのみを求めてくる人々には理解されていない。

世界遺産条約のもう一つの重要な社会的役割は、文化遺産と自然遺産の両方を同じ土俵で扱っているところにある。多くの国で文化遺産と自然遺産の保護行政は省のレベルから分かれて縦割りであり、双方が協力することは少ない。文化と自然の境界領域である文化的景観は、文化遺産保護と自然遺産保護を連携させてその垣根を低くする政策的役割も担っている。世界遺産委員会では、そのための一歩として文化遺産と自然遺産の価値基準を統合して通し番号を振り、全体で一〇とした。

カナダのピマチオウィン・アキ Pimachiowin Aki は、先住民が住む広大な土地を複合遺産かつカルチュラルランドスケープとしてカナダ政府が世界遺産に推薦してきたものであるが、諮問機関であるイコモスとＩＵＣＮは、それぞれ文化遺産、自然遺産として個別に既存の基準のもとに審査を行い、いずれも記載延期の勧告を出し、世界遺産委員会もこれを最終決定とした（二〇一三年）。複合遺産の審査が文化遺産と自然遺産で別個に行われたことで不調に終わったことを問題にした世界遺産委員会は、イコモスとＩＵＣＮに、複合遺産であることの特性を考えて協力し、双方に実のある審査を行うためのプロセス見直しのための調査を行うよう指示した（二〇一四年中間報告提出）。なおピマチオウィン・アキの申請については先住民リーダーが、他の先住民文化よりも自らの文化が優れていることを主張することを否定する、すなわちそのような主張が条件なら世界遺産申請を拒否する主旨の発言を行ったことが報道に出た。地域文化に根差す文化的景観の価値に顕著な普遍的価値あるいは希少性を問うことができるのか。改めて世界遺産の審査にかかる制度設計について考えさせられる事例となった。ベトナムが申請したチャンアンの複合景観Trang An Landscape Complexも、やはりイコモスは文化遺産、ＩＵＣＮは自然遺産の既存の基準に基づいて別個に審査を行い、それぞれ記載延期の勧告を出した（二〇一四年）。こちらは諮問機関の勧告にかかわらず、世界遺産委員会はベトナム政府の主張を受け入れて登録を認めた。ベトナムの当該申請について筆者はその妥当性を判断する情報を持っていないが、いずれにしても文化的景観のように地域性を特色とし、かつ文化と自然が密接に重なり合う遺産について、これを審査する有効なシステムを世界遺産委員会が持たないことは確かである。

7　結びにかえて

以上、カルチュラルランドスケープと文化の多様性の二つのキーワードをもとに、文化遺産保護の国際的な状況の現在について、世界遺産条約を使っていわばそのスナップショットを写すようなことを試みてみた。

地域の資源の保全とともに持続可能な地域社会づくりに貢献していく役割を得てカルチュラルランドスケープは、世界遺産条約の枠組みを離れて、いわば次世代の遺産保護あるいは資源管理のためのアプローチとして国際社会に急速に広まっている。また自然の側でも類似する領域に里地里山の保全があり、国際的には環境省が国連大学を通じてＳＡＴＯＹＡＭＡイニシアティブを進めている。いずれも、人の生活、生業など無形の要素を包含して持続可能性の獲得にも貢献する総合的な遺産保護のあり方の模索を続けている。

二〇一四年はオーセンティシティに関する奈良ドキュメント二〇周年の年にあたり、日本を含め世界各地で遺産の概念及びアプローチの多様性を問う記念の会議が開催された。南米そしてアフリカなどでは、まずは植民地時代の欧米の影響を乗り越えて自国の土地の特性に向き合い、自らのアイデンティティを再獲得するための手法として、カルチュラルランドスケープの手法が定着しようとしている。エチオピアで会ったドイツの文化人類学者は、遺産保護の仕事をしているわけではないが、北アフリカからインドにかけての彼女のフィールドでの活動にカルチュラルランドスケープの手法が非常に有効であると感じていると話していた。スリランカで開催された「アジアの枠組みにおけるオーセンティシティ」Authenticity in Asian Context に関する国際会議は、インド、スリランカ、バングラデシュ、タイ、カンボジア、フィリピン、ブータン、中国、韓国そして日本の専門家が集まって一九九四年奈良コンファレンス以降、初めてアジアにおいて地域的な枠組みでオーセンティシティを論じた会議となった。アジアは、植民地の歴史はあったとはいえ、それぞれの言語による文字を持ち歴史を記述してきた蓄積から、歴史を振り返って考え、その上で新たな遺産保護の理念を生み出す力を持っている地域であると、そう信じることができる有意義な会議であった。

一九世紀半ばからほぼ一世紀半をかけて、価値のオーセンティシティを追求することを通して客観的、従って国際的であろうとしてきた文化遺産の理念は、遺産は誰のものか、何のためかなどを問う多様性の議論とともに新たな方向に舵を切ろうとしている。あるいは遺産という言葉を借りて、今までとは違う新たな枠組みが生まれようとしているのだろうか。本書の執筆者の方々がアジアで仕事をしておられる文化人類学、民俗学、地理学の研究者の方々であることを考え、アジアから、アジアの遺産保護の現場から

(世界遺産がそのモデル的役割を果たせるなら世界遺産の現場から)、新たな切り口となり未来につながる議論が生まれてくることを期待している。

(1)「世界の文化遺産及び自然遺産の保護に関する条約」Convention Concerning the Protection of the World Cultural and Natural Heritage。一九七二年一一月一六日第一七回ユネスコ総会で採択。条約の締約国から選挙で選ばれた二一か国で構成される世界遺産委員会が、世界遺産一覧表及び危機にさらされている世界遺産一覧表の改訂、世界遺産基金を使って行われる国際援助の決定その他の条約の任務を遂行する。二〇一五年一月現在で、条約締約国一九一、文化遺産七七九、自然遺産一九七、複合遺産三一、計一〇〇七、危機遺産四六。

(2)「無形文化遺産の保護に関する条約」Convention for the safeguarding of the intangible cultural heritage。二〇〇三年一〇月一七日第三二回ユネスコ総会で採択。世界遺産条約と同様に無形文化遺産条約政府間委員会が設置されており、人類の無形文化遺産の代表一覧表及び緊急に保護する必要がある無形文化遺産一覧表の改訂、基金の運用、広報啓発活動を行っている。二〇一五年一月現在で、条約締約国一六一、代表一覧表二八一。

(3)「ユネスコ記憶遺産事業(世界の記憶)」。直筆の文書、書籍、ポスター、絵、地図、音楽、写真、映画等を登録の対象としている。日本からの登録は、二〇一一年山本作兵衛による筑豊炭鉱の記録画、二〇一三年慶長遣欧使節関係資料(スペインとの共同推薦)及び御堂関白記。

(4)「生物圏保存地域(ユネスコエコパーク)」。生態系の保全と持続可能な利活用の調和を目的としており、保護・保全だけでなく自然と人間社会の共生に重点を置く(文部科学省日本ユネスコ国内委員会の説明による)。二〇一五年一月現在、一一九か国・六三一地域(うち一四は複数の国にまたがる)。日本からは、屋久島、志賀高原、白山、大台ヶ原・大峯山、綾、只見、南アルプスが登録されている。

(5)「世界ジオパークネットワーク」。一九九九年ユネスコの事業として開始したが、二〇〇四年にユネスコが支援する独立したネットワークとなった。日本からは洞爺湖有珠山、糸魚川、山陰海岸、島原半島、室戸、隠岐、阿蘇が世界ジオパークネットワークに入っている。

（６）「世界重要農業遺産システム（ＧＩＡＨＳ）」。国連食糧農業機関（ＦＡＯ）が二〇〇二年から開始。二〇一五年一月現在、一三か国、三一か所。二〇一四年農林水産省に世界農業遺産専門家会議が設置されて、日本からの認定申請手続き及びアクションプランの実施に対して専門的見地から助言を行っている。日本からは二〇一一年「トキと共生する佐渡の里山」、「能登の里山里海」、二〇一三年「静岡の茶草場」、「阿蘇の草原の維持と持続的農業」、「クヌギ林とため池がつなぐ国東半島・宇佐の農林水産循環」が認定されている。

（７）「世界遺産条約履行のための作業指針」Operational Guidelines for the Implementation of the World Heritage Convention。世界遺産委員会が自ら定めている条約運営のためのガイドライン。世界遺産一覧表あるいは危機にさらされている世界遺産一覧表に記載する遺産の審査プロセスから、モニタリング、国際援助の決定方法まで詳細に規定されている。一九七七年最初の作業指針が策定されて以来、これまでに改訂を重ねて最新は二〇一三年版。

（８）文化遺産のうち不動産である建造物や遺跡、景観などの保護に携わる専門家の国際ＮＧＯ。英語の正式名称は、International Council on Monuments and Sites（ＩＣＯＭＯＳ）。日本語訳は「国際記念物遺跡会議」。一九六五年設立。本部パリ。二〇一一年一一月、九五か国に国内委員会、総会員数は一万一〇八八人。

（９）自然遺産の四つの価値基準のうちの当時二番目の基準（統合後は九番目の基準）に含まれていた。以下は一九九二年改訂まで存在した英語原文。

　be outstanding examples representing significant ongoing geological processes, biological evolution and man's interaction with his natural environment. As distinct from the periods of the earth's development, this focuses upon ongoing processes in the development of communities of plants and animals, landforms and marine and fresh water bodies.　また一九八〇年改訂までは以下の例示が前記に続いていた。This category would include for example (a) as geological processes, glaciation and volcanism, (b) as biological evolution, examples of biomes such as tropical rainforests, deserts and tundra, (c) as interaction between man and his natural environment, terraced agricultural landscapes; or

（10）一九八四年第八回世界遺産委員会（ブエノスアイレス開催）で、フランス政府代表団シャバソンLucien Chabasonが最初の問題提起を行った。シャバソンは、自然遺産の評価基準三番目に当時含まれていた「自然と文化の要素が複合」した遺産として、複合遺産、特にrural landscapeの登録が可能かどうか委員会に問いかけた。東南アジアの棚田、地中海のやはり棚田状の耕作地の景観、ヨーロッパのぶどう畑などを例に、このような調和がとれて美しい、人がつくりあげた景観を挙げ、こうした遺産の登録を今後促進していくことの重要性を指摘した。

（11）世界遺産委員会は、世界遺産の審査に際して、イコモス及びＩＵＣＮの勧告をもとに、記載Inscription（世界遺産一覧表に記載するもの）、情報照会Referral（追加情報の提出を求めた上で次回以降の審議に回すもの）、記載延期Deferral（より綿密な調査や推薦書の本質的な改訂が必要なもの。推薦書を再提出した後、約一年半をかけて再度イコモスの審査を受ける必要がある）、不記載決議（Decision not to inscribe）（記載にふさわしくないもの。例外的な場合を除き再推薦は不可）のいずれかを決定する。

（12）一九九四年第一八回世界遺産委員会配布資料（文書WHC-94/CONF.003/INF.6）。

（13）これらの改訂のうち「土地の利用」のみは、カルチュラルランドスケープの導入に伴うもので一九九二年の改訂による。

（14）以下、レオン・プレスィールの「世界遺産条約、二〇年を経て」The World Heritage Convention, Twenty Years laterから関係するところの英文抜粋である。

The criterion of authenticity of cultural properties appears to have been, in the beginning, defined according to an European concept, itself mutable and extremely variable depending on the countries putting it into practice.

Application of this criterion to European monuments or groups of buildings has revealed an initial series of difficulties. Should the present concept of preservation of historical monuments condemn prior unconstrained and often unadvised, reconstructions which have restored entire buildings to their supposedly original state? With respect to this, one notes that the criterion of authenticity, as intended by the Charter of Venice, was rigorously applied during the evaluation of the Town of Carcassonne, property deferred in 1985, but not in the case of the Medieval City of Rhodes（C 493), included in 1989.（中略）The constraints of the criterion of authenticity, sensitive in the European realm, are even more unwieldy in other regions of the world. In Japan, the oldest temples are periodically identically restored, authenticity being essentially attached to function, subsidiarily to form, but by no means to material. This ceases to be academic with Japan having ratified the convention on 30 June 1992.

ミャンマーの文化政策
——ビルマ文化中心主義と、ある民族誌家の肖像

髙谷　紀夫

はじめに

現ミャンマー（旧ビルマ）連邦共和国において、文化政策に多大な影響を与えてきた「知の拠点」の歴史は、英領植民地時代に始まる。一八八六年より同国全土を支配下においた植民地政府は、一九〇二年にビルマ碑文局（Burma Epigraphy Office）を開設する。同局は、一九四八年のビルマ連邦独立以降に考古局として引き継がれる。また歴史学、文学など広く学術界を主導するビルマ研究学会（Burma Research Society）は、植民地政府副総督をパトロンとして一九一〇年に設立されている。

本論の主目的は、ミャンマーの文化遺産をめぐる過去・現在・未来を、文化政策の文脈から考察するこ

とにある。具体的には、三つの視点から考察を加える。第一に、ミャンマーの「文化」観の動態を明らかにすること。第二に、文化遺産に対する国内外の評価が表象されるユネスコの世界遺産登録に、ミャンマー政府がどのように対応してきたか、またしようとしているのかに関して現状を報告すること。第三に、ミャンマーにおいて文化遺産の主体が有形文化財であり、またマイノリティである非ビルマ族文化の保護保存活動に関しては、政府主導ではなく、政府の方針に反しない限りにおいて当該民族に任せられている現状を踏まえて、マイノリティとマジョリティとの対立の構図に注目する。その視点から、非ビルマ族文化に注目してきた数少ない文化省行政官であり、民族誌家でもある故ウー・ミン・ナイン（U Min Naing, B.A.）の研究・出版活動をたどり、同国の文化動態の行方に関して何らかの知見をまとめたいと考えている。

ミャンマーは、一九八三年のセンサスによれば、一三五民族（現地語で、タインインダー・ルーミョウ）で構成される多民族国家で、その約三分の二をビルマ（現地語でバマー）族が占め、九割近くが上座仏教徒である。現憲法で公用語はビルマ語である。従って、ビルマ語を母語とするビルマ族仏教徒文化がマジョリティとして優越する文化的状況にある。

最近の状況に関して、政治的には、二〇〇八年の新憲法公布、二〇一〇年総選挙を経た二〇一一年テイン・セイン大統領誕生、さらに同大統領との対話を介した二〇一二年補欠選挙での野党党首アウン・サン・スー・チー政界復帰など、民主化の進展状況が国内外のメディアで報道されており、今後は一九八三年以来三〇余年ぶりに実施された二〇一四年のセンサスの結果、そして二〇一五年の総選挙の行方が、特に注目されている。他方、経済的には、安価な人件費が誘因となる労働市場として、また上記センサス暫定報告で約五一四二万人の人口を擁する未開の消費市場として期待する外国資本（特に欧米、韓国、日本など）の参入が加速しており、以前の欧米からの経済制裁の間隙を活用した中国の政治的経済的接近を追随している。また二〇一四年に、かつて一度辞退したＡＳＥＡＮ（東南アジア諸国連合）議長国となったことも、ミャンマーの国際社会への復帰の一局面として注目されている。

筆者は、一九八三年以来、通算四年間余りの現地滞在経験を有し、現地語運用能力、蒐集した一次資料、現地研究者との連携を活用した研究成果を、国内外で発表してきた。二〇一二年には、その研究活動と業績が認められ、一九六二年の軍事政権成立以降、日本人として初めて正式なヤンゴン大学客員教授となり、同大学所属研究者との学術交流を発展させている。さらに、ミャンマーの代表的な少数民族であるシャン族が、二〇一二年に開催した第一回全国シャン会議に、日本人で唯一招待講演を依頼されるなど、マイノリティの人々との信頼関係の維持にも努力している。本論は、以上の研究姿勢と臨地研究を基盤に展開する。その基本的スタンスは、一九世紀後半の英領ビルマの成立期から、今日のミャンマー（旧ビルマ）連邦共和国政府による文化政策・民族政策・言語政策の実施に至るまで、持続的に進行してきた国民統合と国民形成の過程の中で生成する「民族」のマイノリティとマジョリティ双方の自己意識の構築とその事象、さらにそれらと交錯する民族表象と文化動態に人類学的にアプローチすることである。

1　ミャンマー（旧ビルマ）の「文化」観——文化政策の文脈から

ミャンマー事情を読み解くかぎのひとつは、マイノリティとマジョリティとの関係である。理念的には平等であっても、実際にはビルマ族仏教徒がマジョリティを占め、非ビルマ族、非仏教徒、母語がビルマ語でない人々のようなマイノリティは、差異化されるリスクに常にさらされているからである。文化政策においても、マジョリティ、つまりビルマ族文化、仏教文化、ビルマ語中心主義が認められるのである。ミャンマーにおける「文化」観を下記の三つの視角から考えてみよう。

第一に重要なのは、ミャンマーにおける「文化」に関わる言説の文脈の特徴である。

新憲法でミャンマーの公用語（前憲法では共通語）となったビルマ語では、「文化」をインチェーフム (yinkyei-hmu) と呼ぶ。国内の代表的な少数民族であるシャン族の言語では、フィンゲーあるいはピンゲー (fingngë/phingngë) という。両者の語源は同一である。インチェーフムは、「ヨーヤ (youya)」、即ち伝統を意味する形容句を接頭辞にして使われることが多い。また各民族の文化的営為を総称する「文芸／文化 (Literature/Literary & Culture)」とセットで考える概念化も、ビルマ文化の枠組みが適用されている。ビルマ語ではサーペー・インチェーフム (sapei yinkyei-hmu)、シャン語ではリックラーイ・フィンゲーあるいはピンゲー (liklaay fingngë/phingngë) と表現する。リックは文字や記述、ラーイは本を、それぞれ意味する。各民族のアイデンティティ形成に関わる自文化保護保存組織の名称には、「民族名」を冠称として、必ず「文芸／文化」という表現が含まれている。また独自の文字文化を発達させてきたシャンの文芸功労者の日の祝賀は、ビルマ文化の同種の慣習に由来しているのである。従って、「文化概念・伝統の輪郭・文化化の基盤」におけるビルマ文化の優位性は明らかなのである。

第二に、文化概念の通時的変化に着目してみよう。その作業は、「国民文化」形成と文化政策の動向における複数形の「文化」から単数形の「文化」への変化をたどることになる。国民文化（アミョウダー・

インチェーフム、amyoudha-yinkyei-hmu）あるいは先に言及したように、伝統文化（ヨーヤ・インチェーフム、youya-yinkyei-hmu）というタームが、現ミャンマー政府の文化政策の文脈で頻出する。伝統文化の接頭語はMyanmar（ミャンマー）である。同国の文学言語学界を監督してきたミャンマー国語委員会（ミャンマーサー・アプエ、Myanmar-sa Aphwe）のメンバーによると「インチェーフム―culture」という用語は、きわめて近代的なもので、英領時代に英語のcivilizationの翻訳語として発達したのではないかと分析されている。従って、ビルマ語では、cultureとcivilizationの区別は不明瞭となる。また委員会で把握している用例は戦後のものに限られ、しかも「ミャンマーの伝統的な」として頻繁に用いられるようになってきたのは、一九四八年の独立以降ではないかと説明されている。換言すれば「ミャンマーの伝統文化」という慣用句は、独立以降のいわば国威高揚の価値づけを背負ったものであることが推測されるのである。

「国民文化」は、一九六二年に発刊された『アミョウダー・インチェーフム・サーザウン（*amyoudha-yinkyei-hmu-sazaun*、国民文化論集）』という雑誌において、当時ビルマ国文科教授エー・マウン（E Maung）が提示し、一九七〇年代の教科書に明記されている。その説明に「ミャンマー・タミョウロン・アミョウダー・インチェーフム・ミャー」とあり、「ミャー、mya」という接尾語がついてインチェーフムは複数形となっている。つまり当時は「国民文化」＝諸民族文化とみなされていたのである。一九八〇年代に使われていた大学の教科書でもその説明が踏襲されていた。その後、一九八九年六月一八日の「Burma」から「Myanmar」への外交上の国家名変更と並行して、単数形の「国民文化」が次第に使われるようになる。「Myanmar」と「Burma/Bamar」は語源的に同一であり、その文脈における「Myanmar

の伝統文化」とは、ビルマ文化中心、さらに仏教文化のものを優位にイメージされる強い蓋然性がある。国名変更の根拠である国民全体をさす意味としての「Myanmar」の文化というのは、現実性が薄く、実質的な「国民文化」の形成というのは、未だ政治的判断の域を出ないのである。

第三に、文化行政の動向について詳述する。

近現代、独立を達成した多民族国家における国家主導の文化行政は、国内の民族間関係の安定を前提とした諸民族文化の共存と、国威高揚を目的とした国民文化形成を特に重要な課題としてきた。ミャンマー(旧ビルマ)の文化行政は、少数民族省による民族政策の時代を経て、一九五二年の連邦文化省(Ministry of Union Cultures)の設立以降、本格化する。連邦文化省はその後一九七二年に文化省(Ministry of Culture)と改名される。ここでも複数形の「文化」から単数形の「文化」への移行がなされている。その下部組織の主力は、植民地時代以来の考古局と、諸民族文化を管轄する文化館局であった。その後、芸術局が新設される。考古局が一九八七年から一九九二年まで計画財務省管轄に置かれ、一九六二年から一九八四年まで文化省の一部局であった歴史調査局が教育省に移管されるなどの改組があったが、その後の文化省は、最近まで考古局、文化館局、芸術局を基本的に下部組織としてきた。二〇〇七年に、大学歴史研究センターの所管省庁が教育省から文化省に移管されたのに伴い、芸術局、考古・国立博物館・国立図書館局、歴史調査局の三部局体制に再編成されて、今日に至る。

独立以降の行政体制において「文化遺産」に関する対応で中心的な役割を果たしてきたのが考古局(現考古・国立博物館・国立図書館局)である。一九九六年の世界遺産申請の母体も考古局である。今日政府により「文化遺産」と評価されている文化財に対する保護保存活動の起源は、英領植民地時代に遡ることはすでに指摘した。有形の文化遺産に関する政策実行や法整備は、独立直後からの混乱期を経て、一九六二年のネー・ウィンによる軍事クーデター以降、ほとんどなされない時間が続いた。

一九五七年の古代文物法（The Antiquities Act）に続き、新しい法律が制定されたのは、一九九八年九月。正式名は、文化遺産地区保護保存法（The Protection and Preservation of Cultural Heritage Regions Law (1998)）である。ここでいう「文化遺産」は、Ancient Monument と Ancient Site と定義され、有形文化財とその場所のみを対象にしている。無形文化財に関しては、ミャンマー伝統文化コンテストが一九九三年から開催されている。またミャンマー伝統工芸一〇部門展覧会及びコンテスト（伝統工芸一〇部門とは、漆喰、石工、煉瓦・モルタル、銅・真鍮細工、絵画、彫刻・木工、金・銀細工、漆器、轆轤、鍛冶の一〇技能）が一九九六年から、伝統レガッタ・フェスティバルが一九八九年から、それぞれ実施されている。その管轄は芸術局である。国家名「ミャンマー」を冠称しているが、少数民族の無形文化財は部門として加わっていない。あくまでマジョリティであるビルマ文化が、文化省主導の保護保存活動の主たる対象なのである。なお、上記の法は、二〇〇九年一月に一部改訂された。同法第二条b項の“Ancient Monument”に関する新旧を下記に示すが、改訂点は“Ancient Site”に関しても同様である。法律文中の〝一八八六年〟は、現ミャンマー全土が英領インドの一部となった年次である。同法では“Department”は考古局と規定されている。改訂では、植民地時代との区切りを意識した「一八八六年以前」から、「考古局の“Ancient Monument”としての調査時点から一〇〇年前以来」存在しているという規定に変更されている。

〈旧〉
2. (b) : "Ancient Monument" includes the following that have existed before 1886 or that have been determined as cultural heritage:-
〈新〉
2. (b) : "Ancient Monument" includes the following that have existed since 100 years before the date on which the Department made inquiries as an ancient monument or that have been determined as cultural heritage:-

一九八八年に政権を掌握した国家法秩序回復評議会（通称SLORC、一九九七年から国家平和発展評議会、通称SPDCとなる）は、一九九〇年代に入り、民主化運動への対応として鎖国状態から経済開放政策への転換を本格化した。そのハイライトがミャンマー観光年（Visit Myanmar Year）が始まった一九九六年である。同年には、さまざまな政府主導の文化的活動が結実した。

（a）一九九三年九月創立の文化大学（yinkyei-hmu-tekkadhou）の一九九六年移転新築（芸術局の強化、音楽、舞台芸術、絵画、彫刻の四部門の組織化）（ヤンゴン）
（b）国立博物館（amyoudha-pyatdaik）の移転新築（ヤンゴン）
（c）一九八九年から作業中のミャナンサンチョウ王宮再建完成（マンダレー）
（d）一九九三年から作業中のマハーワイヤンボンター寺院再建完成（マンダレー）

（e）一九九五年から作業中のマハーアトゥラワイヤン寺院再建完成（マンダレー）

文化省傘下の文化大学は、二〇〇一年一一月に、ビルマ族の最後の王都マンダレーにも創立され、ヤンゴン、マンダレーの二箇所となり、二〇〇八年には、現地名を、インチェーフム・テッカドー（yinkyei-hmu-tekkadhou）から、アミョウダー・インチェーフム・フニン・アヌピンニャ・テッカドー（amyoudha-yinkyei-hmu hnin anu-pinna-tekkadhou）、直訳すると「国民文化と芸術」大学となっている。現在、新首都ネーピードーに新国立博物館建設計画が進行中だが、ヤンゴン市内の国立博物館の前庭には、第一次タウングー朝（一四八六―一五九九）の英雄であるバインナウン（Bayinnaung、在位一五五一―一五八一）王の像が立っている。上記のマンダレーの王宮だけではなく、そのバインナウン王が都をおいたバゴーの王宮、コンバウン朝（一七五二―一八八五）の開祖であるアラウンパヤー（Alaungpaya、在位一七五二―一七六〇）王の都であったシュエボーの王宮の再建も行われている。またネーピードーには、ビルマ族の三王朝を建国した英雄、バガン王国（一〇四四―一二八七）のアノーヤター（Anawrahta、在位一〇四四―一〇七七）、バインナウン、アラウンパヤー各王の像が、丘上に建てられている。歴史学者渡邊佳成の指摘のように、国家統一を成し遂げた王朝の栄光を歴史の中に求めるというのはビルマ族中心の歴史解釈を促進し、多民族国家のイデオロギーと矛盾することになる［渡邊 一九九七］。

有形文化財・無形文化財、いずれにおいても、多民族国家ミャンマーにとって、文化政策の主たる対象となり、国民文化形成の基盤となる「自」文化とは、実質的に、マジョリティであるビルマ文化中心の内容になっているのである。他方、非ビルマ族文化の保護保存活動は、当該少数民族の文芸文化委員会に、政府と文化政策の方針で矛盾しない限りにおいて、事実上、丸投げされてきたのである。

2　ミャンマーの世界遺産登録の現状

中部ミャンマーのエーヤーワディー河左岸に発達したバガンは、ビルマ族最初の王朝で、一一世紀から一三世紀にかけて栄えた。かつて世界遺産候補と期待されていたが、結果見送られ、最近は、ビルマ族が王国を建てる前の先住民であるピュー族遺跡の登録手続きを優先的に進めてきた。バガンの登録申請に関しては、一九九〇年代に、タイ王国のアユタヤ、スコタイ（一九九一年登録）、カンボジアのアンコールワット（一九九二年登録）、インドネシアのボロブドゥール（一九九一年登録）が候補となった時に、バガンも同時に検討対象となっていた。登録に向けた一九八八年に、バガンでシンポジウムも実施されていた［Organizing Committee 1989］。この経緯に関しては、ミャンマー側の「辞退」によるものとされているが、実際のところは不明である。文化省側の担当者へのインタビューでも、「却下されたのではなく、今回は見送ったのであり、さらに準備を重ねる」と説明を受けた。しかしながら、その後、申請以降の明確な動向は確認できない。外国からの関与を拒否した〝外国人嫌い〟の「政治的」思惑が交錯したという観測も聞く。二〇一一年、二〇一三年の文化省行政官が参加した国際会議での発言からは、未登録の背景に、下記のように仏教徒の行動様式が影響しているとの説明もある［Japan Consortium for International Cooperation in Cultural Heritage 2013 他］。

「仏教信仰によれば、我々は、一旦設置された装飾などは除去することはできない、それが、バガンが世界文化遺産に登録されなかった理由ともいえる。」

「外国からの（保存活動に関する）協力は、一九九〇年代後半から一〇余年が経過してやせ細った。そして恣意的な主導が、特に保存と修復の分野において優勢となった。その時代、仏塔などは、喜捨行為として修復され、しかも全く学術的な根拠に従わず、そのことが外国人専門家から厳しく非難されたのである。」

外国からの非難が特に集中したのは、文化省側も認める学術的根拠に乏しい修復作業もさることながら、バガンに、二〇〇五年四月一〇日にオープンした展望塔ナン・ミィン（天空の王宮の意味）タワーである。海外メディアでも、権力者の発案と企業家の結託による〝横暴〟のように語られ（*International Herald Tribune* 二〇〇五年四月二二日付）、周囲のパゴダ群とのミスマッチが、外国人観光客の悪評ともなっている。以上のような状況は、バガンは仏教「遺跡」という過去のものではなく、現在も仏教徒の信仰対象としての巡礼地であると同時に、観光資源として期待されていることを物語っている。

なおユネスコの公式ＷＥＢでは、バガンを含め、下記八箇所が、一九九六年に暫定リストに記載された。申請者は、文化省考古局である。そしてその大部分は、マジョリティであるビルマ族の歴史に関係する歴史的文化遺産である。先に言及したピュー族都市群、仏教信仰の先達であるモン族都市群、ヤカイン族関係の文化遺産、インレー湖なども含むが、ビルマ族中心の歴史観、仏教文化の優越性はゆるがない。たとえば、インレー湖が位置する南部シャン州は、少数民族、つまり非ビルマ族文化と接することができる観光地であるが、周辺に居住する主たる民族はビルマ語系の方言を母語とするインダー族であり、観光客が導かれる場所は、インレー湖岸のパゴダ群なのである。

なお、暫定リスト記載から一八年を経て、二〇一四年六月一五日から二五日にかけてカタールのドーハで開催された第三八回世界遺産委員会において、ピュー族都市群が、ピュー古代都市群（Pyu Ancient Cities）として登録候補のひとつとなり、諮問機関イコモスの評価は、登録延期勧告であったが、討議の結果、登録が認められ「世界文化遺産」第一号となった［URL: http://whc.unesco.org/en/news/1158（二〇一四年六月二八日閲覧）］。

ユネスコ世界文化遺産暫定リスト（一九九六年一〇月四日）
*上ミャンマーの古代都市群
*バダー・リンと関係洞穴（シャン州）
*バガンの考古学的地域とモニュメント群
*インレー湖
*モン族都市群
*ミャウー考古学的地域とモニュメント群（ヤカイン州）
*ピュー族都市群（二〇一四年登録）
*コンバウン時代の木造僧院

また二〇一四年二月二五日になって、新たに七箇所が加わった。但し、いずれも「世界自然遺産」候補である。申請者は、環境保全森林省（Ministry of Environmental Preservation and Forestry）である。

現テイン・セイン政権になって、上記「世界文化遺産」登録の前に、別の動きがあった。それは「世界記憶遺産」への登録である。二〇一二年に申請し、二〇一三年に登録が認められた。対象は、旧都マンダレーにある、クードゥ・ドー・パゴダに安置されている石碑群である。正式名は、マハー・ローカマラゼイン、あるいはクードゥ・ドー石碑群（Maha Lawkamarazein or Kuthodaw Inscription Shrines）である。一九世紀にマンダレーに都を置いたミンドン（在位一八五三―一八七八）王は、第五回仏典結集を開催し、仏典を七二九に上る石碑に刻んで、仏教の聖なる経典を永遠のものとしたことが、仏教とその信奉者に意義あるものとなったというのが登録の理由である。同国にとって最初の世界遺産登録となった。

写真１　ミャンマー最初の世界遺産（世界記憶遺産）のパゴダ入口

写真２　石碑群の説明プレート（1、2ともに筆者撮影）

将来、ピュー古代都市群を除き、一九九六年以来、滞ったままの世界文化遺産候補の登録が認可された時、ミャンマーの観光事象は、今まで以上に歴史観光、文化観光の拠点としての発展の可能性を獲得することになる。今後、観光インフラが順調に整備されるのかどうか、二〇一三年の一年間に二〇〇万人を凌駕した外国人観光客（観光査証が七日間となった一九七〇年代は、一万—二万人、一九九〇年代前半まで一〇万人を下回っていた［髙谷　一九九九］）を、バガン、マンダレーなどがどのように受け入れるのか、あるいは文化財保護の観点から入域を制限するのかなどの諸課題への政府の対応が、ミャンマーの文化遺産の将来を予想する試金石となっているのである。とりわけ、世界文化遺産登録後のピュー古代都市群をめぐる保存保護活動の行方と観光インフラの整備の動向に注視する必要がある。

他方、近年、植民地時代の遺構を数多く残すヤンゴンに注目が集まっている。歴史遺産として保護すべき景勝地として、ヤンゴン市内が、World Monuments Fund の 2014 Watch List に二〇一三年秋に選ばれたのである。二〇一三年に現地で発行された旅行ガイドブック *My Magical Myanmar, October 2013* 創刊号に、推奨されるヤンゴン・アトラクションとして、市内の景勝地カンドージー湖畔公園、アウン・サン将軍博物館と並んで、アウン・サン・スー・チーの自宅が紹介されている。その他には、一八九六年建立のユダヤ教会堂、最後のインド・ムガール王で、晩年、ヤンゴンに幽閉されたバハードゥル・シャー・ザファール（Bahadur Shah Zafar）の墓などがリストアップされ、植民地時代を偲ぶ場所として観光客が増え始めている。「つい二年前までは、全くといって良いほど、訪問客などいなかった。しかしここは、今は変わってしまった。国が変わったからだ。」というユダヤ教会堂の管理者の語りは、関係者の視点からのミャンマーの「政治」の変化をうかがわせるとともに、ヤンゴンの観光資源としての可能性を暗示している。二〇一二年に、Yangon Heritage Trust（ＹＨＴ）と呼ばれる独立組織が、ヤンゴン市内の建築物遺産の保護とその進展を目的に創設された。代表は、故ウー・タント国連事務総長の孫で、歴史家としての活動だけではなく、文化遺産保護活動、世界遺産登録事業にも参画しているといわれるタント・ミィン・ウー（Thant Myint-U）である。同組織は、ＹＣＤＣ（Yangon City Development Committee）や国会などの政府機関と連携して活動を進展させている。今後の特に植民地時代の遺構保存活動に関してその動向に注目したい組織のひとつである。

ミャンマーの文化政策の現場は、地道な保護活動という「保存」の側面と、外貨獲得の観光資源としての「開発」の側面の両方を見せている。この両面性は、「開発」という点で先行する他の国家でも認められる特徴であり、ミャンマーの場合は、軍事政権下では、文化遺産の「保存」も「開発」も不十分であったという状況が、ある意味で幸いしていたが、経済開放の流れの中で、文化遺産は、「開発」のマイナス面もさることながら、さまざまな面で課題に直面している。たとえば、次世代の専門家の人材養成の必要性である。「開発」優先の状況では、残念ながら、一部を除いて後手に廻っているというのが筆者の率直な感想である。その意味で、軍事政権下、ほぼ自力で、少数民族研究に取り組んできた民族誌家ウー・ミン・ナイン（以下、ミン・ナイン）の功績は評価に値する。

3　民族誌家ミン・ナイン（U Min Naing, B.A.）の足跡から

ミン・ナインの生涯に関する公式記録は次の通りである。

ミン・ナイン、ウー（一九二五—二〇〇四）。ミャンマー国内において文芸と絵画の両方に秀でた人物は少ない。サヤジー・ウー・ミン・ナインは、ミャンマー文芸の代表者として、またミャンマー絵画の代表者としても卓越していた。／同氏は、一九二五年五月一二日にピェー県ブディゴンで、父ウー・ポー・ハン、母ドー・ソー・インの間に生を受け、本名はウー・ミン・ナインである。日本占領期には、東亜青年連盟で図書館長として、多くの出版活動に参加している。一九五四年には、ヤンゴン大学から学士号を授与されている。一九五七年には、ユネスコの専門家として従事している。電気事業支援団体に奉職した後、連邦文化省へ転職し、文化省においては、主任研究員として勤務しながら、旧ソ連とドイツ連邦へ、博物館学と研究手法の習得に海外出張した経験を有する。／同氏は、文化官上級職としての責務から、視察旅行及び記録により、また執筆活動に興味があることもあり、旅先で入手した膨大な資料を基礎にして、諸民族文化に関する出版物を、随時執筆編集してきた。文化省においては、局長（Director）の職位で定年を迎えた。／一九五九—六〇年には、ユネスコ文学賞を『連邦の豊かな舞踊』で、一九六二年には、芸術文学関係の授賞において、ミャンマー文化芸術関係文学賞を『女たちのパラウン』で、一九六三年には、同芸術文学賞を『同胞が享楽する大地』で、一九七四年には、国民文学賞関係の授賞において、文学賞を『ウー・バニャンの生涯と彼の業績』でそれぞれ授与されている。／主な出版物リスト（中略）／一九六六年以来、芸術家ウー・バチーの元で絵画を学ぶ。一九八五年には、日本国福岡市で開催された第二回アジア美術展に出展している、ヤンゴン市内のNew Treasure Art Galleryにおいて、二〇〇三年、二〇〇四年に個展を二度開催してきた。／一九七〇年から一九七三年までヤンゴン管区芸術評議会会長職にあった。また国内の伝統工芸芸術家美術職人中央組織の事務総長（一九八一―一九八五）にも就任している。生前は、ヤンゴン大学人類学科客員教授、パリヤティ仏教大学マハー・ダンマサリヤ（仏法説教師）試験官、文化大学評議員、伝統工芸有識者協会名誉会員、パコック・ウー・オンペー文学賞選考企画書審査委員、絵画彫刻展覧会・コンテスト鑑定士会会員、文化大学及び博物館学研修講師等の職務を歴任している。／文芸と文化活動に関する責務を忠実に履行してきたウー・ミン・ナインは、二〇〇四年九月一四日午後四時五〇分に、ヤンゴン市トゥワナ・タウンシップの自宅で逝去した。（Htan Hlaing）（『ミャンマー百科事典年報』二〇〇五年版（*Encyclopedia Myanmanica, Annual Review 2005*）二二四―二二五）

ミン・ナインによるビルマ語の全著作は次の一六点である。連邦文化省及び文化省から二〇〇〇年までに出版された「文化・慣習」部門の全一三冊のうちの九冊が、ミン・ナインの筆による（傍線）。

（1）一九五九『連邦の豊かな舞踊』（ユネスコ文学賞授賞作）
（2）一九六〇『我々この土地で生まれた民族は連邦の子』
（3）一九六一『マノー（カチン族の伝統祭祀）』
（4）一九六二『カヤーの伝統的クゥトォーボー（柱立て祭事）』
（5）一九六二『女たちのパラウン』（ミャンマー文化芸術関係文学賞授賞作）
（6）一九六五『ヤカインの物語伝説』
（7）一九六五『ヤカインの音曲』

（8）一九六七『我々血統は、この土地で生まれた民族』
（9）一九六八『同胞が享楽する大地』（ミャンマー文化芸術関係芸術文学賞授賞作）
（10）一九六八『諸民族の諺』
（11）一九七一『諸民族文化事始と基礎質問項目』
（12）一九七四『ウー・バニャンの生涯と彼の業績』（国民文化賞授賞作）
（13）一九七九『画家ウー・チャー・ニュン〜その時代と生涯』
（14）一九八〇『画家サヤー・チョウン』
（15）一九八〇『ミャンマー連邦　博物館案内』
（16）一九九〇『文化紹介』

全体を俯瞰すると、彼の業績は、時期的に前半と後半で明確に区分できる。連邦文化省時代の諸民族文化に関する著作群と、対照的な画家論に関する著作群である。

彼の処女著作である（1）『連邦の豊かな舞踊』は、連邦文化省指導「芸術」部門の著作でもあった。その内容は、ビルマ舞踊を筆頭に、ヤカイン、モン、シャン、カチン、カレン（ビルマ語でカイン）、カヤー、チン、ナガーのローカル舞踊が紹介されており、当時の連邦政府の文化政策の基本であった民族間の相互理解、親睦、団結そして民族文化の保存に沿った構成となっている。いわばマジョリティであるビルマ族に対しても、マイノリティである非ビルマ族に対しても平易に扱い、いわば「人＝民族」として、広くビルマ多民族世界の全体像に関心があったことが暗示されている。その点は、（10）『諸民族の諺』

（一九六八）も同様である。冒頭で、ビルマ族の諺文芸の歴史を概観した上で、〝二〇〟民族（書籍化の段階では、ダヌとタウンヨーを合体して〝一九〟）の諺を編纂している。総数二〇〇〇余り。実は、同著作の元原稿は、連邦文化省主催の研究集会報告で、国家の文芸・出版活動を監督する責任を帯びていたビルマ国語委員会（ミャンマーサー・アプエ、Myanmar-sa Aphwe）が、彼の研究と原稿の存在を知り、ビルマ族の諺だけではなく、非ビルマ族の諺を研究する方針を採択していたこととあいまって、彼の許可を得て、教員・学生に広く読まれるよう出版を後援した経緯がある。その経緯については、ビルマ国文科主任教授マウン・マウン・ジーが、同著作の序文として寄稿している。その後、現在に至るまで、ビルマ国語教育において諸民族の諺という題材は、活用され続けている。後年、教育省高等教育局が編集した大学生用『ミャンマー諸民族の諺』の教科書では〝一八〟民族の諺が掲載され（さらにポー・カレンとスゴー・カレンを合体して〝一八〟）、ミン・ナインによる民族別の枠組み自体は、そのまま踏襲されているのである。またその一部は、小学校、中学校の国語教育でも教えられている［イ・イ・キン 二〇〇五：六八—七〇］。

ミン・ナインが民族誌家として残した業績は、上記一六冊の他に、論文やエッセイなど、確認した限りで一六八篇を数える。その他に発表原稿なども残されている。対象となった民族は、主にサルウィン（ビルマ語でタンルウィン）河、エーヤーワディー河とその支流で現ザガイン地方域（Region）・チン丘陵に連なるチンドウィン河、現カチン州（State）北部のメーカ、メリーカ河流域に居住する人々であった。その足跡を地理的に改めて眺めてみると、シャン、カチン、カレン、チン、カヤー系の諸民族が居住する地域で、いずれも一九四七年のパンロン（ビルマ語でピンロン）会議で、アウン・サン将軍とともに、多民族による連邦制での独立に合意し、署名した代表を輩出した地域でもある。

ミン・ナインの筆による特定の民族文化に関する記述は、全著書リストの（3）『マノー』、（4）『カヤーの伝統的クゥトォーボー』、（5）『女たちのパラウン』の三点である。『マノー』は一九五六年以降のカチン州調査に基づいている。クゥトォーボーというカヤー州カヤー族の伝統的柱立て行事に関しては、ミン・ナインは、一九五五年から現地へ赴いている。またパラウン族を含むシャン州への調査旅行もやはり一九五五年が最初である。（5）に添付された最初の写真が、パラウン系・トゥンペン（ビルマ語でタウンバイン）のツァオパー（*cawphaa*、ビルマ語でソーボワ、sawbwa）であることが象徴するように、ミン・ナインの現地調査は、現シャン州に首長が存在していた一九五九年以前の時代であり、調査研究に際して、当該地域の有力者、行政官、教育者の支援と協力を常に仰いでおり、独立前夜の民族間関係を、調査地決定にあたって考慮していたことは十分考えられる。シャン州周辺に関していえば、伝統的な民族文化保存と記録を目的とするミン・ナインの活動は、ツァオパーを代表とする地元の有力者の協力と支援を得て実現していたのである。なお（6）（7）のヤカイン関係の著作は、一九五八―一九五九年以降に、現地の郷土史家であるウー・セイッカナンダ（U Seikkananda）の活動を支援して出版したものであり、他の「諸民族文化」に関する著作とは一線を画している。

（9）の『同胞が享楽する大地』は一九六三年の授賞作で、出版年が一九六八年である。ミン・ナインの著作年代から当時の民族論的状況を想像するなら、ミン・ナインが自らの裁量でフィールドワークを集中的に実施できたのは主に一九六二年以前である。そして一九六二年以降、特に一九六〇年代後半からは、ミン・ナイン自身の民族論的言説が、国家のまなざしを意識して「多民族性」の総論的な表象へ次第に傾いていく。そして、一九八〇年代になると、新たな「諸民族文化」に関する著作はほとんど姿を消すのである。同様な傾向は、著書以外の論文、エッセイ類に関しても確認することができる。著書の基盤となった調査報告は、連邦文化省の紀要である『ピィーダウンズ・インチェーフム・サーザウン（連邦文化紀要、*Pyidaunzu Yinkyei-hmu Sazaun*）』に、筆者が入手した限りで、一九五五年から一九六五年にかけて集中的に掲載されている。一九六〇年代後半以降になると、「多民族性」を表象する論文、エッセイが執筆される。たとえば「連邦文化発展計画」（一九六六）、「泉水の如く進歩が途切れることのない我々同胞民族」（一九七七）、「発展してきた連邦と文化」（一九七九）、「連邦内手工業紹介」「ミャンマーの楽器紹介」（一九八〇）、「ミャンマー文化紹介」「連邦同胞全ての責務」（一九八四）などである。タイトルの〝ミャンマー〟は多民族国家全体をさしていることに象徴されるように、特定の民族に関する詳述ではなく、「多民族性」を総論的に表象する内容となっている。その文脈は、軍事政権の情報統制下で、全ての出版物が情報省の検閲をクリアしなければならない出版事情を勘案すれば、ミン・ナインの志向というよりは、出版を企画する側の民族論的状況の変化であると推測される。

総じて、ミン・ナインが「諸民族文化」に関する調査研究を基盤に、連邦文化省から次々と出版物を公刊していた時代とは、ビルマ語を共通語として規定した上で、ビルマ語以外の民族言語教育の許容を明記した一九七四年憲法前であり、従って「国民文化」形成が政治課題として重要視される以前なのである。換言すれば、民族誌家としてのミン・ナインが活躍した時代とは、「国民文化」と「諸民族文化」の関係が綱引き状態ではなく、上述したように、一九六二年にビルマ国文科教授エー・マウン（E Maung）が「国民文化（アミョウダー・インチェーフム、amyoudha yinkyei-hmu）」論を提唱して以来、その意味するところが、複数形の諸民族文化とみなされていた時代なのである。その後、単数形の「国民文化」が使われるようになった時期には、ミン・ナインは諸民族文化関係の出版物には関与していないのである。彼だけではない。一九七二年に改名した文化省からの「諸民族文化」に関する出版物は、一三点中、わずか三点にすぎず、単数形に「文化」化した「国民文化」形成への傾斜を推測することができるのである。

上記全著書の中で注目したいのは、(11)の基礎質問項目をまとめた文献である。(2)(8)などで試行した民族誌研究の方法論への言及を含んでいるからである。事実上、この著作が彼の民族誌的研究の最終著書となっている。この文献については、後で詳述する。

なお(15)(16)の著書は、特に諸民族文化の平易な紹介を主目的としたものではない。(15)は国内の公立博物館の概略的紹介で、ヤンゴンの国立博物館から民族州都にある博物館に至るまで、文化省内で博物館学を知る行政官として執筆したものである。また(16)を貫くキーワードは、「ミャンマー・フム(ミャンマーらしさ、Myanmar-hmu)」であり、部分的に、非ビルマ族文化が紹介されてはいるが、あくまでマジョリティであるビルマ文化解説の文脈での言及に留まっている。

ミン・ナインの晩年の執筆は、画家論が中心である。余談だが、二〇〇八年に公布された新憲法の基本理念を討議することを目的として、一九九三年以来断続的に開催されてきた国民会議では、彼は芸術家団体選出の代議員であった。

4　ビルマ民族誌研究の系譜とミン・ナイン

ビルマ世界の諸民族は、どのように対象として調査され、記述され、引用されてきたのだろうか。その問いは、誰が、どのような「名」の民族を、どのような研究手法で調査し、記述し、引用してきたかという問いと重なる。ミャンマーの民族論的状況の変遷の文脈で再考してみよう。

多民族国家ミャンマーの文化行政と民族学（あるいは文化人類学）の接点を、歴史的に考察しようとするなら、ミン・ナインの存在は避けて通れない。なお、現地研究者から、博物館学という視点から文化行政を分析する場合に、ドー・ニュン・ハン（Daw Nyunt Han, 1921-1994）という行政官の役割が重要だと聞いた。彼女は留学経験もあり、収蔵品の蒐集段階から参画した国立博物館の創設に多大な貢献を果たした人物だという。彼女の功績に関する追調査研究は、ミャンマーにおける文化遺産の歴史を考える際の課題のひとつとしたい。

ミン・ナインに注目すべきだと評価する理由はいくつかある。第一に、独立以降、同国内で広く民族学的な現地調査を実践し、その成果を発表してきた研究者で、彼以上の業績を残した人が認められないこと。第二に、植民地時代まで遡り、現在に至るまで俯瞰した結果、同国周辺の民族誌研究において引用に耐える重要な資料は、一人の植民地政庁行政官として、またシュエー・ヨー（Shway Yoe）というペンネームで執筆活動をしてきたスコット（J. G. Scott）の代表的な仕事である*Gazetteer of Upper Burma and the Shan States*全五巻（一九〇〇―一九〇一）であり、それを超える大部な仕事は未だ存在しない。その記述内容の検証が将来の課題として託されている民族論的状況において、ミン・ナインは国際的に引用される業績を有する数少ないネイティヴの民族誌家であること。たとえば、彼が一九六〇年に連邦文化省から出版した著書目録（2）『我々この土地で生まれた民族は連邦の子』を翻訳した*National Ethnic Groups of*

Myanmar（2000）は、ビルマ語を解さない読者への貴重な民族誌的営みであった。いうまでもなくその背景に、独立以来の政情不安定、特に一九六二年のネー・ウィンによる軍事クーデター以降、国内外の民族誌家による現地研究が皆無に近い状況にあったことは留保しなければならない。第三に、第二点と関係して、彼自身その事情をおそらく熟知していて、植民地時代の民族誌研究を多数引用しており、その延長線上に、自らの民族誌的手法を位置づけようとしていたことがうかがえるのである。そのことが彼の業績の学術的価値を支えていると思われる。

多民族国家の「民族論的状況」においては、その主体となりうるのは、いうまでもなく、一方は「国家」であり、他方は国家領内に存在が同定された各「民族」である。国家「が」民族「を」表象する脈絡は、〝民族的多様性と統一〟を謳うものであり、国民統合への強烈なメッセージが発せられる必然性がある。他方、各民族「が」民族「を」表象する脈絡は、民族内を組織的にまとめることを期待した〝自民族意識高揚〟であろう。当該民族が、ポリティクスにおいてマジョリティである場合には、その意識の輪郭は国民意識と重なり、マイノリティである場合には、マジョリティのまなざしを意識した自民族意識の構築を図ることとなる。

ミャンマーの民族論的状況でのマジョリティが、ビルマ族であることは繰り返し述べてきた。宗教的文脈ではいうまでもなく仏教徒である。国語に関する言語政策においてもビルマ語教育が優先される。多民族共存を国是とする国家建設が急務であった独立直後は、各民族側に自民族研究の余裕があったとは考えにくく、中央省庁である文化省の設立が一九七二年であり、その前身が、少数民族省、一九五二年設立の連邦文化省であったことは、連邦制という国体の構築と維持が政策的に優先されていたことを物語る。その時代において重要なことは、政府による国家を構成するタインインダー（taingyin-dha）の同定作業である。だがその同定作業は、「名」と文化的特徴を接合することで、民族間関係に、結果的に並列的、静態的な民族の「境界」を設定することにならざるをえなかったのである。一九八三年センサスの結果、国内に居住する構成民族タインインダー・ルーミョウは、一三五であるという報道に関して国立図書館で確認したところ、一九九〇年九月二六日付の現地語新聞（*Loutha Pyidhu Neizin*）を提示された。ところが世紀を跨ぐ頃から、全民族数の提示が政治的に抑制される動向が認められた。政権側の「統一」イデオロギーとの相克に対する懸念が主な理由との現地知識人の説明を受けた。そのことは、エッセイスト椎名誠『秘密のミャンマー』にも言及されている［椎名 二〇〇三：一八三―一八四］。

ではミン・ナインは、ビルマ世界をフィールドとするどのような民族誌研究の系譜に位置するのだろうか。まずその系譜の全体像をたどることにしたい。次のような俯瞰ができそうである。まず独立以前の王朝時代末から英領時代にかけての時期が重要な時代であろう。シャン諸州に関しては、先述したスコット（Scott）［Shway Yoe 1910, Scott and Hardiman 1900-1901］を代表格に、ミルン（L. Milne）［Milne 1970］、コリス（M. Collis）［Collis 1938a, 1938b］などが精力的に活躍している。そしてその最後尾に位置するのがリーチ（E. R. Leach）［Leach 1977］である。彼のフィールドワークは、英国軍に従事しながらのものであった。

植民地時代を経て、一九四八年一月四日ビルマ連邦は独立する。そして先述したように、少数民族省、連邦文化省、文化省（特に文化館局）が民族誌研究の推進役を果たす。マイノリティである非ビルマ族に対する調査研究の中心的人物こそミン・ナインであり、マジョリティであるビルマ族文化に関しては、元ヤンゴン大学学長で当時の代表的知識人ティン・アウン（Htin Aung）の存在が注目される。英語で著された彼の著作［Htin Aung 1937, 1948, 1962］が、欧米へのビルマ文化紹介となったことは想像にかたくない。

その後、一九六二年三月のネー・ウィンによる軍事クーデターまでは、外国人研究者によるフィールドワークが実施されていたが、独立以来の治安上の問題もあり、少数民族が多数居住する地域での調査研究はほとんど見当たらない。わずかに、中緬国境で幼少時を過ごし、チン族、カヤー族他を対象としたレーマン（F. K. Lehman）の著作［Lehman 1965］を除き、そのほとんど全てがビルマ族農村をフィールドとしたものであった［Brant 1954, Brohm 1963, Nash 1965, Spiro 1970, 1974, 1977］。そして一九六二年を境に、同国の鎖国政策実施により、外国人による集約的調査研究が実現できない時間が続くことになったのである。

一九七〇年代前半に、鎖国下では外国人研究者としては初めてとなる鹿児島大学の故荻原弘明教授を団長とする調査団が入国を実現する。そして漸次、ビルマ（現ミャンマー）をフィールドとする研究者の滞在が認められていく。一九九〇年代に入り、軍事政権が開放政策に転換したとはいえ、民族誌的調査研究の主な対象地域となるシャン州、カチン州、チン州、カヤー州、あるいは現ザガイン地方域など山地部での長期滞在許可を取得することは困難で、外国人によるフィールドワークは、その制限された状況で実施されてきたのである。

では一九六二年以降、国内ではどのような民族論的状況が展開されていたのだろうか。

一九六二年以降のネー・ウィンを議長とするビルマ社会主義計画党（ＢＳＬＰ）による一党独裁下の民

族学研究は、同党の方針ならびにその方針に沿った文化行政の施策においてなされていた。その成果の中心は、七民族州誌の発刊である。BSLP主導の民族学研究の成果である七民族州誌（一九六七年に、『カチン州誌』『カヤー州誌』『カレン（カイン）州誌』、一九六八年に『チン州誌』『シャン州誌』がそれぞれ公刊されている。一九七四年の憲法で設置が認められた二民族州については、一九七六年に『アラカン（ヤカイン）州誌』、一九七七年に『モン州誌』が出版され、七民族州誌が揃う）の序文には共通して次のような説明がなされている（抜粋）。

ビルマ（ミャンマー）連邦は、諸民族が一致団結して建設された一国家である。モンゴロイド系に含まれ、本連邦国家で生を受けた全民族は、起源地となるモンゴル高原から（1）モン・クメール系、（2）チベット・ビルマ系、（3）タイ・シナ系の三集団に分岐して、現国家の領土内に移入して、過去長い時間に渡ってその領土内において共に同居してきた骨肉の間柄、同胞兄弟なのである。そして植民地主義者たちが到着するまで、諸民族は、ひとりひとり親交し、穏やかなる時は共に、苦しいときは分かち合い、仲間として生活してきたのである。／各民族間相互の親交の円滑化のために各民族は、他民族の文化・風俗習慣を理解し認知していなければならないのである。諸民族の風俗習慣の状況を、諸民族の実態に即して記述された書物というのは今日までまだ存在しなかった。外国人が、本人の見解、本人の願望に従って記述した書物は存在した。それらの書物は、大部分が平地部に居住する諸民族と、山地部に居住する諸民族それぞれを仲違いさせたものと、山地部に居住する諸民族を侮蔑的に記述したものばかりであった。一九六四年の連邦記念日祝典（マンダレー）に出席した各民族代表の討論の場において明らかになったことを具体化させることと、連邦内に居住する諸民族の文化に関して文献一冊を編纂する目的で、ヤンゴン文理大学に対し一九六四年一一月に任務が与えられた。このようにして任務が与えられた時から、ヤンゴン文理大学歴史学科教員は、諸民族事情に関係する英語、ビルマ語で出版された文献・雑誌類、記録、政府報告書、碑文、ペーザー（peisa、貝葉）、パラバイ（parabaik、折り畳本）等を、時間をかけて調査研究し、その結果を報告書として上程した。さらに典拠資料を最適正にすべきことから、実地調査に特に精力を傾けて、関係する指導者と繰り返し協議を行った。／実地調査は、パアンで開催された第一八回連邦記念日から着手された。パアンでの同祝典においてヤンゴン文理大学歴史学科教員、人類学科教員及びモーラミャイン単科大学歴史学科教員は、同祝典に出席した代表者から代表五〇二名に対し、一名ずつ面談を行い、代表者から得られた諸資料、諸民族に関係する諸資料を、記録蒐集した。／一九六五年夏季の学校休業期間においても、調査組織七団体を組織して、それぞれの民族州において実地調査を行なわせて、民族州指導部からの関心と不足するものはない位の多大な支援援助が与えられた故に、組織のメンバーは、わずか四五日間で諸民族の男女二四五八名と面談し、諸資料を記録蒐集した。／このように段階的に作業が進行し完成した草稿を、もう一度、民族州と管区（現地方域）指導部のメンバーと協議検討校閲し、了承がなされて、諸民族毎に、カチン、カヤー、カレン、チン及びシャンを始めとする一冊ずつに分けられて印刷出版されるに至ったのである。

上記のＢＳＬＰによる序文には、連邦文化省の果たした役割は明示されていないが、ミン・ナインの著作(11)で、民族誌研究の方法論、特に質問項目策定の事情が下記のように明らかとなる。民族州誌編纂のための具体的な質問項目を策定し、BSLP主導の計画を実現に導くよう支援したのが同省だったのである。その結果である同国内の調査研究対象の民族とその表象は、民族別に蒐集され、これらの項目に従い「科学的」に調査され、記述され、引用されてきたのである。重要と思われる箇所を下記に提示する。

この質問項目の土台本は、*Ethnological Survey of Burma* をビルマ語に翻訳し、時代に即して補充したものである。その土台本は、インド国教育高官であったL. F. Taylorが記述して、ビルマ政府印刷局から一九二七年に印刷出版されたものである。L. F. Taylorは、この本を編纂するにあたって、Sir J. G. Frazerの *Questions on the Customs, Beliefs and Languages of Savages* と、王立人類学協会から出版された *Notes and Queries on Anthropology* の二冊を参照して、時代と場所に即して編纂したものである。この本には、諸民族それぞれの伝統習慣、気性、信仰、生活様式、経済状況など諸事項に関する質問項目全四〇二項目が含まれている。

同本を、諸民族文化省分局が、手引き書として規定し、諸民族文化調査記録の場において、本に記載された質問項目を、基本調査項目として適合させて活用してきた。一九六三年に連邦文化省から文化調査研修を開設した際に、人類学分野と民族誌研究の作業のために、諸民族文化省分局から、この全質問項目をビルマ語に翻訳して、その研修において教授された。/一九六四年にマンダレーで開催された連邦記念日祝典において、〝諸民族文化調査組織〟をBSLP中央委員会が再度拡充して再構築して後、諸民族文化調査記録を上程する際に、上記で示した質問項目四〇二を協議検討して、質問項目四〇に集約して対応した。

一九六五年に、BSLP中央委員会総局が監督して、〝諸民族事情文献編纂委員会〟が組織され、一部の大学所属教員の助力を得て、諸民族州それぞれへ実地調査を遂行し、民族文化状況を、調査研究し記録した際にも、上記分局から翻訳されて、一九六三年の文化調査研修において説明教授された四〇二項目を基礎として検討されたものが活用されたことが知られている。一九六四年初頭に、翻訳された質問項目一セットを、ヤンゴン大学人類学科主任のもとへ、求められて活用できるように提供した。

一九六五年末には、上述してきた四〇二項目を、内務省から複写して増刷し、必要な修正を加えた後、関係する管区、県、タウンシップ、諸行政官のもとへ提供して、個々の管轄する境界内に居住する諸民族それぞれの状況を調査記録して上程するように指示が出されたことが知られている。／印刷前に、必要上活用する目的で、複写された質問項目を、ヤンゴン文理大学〝諸民族文芸文化中央委員会〟議長へも提供している。ヤンゴン文理大学ビルマ語協会が一九六六年一〇月にシャン高原に調査旅行を敢行した際にも、件の質問項目が活用されたと聞いている。民族事情に関心のある一部文筆家へもまた頒布されているのである。

ビルマ連邦は、新制度としてビルマ式社会主義を標榜して前進しており、諸民族文化を発展させる作業もまた、新国家建設に邁進している時節に応じて特に必須となってきた。……民族文化に関して、文献調査・実習・実地調査をする際であれ、民族州文化省分局であれ、支援することが可能となるであろうと考えられる。この文献内に記載された一〇〇六項目と、次いで併記している四四項目、そして〝インレー〟調査の質問項目全体をサンプルとして提示している。

上記引用の中に〝四四項目〟という記述がある。そのリストを下に掲げる。このリストは、民族誌研究に関する基本調査項目というべきものであると、筆者は一九九〇年代前半の文化省でのインタビューの場で、その存在と実施状況を確認していた。また実際に一九八〇年代前半に実施されたその報告の一部を、シャン州博物館・図書館での閲覧で確認しているが、今日に至るまで公刊されていない。

(1)身体的特徴、(2)身体装飾、(3)装身具、(4)居住地域、(5)民族名称、(6)来歴、(7)文芸・言語、(8)信仰、(9)慣習、(10)年中行事、(11)生業、(12)生産物、(13)芸術、(14)道具、(15)技術、(16)行政、(17)階層、(18)親族、(19)伝統知識、(20)伝承・諺・なぞなぞ、(21)遊戯、(22)気性、(23)男女交際、(24)婚姻、(25)発火法、(26)度量衡、(27)祈願、(28)食習慣、(29)価値観、(30)禁止・タブー(禁忌)、(31)建村、(32)家屋、(33)産育、(34)葬制、(35)命名、(36)薬法、(37)裁判、(38)選挙、(39)予言、(40)教育、(41)人口、(42)経済、(43)生活水準、(44)税制

〝四四項目〟もまた、公式には連邦記念日の場での諸民族結集の場において総括されたものであると、ミン・ナインは著作(11)で報告している。当時の連邦記念日は、多民族による連邦制国家としてのまさにその存立を国内に喧伝する政治的意義の強いイベントであったのである。その民族論的状況は、国家が

諸民族文化の保存を原則的に許容する時代背景と符合する。ところがその連邦記念日の祝賀方法は、一九九〇年代に入ると一変する。それ以前は管区州の数を星で記号化していた連邦の旗が全国をリレーされ、国家を挙げて〝民族的多様性と統一〟を積極的に表象していたのだが、一九九〇年代以降の連邦記念日の規模は明らかに縮小され、ヤンゴン市内の旧国会議事堂前広場で挙行される早朝の短時間の小規模な祝典に留まっている。その動向は、「諸民族文化」尊重の流れが後退し、「国民文化」形成が文化省を中心に政策的に前面に押し出された時期とパラレルなのである。

以上のような民族論的状況において、少数民族側は自分たちで自文化保存の主体となっていく、あるいはならざるを得なかったのである。実際に、上記の四四項目は、カチン系のロウォ（Liovo）族の自民族文化研究で活用されている。その報告書は『ロウォ族集団の伝統的慣習と歴史抄述（*Liovo myounwesu dou i Youya Daleihtountan mya hnin Thamain Akyinjou*）』として一九八三年に出版されている。

ところでミン・ナインの説明には、ヤンゴン大学人類学科の名称が出てくる。彼自身も晩年はその客員教授を務めている。同大学人類学科の歴史は一九五〇年に始まるが、学士号を授与できる学科として認められるのは一九八二年で、文科系の中心である歴史学科、国文科と比較すると明らかに後発である。

ミン・ナインが展開した民族誌的手法の特徴は、次の五点にまとめられるように思う。

（a）多民族世界の全体像への関心（「民族（マジョリティ）」も平易に評価）

（b）多民族世界における民族の「名」とその実体化された現場への経験的関心

（c）調査方法、博物館学への関心

（d）膨大な写真撮影、しかし詳細な地域特定情報の不明
（e）民族誌家としての良心と苦悩

上記のビルマ民族誌研究の系譜で言及してきたように、一九六二年以降の軍事政権下、実際の少数民族地域の調査研究に関しては、ビルマ社会主義計画党（ＢＳＬＰ）と連邦文化省は併走して作業に従事してきた。特にその基盤を構築した人物こそがミン・ナインだったのである。彼の現地調査、執筆活動が、一九六二年以前に遡り、ＢＳＬＰ主導の諸民族文化研究に対して、方法論的貢献をしたことは、上述の全著作リストと調査項目策定の過程から明らかである。

ミン・ナインの調査研究手法は、近代的な人類学的方法論である長期滞在を伴うものではなく、現地での協力と支援を得ながら集中的に実行されていたが、多民族世界の全体像と、民族の「名」の実体化された現場への関心はなみなみならぬものがあり、遺族からの伝聞によると、さまざまな名目で、自力で現地調査を継続していたようである。

また彼が残した写真群は、膨大であるが、これらの写真群には、民族の「名」と性別、そして大まかな地域名が付されるに留まり、詳細な被写体に関する情報が付記されていないという欠点がある。従って、添付されている写真群は、必ずしも「部分的真実」を超えるものではない。それは、かつてリーチが批判した「○○族」の文化あるいは社会という旧来、そして今日も根強い民族観［Leach 1977］に無意識に従っていたのかもしれない。だがそのことで、過度に彼を責めることはできないと思われる。なぜならその民族観は、民族の「名」が実体化する過程で現出する必然性があり、彼がビルマ世界の諸民族について

語る民族論的状況が、多民族による連邦制を国是とした政権下であったことも忘れてはならない。
名和克郎は、民族誌家自身もまた民族論的状況の一当事者であり、民族の「名」をめぐる最大限の注意の重要性を強調している［名和 一九九二：三一〇―三一一］。ミン・ナインがビルマの民族論的状況における欠くことのできない現地の当事者であることは確かである。彼が展開した民族論の功罪とその手法についての分析は、直接のインタビューが不可能となった現在、彼が残した足跡とその影響を丹念にたどることでアプローチするしかない。彼の業績は、諸民族文化研究が盛んだった時代の貴重な産物であると同時に、彼自身の志向と国家のまなざしの相互作用によって結実したものであるだろう。数少ない、非ビルマ族という「書かれた側」にも立ったものであったが、「書かれた側」自身がどのように受けとめたのか、どのような影響を及ぼしたのかなどを微細に考察する必要がある。そのためにも、彼が残した業績が、広く、また批判的に読まれることを期待したい。

5　ミン・ナインの言説から

ミン・ナインの民族誌的研究の言説の一部を、彼が生前、客員教授を務めたヤンゴン大学人類学科での講義ノートから紹介したい。

山地に囲まれたミャンマー国へ、はるか昔よりアジア大陸中央（南部）からモンゴロイドの祖先（文献によれば、二万七〇〇〇年前ともいわれる）が、少しずつ移り住んで来た。メコン、エーヤーワディー、サルウィン河に沿って現ミャンマー国へ入ってきたのである。北は、タロン支流側から、カチン、マル、アツィ、ラシ、リス、ラワン族などが、北東は、メーカ、タマイン河側から、シャン、インダー、カヤー、パオ、パラウン、ワ、ロー、ラフ族などが、西からは、ヤカイン、ナガー、チン族などが、南からは、モン、カイン、ダウェー族などが、中央には、バマー（ビルマ）族が定住してきたのである。

ミャンマー国へ最初に移住してきたのはピュー族である（B.C.五〇〇年頃）。ピュー、タガウン、カンヤン、サッが登場してくる。ピューが定住した地としては、タガウン、ハリン、タウンドウィンジー、タイェーキッタラーなどが知られている。A.D.四〇〇―七〇〇年頃には、チン、ナガー族が（インド側）西方から来住してくる。カチン族は、北方から、現インド・ミャンマー国境付近から移住してきた。……マル、マインダー、アツィ、ラシ族は、Proto Burmese に属し、ビルマ語を話す民族である。……A.D.七〇〇年頃から、シャン族が雲南方面から来住し、モーガウン、モーニィン、カムティ、プータオに定住する、そして一二二八年には、アッサムにシャンのくにを建てるのである。

独立以前は、シャン、チン、カチン、バマー、カインと呼ばれる五民族、独立以降は、カヤーが加わって六民族、一九七四年の憲法制定後には、モン、ヤカインが加わって八民族となる。「チン」に関しては、特別区（Special Division）として、名前が当初付され、モン、ヤカインが民族名として登場する一九七四年には、チンを州の冠称として決定したのである。独立以前は、モン、バマー、ヤカインはバマー族の中に含まれていた。一九七四年以降は、公式にモンとヤカインは独立したのである。残りの民族も含め、九五／一二四／一三五民族は、「民族」とはいえなくとも、使用している言語により、カチン、カヤー、カイン、チン、モン、バマー、ヤカイン、シャン族のみが主要八民族となったのである。

ここで注目されるのは「民族」の数に関してである（九五／一二四／一三五民族の変遷については、後で講義される）。講義の最初には、一九八三年のセンサスに基づき資料として一三五民族が提示される。同数の明示が、後日、政権側から抑制される傾向があったことは先述した。

民族の識別には多くの課題がある。地域性（locality）というのもひとつだし、ひとつの場所においても課題となる。決められた区分もあるだろう、経てきた歴史も関係するだろう、経済も文化の要素も係わってくる。ひとつの場所においても、まとまりや距離がなく拡散すれば、民族とはいえなくなる。たとえばひとつの場所に五万人の人口を擁すれば民族として認知することができるかもしれない。たとえばパダウン（Padaung）族は、シャン州、マンダレー管区に拡散して居住している。自治権は要求していない。ある人々が、まとまりを持っていると主張してひとつの場所に移住していくとしても、ある時点を取れば、政治、自治権を要求していないことも考えられるのである。民族に関する状況の事柄と、問題化する事柄は同じではないのである。

民族数九五／一二四／一三五というのは、時期によって増加しているので、法に則って公的に使用するというのは適切ではない。言語集団を、民族として決めてきた経緯もある。今日に至るまで、法に照らして証明され公示されてこなかった民族が二〇はある。……一九六四年時点での民族数は九五民族と、革命評議会による諸民族に関する見解記録がマンダレーで開催された第一七回連邦記念日で発表された。諸民族調査委員会を組織することが謳われ、書記長となったのがウー・ミン・ナイン自分である。財政支援については未定のままであった。

実は、同連邦記念日式典において、諸民族に対して質問事項四〇件が用意されていたが、一民族が認められなくなっていた。カヤー族群に含まれていたパダウンに含まれる「ラタ（Lahta）」という人々に関して、生活の場から三晩離れたならば別個の民族といえるのかどうかということが問題となったのである。一九六四年の波紋は、一九六五年にパアンで開催された第一八回連邦記念日式典まで残っていた。自分が革命評議会代表教育大臣代理として報告した時のことである。諸民族数九五には、ベイ、ダウェーが含まれており、そうならヤンゴン、マンダレー族も含まれるべきであると批判されたのである。一九六六年には、諸民族全体数は一二四と発表された。

ミン・ナインはすでに故人となっており、ミャンマーの民族論的状況の詳細をさらに追究するには、文献蒐集などを介する必要があるが、「民族」の認知・識別をめぐる問題は、その「名」を介した実体化もさることながら、多民族国家における「民族」の位置づけがその根幹であるがゆえに、政治化する必然性があり、丹念にそのプロセスをたどることこそが学術的営為だと考える。その作業は、文化政策の文脈においては、マジョリティであるビルマ族仏教徒の有形文化財と無形文化財だけではなく、非ビルマ族の文化財が今後どのように保存保護がなされていくかの調査研究と連携すべきものなのである。一九九〇年代に入って、文化財は観光資源として評価されていく。一九九二年には、その行政省庁としてホテル観光省が開設される。ミャンマーの代表的な観光地は、軍事政権時代の滞在期間が一週間だった時代（一九七一―一九八九年、一九九四年からは現行の二八日間となった）から今日に至るまで、最大の仏教徒聖地シュエダゴン・パゴダを要する旧首都ヤンゴン、バガン、マンダレーの三箇所と、シャン州のインレー湖周辺である。ビルマ文化、仏教文化の優越性は、観光事象の文脈でも強固である。マイノリティとマジョリティとの境界を跨いだ文化財保護保存の動きはまだまだこれからなのである。

6 おわりに

ミャンマーの諺に「問いは水牛飼い、答えは菩薩（amei khwe kyaung/aphei phaya laung）」がある。質問は誰でもできるが、回答は簡単ではないという意味である。実はこの諺は、冒頭で紹介したビルマ研究学会設立会合のスピーチの中に出てくる。また植民地時代のビルマの民族学研究方法の古典である *Ethnographical Survey of Burma* の末尾にも記載されている。

ミャンマーの文化政策は、ビルマ文化を中心に立案され実行されてきた。観光産業などで展開する経済発展の動向は、場合によっては、現地の人々の生活、そして文化遺産の保護保存活動と対立的な関係に陥る蓋然性がある。事実上、軍事政権支配が長く続いたミャンマーは、周辺国家と比べ、経済発展への途は遅れている。その事実ゆえに、文化財保護保存活動において、他国のマイナスの事例を教訓として、プラスに転換することも可能なはずである。その視点から、上記の諺のように、回答は容易ではないが、ミャンマーの文化遺産の未来を注視したいと考えている。

参考文献（文中で紹介したビルマ語文献を除く）

Brant, C. S.. 1954. *Tadagale: A Burmese Village in 1950*, Data Paper No.13, Cornell University

Brohm, J. F.. 1963. "Buddhism and Animism in a Burmese Village", *Journal of Asian Studies* 22: 157-167

Central Press, Rangoon. 1966. *Ethnographical Survey of Burma: Questions on the Social Structure, Beliefs, Customs and Economic Life of the Indigenous Races of Burma*, Central Press, Rangoon

Collis, Maurice. 1938a. *Trials in Burma*, Faber & Faber

——— 1938b. *Lords of the Sunset*, Faber & Faber

Htin Aung, Maung. 1937. *Burmese Drama*, Oxford University Press

——— 1948. *Burmese Folk-Tales*, Oxford University Press

——— 1962. *Folk Elements in Burmese Buddhism*, Oxford University Press

イ・イ・キン　二〇〇五「ミャンマーの国語教育に関する一考察——基礎教育から高等教育まで」『民族社会研究』四巻、四六—七九頁

Japan Consortium for International Cooperation in Cultural Heritage. 2013. *Survey Report on the Protection of Cultural Heritage in Republic of the Union of Myanmar*, Japan Consortium for International Cooperation in Cultural Heritage

Leach, Edmund R.. 1977. *Political Systems of Highland Burma: A Study of Kachin Social Structure*, London: The Athlone Press. (orig. 1954)

Lehman, F. K. (F. K. L. Chit Hlaing). 1965. *The Structure of Chin Society*, University of Illinois Press

Logistics Media Services Co. Ltd.. 2013. *My Magical Myanmar*, October 2013, Yangon: Logistics Media Services Co. Ltd.

Milne, Leslie. 1970. *Shans at Home*, Paragon Book Reprint Corp. (orig. 1910)

Min Naing, U. 2000. *National Ethnic Groups of Myanmar* (translated by Hpone Thant), Swiftwinds Services

Nash, Manning. 1965. *The Burmese Road to Modernity: Village Life in Contemporary Burma*, John Wiley & Sons, Inc.

名和克郎　一九九二「民族論の発展のために——民族の記述と分析に関する理論的考察」『民族学研究』五七巻三号、二九七—三一七頁

Organizing Committee, Pagan Symposium and Yoshiaki Ishizawa and Yasushi Kono (ed.). 1989. *Study on Pagan: Research Report*, The Department of Archaeology, Rangoon and the Institute of Asian Cultures, Sophia University, Tokyo, Kajima Foundation, the Foundation for Cultural Heritage, Tokyo and Unesco, Paris

Scott, James George & J. P. Hardiman (comp.). 1900-1901. *Gazetteer of Upper Burma and the Shan States*, 5 vols, Government Printing, Burma

椎名誠　二〇〇三『秘密のミャンマー』小学館

Shway Yoe. 1910. *The Burma: His Life and Notions*, Macmillan and Co., London. (orig. 1882)

Spiro, Melford E.. 1970. *Buddhism and Society: A Great Tradition and its Burmese Vicissitudes*, George Allen & Unwin

——— 1974. *Burmese Supernaturalism*, Englewood Cliffs, N.J., Prentice-Hall. (orig. 1967)

——— 1977. *Kinship and Marriage in Burma: A Cultural and Psychological Analysis*, University of California Press

高谷紀夫　一九九九『ミャンマーの観光人類学的研究』広島大学総合地誌研究資料センター

——— 二〇〇八『ビルマの民族表象——文化人類学の視座から』法藏館

渡邊佳成　一九九七「英雄としての王たち」田村克己・根本敬編『アジア読本——ビルマ』弘文堂、九二—九九頁

アンコール王朝繁栄の謎
――碑文解読による歴史発見物語

石澤　良昭

はじめに――碑文は「生」の声を伝えている

カンボジアのアンコール遺跡の歴史を明らかにするには、碑文の解読と再考察が鍵を握っている。碑刻文史料というのは、アンコール時代の史実を伝える「生」の史料であり、その当時の史実を雄弁に物語っている。碑文に託された〝史実〟をどのように歴史の流れの中に位置づけ、浮き彫りにしていくか、眼光紙背（読み取る力）に徹する方法論とそれに伴う研ぎ澄まされた炯眼が問われているところである。碑文には往時の人たちが最も伝えたい重要な事柄が記されている。その事柄とは、寺院へ寄進された動産・不動産のリスト等である。だから寄進者たちは、篆刻者に命令して、消えることのない石壁や石柱の表面に、もしくは建物入口の側壁に伝えたい自分の篤信の気持ちを刻み込み、永久に伝えたいと願ったのであった。

その篤信を伝える碑文を作成し、奉納したのであった。その意図や目的は何か、来世に向けての輪廻転生が目的なのか、どうしても伝えたい功徳（punya）の積み上げがあったのか、そこには本音が語られていたと思われる。超自然的な存在への畏れ、病気治癒の願い、また極楽浄土への道を祈願しての奉納もあったかもしれない。

寄進目録の碑文は功徳を積むという特定の目的を持って奉納されていた。その碑文を「生」の史料として捉えなおし、寄進の記録と施主の篤信の語り部の記録として取り上げ、その記録の意味を再評価しながら、碑文を読み込んでいきたい。そして、碑文史料に載せられた史実を中心に、その史実の社会背景にまで踏み込んで関連の史実を拾い上げ、仮説的説明を加えながら、深読みしていきたい。

カンボジアの古クメール語碑刻文は南インドの起源の字母（パルラヴァ文字を改字）で綴られている。カンボジア古クメール語碑文は、もともと五世紀ごろからサンスクリット語に添文的に併記され、使われてきた。この文字こそはインド系文化やそれに伴うヒンドゥー教・仏教がカンボジアに浸透していた一つの歴史的証拠となっている。

1　カンボジア碑刻文はG・セデスが解読した

碑文は左上から横書きで始まる。いわゆるカンボジア碑文（K．の印で番号が付けられる）の種類には、古クメール語、サンスクリット語、パーリ語、近世クメール語、モン語などで書かれたものがあり、一九七〇年の段階で登録碑文一〇五〇個のうち、ほぼ半数が古クメール語、あとはサンスクリット語およびサンスクリット語・古クメール語併記碑文である。

碑文を通常の「史料」として扱うには、いくつもの難点がある。

①その記載内容は多くの場合、前後のつながりがなく、寄進品の単語が寄進目録に掲示されており、それは個人から喜捨された動産や不動産など、いうなれば寺院資財帖の一つであった。

②砂岩の石質からくる石面剝離や破損により判読できない個所が多くある。しかし、書式が決まっていることもあって、復字できる。

③碑刻文の数量のわりには、当時の一般社会の状況や社会通念などについて貧弱な内容しか判明しない。碑文は慣例として世俗の日常生活や社会の出来事を題材に取り上げていない。

④ほとんどの碑文が宗教的喜捨および王に関する言及であるために、王を頂点とする一握りの人たちの動静しか知ることができない。そうした史料の断片性と偏向性が歴史解明の難点である。

⑤それゆえに、こうした史料上の記載内容の偏向から、古代・中世カンボジア史は、どうしても王（族）およびその政治や祭儀に直接関与する高位実務者たちの歴史が中心に描かれてしまう。

⑥現存する碑刻文は、少数の限られた人たちが奉納した特殊な文書であり、史料として限界がある。従来の文献史学とは異なる方法論が求められている。

2　碑文情報からアンコール時代の古生活環境を復元

この碑文研究の新しい方法論は、碑文の発見地まで出かけ、ジャングルに埋もれた現在の寺院遺跡趾の周辺を徹底的に調査し、碑文（拓本）に掲載された全情報を一つずつ現場で再検証していく作業から始まる、当時の古自然環境を仮説的に復元し、併せて往時の地域社会の活動範囲を推定し、古生活環境を再考察しようとするものである。特に植生・水循環・寺院立地を踏まえて、近隣の仮地勢図を作成する、こうした現場検証に立脚した新しい遺跡研究から歴史を再考するものである。碑文中に記載の情報を篆刻した現場に乗り込んで、その記載内容を立体的に捉え、重畳な樹林下に眠る遺跡の再踏査に着手する。そして、碑文に記載された文章を史料として再検討を加え、当時の古い生活環境と自然環境などを再検証する研究作業である。

新しいカンボジア碑刻文研究は、その碑文出土地に乗り込んで、寄進目録等に言及されている全情報（碑文記載事項）を現場において、その記載の可能性を再確認するものである。そして、倒壊した古寺趾を図面上に復元しながら、当時の寺院を取り巻く古い生活環境を仮説的に復元し、地域開発とその地域拠点形成過程を推量し、さらに「寺院建立による地域開発経済論」を立論するものであり、構造史的考察から一つの方法論を加えていく。

3　碑文が伝える情報を現場において読み解く

具体的に次のような手順で一つずつ組み立て、進めていくのはどうかという試案である。

(イ)碑文記載情報から仮の地勢図を作成してみる。これを古地理（遺構や遺跡の図面を含めて）の情報として捉え、GPS（Global Positioning System）を使い、現在の近隣の地理と地勢図を併せて作成し、比較検討していく。

(ロ)当時の古生活環境を示す語句を碑文の中から抜き出し、仮説的にその意味を解釈し、古村落と古寺院の所在地を地図上に復元していく作業を実施する。古寺の近隣を広域的に捉えていくことを狙っている。

(ハ)碑文発見地の古寺趾や居住趾などの調査に加えて、近隣の現在の村落の平面地図を作成し、併せて口承伝承などの調査を実施する。村の古老に「昔あったとさ」の話を聴く。

(ニ)古寺周辺の生活基盤（環濠、貯水池〈バライ〉、盛土土手道、石橋、耕地跡など）の調査のため調査担当者が足で歩き実踏する。

(ホ)遺跡を自然環境の地図に落し込む（例えば、河川、雨季のみの河川、耕地、河岸段丘、氾濫原、旧水路、堰《せき》、土壌、植生帯など）。

(ヘ)古寺遺構内において、数カ所試掘および考古発掘（当該国許可と地元の考古学者の協力が必要）が求められる。古寺境内における出土品も考察する。

(ト)古寺の在った地域の負の生活環境（風土病、デング熱、マラリヤ、肝炎、毒蛾、毒虫など）について現在在住の村人から聴き取り、同地域の農耕地の広さを推計し、仮説として扶養人口数を試算してみる。
(チ)古寺内の寺男と寺女を供していたと思われる近隣村落の規模を推計・試算する。そして古寺建設時の建寺作業員を推計して、寺院建立と地域拠点の形成の仮説を組み立てる。
(リ)古寺への家産等の寄進は、村内の副業的生産活動を活発化し、結果としては「富裕」の創出や再分配、寄進などにつながった。当時の村人の考え方は経済主義ではなく、村は高度な自給自足により日常生活が成立していた。その構造史的史実を組み立て、村の経済活動について立論する。
(ヌ)当時は古自然環境に囲まれた古い日常生活を小さな仏教的宇宙世界として捉え、古寺趾や農耕地、土手道跡、凹地、中小の貯水池、ヤシ樹林などを想定しながら可視化していく作業（例えば地図化・遺跡見取図・農耕地などを仮説としてコンピューター・グラフィックスに入力し、検証する）が必要である。
前記のような仮説立論的な方法論にもとづき、私たちは碑文情報を現場で再読し、自然環境の時間的変化をあらかじめ踏まえて、検証作業を進めていく。

4　碑文は寺院資財帖であり、村落の社会と経済の活動を反映している

A．碑文作成を命じた人は誰かについて調べてみる。碑文はサンスクリット語と古クメール語で書かれており、両語併記の碑文もある。この碑文作成を命令した人、王、王族、グル（＝王師）、大臣、高位実務者、バラモンと称する祭儀官や儀典担当者、冠称タイトルを持つ有力者、地方の長などである。碑文には作成時の王名が明記されている場合が多い。寺院の場合は王名冠称により免税となる。王名が欠落の

場合は、王の不在または王権が弱体化していた時代であると考えられる。

B．サンスクリット語碑文は神へ奉上する言葉である。サンスクリット語は宗教的色彩が強く、神々や仏への祈求文、王と王族の系譜、王の事跡、王への賛美、神仏への帰依、そして文末は呪詛のサンスクリット語文があることが多い。

C．古クメール語碑文は、寄進資財目録である。古クメール語碑文は、寄進の不動産や動産を掲げ、より日常の具体的な生活状況を推測できる場合がある。王の命令、田地の境界、土地の売買、土地紛争の裁判、そして寄進財貨については一つの神（寺院）の専有物なのか、他の寺院との共有物なのかが明示されている。当時の資財に関する権利関係は古クメール語で書かれていて、その背景には私有財産が認められていた史実が判明している。だから村落には世俗の村人の住む村落と、隣接もしくは離れたところの結界的世界の免税権をもつ「寺院（神の区域）」がはっきり区分されていたことがわかる。

D．豊穣な農村風景が碑文には載っている。寄進された家産、不動産などのリストを見ると、稲田・田地・園地・囲い地・栽培地などが明記され、周辺の樹木には椰子や檳榔樹、砂糖椰子、バナナ、マンゴーなどの果樹も植えられていた。その村落や寺院の近くには、深い森（ジャングル）、丘、低地、池、沼、犂、二輪牛車、水牛、灌漑用水路、牧場、崩れた田地があり、田園的な風景が見られたと思われる。そこでは豊穣な農耕地が広がり、村ではゆったりとした時間が流れ、近くの寺院では来世に向けての敬虔な祈りが捧げられていた。

E．村の生業は主食の米（白米・籾米）を生産する稲田である。そこの村に住む人たちは稲田をつくり、田畑を耕し、農業を基盤とした自給自足の生業形態であったと思われる。そうした寄進リストの中には、とりもなおさず当時の村の中で副業として製作され、日常生活や経済活動の中で最も高価な供物台・経蔵箱・仏具などが寄進されている。この資財リストを丹念に検析することにより、村の日常の副業的生産活動と村落経済の実態が判明してくる。

5　たわわに実った稲穂・ゆったりとした時間・神仏への敬虔な祈り——村人の日常生活

碑文をさらに深読していく。犂耕稲作の農業をもって日常生活が成り立ってきたのである。村の生活の主たる糧は稲作であった。その上にも人口が増加する過程で、近隣への分村もあり、同時に村独自の特産物があったようである。農作業に加えて、得意分野の兼業や副業もあったと考えてみる。例えば、牛車大工、大小の諸道具や仏具の製作者、指物師、窯を用いた生活陶磁器や煉瓦の製作者などがいた。

碑文の考察にあたって、当時のカンボジアの村落における大枠の生活条件を前提に考えておかねばならない。（イ）暑気と湿度を含んだ熱帯性気候と雨季と乾季の自然環境。（ロ）もともと自然村としての集落が存在していた。近隣は、重畳的なジャングルが隣接し、村では植物文明的生活が形成されていた。（ハ）居住空間として屋敷地と家屋、クニュムの人たち（労役に使われた寺男・寺女）、それに家畜もいた。（ニ）風土病があるとはいえ高床家屋が軒を連ね、恵まれた衣食住であった。（ホ）生業としての稲作が中心で、食糧自給率一〇〇％であった。（ヘ）土地をめぐる私有の権利関係がはっきりしていた。（ト）「衣食足りて礼節を知る」とその次には、信仰実践空間としての「神の区域＝寺院」があり、功徳を積むお参りを重ねていた。当時の日常生活の営みを、具体的な形で碑文の中から部分的ながら復元し、再確認し、検証することができる。

6　門前町の市場と村の副業から

しかしながら村では負の生活環境にも直面していた。（1）媒介動物による風土病（マラリア・デング熱・ウイルス性肝炎等）、それに幼児の死亡率が高かった。（2）薬草・生薬が森林の中にあり、薬石など漢方的な治療が行われていた。（3）悪霊が病気をもたらすと思い込み、また不幸な出来事は悪霊の仕業とされ、御払いなどの儀礼が行われていた。村の呪術師がかかわっていた。

大きな村の場合には、複数の副業的経済活動や兼業の場合が想定される。例えば、（イ）最も重要な主食の米を生産する稲作農家、焼畑や畑作の農家、（ロ）椰子樹木から椰子砂糖・ジュース・どぶろくをつくる人とそれを売る人、（ハ）魚捕りとその魚を売る人、（ニ）薪づくり、（ホ）役牛の仲買い人、（ヘ）薬石や生薬を調合する人、（ト）小規模な金細工人、（チ）縫製人、（リ）小家具や生活雑貨の製作人、（ヌ）寺院祭式用具や仏具の製作人、（ル）農具・漁具・牛車の修理人、（ヲ）村の職能者としての霊媒（リュップ）、（ワ）稲田儀礼「籾米山造り」における米の精霊を呼び寄せる人、（カ）紡ぐ人、（ヨ）川船大工、（タ）生活土器・陶磁器・煉瓦・瓦の製作人、（レ）木造や竹による建物大工、（ソ）ニッパ椰子葉の職人（屋根葺き用、壁用、貝葉）、（ツ）竹職人（家屋の建材・漁具・農具・食事の道具）などである。

このように準職人や物づくりの得意な人、手先の器用な兼業職人がいて、副業で生活していた人がいたと考えてみてはどうだろうか。当時、大村内にはあらかじめ了解された分業がそれなりにあってもおかしくないのではないか。もちろん家屋新築の場合のように、村人が総出で協力し、力を合わせて仕事をする機会が多くあった。

7 「富貴真臘」とアンコール・ワット

カンボジア碑刻文は現在一〇五〇個あまりが公開されている。碑文には寺院へ寄進した多くの不動産や種々の動産が載っており、それは寺院を維持運営する資財帖である。その寄進目録には、宗教・社会・経済等に関する用語が頻出し、例えば公共事業的用語、āśrama＝寺院、thnal＝土手道、baray＝貯水池のほかに、spean＝石橋、rddeḥ＝牛車（two-wheeled ox-cart）、rājalakāryya＝王の奉仕税（royal service）、aṃnoy＝寄進、kṣetradhigama＝名刹巡礼（visiting places pilgrimage）、ālaya＝灯明の家（dwelling）、ārogyaśāla＝施療院（hospital）などが挙げられる。それに当時の村人たちのpuṇya＝功徳（virtue, merit）への願いが載っている。

これらの用語を碑文記載の前後の文脈から考察していくと、寄進不動産から当時の農業と自然環境が仮説的に復元できるのではないか。同時に寄進動産から寺院とそれを取り巻く村落の当時の古生活環境が判明してくる。こうした地道な研究作業を通じて、以下の三つの論点が浮かび上がる。

「富貴真臘」（『明史』）は当時の国際都城アンコールを中心とした大繁栄が伝えられている。アンコール都城は、盛土土手道（thnal）により広大な版図の東南アジア大陸部各地と結ばれた物流と交易の大集散地であった。最盛期（一二世紀から一三世紀前半）には、「すべての道はアンコールへ」というように、ベンガル湾と南シナ海が全天候性の安定した陸上を通る土手道でつながり、版図の中心地であった。

アンコール王朝の栄華は、何よりも壁面浮彫りを飾る最強のアンコール軍が各地に布陣し、版図内において「パクス・アンコリーナ」（アンコールの平和＝Pax Angkorina）を長期にわたり実現してきた結果にほかならない。強盛な王たちが、六世紀以降いつも地方の反乱勢力を討伐してきたからである。例えば試論ではあるが、ジャヤヴァルマン五世にはじまる第一次（九六七―一〇五〇）およびスーリヤヴァルマン二世にはじまる第二次（一一一三―一二一八ごろ）にわたり国内の平和が長い間確保されていた。その期間に浮彫り彫刻を刻み込んだ壮麗な宝石寺院バンテアイ・スレイ、大回廊と高層寺院がいくつも建立された。さらに版図も拡大し、神なる王への信仰が深まっていた。アンコール・ワット建立、さらに繁栄した経済と文化と技術の集大成を私たちは文化遺産として検分している。有力者や村人の古寺巡礼もあった。何よりも牛車キャラバンが安全に目的地まで商品を届けることができたのであった。

これまでに謎とされてきたアンコール・ワットなどの巨大石造伽藍は、当時の寄進目録に載る社会・経済・宗教などの用語を検析し、史実として位置づけることにより、説明ができる。当時の敬虔な村人たちの積善の気持ち（punya）と建寺作業への奉仕が考えられ、謎ではなくなった。農閑期には村人が建寺作業現場に手伝いに来ていたとも考えられている。

8　アンコール王朝を「構造史」に捉えていく

私は一九六〇年代からアンコール地域を含めて、カンボジアの遺跡の調査を実施してきた。遺跡はだいたい人里離れた奥地にあり、カメラ・地図などを持ち、案内人を連れて出かける。小さな村まではなんとか車輛が入れるが、そこからは村人に頼んで牛車を仕立ててもらう。橋などがないので道路を迂回して進むが、最後は徒歩である。

こうした調査時には、特に村々の様子を見てまわるが、表現として時間が止まった感じであり、どうも数世紀にわたり、現在に至るまで、この村は長期的にこのままの状態で持続してきたと思われた。村では高度な自給自足的生活が続き、村の自然環境もそのまま幾世紀も変わらず続いていたと思われる。そこにおいて存続してきた村の社会・経済も前の時代の状況のままと、日常生活が受け継がれてきた。産業革命的発想は必要なかったと思われる。宗教的には上座仏教が村人の篤信を集め、僧侶は輪廻転生を説いていた。碑文出土地の現地調査は、こうして数世紀もの間継続してきた自然環境、その環境下にかつてあった遺跡や礎石だけが残る遺構などがあった。コンピューター・グラフィックスで仮説的に組み立て、タイム・カプセルの事例として古生活を再現し、なぜ碑文として後世に残そうとしたのか、その真意をここに問いかけるものである。

カンボジアは激動のアジア社会の中にあって、衣食住の生存条件が満たされている。人に優しい生活文化をもった国であり、ほとんどの人たちは貧しいが意気軒昂である。武力を伴うもめごとなどはない。その生活文化から人間の生きざまを学びたい。都会を除いてその村にはほとんど電気や水道がない。ある人は遅れている文化と呼ぶが、実際に化石燃料のエネルギーを使わない生活の実際を私たちは学びたい。そこから自然との共生を学び、現代の環境問題などを含めて、謙虚に地球の将来を考えていくというのはどうだろうか。

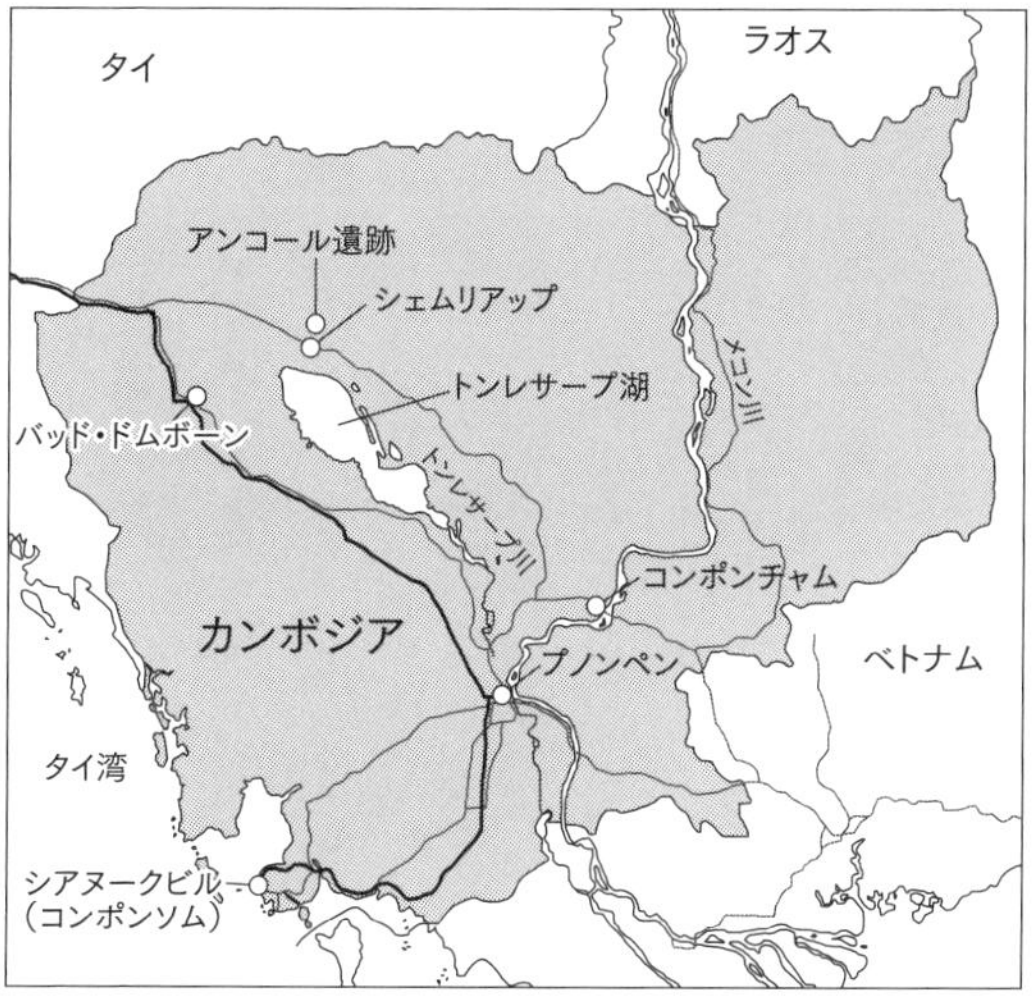

図１　カンボジア王国地図

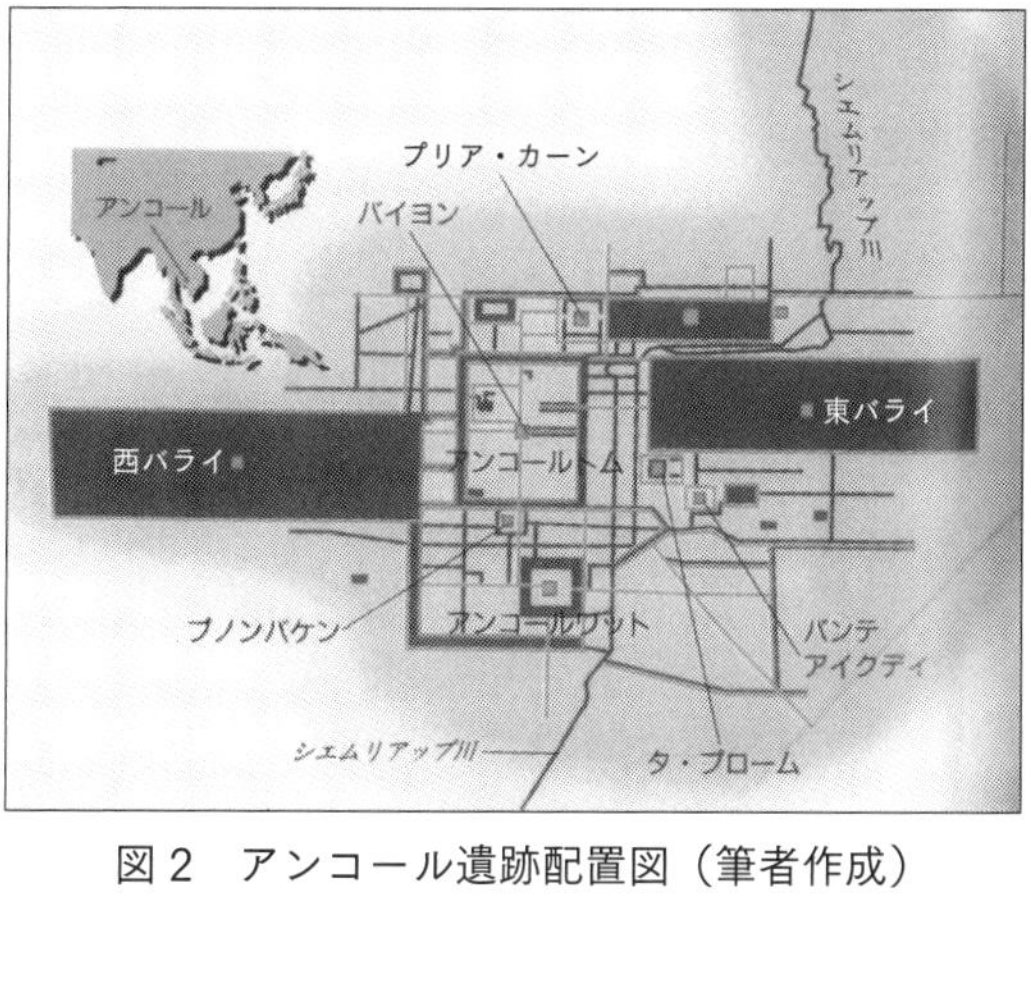

図２　アンコール遺跡配置図（筆者作成）

9　碑文情報は平穏な日常生活が続いていた史実を伝えている

さらに注目点は、このアンコールの平和（Pax Angkorina）の地域では、高度な自給自足により日常の暮らしが成立していたということである。その土地で獲れる物産などを使って生活するわけであるから、もめごとは少なく、最も合理的な経済生活であり、交易や物流のみに依存した生活ではない。当時の人たちは功徳にいそしみ、自分なりの諦命観（悟り）に立脚した生活であった。いつの世も、村人は民族衣装で身綺麗に飾り、寺院の行事にはそれなりの美装をこらして列席していた。

当時の物流や交易の伸展は、王宮や寺院の新築や増改築に関係しており、豪華絢爛たる装飾や調度品を寄進や買付けにより求めたようである。祭式用具としては、天蓋や瓔珞法具が各地の寺院に必要であり、牛車によって届けられていた。それに室内装飾として、きらびやかな舶来品諸貨や御仏前具などが求められていた。

結論としてカンボジア碑文は、ほとんどが多大な動産と不動産の財貨を寄進目録の中に掲げている。村は寺院維持に必要な家産や寺男・寺女を含め、手伝人を寺へ供していた。寺院建設は決して王命による強制的な徴用ではなかったのではないか。寺院の建設現場では専門職の建築家、石工、彫工、建築仕上工などが忙しく動きまわり、村の作業員たちは補助作業員として、石材の運搬に当たっていた。当時の建築資材の調達と運搬という点からも版図内で多くの村人が動員され、経済活動は活発となり、寺院建設の現場には人口の集中をもたらした。加えて商業活動が活発となり、盛土土手道を通じて、牛車キャラバンが国内外の商品を運び、村の市場は活況を呈していた。アンコールの政治・経済・文化が最高潮を迎えたのは、ジャヤヴァルマン七世（一一八一―一二一八ごろ）の時代であった。中国人から「富貴真臘」と呼称されるほどの大繁栄を謳歌していた。このアンコール・ワットをはじめとした遺跡群は一九九二年にユネスコの世界遺産に指定された。

※写真撮影は、すべて筆者による。

参考文献

石澤良昭　二〇〇九『東南アジア　多文明世界の発見』講談社
――　二〇一三『新・古代カンボジア史研究』風響社
Ishizawa, Yoshiaki. 2012. *Challenging the Mystery of the Angkor Empire*, S.U.P.（上智大学出版）
石澤良昭・丸井雅子・荒植久雄　二〇〇九『アンコール・ワットへの道』（写真：内山澄夫）ＪＴＢパブリッシング
石澤良昭・三輪悟　二〇一四『カンボジア　密林の五大遺跡』連合出版

写真1　水面に映るアンコール・ワット

写真2　アンコール・ワット第三回廊

写真3　アンコール・ワット壁面浮彫り・乱舞する女神たち

写真4　アンコール・トム都城南大門

写真5　四面仏尊顔―カンボジア人がモデル、バイヨン寺院

写真8　上智大学アンコール・ワット西参道工事

写真6　回廊浮彫り、牛車とカンボジア人家族、バイヨン寺院

写真9　カンボジア人専門家養成のための考古発掘現場研修

写真7　タ・ケオ寺院（11世紀）

写真10　バンテアイ・クデイ寺院境内から274体の仏像発掘（2001年）

写真13　シハヌーク・イオン博物館（2007年）
上智大学とイオン（株）が建設し、カンボジア王国政府へ寄贈した

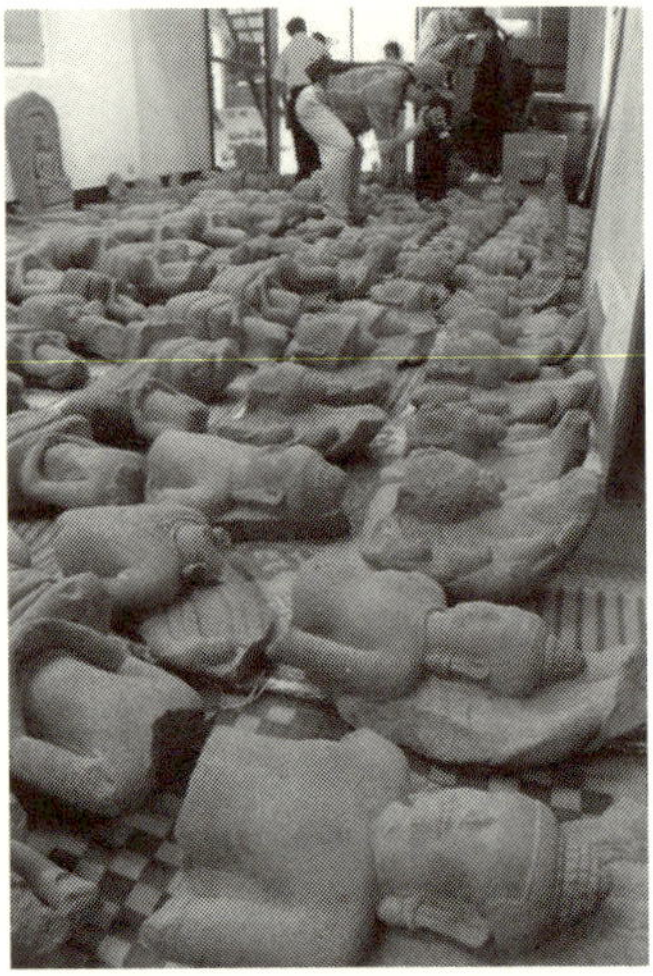

写真11　バンテアイ・クデイ寺院から発掘された274体

写真14　アンコール・ワットにある日本人墨書跡（1632年）

写真12　上智大学アジア人材養成研究センター（カンボジア王国シェムリアップ市内）

ベトナムの世界遺産ホイアンと日本の歴史的関係

菊池　誠一

はじめに

東南アジアの一角にあるベトナムを日本人はどのようにイメージしているのだろうか。団塊の世代はベトナム戦争を強烈にイメージし、現代の若者、とくに女性はおしゃれな雑貨の買える南国の地、あるいはアオザイを着た美しい女性をイメージするかもしれない。

しかし、ベトナムと日本の歴史的な関係を問うと、日本人の多くは両者の歴史的関係を薄いと感じ、ベトナムは遠い国と答えるのではないだろうか。

日本人の多くにこのようにイメージされるベトナムについて、両者が深く結びついていた歴史的な事柄を紹介したい。それは、歴史を四〇〇年ほどさかのぼった江戸時代のことである。

1　江戸時代の朱印船貿易とベトナム

一六世紀末に天下の覇者となった豊臣秀吉は朝鮮出兵を断行した。その結果、中国明朝との貿易ができなくなり、徳川家康は商船に海外渡航の許可状である朱印状を発給し、東南アジアとの貿易政策を推し進めた。これを朱印船貿易という。日本の商人たちは南海の特産品である香木や砂糖、鹿皮、玳瑁、そして生糸や絹織物などをもとめて東南アジアに出帆した。そこは、中国船との出会貿易の場でもあった。かれらは晩秋から初冬の北風を利用して長崎を出帆し東南アジアの各地に到り、そこで交易活動をした後、翌年の春から夏にかけて南風にのって帰帆した。また、戦乱が終わり、元和偃武の世になると「雑兵」たちは新たな稼ぎ場所をもとめて東南アジアに渡り、ヨーロッパ人や現地勢力の傭兵として働く者がいた。

東南アジアに向かった朱印船は、一六〇四（慶長九）年からいわゆる「鎖国」政策の実行された一六三五（寛永一二）年までの間だけでも三五六隻を数える。そのなかで、現在のベトナムの地に向かった朱印船は一三〇隻あり、それを一七世紀の南北に分かれ抗争していたベトナム社会にあてはめると、黎朝の北部鄭氏政権下の「東京」へは三七隻、中部の阮氏政権下の「順化、交趾、迦知安」に七三隻、ただし渡航先である「安南」に関しては、ベトナム北部なのか中部なのかはっきりとしないが一四隻が確認できる。さらに南に位置していたチャンパの「占城」に六隻となる（図1）。つまり朱印船総数の約三分の一がベトナムに向かっていたことになる。なかでも、中部のホイアンへは「交趾」として七一隻が記録され、最

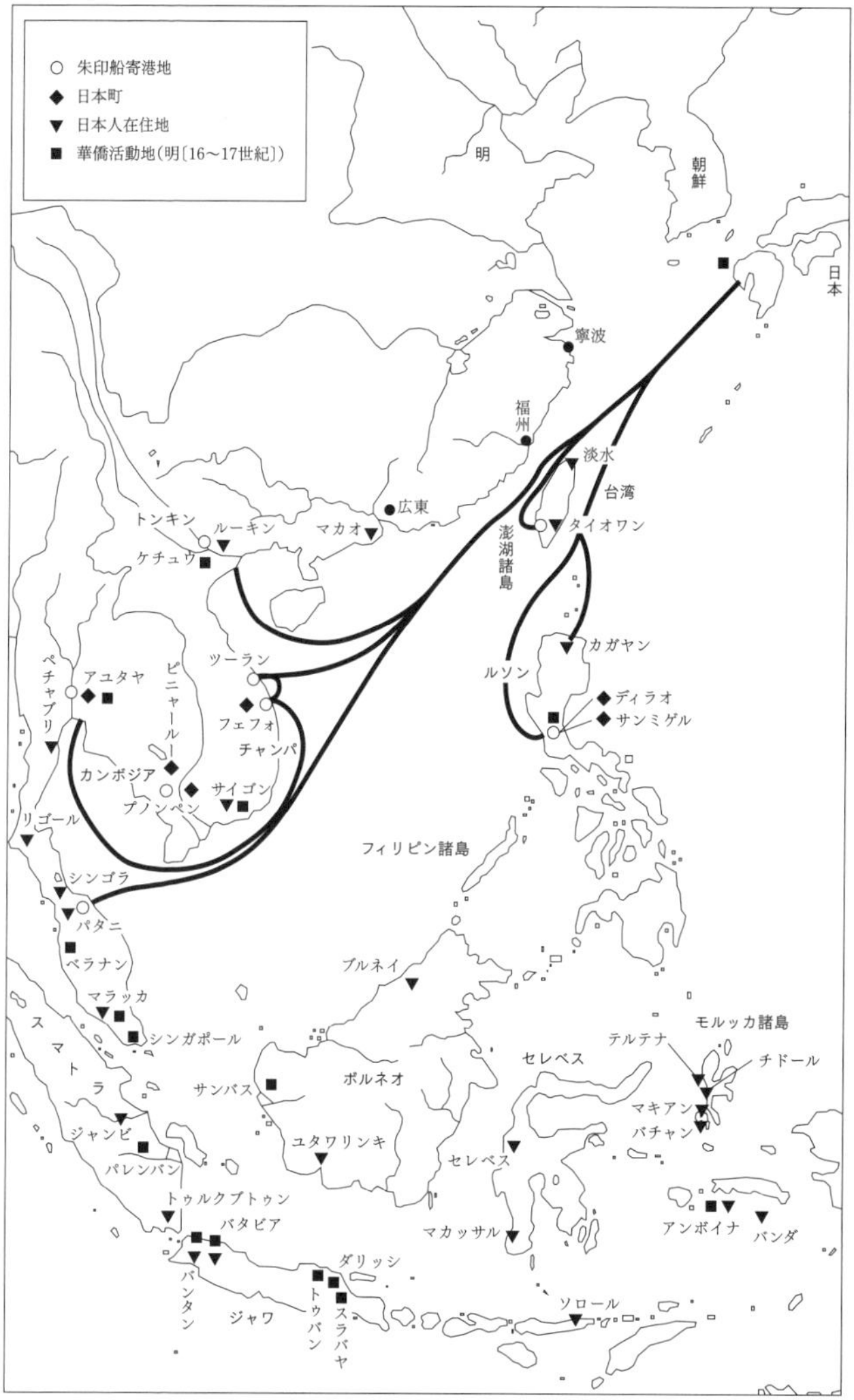

図１　朱印船の寄港地
（荒野泰典『江戸幕府と東アジア』吉川弘文館、2003年をもとに改変）

多である。

東南アジアに向かった日本人は活動の拠点として現地に日本人だけの集落をつくり、現地の支配者から治外法権を認められる場合があり、これをとくに「日本町」とよぶ。ベトナムにはホイアンに日本町が形成された。ホイアンの日本町をはじめ東南アジアの日本町は、徳川幕府の「鎖国」政策などにより急速に縮小するとともに、現地における政争にまきこまれるなどして、一八世紀に至ると史料からほとんど姿を消すこととなった。

ところで、日本町が存在していた頃のベトナム（国号は大越）の情勢は、先に紹介したように、黎朝の皇帝の下で権力を掌握した主（チュア）とよばれる武人によって、北部の鄭氏と南部（現在の中部）の阮氏（一九世紀の阮朝と区別するため、以後、広南阮氏とよぶ）に分かれ、対立抗争していた時代である。広南阮氏の初代の阮潢は、鄭氏の圧迫から逃れるため一五五八年に北部から南遷し、現在のクアンチからフエ地域（順化）に居城をつくり、独立した政権をめざした。かれは「安南国都元帥」と称し、一六〇一（慶長六）年に徳川家康に国書を送るなど外交活動を展開し、ホイアンはこの広南阮氏の港町として発展した。

写真１　ホイアン旧市街地

2　ホイアンの歴史的形成

かつてホイアン日本町が存在したホイアン市は、ベトナム社会主義共和国の中部のクアンナム省に属し、中部の最大都市ダナンの南約三〇キロメートルに位置している。中部最大の河川であるトゥーボン川の河口に形成された港町である（写真1）。

ホイアン旧市街地は、トゥーボン川沿いの東西にのびる三本の街路からなる。川沿いからバクダン通り、

写真2　伝統的町家

写真3　通称〝日本橋〟

写真4　17世紀の日本人墓

グエンタイホック通り、そしてチャンフー通りである。さらにその北側にはファンチューチン通りがある。この主要な通りの東西約九〇〇メートル、南北約三〇〇メートルに四〇〇あまりの歴史的建造物が残る（写真2）。このなかには、日本人が造ったという伝承のある来遠橋（通称、日本橋）や本貫を同じくする華僑の出身地別会館がみられる（写真3）。また、郊外には一七世紀の日本人墓も現存している（写真4）。

旧市街地に現存する最古の木造町家は一八世紀末頃のものであり、その大半は一九世紀以降に建築されたものである。つまり、日本町が存在した一七世紀の建物は存在しない。そのため、日本町の存在を確認する方法としては、考古学調査を実施する以外に方法はない。この

写真5　クーラオチャム（島）

ホイアン旧市街地は、一九九九年に伝統的な町家群と東南アジアのなかでも伝統的な港町の景観と東西文化の融合を残すとしてユネスコの世界遺産に登録された。

ホイアン地域の歴史は古く、郊外の砂丘上には紀元前三世紀頃から後一世紀頃のサーフィン文化の甕棺墓遺跡が数多くあり、これまで何か所かで発掘調査されている。その出土遺物は、海を隔てたフィリピンや台湾などでみられる石製耳飾りや五銖銭などの中国銅銭もあり、すでに広域なアジア海域交流を物語っている。

その後のチャンパ王国の港として各史書に登場する、海のシルクロードの重要な中継地のひとつであっ

た。九世紀に書かれたアラブ商人の記録にはホイアン地域から沈香が輸出されていること、また海上のクーラオチャム（島）で真水がとれることも記録されている（写真5）。このことを証明するように、近年のクーラオチャムにおける発掘調査では九～一〇世紀頃のイスラム陶器やイスラムガラスが出土し、かつ同時期の中国越州窯系青磁や長沙窯陶器もあり、この島が中国と西アジア世界をつなぐ上で重要な位置を占めていたことがわかる。

このチャンパ王国は北の大越（ベトナム）のたび重なる圧迫や侵略をうけ、徐々に南に後退していったため、ホイアン地域は大越領に編入されたものの港としての機能は衰退していった。大越の黎朝は一六世紀になると皇帝の権威が衰え、北部は鄭氏が実権を握り、南部（現在の中部）は鄭氏の圧迫から逃れた阮氏（広南阮氏）が支配する地域となった。ホイアンは広南阮氏の支配する港として復興し、対外交易に力をいれる政策の下、国際交易都市として復活し、発展していった。当時、外国人は北部をトンキン（東京）、あるいはダンゴアイとよび、中部をコーチシナ（交趾支那）、広南国、またはダンチョンとよんで区別していた。日本人は中部をコーチとよんでいたという。

ところが、一七七一年から始まった西山党の乱とその機に乗じて北部鄭氏政権の南征軍の侵入によって町が大きな被害をうけたことがヨーロッパ人の記録や現地碑文史料によってわかる。西山党の乱の結果、黎朝が滅び、乱を主導した阮氏（西山阮氏）が西山朝を開くとホイアンは徐々に復興し、一八〇二年に成立した阮朝の時には、貿易港として繁栄した様子が『大南一統志』に記されている。その後、港はフランス植民地時代になった一九世紀後半から衰退する。その理由は、トゥーボン川の土砂の堆積によって大型船舶の航行が難しくなったことと、フランスの割譲地となったダナンの商業都市としての発展であった。

ホイアンがとりわけチャンパ王国時代からの国際貿易港として繁栄した背景には、トゥーボン川上流のチュオンソン山脈に、香木や肉桂などの森林生産物や金などの鉱山資源が豊富であったことがある。一七世紀のヨーロッパ人宣教師の記録に、ダンチョン（広南阮氏支配地域のこと――筆者注）には金鉱が多くあり、胡椒や生糸を中国人が購入し、また、砂糖も多く、それを日本に輸出している、とある。また、一八世紀の『撫辺雑録』や阮朝の官撰地誌である『大南一統志』などにもその記録がみられる。このように、ホイアンは人びとに渇望されていた南海の特産品の集散地であり、それが港として発展した大きな要因であった。

3　ホイアンの日本町

一七世紀の東南アジアに日本人の集住する日本町がつくられた。大陸部ではベトナム、カンボジア、タイ、島嶼部ではフィリピンである。ベトナムのホイアンにあった日本町を最初に目撃した西洋人は、ウィリアム・アダムズ（三浦按針）で一六一七年のことであった。一六一八～二二年までホイアンに滞在したヨーロッパ人宣教師の目撃記録もあり、それによると町は日本町と中国町に分かれ、別個の頭領がいて、それぞれの慣習にしたがって人びとは生活していたという。

この日本町に住み頭領をしていたのは角屋七郎兵衛や平野屋六兵衛たちであった。その角屋の名を刻んだ碑文がホイアン郊外の五行山に今も遺っている。ホイアンを訪れた朱印船貿易家のなかには長崎の荒木宗太郎がおり、かれは広南阮氏の王女を娶り、日本に連れ帰っている。その夫人が持参した鏡が現存する。

「鎖国」後になると日本町は徐々に衰退し、一六五一年の記録によると六〇軒近くの日本人家族が住んでいたという。一六九五年になると日本人家族は四、五軒だけになっていた。そして、一七六五年に日本人がホイアンに漂着しているが、かれらの記録には日本人にまつわる話はでてこない。日本人の二世、三世はおそらく現地のベトナム社会に埋没していったのであろう。

4　ホイアンの日本町跡を発掘する

写真６　溝跡から出土した陶磁器

旧市街地の都市形成史を解明するために、一九九三年の夏から発掘を開始した。中部とはいえ、まだ肌寒い一月のことであった。旧市街地のはずれにあるディン（集会所兼廟）の前庭にトレンチをいれ、約六〇センチメートル掘り下げたところ、トレンチの角から日本や中国、ベトナムの陶磁器が出土した。遺構を確認するためトレンチを拡張したところ、一七世紀の溝跡がみつかった。この溝跡から一七世紀前半の中国磁器（景徳鎮窯や福建・広東窯）や一七世紀後半の肥前磁器（伊万里焼）、そしてベトナム陶器が大量に出土し、それらは日本町の存続時期と重なる時期のものであった（写真6）。旧市街地の地下には、一七世紀の居住地が比較的よく保存されていると確信し、以後、現在に至るまで発掘調査を継続している。

写真７　旧日本橋跡か

写真８　17世紀の家跡と出土陶磁器

二〇〇六年の発掘では、日本人が造ったという伝承のある来遠橋（通称、日本橋）のたもとと橋の西側にのびるグエン・ティ・ミンカイ通りの地点にトレンチをいれた。その結果、橋のたもとでは地表面下約二メートルの深さから炭化した複数の木杭やレンガによる構造物、炭化した板材などがみつかり、この遺構は来遠橋の前身の橋である可能性が考えられた。つまり、一七世紀のホイアン在住日本人が建造した橋の痕跡の一部である（写真7）。また、そのトレンチから、江戸時代の国内向けの製品である仏前に供える肥前の仏飯器が出土したのであった。この事実から、日本人の存在を考えなくてはならないだろう。

グエン・ティ・ミンカイ通りの地点では、深さ一メートルほどのところから炭化した柱や焼けたレンガ、一七世紀の焜炉や大量の陶磁器が出土し、それらの大半が肥前磁器の碗・皿であった。わずか六平方メートルの広さから四〇点以上が出土したという多さに驚くと同時に、検出した遺構は家跡の一部と考えられた（写真8）。

こうした旧市街地におけるわずかばかりの面積の調査をしていくなかで、おおよそであるが一七世紀の人びとの居住域が判明してきた。それは、グエン・ティ・ミンカイ通りから来遠橋を過ぎ、チャンフー通りに一部重なりながら東に行くにつれ、通りの北側一帯地域にひろがる範囲である。こうした範囲に一七世紀の日本町があったと考えられる。そして、一七世紀以前の遺物がほとんど出土しないという状況は、旧市街地への居住開始が一七世紀からはじまったことを意味している。このことは広南阮氏が貿易に有利なようにと外国人に土地をあたえた、という一七世紀のヨーロッパ人宣教師の記録と一致し、この地はほかならぬ現在の旧市街地であったのである。

出土した遺物の大半は陶磁器である。その組成は一七世紀前半では中国陶磁器の碗・皿類と在地の貯蔵容器や煮炊き具であり、一七世紀後半になると肥前磁器の碗・皿類と在地の製品の組合せに変化している。この変化は、中国における世界史的な大事件である明清交替による貿易の変容を意味し、ベトナムに肥前陶磁器が運ばれる要因でもあった。しかし、清朝における海禁政策の緩和によって一七世紀末頃から肥前陶磁器に代わり、再度、中国陶磁器がホイアンの市場を占めるようになった。

図２　朱印船貿易の絵図
（名古屋市情妙寺所蔵）

5　朱印船貿易絵図と考古学調査

朱印船貿易の様子を描いた絵図が知られている。名古屋市情妙寺所蔵

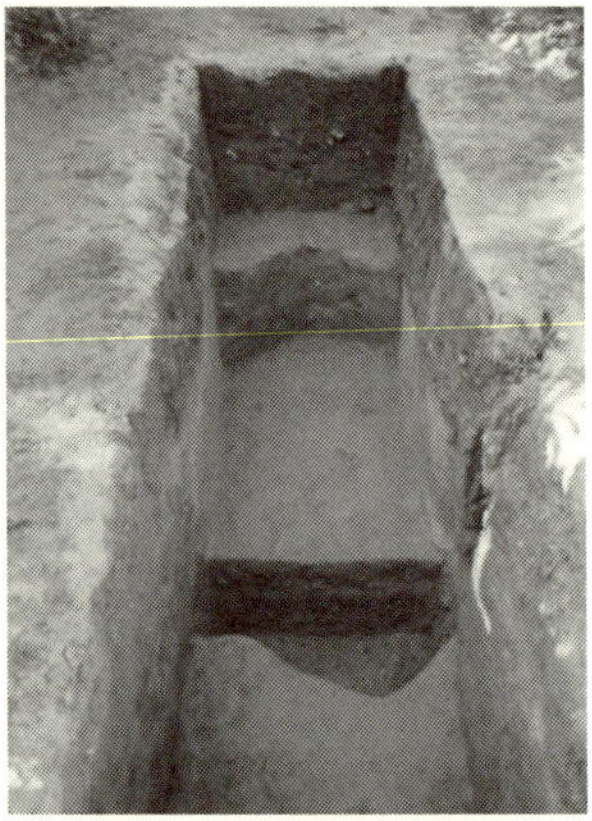

写真9　大型建物の柱跡

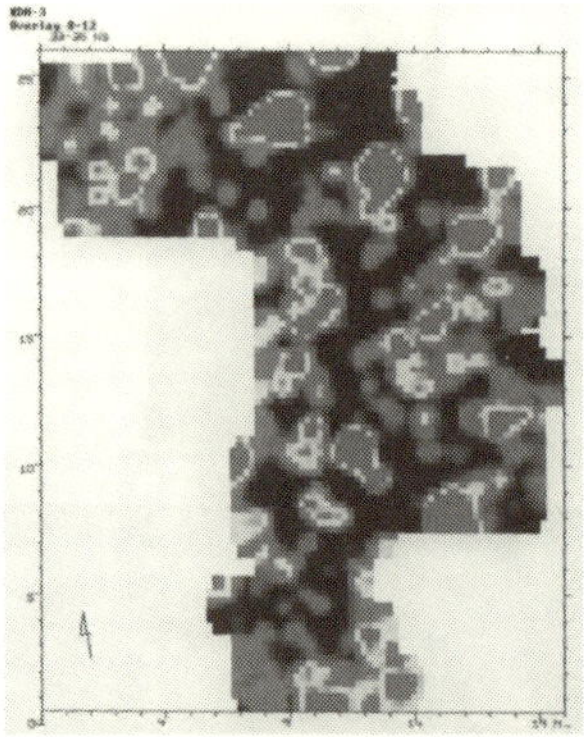

図3　地中レーダ探査結果（『海のシルクロードからみたベトナム中部・南部の考古学的研究』2003、シルクロード学研究センター）

の「茶屋交趾貿易渡海絵図」と九州国立博物館所蔵の「朱印船交趾渡航図巻」である。絵図には日本町の上流域に大きな館があり、日本人一行が貢ぎ物を届けている場面が描かれている。この館は一六〇二年にホイアン地域に築かれた広南営の鎮営であり、広南阮氏の第二代の皇帝につく阮福源が皇太子として君臨していた（図2）。

　この館の場所はどこであろうか。これまでの調査でははっきりとしなかったが、一九九九年から二〇〇一年にかけて発掘調査や地中レーダ探査などを実施した結果、南北を縦断する国道一号線とそこから分岐しホイアンにむかう旧道の接点に位置し、ホイアン市に隣接するディエンバン県ディエンホン社の場所であった。

二メートル四方の大形の柱基礎遺構がみつかり、周辺を地中レーダ探査したところ同様な遺構が多数検出され、大型建物の存在が確認できた。さらにこの遺構の下には一七世紀にさかのぼる遺構も検出された。大型建物は、史書から阮朝の一八〇四年に建てられ、一八二四年まで存続した鎮営の建物であり、もともと一七世紀の鎮営があった地に建てられたものである（写真9、図3）。こうした調査の結果、絵図に描かれた建物の地が判明し、日本人一行の行動範囲も復元することが可能となっている。

6 「鎖国」後のホイアン

いわゆる「鎖国」後のホイアンと日本の関係は、細々とつづいていた。長崎の中国商人たちの活動によって海外情報などがもたらされ、享保年間にはベトナムから象が徳川吉宗に献上されている。しかし、日本人の海外渡航は禁止されていた。そうした時代、不慮の事故で海外に渡った日本人がいた。ロシアに渡った大黒屋光太夫は有名であるが、ベトナムのホイアンにも日本人の行動が記録されている。

陸奥国多賀郡の水戸藩領地の磯原村の姫宮丸は、一七六五（明和二）年一一月に漂流し、同年一二月にホイアンに漂着し、翌年七月に帰国している。乗船者六名のうち、四名が無事帰国をはたした。姫宮丸は、詩人野口雨情の先祖の持船であった。興味深いことに姫宮丸が漂流した同年同月に、陸奥国磐城郡小名浜村の住吉丸も漂流し、翌年の正月にホイアン近郊に漂着し、姫宮丸の乗組員とホイアンで出会っている。かれら一行は仕事の関係でお互いに顔見知りであり、異国の地、ホイアンで再会した時の驚きと狂喜はいかばかりであったろうか。

姫宮丸の乗船者は帰国後に長崎奉行所の取り調べをうけ、水戸藩から漂流民を引き取りにいった地理学者の長久保赤水に問われるままホイアンの様子を語っている。

それによると、ホイアンには一五〇〇～一六〇〇軒の家と三か所の寺があり、

一ッ寺本尊ハ女の面体にて額ハ海国尊親と書候。一寺ハ配徳金山寺ト書一寺ハ本尊薬師ニテ、前は関羽の像有

と述べている。彼らが目撃した寺は、今ホイアンにあるのだろうか。

ホイアン旧市街地には、華人の出身別の会館や廟がある。ひとつは、ホイアンの市場に近接したところに関羽をまつる関帝廟があり、その裏がホイアン市歴史文化資料館の建物である。この資料館は、元は観音仏寺という寺院である。漂流民が目撃した「本尊薬師ニテ、前は関羽の像有」は、現存するのである。おそらく、漂流民は観音像を薬師像と見間違えたのであろう。

つぎに、「本尊ハ女の面体にて額ハ海国尊親」、「配徳金山寺」であるが、旧市街地のチャンフー通りにある福建会館、媽祖（天妃）をまつり、「海国尊親」と書かれた扁額がある。しかし、福建会館は、元来「金山寺」と称されていた。媽祖神をまつるのは他に一八世紀に建てられた中華会館がある。漂流民たちは、このふたつの寺を混同した可能性があろう。

一八世紀後半、日本人漂流民が目撃した寺は今も残され、漂流民の記録は一八世紀後半のホイアンを語る上で貴重な史料となっている。

7　現在のホイアンをめぐる日越関係

漂流民が日本に帰国してから二〇〇年ほど経過したベトナム。全土を覆う戦火が激しかったベトナム戦争が一九七五年に終結し、翌年に南北ベトナムが統一されてベトナム社会主義国が誕生した。世界中の多くの人びとから称賛されたこの快挙は、一転して暗転することになった。それは、ポルポト政権下のカンボジアとの国境紛争に端を発したベトナム軍のカンボジア侵攻、それに惹起された中国との紛争やボート・ピープルの発生であり、これらの事態はベトナムを悪者にしたてるに好都合であり、世界から孤立する要因となった。

一方、国内にあっては急激な社会主義経済化は経済の疲弊を生み、これを打開する政策が始まった。一九八六年のドイモイ（刷新）政策である。市場経済の導入だけではなく、対外開放政策に転じた。その動きは学術界にもおよび、一九九〇年にホイアンをめぐる国際シンポジウムがホイアンに隣接するダナン市で開催された。この会議には日本をはじめ世界各国の研究者が一堂に会して、ホイアンの歴史解明と町並み保存の必要性を認識させることになった。これが契機となり、日本がホイアンの町並み保存事業に深くかかわることになったのである。

一九九二年の予備調査をへて、翌年から文化庁、各大学関係者が建築調査、古文書調査、考古学調査を開始し、修復活動を展開していった。まず建築調査では建物の図面作成、それをもとにした修復計画と修復技術の移転がなされてきた。日本には木造建造物修復の長い歴史と技術が蓄積されており、その技術をベトナムに移転し、技術者を養成することをめざした。そのため、一九九三年から九五年にかけて、最初の建物が日本人技術者とベトナム人技術者、ベトナム人大工の連携の下で修復が実施され、その完成後には博物館として活用されている。

その後は、国際協力機構（ＪＩＣＡ）の専門家や青年海外協力隊員の派遣によって、この事業は継続され、また日本の民間資金の支援などによっていくつかの古民家が修復されていった。こうした活動を通して、今ではベトナム人自らが修復活動を展開し、町並みの保存管理計画、修理記録の作成、人材養成がなされている。こうした日越共同活動は功を奏し、ホイアンの町並みは一九九九年にユネスコの世界文化遺産に登録されたのであった。この経験は、ベトナム全国の文化遺産保存事業として展開されていった。

二〇〇二年から二〇〇四年に私たちが調査したタインホア省にある胡城朝は、その後ベトナム側の調査継続がなされ、二〇一一年にやはりユネスコの世界遺産に登録された。また、二〇一〇年に世界遺産に登録されたハノイのタンロン皇城遺跡は、日本の技術的支援をえたものである。ホイアンにおける日越共同事業の経験がそれぞれ活かされた活動であった。

この間、さまざまな学術交流もうまれた。ホイアンに関してだけでも、私たちは二〇〇三年に町並み保存事業開始一〇周年を記念してホイアンで国際シンポジウムを開催し、二〇〇八年にも開催した。また、ハノイや東京でも開催した。こうした成果のいくつかはすでに出版されている。

学術交流を通してベトナム、ホイアンとかかわることで、じつは日本と過去に深いつながりのある町、ホイアンを再認識することになり、将来にむけたさらなる日本とベトナムの交流を生み出す大きな契機となった。

※写真撮影は、すべて筆者による。

参考文献

岩生成一　一九六五『南洋日本町の研究』岩波書店
――　一九八五『新版朱印船貿易史の研究』吉川弘文館
小和田泰経　二〇〇七『家康と茶屋四郎次郎』静岡新聞社
川島元次郎　一九一六『徳川初期の海外貿易家』朝日新聞社
菊池誠一　二〇〇三『ベトナム日本町の考古学』高志書院
菊池誠一編　二〇一四『朱印船貿易絵図の研究』思文閣出版
菊池誠一・阿部百里子編　二〇一三『海の道と考古学――インドシナ半島から日本へ』高志書院
金永鍵　一九四三『印度支那と日本との関係』冨山書房
櫻井清彦・菊池誠一　二〇〇二『近世日越交流史――日本町・陶磁器』柏書房
シルクロード学研究センター編　二〇〇三『海のシルクロードからみたベトナム中部・南部の考古学的研究』シルクロード学研究センター
永積洋子　二〇〇一『朱印船』吉川弘文館

ガムラン

——バリの音伝統と文化遺産

皆川　厚一

はじめに——ガムランについて

ガムランはインドネシア（及びマレーシアの一部地域）で伝承される伝統的合奏音楽の総称である。また、その楽器編成・演奏形態もガムランと呼ばれる。ガムランは器楽を基本とするが、舞踊や演劇の伴奏にも用いられる。

今日ガムランとそれに関わる活動はインドネシアだけでなく世界中に広がりを見せており、その名は人口に膾炙した感がある。インドネシアの旧宗主国であるオランダや周辺の西欧諸国における学術的研究はもとより、アメリカの諸大学でも一九六〇年代からワールドミュージック・プログラム教育の一環として取り入れられ始めた。

日本では一九七〇年代からいくつかの大学で、その研究と教育が始まった。それ以前は、第二次世界大戦（太平洋戦争）前後から、ガムランとそれにまつわる芸能は南方のエキゾチックな文化のひとつとして一部の人々の関心を惹いていた。宝塚歌劇団は戦後のインドネシア独立運動をテーマにしたミュージカル「ジャワの踊り子」の中でガムランを用いている。だが研究者が自由に現地調査できる環境が整うのはかなり後で、バリ島などが観光地として我が国に紹介され始めた一九六〇年代後半のことである。

一九七〇年代からは日本人研究者も民族音楽学の立場から、フィールドワークを伴う本格的アプローチを開始した。一九八〇年代には、それら専門家の監修による現地録音のガムランCDなどが多数リリースされるようになり、一般の音楽愛好家やプロミュージシャンも注目する音楽ジャンルのひとつとなった。また、各界の芸術家たちもガムランをはじめとするインドネシアの芸術に強く関心を寄せ始め、今日では現地の音楽家や舞踊家とのコラボレーションも頻繁に行われるようになった。

このような状況の中で、ガムランは今後もインドネシア国内にとどまらず、世界の文化芸術活動の中で様々な発展と変貌を見せていくと思われる。

（1）歴史的概略

ガムラン楽器の多くは青銅で作られている。インドネシアの、特に中部ジャワでは、鍛造によってこれらの楽器を製造する技術が高度に発達している。ガムランの成立に関しては、東南アジアの青銅器文化であるドンソン文化が深く関わっているといわれる。この青銅器文化がインドネシアに伝わり、青銅器製造のノウハウが、歴史のある時点でガムラン楽器製造技術に転用されていったと考えられている。

①ドンソン文化と青銅鼓

ドンソン文化は紀元前一千年紀頃中国南部（もしくはベトナムの北部）に発生し、前四〜五世紀から後一世紀にかけて隆盛したといわれるアジアの青銅器文化である。この文化は稲作農耕を東南アジアに伝播させたものとしても知られている。その特徴は青銅で作られた鼓を有していたことである。英語ではDongson Drumと呼ばれるものであるが、動物の皮を張った太鼓ではなく、全体が青銅で作られた鋳造物である（写真1）。

ドンソン文化がインドネシアに入った正確な時期はわかっていないが、紀元前三世紀頃には伝播していたと考えられる。バリ島の中南部ギアニャール県ペジェン村パナタラン・サシー寺院には、世界最大のドンソン銅鼓である「ペジェンの月」が御神体として祀られている。(1) 直径約一・六メートル、長さ約一・八メートルの巨大な青銅鼓であり、近隣の村落からこの銅鼓を鋳造したときの鋳型と見られるものが発見されているため、現地で製造されたと考えられている。バリ州考古学博物館によれば紀元前三世紀頃のものであるという（写真2）。

写真１　ドンソン銅鼓
（バリ州博物館）

「ペジェンの月」にまつわる興味深い伝説がある。昔バリ島には一三個の月があったという。一三個すべてが一度に夜空に現れるということではなく、毎月違う月が交代で出ていた。ある時そのうちの一個が何かの理由で地上に落ちてきて、木の枝にひっかかってしまった。その結果、月は枝の上で昼夜を問わず煌煌と照り続け、暗闇を職場とする泥棒たちは稼ぎの場を失ってしまった。困り果てた泥棒たちの中から一人の男が勇敢にも木の上に登り、輝く月に向かって小便をかけた。すると急に冷やされた月は大爆発を起こし、枝から離れて地面に落下した。一方、件の泥棒も爆発の衝撃で吹き飛ばされ、やはり地面に落ちて絶命した。落ちた月はやがて冷えて固まり、今の「ペジェンの月」となった。底の部分が一部欠けているのは、落下のときの衝撃で失われたからだといわれる。その結果、バリの空には一二個の月が残った。

この伝説の意味はどこにあるのだろう。月が一二個や一三個だったりする事象は太陽太陰暦を連想させる。すなわち、バリの伝統的暦法サカ暦を象徴するものと考えられる。サカ暦は季節の変わり目の目安となる暦である。雨の降る時期、風向きの変わる時期などはサカ暦によって感知され、寺院祭礼の期日や農耕関係の各種儀礼はサカ暦に従うことが多い。「ペジェンの月」のあるパナタラン・サシー寺院の定期祭礼もサカ暦によって行われる。

写真２「ペジェンの月」

また、ガムランとの関係も古文書の中で言及されている。「ペジェンの月」に代表されるドンソン銅鼓は、バリでは一般にヌカラ nekara と呼ばれる。ガムランについて書かれたロンタル文書(2)『プラクンパ』Prakempa には、バリ島の新旧ガムランの系統図が記載されているが、その最初の起源の場所には「ヌカラ」と記されている。すなわち、ペジェンの月に代表されるヌカラは、すべてのガムランの先祖ということになる。もっとも、この『プラクンパ』が書かれたのはそれほど古い時代ではないらしい。前述のガムラン系統図の中には二〇世紀に成立したガムランも記載されていることから、古くとも二〇世紀前半に書かれたものだと想像される。ただ、ロンタル文書という権威のある体裁で書かれ、ヌカラとガムランが血統的に直系であるという認識がなされている点に意味がある。

②銅鑼とドンソン銅鼓

ガムラン楽器の中で最も重要なのは、表面中央部にコブ状の突起を持った銅鑼である。この銅鑼には二つの種類がある。音階順に調律され、旋律的な音形が演奏可能なものをゴング＝チャイム楽器という。これは木枠に紐をわたし、その上に突起を上にして水平に置かれることが一般的である。バリのレヨン、トロンポン、ジャワのボナンなどがその例といえる（写真3）。

一方、紐を通して竿に吊るすタイプの銅鑼はゴング、クンプルなどと呼ばれ、一定の音程に調律されているが、旋律的な音形を演奏することは一般的

写真３　バリ島のレヨン

写真４　吊るすタイプの銅鑼類

にはない（写真４）。

クンストによれば、歴史のある時点でドンソン銅鼓からコブ状の突起のある銅鑼が作られた。それは紀元四世紀ジャワにおいてであった。このガムラン創世記において、音楽を表す言葉として次の二種類があったという。[3]

①Tetabuhan Lokananta トゥタブハン・ロカナンタ：目に見えない楽器によって奏される天上の音楽。ドンソン銅鼓アンサンブルの象徴的表現と考えられる。

②Gamelan Munggang ガムラン・ムンガン：ドンソン銅鼓を模倣して鍛造された突起のある銅鑼のアンサンブル。

ジャワの鍛冶職人たちは鍛造による打ち出し一体成形のコブ付き銅鑼を発明し、ドンソン銅鼓によって奏でられた天上の音楽をこの銅鑼で再現しようとした。その後この鍛造技術は大陸部に逆伝播し、東南アジア各地にコブのある銅鑼のアンサンブルが発達したと考えられている。

③ヒンドゥー＝ジャワ文化

ドンソン文化とさほど時間を隔てず、インドネシアにはインド文化が伝播した。初期のインド文化は仏教・ヒンドゥー教文化であった。この文化が後に熟成し、ヒンドゥー＝ジャワ文化を形成することになる。この頃スマトラでは中国とインドの交流の中継地としてスリウィジャヤ王朝が栄え、中部ジャワではシャイレンドラ王朝が栄えた。シャイレンドラは八〜九世紀にボロブドゥール寺院を建立した。またシャイレンドラの少し後、やはり中部ジャワに起こった古マタラム王朝はヒンドゥー教を奉じ、プランバナン寺院を建立した。この二つは現在世界遺産に登録されている。

ボロブドゥール寺院の壁画レリーフには、楽器を演奏する天人を描いたものがある（写真5）。

これを図像に刻まれた最初のガムランの姿とする説があるが、見たところガムランのそれというよりは南インドのムリダンガム、またはスリランカで見られる同種の太鼓のように見える。ガムランで使われるコブ状の突起を持った銅鑼の絵は見られない。また、その下には弦楽器と横笛を奏する天人の姿が見られる。ボロブドゥールの壁画は仏陀の生涯を描いたものであり、そこにはインド伝来の風物が刻まれていると考えた方がよさそうである。

写真5　ボロブドゥールのレリーフ

しかし、インド文化の影響が着実にインドネシアに定着し、独自のヒンドゥー＝ジャワ文化を築く礎となったことは確かである。宗教文化、特に叙事詩「ラーマーヤナ」と「マハーバーラタ」の影響は重要である。この二大叙事詩は影絵芝居ワヤンのテキストとしてインドネシア独自の哲学と倫理感を加え、ヒンドゥー＝ジャワ文化の精神的背景を確立した。

④ヒンドゥー＝ジャワ文化の完成期

ヒンドゥー＝ジャワ文化が完成したのは東ジャワのマジャパイト王朝時代（一二九三―一五〇〇？）である。バリ島には一三四二年マジャパイトの宰相ガジャマダが遠征し、その勢力下におさめる。この結果、バリとジャワは共通の社会文化基盤を持つに至る。現在インドネシアで古典に位置づけられる文芸作品・歴史・哲学などの書物の多くは、この時代に成立したといわれる。

ガムランの楽曲や楽器も、この時期に現在の形状や名称の原形が出来上がったと考えられる。中世ジャワ文学の最高傑作といわれるパンジ物語の中には、ガムランについての記述が見られる。

パンジ物語は、東ジャワのコリパン国の王子パンジを主人公とする英雄遍歴物語である。彼は結婚直前に謎の失踪をした許嫁チャンドラ・キラナ姫（別名スカル・タジ）を探し求め、諸国を放浪する。そして、その道中に出会う人々や物事を通して様々な経験を積んでいくというのが粗筋となっている。パンジは細面の美丈夫で文武両道に秀で、殊にガムランの作曲・演奏者としても優秀であった。

「ある日パンジは、過日知り合ったググラン国の王女ディア・ラトナ・ニングラットのもとへ向かう。彼は自作の曲『トゥンバン・サルカット』をその日彼女に教授することを約束していた。（中略）彼は家来の将軍と従卒を伴い、ダラン・キ・アンタバンという名の白馬にまたがってググラン国に出発したのだった。ググラン国の城に到着すると、パンジはすぐに王女の部屋に入りその『トゥンバン・サルカット』とガムラン演奏を教授し始めた。[4]」

これは現在、バリ島で伝承されているパンジ物語を題材とした、舞踊劇ガンブーの台本の一部である。ガンブーはマジャパイト時代の宮廷芸能がバリに伝搬し、伝承された貴重な芸能である。この中にはガムランや楽器に関する記述が多く見られ、その名称が現在のものとほぼ共通することから、この時代に楽器名や音楽様式の基礎が完成したと推測される。

⑤イスラム伝来以降

東南アジアには一〇世紀頃からイスラム商人が来航していたといわれる。これはインド北部がイスラム化したことに伴うものだった。つまり東南アジアにイスラム教を伝えた人の多くは、アラブ人ではなくイスラム化したインド人だったわけである。その後一四〇二年にマラッカ王国が誕生し、マレー半島とスマトラでは急速にイスラム化が進んだ。インドネシアでは彼らインド商人のもたらすものは、あまねく「インド文化」として受け入れられた感があり、仏教もヒンドゥー教も、そしてイスラム教も、インド伝来の宗教という「くくり」でわりと抵抗なく受け入れられたという。その方が商いの交渉が楽だという便宜性もあった。また、インドネシアに入ってきたイスラムは神秘主義（スーフィズム）だったために、ジャワ土着のアニミズムと容易に融合し定着していったともいわれる。

マラッカ王国は明の鄭和艦隊に停泊地を提供したりして永楽帝に近づき、それまでマジャパイトが東南アジアに持っていた権益を次第に奪っていった。スマトラ、ジャワの王族はほぼイスラム教に改宗し、マジャパイト王朝は終末を迎えようとしていた。当時バリ島では、マジャパイトから派遣された貴族が実質統治を行っており、イスラム教への改宗を拒んだ王族と宗教関係者はそこへ逃れ、バリの地でヒンドゥー＝ジャワ文化の伝統を維持・継承することになる。これが、現在世界最多のイスラム教徒人口を抱えるインドネシアにあって、唯一バリ島だけはヒンドゥー教徒が多数派を占めている由来である。そのためバリ島では、今日でもマジャパイト時代の姿に近い音楽や芸能が伝承されていると考えられている。

一方、イスラム化したジャワ島では、音楽・芸能に二つの流れが起きた。中部ジャワでは新マタラム王朝成立とともに、ヒンドゥー時代にあったあらゆる音楽・芸能がスルタンの宮廷に集められ、統合されて宮廷文化としての様式が完成されていった。また一方、西部ジャワでは中部ジャワのような強力なスルタンは出現せず、山間部の地域ごとに地元の一般庶民が、民衆娯楽としての音楽・芸能を発展させていった。

（2）三つの地方様式

以上のような経緯から、現在インドネシアの旧ヒンドゥー＝ジャワ文化地域（バリ、ジャワ）では、ガムランとそれに関わる芸能に三つの地方様式が認められる。

①バリ様式：ヒンドゥー＝ジャワ文化の伝統を継承する宗教芸能。小編成から大編成までガムランの種類が多く、ヒンドゥー教の各儀礼や催しの用途に対応している。
②中部ジャワ様式：スルタンの宮廷の庇護と権威に支えられた宮廷芸能。ガムランは大編成で、宮廷の大広間等で舞踊とともに演じられる。
③西部ジャワ様式：地方都市の一般庶民が娯楽性を中心に発展させた民衆芸能。ガムランは小編成で、弦楽器や竹笛等で伴奏する歌曲なども発達している。

無論、それぞれの地方にこれ以外の様式が存在しないということではない。バリ島にも宮廷芸能や民俗芸能は存在するし、中部ジャワにも慣習儀礼のための芸能が存在する。また、この三地方以外にも独自の様式を持つ伝統芸能が存在する。したがって、この三つの分類は多様性の中の目安として理解すべきである。

(3) ガムランの意味

gamelan という単語は、古代ジャワ語の gamel という単語に名詞語尾 an がついたものであるといわれている。ガムランが我が国に紹介された当初、gamel とは「叩く」という意味の動詞である、という説が流布していた。したがってガムランとは「叩くもの」という意味になる。しかし、この説は後に疑問視されるようになった。

古代ジャワ語の辞書をひくと、gamel には二つの見出しがある。つまり gamel I と gamel II である。[5] gamel I の意味は「さわる」「触れる」「握る」「掌握する」というもので、音楽や楽器演奏に関わる意味は載っていない。また、この項には名詞形である gamelan の用例が載っていない。つまり、この gamel I の語には名詞形が存在しないということだ。

次に gamel II をひいてみると「楽曲を演奏すること」とある。そして、その次に動詞としての用例 agamel, pagamel があり「ガムランを演奏する」という意味が載っている。

我々が問題にする gamelan の語源は、どう考えてもこの gamel II の方であり、gamel I の方は伝統音楽とは関係のない単語であると考えざるを得ない。つまり gamelan という語は根本起源的に音楽用語なのであろう。

確かにガムランは基本的に打楽器合奏であるから、「叩く」という意味は実にしっくりと馴染むのであるが、例えばバリ語では「叩く」という動詞は jagur という別の単語であり、gamel (バリ人は gambel と訛って発音する) という動詞は、やはり「ガムランを演奏する」という場合にしか使わない。仮に「叩く」というニュアンスで使うときも、あくまで「楽器を叩く」という意味に限定されている。

1　バリ芸能について

私たちが普段接するバリ芸能は、主として観光地としてのバリ島を背景とし、各種メディアを通し伝達・認識されている。テレビ取材番組、ホテルのショー、CD、DVD、インターネット動画サイトなど、今日バリ芸能の情報を伝えるメディアは多岐にわたり充実している。しかし、観光事業と直接関わりを持たない伝統的なバリ社会も厳然と存在し、観光のために供される芸能も、その発生と伝承の基盤は、その伝統社会の中にこそある。

(1) バンジャールと村落共同体

バリ島の芸能活動は伝統的にスク sekehe と呼ばれる組織を基盤として行われてきた。スクは地域共同体バンジャール banjar の内部組織である。(6) ひとつのバンジャールには、活動の種類によって通常複数のスクがある。例えばガムラン演奏を行うスク(「スク・ゴング」と呼ばれる)、青年団を意味するスク・トゥルナ・トゥルニ、古典詩や宗教歌の朗唱を愛好するスク・プサンティアンなどがある。スクへの参加は原則任意であるが、スクごとに決められた規約に従い、バンジャール内の公的催しへの参加・奉仕の義務がある。それぞれリーダー、サブリーダー、書記、経理、相談役などが互選される民主的な組織である。

スク・ゴング(以下スクと記す)はガムランの演奏や伝承・教育を主な活動とし、その地区の寺院祭礼等のために様々な芸能の催しを企画したりする。バンジャールにはバレ・バンジャールと呼ばれる集会場

（公民館）が必ずあり、ガムラン楽器は通常そこに保管されている。ひとつの村（デサ desa）は普通三、四個のバンジャールが集まって構成される。つまり村にはガムランのスクが三、四グループあることになる。

定期的に練習を行うスクもあれば、寺院祭礼などの大きな催しの間近に集中的に練習するスクもある。また会員数の多いスクは世代によって青年部、成人部のように分かれている場合もあり、成人部は青年部の育成も担当する。

演奏技術に優れたスクはホテル等に営業として出前演奏することもある。営業演奏には州政府が発行する免許が必要で、免許の発行に際しては事前に州芸術委員会の審査が行われる[7]。審査を通過すると、州知事及び芸術委員会長の名で免許証が発行される。営業で得た収入はスクの規約に従って使用される。メンバーに分配される場合もあるが、大抵は楽器の補修費、衣装の更新等に使われる。

（2）各種儀礼と芸能の関係

バリ島の各村には普通複数のヒンドゥー寺院がある。基本的には最低三種類の寺院がなければならないといわれている。村の起源（村を興した祖先）を祀るプラ・プセ pura puseh、村の行政運営に関わるプラ・デサ pura desa、火葬場と仮埋葬墓地のあるプラ・ダルム pura dalem である[8]。だが、これ以外にも各種儀礼用途に応じた寺院があり、各々はバリの暦であるサカ暦 çaka、またはウク暦 wuku に従って祭礼が行われる[9]（写真6）。

各祭礼では様々な芸能が奉納される。ガムラン演奏は基本的に祭礼の期間中、境内で絶え間なく演奏される。また祭礼の進行に従って特定の舞踊や音楽が演奏される場面がある。例えば神々と祖先を迎え歓迎する踊りや、祭礼の場を清め邪気を祓うための踊りなどは、基本的にどの寺院でも上演される。あるいは高僧が司祭を務める集団礼拝の時は、仮面劇や影絵芝居が上演される。これらは礼拝と同時進行で行われる

寺院の最奥部で上演される芸能は、プリンギ pelinggih と呼ばれる正面の祠に向かって行われる。すなわち、これらの芸能は人間が観るためのものではなく、そこに降臨した神々に捧げられているものであり、舞踊そのものが儀礼である芸能といえる。

一方、外陣で上演される芸能は参拝者が観て楽しむための娯楽である。(10) これには非常にたくさんの種類があり、予算が潤沢なときは他の村から有名な芸能グループを招聘することもある。基本的に鑑賞は無料であり、外国人も伝統衣装を着用すれば祭礼の場に入ることが許される。

写真6　ヒンドゥー寺院

(3) 芸能の宗教的レベルによる分類

一九七一年バリ州政府の教育文化局は様々な芸能(特に舞踊)を、その宗教性のレベルに従って三つのカテゴリーに分類しようとする協議を行った。これは増加する観光客に供される各芸能上演の適不適を検討するものだった。すなわち寺院内陣で踊られるような秘儀性の強い舞踊は、営業品目として観光客に供

されるべきではないという危惧と理念に基づくものであった。この議案は一九七三年に州知事によって裁可された。その三つのカテゴリーは以下の通りである。

①タリ・ワリ tari wali：最も宗教性が強く、その舞踊そのものがひとつの儀礼であると考えられるものである。寺院の最奥部で踊られることが多い。これに含まれるのはルジャン、ペンデット、バリスなど、そして観光芸能として有名なケチャのルーツとされるサンヒャンなどがある（写真7）。

②タリ・ブバリ tari bebali：高僧が取り仕切る集団礼拝の時などに、それと同時進行で上演される舞踊。宗教性は中程度と考えられる。寺院内部の参詣者が礼拝する広いスペースで上演されることが多い。これに含まれるのは仮面舞踊劇トペンや宮廷舞踊劇ガンブーである（写真8）。

③タリ・バリー＝バリー・アン tari balih-balihan：参詣者の娯楽のために供される舞踊で、寺院外陣もしくは寺院に隣接する別の建物で上演される。これに含まれる舞踊は非常に多様である。これらの踊りを総称してレゴン、もしくはタリ・ルパスということもある。舞踊以外に演劇等の芸能も含まれる（写真9）。

しかしながら、この分類と評価規準はあくまでガイドラインとしての合意事項であり、強制力は持っていない。例えばタリ・ワリに属するとされるサンヒャンを古くから観光客向けに上演している団体もあるし、ルジャン、ペンデット、バリスも、観光用にアレンジされた同名の別バージョンが作られている。州芸術委員会のスタンスとしては既存のものには干渉をせず、新たに申請があった場合にその上演免許を精

写真7　ルジャン

写真8　トペン

写真9　レゴン

査するということのようである。

また、影絵芝居のようにこの三つのカテゴリーすべてに関わる芸能も存在するため、分類不可能なもの、あるいは矛盾も多く存在する。

(4) バリ観光芸能史

①ワルター・シュピース

バリ芸能と観光の歴史の中で最初に登場するのはワルター・シュピース（Walter Spies 1895-1942）という画家である。彼はロシア生まれのドイツ人で、一九二〇年代からバリに住み、終生をバリで過ごした。

彼は当時のバリの絵描きたちに、古典や歴史絵画だけでなくバリの日常生活や風景を描くように指導し、今日のバリ絵画、特にウブド周辺地域の絵画の様式を作った人物とされる。

ワルター・シュピースの業績は絵画の分野だけにとどまらず、映画制作、音楽活動、芸能アドバイザーなど多岐にわたっている。今日有名なケチャを観光芸能として事業化するように提言したのはシュピースであるというのが定説である。正確には、ケチャのルーツとなった神懸かり儀礼のサンヒャンを、外国人用に営業しても差し障りのない観光芸能としてアレンジしなおしたのがシュピースだということである。

そのほかにも彼はバリ芸能に関する歴史的に重要な著作を残している。"Dance and Drama in Bali"は当時のバリ芸能の民族誌的大著であり、各国の研究者（インドネシア人さえも）が必ず参照する基本文献になっている。

一九四一年一二月、太平洋戦争の勃発に伴い、当時オランダ領のバリに住むドイツ人のシュピースは敵性国民とみなされ抑留される。翌年一九四二年に本国への送還途中、乗船が皮肉にも連合艦隊の攻撃に遭遇しインド洋に没した。

②バリ人の芸術家たち

シュピースをはじめとする外国の文化人に触発され、バリ人の芸術家たちはバリ文化における自らの意味を再認識し、新たな活動をするようになる。昔ながらに地元の寺院の祭礼等で演ずるだけでなく、今後は外国人の前で演奏したり踊ったりする機会が増えていくということを想定しなければならなかった。

バリ島の芸能は世界で注目を集めるようになり、海外公演も行われるようになる。最初に海外公演を行ったのはプリアタン王宮の歌舞団で、一九三一年フランスのパリで開催された植民地博覧会の、オランダ館におけるアトラクションのためであった。メンバーはプリアタン村を中心にバリの各地から集められた。リーダーはプリアタン北王宮の当主マンダラ（Anak Agung Gede Ngurah Mandera 1905?-1986）であった。彼はガムラン奏者、舞踊家として著名であったが、芸能コーディネーターとしても有能で、バリ各地の有名な芸能者たちと交流した。その中には当時革新的な舞踊家として注目されたマリオ（I Ketut Maria 1899?-1968）や、作曲家として多くの古典的名曲を残したロットリング（I Wayan Lotring 1898-1983）などが含まれている。マリオは舞踊「クビャール・ドゥドゥック」「オレッグ・タムリリンガン」の作者であり、ロットリングは「スカル・ゲンドット」「リアル・サマス」をはじめ大量の器楽曲を残した。これらの舞踊・楽曲は現在でも伝承・上演され、バリ芸能のスタンダードを形成する重要なレパートリーとなっている。

欧米の研究者はこの時代を「バリ芸能のルネッサンス」と呼ぶ。シュピースをはじめとする、当時バリ在住の西洋芸術文化人によって、バリ人は封建時代からの価値観から解放され、自らの才能を自己表現の手段として開花させたという認識である。その真偽はともかく、現在私たちが目にするバリ芸能の土台がこの時代に築かれたことは間違いない。

この時代から、ガムランや舞踊は次第にその創作者が明記されるようになる。それ以前は伝統曲として、いわゆる「詠み人知らず」のものがほとんどであったが、この頃から個人の芸能者のステイタスが社会的に認知されるようになっていったといえる。有名な芸能者は各地から師匠として招かれ、場合によっては数ヶ月間衣食住を保証されながら、地元の舞踊家やガムラングループを指導したといわれる。

③田口大佐とマリオ

太平洋戦争の勃発により、一九四二年から一九四五年までバリは日本軍の占領下に入り、観光事業は中断するが、駐留していた日本兵の中にはバリの芸能を好んで鑑賞した人もいたようである。

私がバリ島に留学していた一九八三年から八五年までの期間、日本外務省の在デンパサール駐在官事務所に、田口さんという当時七〇歳くらいの男性がスタッフとして勤めていた。彼は戦時中、海軍情報士官としてバリに派遣されていたそうで、周囲の人は皆、彼を「田口大佐」と呼んでいた。戦後一旦、帰国するが、バリを懐かしみ、領事館スタッフとして再びバリに戻ってきていた。外交官としてではなく在外公館派遣員のような立場だったと思われる。

ある時その田口大佐は、私たち留学生を招集しパーティーを開いてくれた。当時日本人留学生はまだ少なく、ウダヤナ大学という総合大学に数名、そして私が在籍していた国立芸術アカデミーに数名、全員でも一〇名に満たなかったと思われる。パーティーには七人くらいが集まったが、芸術アカデミーから参加したのは私だけであった。座が和んできた頃、大佐はおもむろに私たちに質問した。「君たちは何を学びにバリに来たのかね?」。一人ずつ答えた。ウダヤナ大の留学生は主に言語学や人類学の人が多かった。「芸能を学びに来た」と言ったのは私だけだった。その途端、田口大佐の目が大きく見開いた。なにせ元軍人、しかも将校である。「なんだ、日本男子がそんなチャラチャラしたことでどうする?!」と説教されるのかと思いきや、「そうか！　君はバリ芸能が好きか?!　ならマリオを知っているか？　私は戦時中毎日のようにマリオの踊りがあるといえば追っかけて観ておったよ」と、その後二〇分ほど大佐のマリオ賛美が滔々と語られた。彼によれば、マリオの踊りに比べれば今の踊り手は「屁」のようなものだという。「バリの踊りは学校で教えるようになって駄目になった」とも言った。私たちは彼が現地日本料理屋で調達してくれた日本食（厚揚げと野菜煮込み）を食べながら、大佐の意外なバリ芸能論を拝聴したのだった。

④共和国独立と日本人観光客の隆盛

一九四五年八月一七日インドネシアは独立を宣言し、宗主国オランダは再び植民地確保に乗り出す。ここに四年間のインドネシア独立戦争が始まる。一九四九年一二月二七日に独立が承認され、インドネシア共和国は正式に成立する。初代大統領は我が国でもよく知られたスカルノである。彼は日本の戦後賠償事業を巧みに利用しながら国家構築を進めた。

バリ島でも観光開発に必要な様々なインフラが整備されていった。最初の国際的大型リゾートホテル、バリビーチ・ホテルが一九六六年サヌール海岸に誕生した。その後ングラ・ライ国際空港が一九六九年に開業し、空港とサヌールを結ぶバイパス道路も完成した。これらはすべて日本の戦後賠償によって建設された。日本のマスコミもハワイに次ぐ観光地としてバリを紹介し始めた(11)。

日本からの観光客が実質的に増え始めたのは一九九〇年代からである。それ以前のバリ州の統計によれば、外国人観光客の第一位はオーストラリア、第二位がアメリカ合衆国、第三位が日本であったが、この頃日本とアメリカの順位が逆転している。

当時バリ観光のキャッチフレーズは「神々と芸能の島」であった。舞踊やガムランなどの芸能がバリ島の貴重な観光資源であることは疑いがない。単なる観光目的でなく芸能や宗教に興味を抱く外国人も増え、人類学や民族音楽学の研究者も多くバリ島を訪れるようになった。

だが、その後二〇〇〇年代から「癒しの島」というフレーズが頻繁に用いられるようになる。文明社会の日常に疲れた者への癒しの場という意味であろうか。特に日本人の女性が好んでバリ島を訪れるようになった。リピーターという表現も定着した。多くのエステサロンやスパの施設があらゆる場所にできた。神様や芸能はもう必要とされないのだろうか？　あるいは神々や芸能はエステやスパと同じレベルの癒しになったのだろうか？

二〇〇二年一〇月一二日、クタ地域でイスラム過激派の大規模な爆弾テロ事件が発生した。日本人を含む六〇〇名あまりが犠牲になった。前年のニューヨーク世界貿易センター爆破事件から約一年後のことであった。

この事件はバリ人の心に大きな傷を残した。それだけでなく観光業界にも大打撃を与えた。バリ島は危険な観光地になったのか。テロリストは島の外からやってきた狂信的イスラム教徒である。それも間もなく逮捕され、数年後極刑に処された。

この事件に対するバリ社会の対応は興味深いものだった。イスラム教徒への反感は高まったが、報復行動は全く起きなかった。代わりにバリ人が行ったのは浄化儀礼だった。事件の起きたクタ（正確にはレギアン）の現場では何百人ものヒンドゥー僧侶が膨大な供物を捧げ、犠牲者の霊を弔い、犯罪で穢された土地を浄化した。その後爆心地には影絵芝居ワヤンで使われる宇宙樹カヨナンを象った慰霊碑が建てられた（写真10）。

写真10　10・12爆弾テロ慰霊碑

バリ島の観光業は転換期に来ているのかもしれない。原点に帰るのか、このままひたすら右肩上がりの成長を目指すのか。いずれにせよ、観光客がバリ芸能に興味を失っても、バリ人自身のための芸能は存続するだろう。

バリの伝統社会が機能を維持する限り、この島から芸能が消えることはない。

2　ガムランの分類

(1) ガムラン楽器

ガムラン楽器（旋律打楽器）は大きく分けて二系統の素材からできている。ひとつは青銅や鉄などの金属製楽器、もうひとつは竹や木などの植物由来の楽器である。金属楽器はその製造に鋳造・鍛造など特殊な技術と材料を必要とする。一方、竹などの楽器は材料の入手が比較的容易であり、製造も簡単な道具があれば一般人でも十分可能である。

また金属楽器は「はじめに」で述べたドンソン文化からの直系の発展物でもある。そのため金属楽器は歴史的に王侯貴族などの権力者の所有物であり、公的・権威的な性格を持っている。一方、竹などの楽器は一般庶民のカジュアルな楽器であり、公的な場面よりも私的な日常生活の場面で発達した楽器といえる。[12]

ガムラン合奏では、これらに木製の胴に動物の皮を張った太鼓や竹製の笛などが加わって、全体の楽器編成が構成される。

(2) ガムランの音階

ガムランの音階には、これも大きく分けて二種類が存在する。ひとつはスレンドロ音階 slendro、いまひとつはペログ音階 pelog である。両者とも基本的に五音音階である。

スレンドロ音階：五つの音の並び方（音の間隔）がほぼ平均している。すなわち一オクターブがほぼ五等分されているような音の並びがスレンドロ音階の特徴であるとされる。しかし実際は正確に等分にはなっていない。我々日本人の耳で聴くと、いわゆる民謡音階のような音階、俗にいう「ヨナ抜き」音階（ドレミソラ）に聞こえる。

ペログ音階：五つの音の並び方は平均していない。五つの音の間隔には「広い」音程と「狭い」音程がある。日本人の耳で聞くと、沖縄の音階すなわち琉球音階（ドミファソシ）に似ている。

ペログには七音のペログもある。これは七つの音から五つを選択して数種類の調を作るシステムで、中部ジャワのガムランと共通する特徴である。

ガムランの音階の説明において言明しておかねばならないことがいくつかある。

第一にガムランの音階（正式には音律）には絶対音高の概念がない。つまりピアノやバイオリンのような西洋音楽の楽器に採用されている世界共通の音程を決める法則がない。

また個々のガムランのセットも独自の調律が施されており、厳密に言えば同じ調律のガムランセットは二つとない。したがって、A村のガムランとB村のガムランは一緒に合奏はできない。調律の具合はそのガムランを制作した職人の趣味、または注文者の趣味が反映されている。通常ガムラン職人はいくつかの調律例を保存している。これは竹の棒を削った音叉のようなものである（写真11）。

（3）バリ・ガムランの分類

バリ島の社会はイスラム化しなかったため、マジャパイト王朝のヒンドゥー＝ジャワ文化の正統的な形が保存されていると考えられている。音楽の世界にもそれがいえる。バリ島にはヒンドゥー教の各種儀礼に応じて新旧各種のガムラン演奏形態（楽器編成の種類）が現存している。中には数が少なくなったものもあるが、それらは現在も現役の儀礼楽として使用されている。

インドネシア国立芸術大学や芸術高校などの高等芸術教育機関では、バリ島に伝承されている様々なガムランの演奏形態を三つのカテゴリーに分類して教育している。それらのガムランは亜種変種を含めると約三〇種類あるといわれている。[13] この分類は歴史的な時代区分に基づくものである。次にその代表的なものについて簡単に説明し、その音階の種類を付加する。

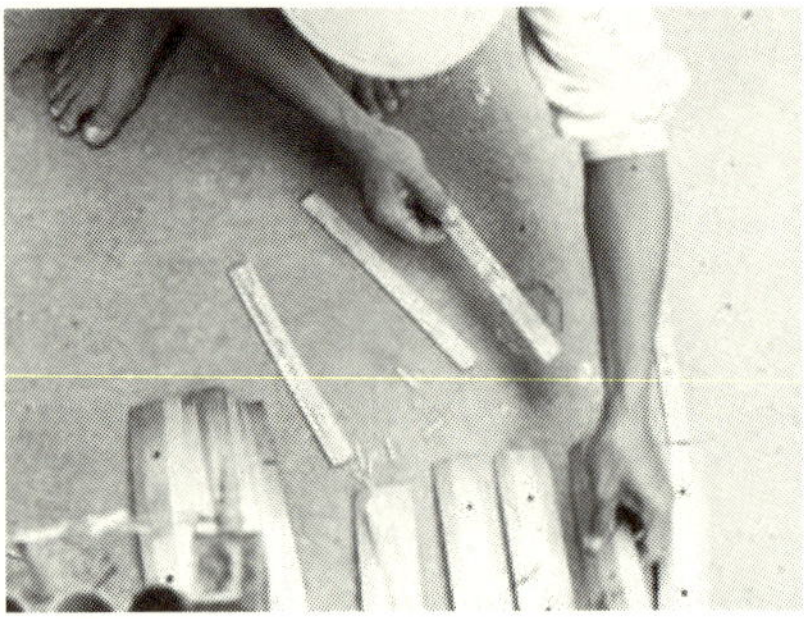

写真11　調律用の竹の音叉

a）　古楽 gamelan golongan kuno

最も古くから存在するといわれる一群のガムランで、成立の正確な年代は不明である。音階や楽曲形式の理論は定まっていないものが多い。楽器編成の特徴としては、太鼓を含まない、あるいは含んでいても演奏時における主導権が希薄、もしくはあまり強くないもの。

代表例としては、

①ガンバン：最古のガムランのひとつとされる竹製のシロフォン。四台一組で用い、それに二台の金属楽器サロンが加わる。山岳地方では神事一般に、平野部では葬儀（通夜）に演奏される。七音ペログ（写真12）。

②ベリ：正式にはゴング・ベリといい、デンパサール市のルノン地区に一セットのみ現存する。銅鑼、チェン＝チェン（シンバル）、太鼓のアンサンブル。銅鑼にはコブ付きとコブ無しの二種類がある。音階は不明（写真13）。

③スロンディン：カランガスム地方のバリ・アガ（先住民）の村に多く存在する。神事一般に用いられる。鉄製で、ガンバンと同じレパートリーを演奏する。七音ペログ（写真14）。

写真12　ガンバン

写真13　ゴング・ベリ

写真14　スロンディン

写真15　グンデル・ワヤン

写真16　ガムラン・アンクルン

④グンデル：正式にはグンデル・ワヤンといい、影絵芝居ワヤンの伴奏に用いられる。各種通過儀礼でも演奏される。スレンドロ（写真15）。

⑤ガムラン・アンクルン：葬儀（火葬）のためのガムラン。山岳地方では神事にも用いられる。スレンドロ（四音）（写真16）。

b）中世楽 gamelan golongan madia

一四世紀以降、マジャパイト王朝の勢力下に入ってから成立・発展したガムランで、ヒンドゥー＝ジャワ文化の伝統を継承するとされる。合奏の中での太鼓の主導権が強い。太鼓がリーダーシップをとる。代表例としては、

①ガンブー：中世ジャワ文学の英雄物語「パンジ」を題材とする舞踊劇の伴奏ガムラン。大型の竹笛スリン・ガンブーを中心として太鼓や多数の鳴り物で構成される。七音ペログ（写真17）。

②スマル・プグリンガン：ガンブーの曲を竹笛の代わりに青銅楽器で演奏するために作られたガムラン。元来は宮廷で用いられた貴族音楽であったが、現在は民間や公的教育機関でも所有され、

様々な機会で演奏されている。七音ペログ（写真18）。
③プレゴンガン：有名な古典舞踊レゴンの伴奏用ガムラン。舞踊曲だけでなく独立した器楽曲も多く存在する。五音ペログ（写真19）。
④ブバロンガン：プレゴンガンとほとんど同じ編成であるが、バロンやチャロナラン劇の伴奏に用いられる。五音ペログ。
⑤ゴング・グデ：古典儀礼曲、仮面劇などを宮廷の公的行事で演奏されるガムラン。現在その多くは民間に下賜され、大きな寺院の所有になっている。五音ペログ（写真20）。

写真17　ガンブー

写真18　スマル・プグリンガン

写真19　プレゴンガン

c）近代楽 gamelan golongan baru

主として二〇世紀に入ってから成立したガムランで、植民地時代から独立を経て共和国形成の時代の中で発展した。テンポや強弱の変化が激しく高度な合奏能力を要求される楽曲が多い。ガムランや舞踊のコンクールと並行して様々な変容を遂げている。

代表例としては、

①ゴング・クビャール：一九一〇年代に北部のシンガラジャ地方から興ったガムラン。大音響とすばやいテンポの動きが特徴。現在のバリ・ガムランの主流であり、州政府主宰の全島ゴング・クビャール・コンクールが毎年開催されている（写真21）。

写真20　ゴング・グデ

②ググンタンガン：ガンブーの流れをくむ歌舞劇アルジャの伴奏ガムランとして発達した。竹笛スリンを中心として編成される。ペログ／スレンドロ両方をカバーする（写真22）。

③スマランダナ：ゴング・クビャールを基本に七音ペログの曲も演奏出来るようにしたガムラン。一九八〇年代に登場したが数はまだ多くない。七音ペログ。

（4）古文書プラクンパに記されたガムラン系統図

「はじめに」で言及したように、バリ島にはロンタル文書と呼ばれる古文書がある。これは乾燥させたパルミラ椰子の葉に刃物で文字を刻み顔料を浸透させたものだ。バリ文字を用い、主にカウィ語（古代ジャワ語）で書かれている（写真23）。

ロンタル文書が扱う分野は宗教、哲学、医療、芸術など人間の知的活動全般に及ぶ。その中に『プラクンパ』Prakempaというガムランについて書かれたものがある。これは音楽理論書というよりガムランにまつわる哲学や宇宙論について書かれた思想書と考えた方がよい。作者は判っていない。

バンダム（一九八六）はその古代ジャワ語の原典をインドネシア語に翻訳した。その中にはバリ・ガムランの系統図というものが示されている。次にそれを挙げる（図1）。

写真21　ゴング・クビャール

写真22　ググンタンガン

写真23　ロンタル

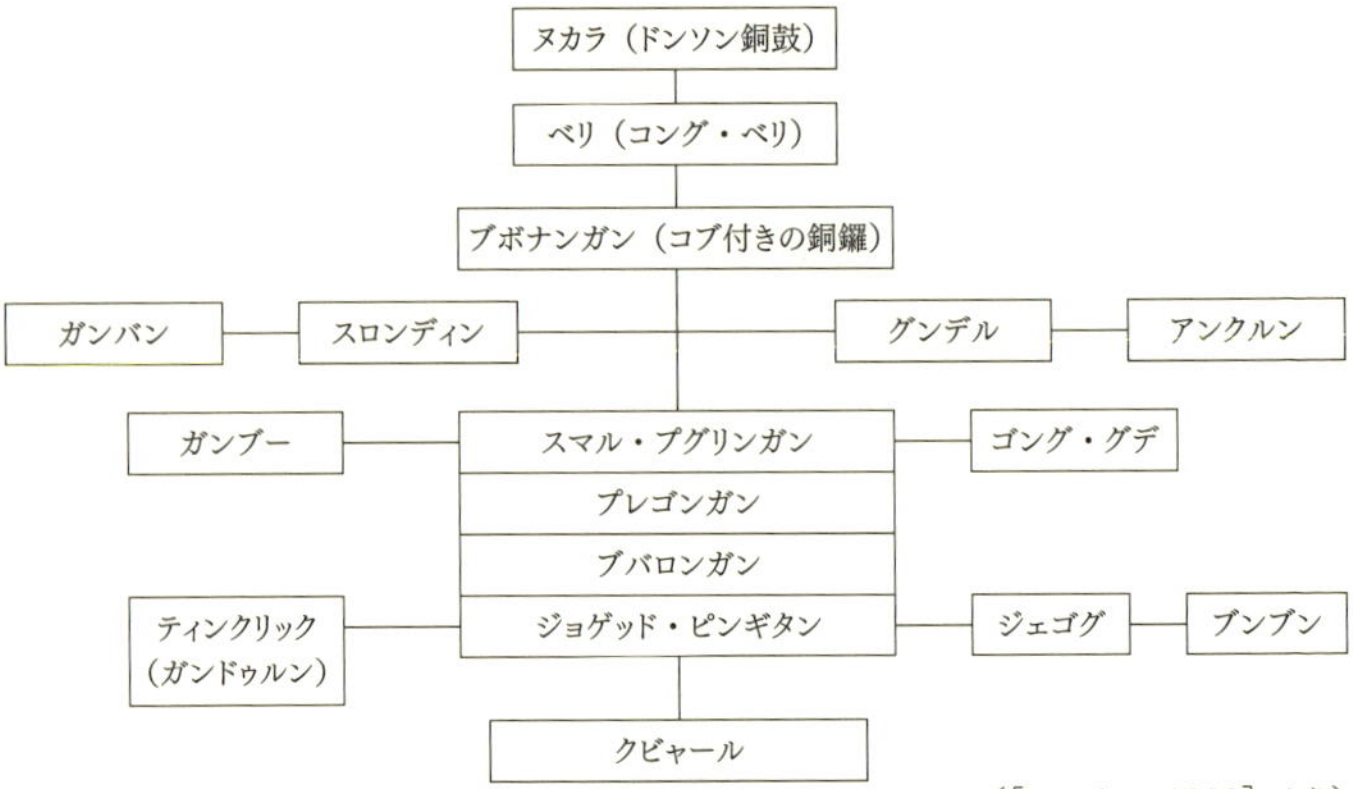

（［Bandem 1986］より）

図１　『プラクンパ』のガラムン系統図

この図は上が歴史的に古く、下に行くほど新しくなる。最も古いものとしてヌカラが記載されている。これは「はじめに」で述べた世界最大のドンソン銅鼓「ペジェンの月」のことである。すべてのガムランの先祖は「ペジェンの月」であるという認識が明確に示されている。

その下二列から四列目まで（ガンバン、スロンディン、グンデル、アンクルン）が古楽のゾーンである。歴史的にはマジャパイト朝の勢力下に入る以前の時代と考えられる。

次の五列目の中央部はスマル・プグリンガン、プレゴンガン、ブバロンガン、ジョゲッド・ピンギタンがひとつの枠内に記載されている。これは楽器編成、曲のレパートリーに共通する部分が多いため、まとめられている。両脇に関連するガムランが実線でつながっている。これが中世楽のゾーンとされる。

そして最後にクビャールが単独で記載されている。

このことから、この文書はクビャール様式が誕生してから書かれたものであり、時代的には二〇世紀前半よりは古くないと推測される。したがって古文書とするには、やや無理があるかもしれない。研究者の中にも、このプラクンパを重要視しない、もしくは内容の信憑性を疑う者もいる。だが作者がインドネシア語でなく、あえてカウィ語のロンタル文書の形式でこれを残したことは、その文化的権威と格調に固執した結果であると想像される。したがって、ガムランの歴史的系統がその思想に基づいたひとつの認識として示されている点で、これを確認しておくことは意味のあることであろう。

3 伝承における諸問題

(1) 自然の芸術家と学校の芸術家

バリの芸能界では踊り手やガムラン奏者を、その経歴に従って「自然の芸術家」と「学校出の芸術家」に区別する習慣がある。「自然の芸術家」とは、幼い頃から周囲の芸術的環境の中で育ち、正式な（権威または資格を伴う）教育を受けることなく、自らの努力で踊ったり、演奏したりするようになり名声を得た芸術家のことである。

一方「学校出の芸術家」とは、次に述べる芸術高校や芸術大学で、指定されたカリキュラムに則った教育を受け卒業した、「学位」と「権威」を持つ芸術家のことである。

これの区別はどちらが良く、どちらが悪いというような評価につながるものではなく、その両方に良い面と悪い面があり、芸能学習者はその良い面を選んで学ぶことが良策であるという指針である。

いうまでもなく、公的な芸術教育機関が設立される以前は、すべてのバリ芸能者が「自然の芸術家」であったわけである。各村にはその村独自の舞踊様式や音楽様式が存在し伝承されていた。同じ題名の舞踊や楽曲でも、村が違うと全く違う振り付けやアレンジがされているのが普通であった。それを統一し管理しようとする著作権法や規格制定のような考え方はなかった。むしろその多様性こそがバリ芸能の魅力とされた。

それでは公的な芸術教育機関はどのような目的と意図で設立されたのか、次にそれを見ていこうと思う。

(2) コカールの設立

コカール Kokar とはコンセルファトリ・カラウィタン Konservatori Karawitan の略称である。コンセルファトリはいわゆるコンセルバトワール、すなわち高等音楽院のことで、カラウィタンとは伝統音楽全般を意味するジャワ語である。

バリ島では一九六〇年にこのコカールが創立された。創立者の一人で当時バリ音楽の最高権威の一人とされたイ・ニョマン・ルンバン I Nyoman Rembang は、これに先立つ一〇年間、中部ジャワ、ソロ市に既に設立されていたコカール・ソロで教鞭をとっていた。その経験からルンバンはバリ島にも近代的な芸術教育機関が必要と考え、イ・ニョマン・カレル I Nyoman Kaler、イ・グスティ・プトゥ・グリア I Gusti Putu Gria、イ・ワヤン・ブラタ I Wayan Beratha などの著名な音楽家とともにコカール・バリを創立した。この背景には、当時の州知事イダ・バグス・マントラ Ida Bagus Mantra の強い肝いりがあったといわれている。マントラは今日バリ島最大の文化イベントであるバリ州芸術祭を企画立案した州知事であり、バリ芸能の発展と伝承に生涯を捧げた人物であった。

コカール・バリ（以下コカールと記す）発足当初の目的は、共和国独立後のスカルノ大統領の政策に呼応するものだった。スカルノは一九五〇年代から六〇年代にかけて芸能使節団を頻繁に海外に派遣して外交を発展させようともくろんだ。そのためのツールとなる芸能者の質量を確保するためにコカールは貢献した。

またスカルノは共産主義寄りの国民教育を目指し、労働をテーマとした舞踊を創作するようにと、政策として各地方政府に通達した。コカールの教員たちはこれにもこたえ、バリ島の伝統的な機織りの踊りや農夫の踊り等を創作し教育した。

写真24　機織り作業を描いた舞踊「トゥヌン」

これはその後、民衆舞踊（tari rakyat）のジャンルへと発展していく。それまでのバリ舞踊はその題材を「マハーバーラタ」「ラーマーヤナ」の叙事詩や「パンジ物語」のような古典に求めていたが、その後バリ民衆の日常生活を採りあげるようになる。その一部はバリ舞踊の定番となり、今日でもしばしば上演されている（写真24）。

当時の教員イ・ワヤン・ブラタは演奏者としてだけでなく作曲家、そしてガムラン楽器の制作・調律者として抜きん出た才能を発揮した。彼はスカルノの大統領府専属の音楽家でもあり、多くの海外公演を行い、内外に名声を獲得した。またセンドラタリという舞踊劇のジャンルやゴング・クビャールの作曲を多く手がけ、のちのバリ・ガムラン様式に大きな影響を与えた。

この時期のコカールにはまだ専攻がなく、すべての生徒が舞踊、ガムラン、影絵芝居ワヤンなどジャンルを越えて学習していた。そのため初期の生徒は卒業時点で、既に踊りも演奏も演技もこなす即戦力になっていた。

コカールはその後一九七六年にSMKI（Sekolah Menengah Karawitan Indonesia）と名称変更された。これは日本の高等学校に相当する教育機関で、これにより卒業生は高卒の学歴を取得することになった。それと同時に舞踊、音楽、影絵芝居それぞれの専攻科が独立した。一九九七年には観光学科が加わることによってSMK（Sekolah Menengah Kejuruan：日本の高等専門学校に相当する）となり、現在に至っている。また地方自治権拡大政策に伴い、二〇〇〇年代からSMKの運営は各県が担当することになった。二〇一四年現在、バリにはデンパサール市とギアニャール県に二つのSMKが存在する。(14)

（3）ASTIの発展

コカールの卒業生は次第に増加し、それと呼応するように彼らの活動の場も増えていった。特に一九六〇年代後半のスハルト大統領体制になってから、観光を中心とするバリ島開発は加速化した。芸能教育の更なる組織化が望まれるようになった。

卒業生の中にも高校レベルで終わることなくさらに上級の芸術教育を望む者が増え、一九六七年コカールの敷地の中に短大レベルのアスティASTI（Akademi Seni Tari Indonesia）が創設された。コカールの生徒たちの中で優秀な者たちはこのアスティを目指すようになり、そしてその中でさらに優秀な者には海外で修士・博士などの学位を取得する者も現れた。

イ・マデ・バンダムI Made Bandemはその第一世代の一人である。彼は一九七〇年代に米国の大学で博士号を取得し、帰国後第二代目のアスティ学長に就任した。

彼の在任中アスティはその活動を飛躍的に発展させ、ひとつの黄金時代を迎えたといってよい。その要因として考えられるのは、まず、この時期にSMKIを卒業してアスティに入学してきた学生たちが、その能力においてかつてないほど抜きん出ていたことが挙げられる。このことは現在ISI（国立芸術大学）となった同学で教鞭をとるほとんどの教授がこの世代の出身者であることからもうかがえる。第二の要因は、一九七九年から始まった州政府主宰のバリ島芸術祭で主要な出し物の制作・上演を精力的に行ったことである。特に「マハーバーラタ」「ラーマーヤナ」を台本とした芸術舞踊劇センドラタリの上演をSMKIと隔週交代で行った。これはデンパサールのアートセンター野外大ステージをメイン会場として上演された。五〇〇〇人を収容するこの会場は毎週常に満員で、次に述べるガムランコンクールと並び、芸術祭の人気番組であった（写真25）。

写真25　センドラタリ上演風景

そして第三の要因は、地元のレコード会社に多くの録音を残したことであろう。それはゴング・クビャールを中心とした古典・新作あらゆるジャンルに及び、当時主流だったカセットテープの形で全バリ島に流通した。各地域では、そのカセットを聴いてアスティの曲と演奏スタイルを模倣するグループが頻出し、この時代のひとつの流行となった。

(4) STSIとサンガルの台頭

アスティは一九九二年にエステーエスイーSTSI(Sekolah Tinggi Seni Indonesia:インドネシア国立芸術大学)に昇格した。この頃から学生数が増え始め、少人数制だったアスティ時代にはあまり問題にならなかった卒業生の就職問題が次第に顕在化し始めた。元来バリ島の芸術家、特に音楽家は地元の村落共同体を活動の基盤としており、純粋なプロフェッショナルはほとんど存在しない。エステーエスイーの卒業生は才能があり、運が良ければ教員として大学に残ることができる。また、文化庁や地方自治体の文化部門職員となり、ガムランコンクールの各県代表の指導員になる場合もある。それ以外の卒業生は地元に帰り別の生業を探し、余暇に村のスクを指導することになる。

しかし、これだけでは多くのエステーエスイー卒業生の活動の受け皿としては不十分であった。この頃からバリ島ではスク以外の私的な芸能愛好グループが出現し始める。それはサンガル sanggar と呼ばれる組織で、村やバンジャールの規約に縛られず、自由に活動ができる団体である。

サンガルはインドネシア語で「研究会」とか「同好会」といった意味である。分野は芸能に限らない。ガムランや踊りのサンガルの特徴は、スクが地域共同体バンジャールに属するのに対し、サンガルは居住地域を超えて同好の志が集まり、寺院祭礼のためではなく自分たちの志向に合った上演の機会を求めることができる点にある。同時にサンガルはその運転資金を自身で捻出しなければならない。そのため頻繁にホテル等で営業演奏をし、また舞踊やガムランの教室も開いて収入を得ている場合が多い。

エステーエスイーの学生の多くは卒業後特定のサンガルに属して活動することが多くなっていった。生活に十分な収入は得られないものの、志した芸術活動が続けられるサンガルは彼らの受け皿としてバリ各地で発展していった。

エステーエスイーはその後二〇〇三年にインスティトゥート・スニ・インドネシアＩＳＩ（Institut Seni Indonesia）となり、造形芸術学部を加えた総合芸術大学となった。日本語名称は以前と同様「インドネシア国立芸術大学」である。

（5）サンガルの時代――〝プリンティング・マス〟盛衰記

これらのサンガルの中でその規模、活動内容において未曾有の発展を遂げた団体がデンパサールにある。それは市の北東部バンジャール・アビアン・カパス北地区に拠点を置くプリンティング・マスである。創立は一九八三年で現在も活動は存続しているが、最も隆盛を極めたのは一九九〇年代から二〇〇〇年代前半にかけてであった。

名称の「プリンティング」とは英語のprintingで「印刷」の意味、一方「マス」はバリ語のmasで「金」という意味である。これはプリンティング・マスが発足当初、芸能サンガルとしてではなく、舞踊の衣装等に金色の塗装をする工房から出発したため、この名称がついている。つまり最初は衣装屋だったわけである。この衣装屋は現在も営業を続けている。

①創設の経緯

プリンティング・マスの創設者はイ・ワヤン・ワルタI Wayan Wartaという人物である。彼はコカールの卒業生であり、また地元のスク・ゴング〝クスマ・ジャヤ〟の主要メンバーでもあった。クスマ・ジャヤは一九六〇年代からバドゥン県を中心に盛んに活動をしたスクであった。当時バリ・ガムラン界の重鎮であったイ・ワヤン・ブラタがこのアビアン・カパス北地区に新居を構えたため、クスマ・ジャヤの活動は一挙に活性化した。ブラタはコカールの教員でもあったため、クスマ・ジャヤとコカールの関係は密接になった。アビアン・カパス北地区からコカールに入学する若者が増えていった。ワルタもその一人であり、彼の兄弟たちもまたほとんどがコカールの出身者である。このことがプリンティング・マス創立の重要な基盤となった。すなわち初期のプリンティング・マス・メンバーはコカールのレパートリー、とりわけブラタ作品の演奏を得意としていた。つまり彼らの活動の根底には、コカールの様式とレパートリーの民間における継承という理念が強くあったといえる。

サンガルとして発足当初のプリンティング・マスは、鉄製のゴング・クビャールで活動していた。これは青銅製のものを購入する予算がなかったためであるが、一九八〇年代後半に、アビアン・カパス北地区で開業していた地方銀行の「スリ・パルタ銀行」が、所有していたゴング・クビャールをプリンティング・マスに貸与することになる。その貸与の理由が興味深い。

スリ・パルタ銀行は当初小規模な地方銀行であったが一九八〇年代後半から次第に営業成績を伸ばしバリ各地に支店を構えるようになっていた。偶然の一致かもしれないがこの頃バリ島でもやや〝バブル〟の気配があり、金融業界は大きく発展した。当然業務は多忙を極め、そのため本店行員の有志で構成されていたガムラン愛好会は活動が制約されていった。当時ワルタの弟イ・ニョマン・オクリンはコカールを卒業した後、この銀行に融資係主任として勤めていた。彼は行員ガムラン愛好会のリーダーでもあった。銀行での演奏活動がもはや困難と判断した彼は頭取に相談し、兄が運営するサンガル〝プリンティング・マス〟に銀行の楽器を貸与する了解を取り付けた。

このいきさつで興味深いのは、当時のバリでは銀行という金融業者がガムランを保有し行員の愛好会を擁していたこと。そして融資担当主任がコカール卒業という芸術畑出身であったことである。いかにもバリらしいエピソードである。

②隆盛のきっかけ

そのような経過をたどり、サンガル〝プリンティング・マス〟は次第に活動範囲を広げていった。はじめはほかのサンガルと同様観光ホテルなどへの出前演奏が多かった。

この時期（一九八〇年代後半）になると伝統的なスクはあまりホテル等で営業をしなくなってきていた。それはメンバーそれぞれの生業が多忙になりスケジュール調整が困難になってきたことが挙げられる。これも経済発展と観光開発の影響と思われる。一九九三年、バリ島の就業人口の割合が、それまで第一位であった農業が第二位であった観光業と逆転している。スクのメンバーが同じ地域に住み、農業に従事していればスケジュールはほとんど全員同じに調整できるが、観光業、特にガイドや運転手など時間の一定しない業種のメンバーは、スクの活動から次第に離れていく傾向になった。また若い世代の中には島外の大学に進学したりする者も増え、スクメンバーの世代交代もかつてのように容易ではなくなっていた。

そのような状況でサンガルへの需要は高まっていった。サンガルのメンバーは地域・業種を越えて集まった有志であり、特にエステーエスイーの卒業生で就職が決まらなかった者たちは、率先してサンガルの催しに参加するようになる。プリンティング・マスにもそのようなエステーエスイー出身者が多く集まり、演奏レベルは飛躍的に向上した。演奏内容もホテルでの営業だけでなく、政府関係の催しや、企業のイベントなどが増えていった。一九九〇年代後半には頻繁に演奏の仕事が入り、報酬もかなり潤沢に各メンバーにいきわたるようになった。

　さらにプリンティング・マスの中に舞踊劇アルジャのグループが作られた。アルジャとは伝統的な歌芝居であり、大編成のガムランではなく、笛や太鼓等の持ち運びが容易な楽器を使って伴奏する芸能である。かつて一九五〇年代にこのアルジャは大ブームを迎えたが、その後やや廃れていた。プリンティング・マスではそれを復興しようと企画し、しかも役者全員が男性で構成されるアルジャの原初形態を復元しようとした[15]。この試みは現地で大当たりし、アルジャ・プリンティング・マスは連日連夜バリ島中の村に招聘され、上演を行うようになった。公演のギャラもかなりの額となり、アルジャ・プリンティング・マスはおそらくプロフェッショナルな芸能集団として成立した極めて稀な例であろう（写真26）。

写真26　アルジャ・プリンティング・マス

　プリンティング・マスの成功の後を追ってバリ島各地に多くのサンガルができ始めた。伝統的なスクの活動は産業の近代化に伴い終息を迎え、これからはサンガルがバリ芸能の中心的活動団体になるかと思われた。経済発展により個人が楽器を購入しグループを結成することも可能になってきていた。初めての職業的芸能集団としてサンガルの活動が定着するかに見えた。

（6）サンガル時代の終焉

二〇〇二年一〇月一二日にクタ地区で起きたイスラム教テロリストによるクタ地区クラブ爆破事件によ

り、バリ島の社会は衝撃を受ける。この事件の背後にはインドネシア国内外の政治経済に関わる複雑な背景があった。世界最大のイスラム教徒人口を抱えるインドネシアにあって、唯一ヒンドゥー教徒が多数派を占めるバリ島。しかも国際リゾートとして発展し、島民の平均収入は国内では群を抜いて高い。狂信的イスラム教徒にとって、アラーの教えに従わないバリ人が、さらに堕落した他国の異教徒たちを商売相手にひとり繁栄するのは我慢できないことなのかもしれない。

いずれにせよバリ島の観光業界は大打撃を受け、中小のホテルの相当数が倒産した。芸能活動もその影響を直接受けた。大きなイベントでの公演は激減し、多人数の踊り手や演奏者を要する催しは予算的に成り立たなくなっていった。サンガルの活動も次第に需要が減り、大勢のメンバーを維持するのが困難な状況になっていった。サンガル活動はそれまで需要が供給を上回る形で回転していたが、ここに至って、演奏活動の収益だけで大規模なサンガルを維持することが困難になっていった。多くのサンガルが解散もしくは活動を停止し、作曲や演奏指導などの技能を持つ有能なメンバーだけが、文化関係の州政府機関や芸能関係の教育機関に就職していった。

プリンティング・マスの活動も次第に減り、定期的な活動は行われなくなった。舞踊教室と衣装店が現在（二〇一四年）存続している。一世を風靡した男アルジャのグループは解散し、メンバーは独自の道を歩み始めた。ある者は地元テレビにレギュラー番組を持ち、ある者は教師、公務員、僧侶などになり、ある者は次に述べる芸能財団のメンバーになっていった。

（7）芸能財団ヤヤサン

サンガルは経理・運営面で、やはりまだ素人的であったと言わざるを得ない。その最大のポイントは、充実した公演を行うための人員とギャランティのバランス、メンバーのスケジュール管理等を専従で行う法律や経理の専門メンバーを擁していなかった点にあると考えられる。

現在バリ島の芸能活動で主流となっているのは、ヤヤサンという財団法人の活動である。サンガルの反省をふまえて、法律や経理の分野の専門職を擁し、州政府に登録をして活動する芸能団体である。規模はサンガルよりもやや小規模で、公演の内容・条件によってメンバーを組み替えて出演グループを編成することが多い。サンガル最盛期のようにフル編成のガムランを使う、というようなことは滅多に行われなくなった。また、伝統的なガムラン楽器だけでなく西洋楽器やバリ以外の民族楽器を使用することも多くなった。

ヤヤサンの中には背景に大きなスポンサーを持っていたり、テーマパークでの活動をメインの収入源にしたりしている団体もある。サンガル時代よりもより企業的な運営にシフトしているといえる。

ヤヤサンの活動は、現在のバリ社会における職業的芸能者（芸術大学の卒業生等）の受け皿として一応成り立っているようだ。今後バリ島で職業的芸能者、特に音楽家の地位が確立するかどうかは、このヤヤサンの活動を見守ることで見えてくるであろう。

（8）ンガヤとタクスウ

本章で見てきたように、バリ人の芸能活動と生活のパターンは時代とともに変化している。従来バリ島には職業的芸能者はいないといわれてきた。伝統的共同体の枠組みの中で活動するかぎりにおいて、それは事実であり、バリ芸能の美点であり限界でもあった。ごく普通の村人たちが、特定の権威的指導者や機関から訓練されたわけでもないのに驚異的な演奏テクニックとパフォーマンスを行う様は、諸外国の芸術家たちを瞠目させてきた。技術的な面から評価すれば、バリ人は世界的レベルの芸術家である。その芸術能力に疑いを差し挟む者はいないだろう。

観光開発や近代的メディアの普及・浸透、そしてインドネシア共和国自体の経済発展によって、伝統的なバリの生活も変容を余儀なくされている。果たしてバリ島に職業的芸能者の生活は成立するのだろうか?

バリの芸能者は、芸能の表現力に関する話題が上った時、頻繁に「タクスウ」という言葉を使う。これはパフォーマンスの時に発揮される「神通力」あるいは「カリスマ的オーラ」を意味する。このタクスウを手に入れることが芸能者にとって最も大切なことだと、彼らは異口同音に述べる。タクスウを授ける寺院や祠なども各地にあり、多くの芸能者が参拝する。

タクスウを得るために最も必要なのは「ンガヤ」を行うことであるという。ンガヤとは各種儀礼の際に奉仕演奏・上演をすることである。すなわち、無償で神々のために踊り演奏することがンガヤである。これを頻繁に行うことにより、その芸能者のタクスウが貯蓄され増加する。報酬を伴う営業公演ではタクスウは得られず、カリスマ的芸能者としての評価は上がらない。ここにバリ人の芸能哲学の最大の特徴があるといえる。

興味深いことに、芸術大学を卒業しサンガルやヤヤサンの活動を経験したセミプロ級の芸能者も、このタクスウにこだわっている。むしろそのような半職業化した芸能者ほど、自分の芸のカリスマに固執するといってもよい。

その結果、寺院祭礼などで積極的に奉仕上演に参加するセミプロ芸能者は多い。優秀な芸能者は各地で歓迎され、その姿に触発されて芸能を志す若者があとに続く。良好な世代交代が起こるきっかけともなっている。営業と奉仕の区別と両立。この一種のバランス感覚が、バリ芸能を存続させるカギかもしれない。

（1）バリ語では Sasih Pejeng という。Sasih は「月」の意味。
（2）パルミラ椰子の葉に文字を刻んで書かれたバリの古文書。
（3）[Kunst 1968] 参照。
（4）「バリ／バトゥアンのガンブー」キングレコード KICW85110/1。
（5）[Zoetmulder 1995] 参照。
（6）バンジャールは日本でいうと町内会、もしくは農村部の「字」に相当する組織。最大二〇〇世帯前後。これが複数集まって村 desa を形成する。
（7）芸術委員会は正式名称を Mejelis Pertimbangan dan Pembinaan Kebudayaan「芸術文化評議育成委員会」といい、略称を Listibya（リスティビヤ）という。
（8）この三種を統合した寺院プラ・カヤンガン・ティガを持つ村もある。
（9）ヒンドゥー寺院の定例祭はオダラン odalan またはピオダラン piodalan という。
（10）内陣／外陣の区別は各寺院の建築物の配置構成によって様々である。用語上では内陣をジェロアン jeroan、外陣をジャバアン jabaan という。また内陣と外陣の中間部分を持つ寺院では、これをジャバ・トゥンガー jaba tengah と呼ぶ。

（11）例えば、東宝映画『スパイダースのバリ島珍道中』（一九六九）には当時のバリ、ジャカルタ、香港などの風物と観光の様子が描かれていて興味深い。
（12）竹の楽器の中にも宗教性が強く儀礼との関わりの深いものは存在する。例えばバリ島のガンバンという竹のシロフォンは葬儀と深い関わりを持っている。
（13）［Bandem 2013］参照。
（14）デンパサール市は県レベルの行政権（二級自治体）を持つ。
（15）一九三〇年代頃まではバリ芸能の大部分の役者・踊り手は男性であった。宮廷等の例外を除き、一般社会で女性が人前で踊ることは倫理的に憚られていた。したがって女役も男性が女装して務めた。

※写真撮影は、全て筆者による。

参考文献

Bandem, I Made. 2013. *Gamelan Bali*, STICOM BALI
Bandem, I Made. 1986. *PRAKEMPA*, Akademi Seni Tari Indonesia Denpasar
Kunst, Jaap. 1968. *Hindu-Javanese Musical Instruments*, Martinus Nijhoff
McGraw, Andrew C.. 2013. *Radical Traditions Reimagining Culture in Balinese Contemporary Music*, Oxford
Zoetmulder, P. J.. 1995. *Kamus Bahasa Jawa Kuno*, Gramedia Pustaka Utama, Jakarta
河野亮仙・中村潔編　一九九四『神々の島バリ――バリ＝ヒンドゥーの儀礼と芸能』春秋社
皆川厚一　一九九四『ガムラン武者修行――音の宝島バリ暮らし』パルコ出版
――――　一九九八『ガムランを楽しもう』音楽之友社
皆川厚一編　二〇一〇『インドネシア芸能への招待――音楽・舞踊・演劇の世界』東京堂出版

インド仏教聖地と文化遺産
――ボードガヤーの変容

前島　訓子

はじめに

インドの北部のウッタール・プラデーシュ州、ビハール州を流れるガンジス河流域には、「仏教聖地」と称される地が点在する。仏教創始者であるブッダ（釈迦）の生涯と深く関わる「仏教聖地」には、ブッダ生誕の地で知られるネパールのルンビニーや、悟りの地のボードガヤー（Bodhgaya、ブッダガヤーBuddhagaya）、初めて説法をした地であるサールナート、そして涅槃の地のクシナガラがある。これら「四大聖地」に加え、ブッダが三五歳で悟りを開き八〇歳で死没するまでの四五年の間、教化活動を行った地として知られるシュラーヴァスティー、ヴァイシャリー、サンカーシャ、ラージギルといった地をあ

写真1　大塔（Mahabodhi Temple）

写真2　菩提樹

写真3　菩提樹

わせ、八箇所が「仏教聖地」とされている。今日、仏教の地として知られている場所のほとんどが、一三世紀頃の仏教の衰退と共にイスラーム教徒による破壊や自然災害を被る中でインドの大地に埋もれていたのだが、一九世紀に考古学調査や遺跡の発掘が進み、改めて内外からの関心が向けられている。中でも、ここで取り上げるインド・ビハール州南部に位置するボードガヤーは、仏教最大の「聖地」として知られている。このボードガヤーには、ブッダの悟りを記念して建立されたという約五〇メートルの高さとなる大塔（大菩提寺 Mahabodhi Temple）及び金剛宝座（Vajrasana）があり（写真1～3）、これらの遺跡は現在ユネスコ（UNESCO）の文化遺産として世界遺産に登録されている。

　近年、世界遺産への登録は、その後の国

や地域の運命を決めるかのような盛り上がりを見せている。ボードガヤーにおける歴史的遺跡の世界遺産への登録も、例外なく、遺産登録を待ち望んでいた人々に歓迎のムードで迎え入れられた。

しかし、遺跡の世界遺産への登録は、ボードガヤーにおける「仏教聖地」再建の物語の輝かしい結末ではない。ボードガヤーの歴史的遺跡が世界遺産への登録に至るまでの道のりは決して単純なものではないし、遺産登録自体が社会に波紋を呼んでおり、その後も、遺跡及びその周辺では様々な緊張を孕んでいる。こうした歴史的遺跡を取り巻く「仏教聖地」の現実に接近するためには、遺跡をめぐり利害や思惑の異なる諸主体が織り成す「仏教聖地」再建の内実を紐解かなければならない。「仏教聖地」の再建の物語は、世界遺産への登録によって終わるものではない。その物語は今もなお続いているのである。

本章では、ボードガヤーの歴史的遺跡を取り上げ、同地域の文化遺産という位置づけを確立していくまでのプロセスをたどりながら、宗教的な意味を取り戻していく中で顕在化してきた地元社会の反応の一端を捉えていこう。そして、こうした「仏教聖地」における歴史的遺跡の世界遺産への登録と、遺跡を取り巻く地元社会の変化との関係を論じることで、「仏教聖地」再建をめぐる今日的意味を考察する。

1　仏教最大の聖地における世界遺産

仏教最大の聖地で知られるボードガヤーの歴史的遺跡である大塔（前出）や金剛宝座（前出）が、ボードガヤー大塔寺院群（Mahabodhi Temple Complex at Bodhgaya）として世界遺産の登録を受けたのは二〇〇二年である。通常、世界遺産の登録は、文化遺産登録の基準となる一〇項目にわたる基準のうち、一つ以上を満たし、さらに「真実性や完全性の条件を満たし」、「適切な保護管理体制がとられていることが必要」だとされる(1)。ボードガヤーの歴史的遺跡は、登録基準項目のうち、①人間の創造的才能を表す傑作であること、②建築、科学技術、記念碑、都市計画、景観設計の発展に重要な影響を与えた、ある期間にわたる価値観の交流又はある文化圏内での価値観の交流を示すものであること、③現存するか消滅しているかにかかわらず、ある文化的伝統又は文明の存在を伝承する物証として無二の存在であること、④歴史上の重要な段階を物語る建築物、その集合体、科学技術の集合体、あるいは景観を代表する顕著な見本であること、そして、⑤顕著な普遍的価値を有する出来事（行事）、生きた伝統、思想、信仰、芸術的作品、あるいは文学的作品と直接又は実質的関連があることの五つの条件を満たしたことから、世界遺産として登録されるに至った(2)。

大塔は紀元前三世紀のアショーカ王の時代の建立とされるが、約五〇メートルを超える現在の大塔の原型はブッダ在世時に遡ると伝承されている。レンガ造りの建造物である大塔は、同年代に建てられた建造物の中でも保存状態が良いという評価を受け、紀元前一世紀の欄楯が一部に残っている。また、ブッダが悟りを開いたとされる金剛宝座は、アショーカ王の建立とされるが、実際には紀元一世紀頃の作で、一八八一年に発掘された。また、これらの歴史的遺跡と共に尊ばれているのが菩提樹である。ブッダがその下で悟りを開いたとされた頃から数えて、四代目と伝承される菩提樹は大塔の裏手で枝葉を広げている。しかし、現在の菩提樹はアショーカ王の命令でマヒンダ王子の娘、サンガミッターがスリランカに伝え、王都のアヌラーダプラに植えたとされる菩提樹を再移植したものである。大塔や金剛宝座、大菩提樹は、伝承ではブッダの時代から脈々と受け継がれてきたとされるが、実際には断絶や屈折を経て現代に至ったの

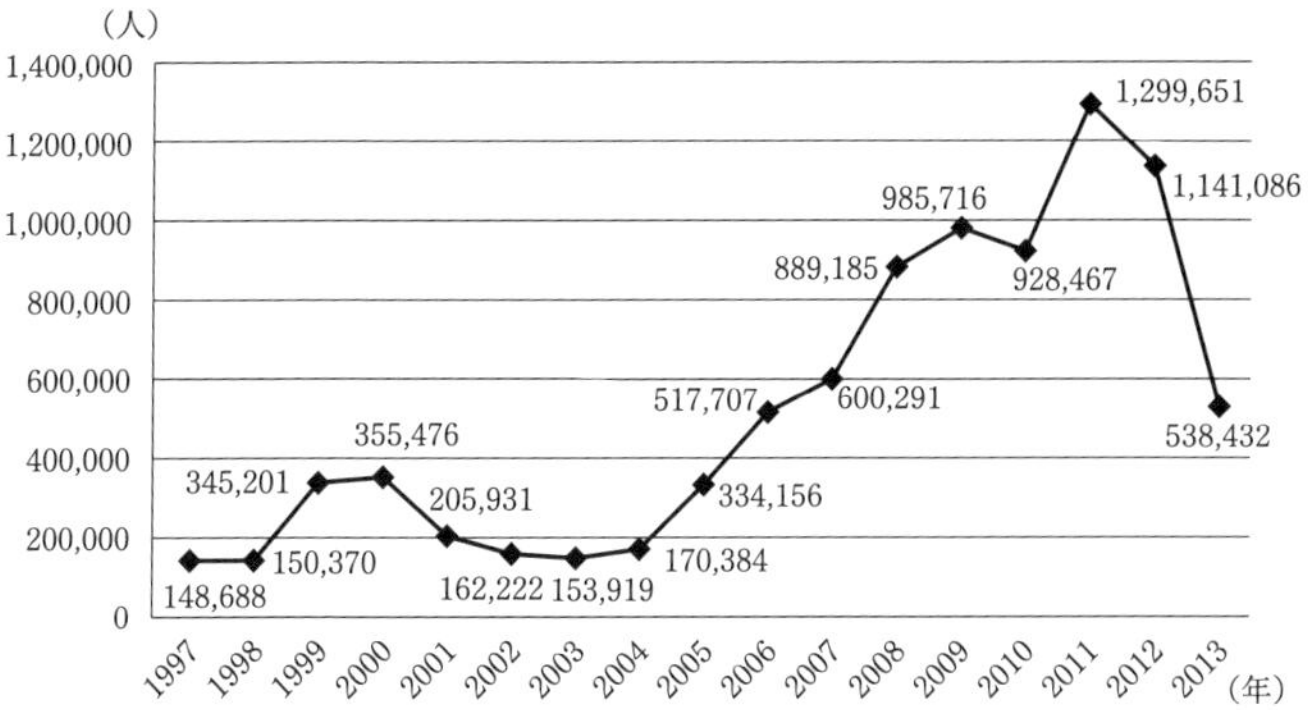

図１　ボードガヤーを訪れる観光客推移

である。

冒頭でも簡単に触れたように、インドにおいて「仏教聖地」と称される場所は、一九世紀に調査され、発見されて以来、発掘や修復が進められてきたが、建立時の建造物が完全な状態で残っている場所はほとんどない。しかし、その中で、ボードガヤーの大塔は、崩落を免れ、イギリス時代に大修復を受けたこともあって、仏塔の姿、形を留めている数少ない歴史的建造物である。

加えて、この大塔が他のインドやネパールにおける仏教遺跡と異なるのは、今日、国内外の仏教徒を惹きつけ、さらに、国や地域の異なる言葉や作法で様々な祈りが捧げられ、単に学問的な意義や観光資源としての価値に留まらず宗教的な意義を帯びた「生きている（生きられる）遺産」だという点にある。例えば、ボードガヤーに内外から訪れる人々の数を見てみると、その数は年々増加の傾向をたどっており、一九九八〜二〇一三年のデータに基づけば、二〇万人未満であった二〇〇二年の世界遺産登録前後から、二〇一一年をピークに右肩上がりを続けていることがわかる[3]（図1）。

その後、二〇一二年、二〇一三年にボードガヤーを訪れる人が減少しているが、ボードガヤーに対する国内外の人々の関心が薄れたということを意味しない。二〇一二年の場合、前年がダライ・ラマ一四世によるカーラチャクラ・プージャー開催の年であったことから、世界各地からのチベット仏教信者をはじめボードガヤーに訪れる人々が極めて多かったためだと考えられる。また、二〇一三年の急激な減少は、同年七月七日に、ボードガヤーで爆破テロ事件が生じ、チベット仏教僧が負傷したことが影響していると考えられる。こうした事情はあるが、ボードガヤーは、ビハール州にあるヴァイシャリー、ラージギル、ナーランダといった他の仏教の地と比べても訪れる人々が多く、特に外国人が最も訪れる地域である。

さらにボードガヤーの大塔が「生きている遺産」であることを特徴づけているのは、大塔の周囲に、日本をはじめ、スリランカ、チベット、中国、台湾、タイ、ベトナムなどの国や地域の仏教徒が寺院を建立していることにある。各寺院は、各々の国や地域の特徴を生かした様式で建てられており、ボードガヤーを国際色豊かな場所にしている。もちろん他の「仏教聖地」においてもボードガヤー同様に、様々な国や地域の寺院が建設されているが、ボードガヤーには五〇箇寺にのぼる仏教寺院が建てられており、その数は群を抜いている。ボードガヤーに散在する仏教寺院建設に関わる国や地域を一瞥するだけでも、ボードガヤーに対する国際的な関心、中でもアジア地域からのブッダの悟りの地への関心は明らかである。

だが、インドが仏教発祥当時から今に至るまで変わらず「仏教の地」であるわけでもなければ、アジアの人々が当時から今まで変わらずにインドに「仏教の地」としての意味を求めてきたわけでもない。確かに、中国人僧侶である法顕（三三七―四二二）の『仏国記』や玄奘三蔵（六〇二―六六四）の『大唐西域記』は当時のガヤーでの仏教の実情を伝える。チベット僧ダルマスワーミンもまた一二三四年から三六年にかけてボードガヤーなどを訪れ、当時の状況を伝えている［桜部 一九六〇、佐藤 一九八八など］。彼が訪れた時の記録では、大塔の入口には異教徒から守るためにシヴァ神が描かれていたという［Roerich 1959 : 64］。その後も、スリランカやビルマの仏教信者が寺院修復や維持に携わっていたとの指摘もありこの地はインド周辺からの関心を集めていた。しかし、インドにおける仏教の最後の拠点とされるヴァクラマシラーの大寺院がイスラーム勢力によって、一二〇三年に破壊された後に、仏教衰退が進み、仏教徒は姿を消し、建立されていた建造物は廃墟へと追いやられた。そして、人為的破壊や風雨に繰り返し晒されていく中で、建造物としての姿や形を留めていないものが大半であった。いわば宗教的な意味を失い、忘れられた状態にあった歴史的遺跡が世界遺産に登録され、また「生きている遺産」として姿を現すということは、インドに点在する歴史的遺跡が改めて「仏教の地」としての史実的・宗教的意味を取り戻す経緯を抜きにしては考えられないのだ。

2 「仏教聖地」の再建——歴史的建造物から生きている遺産へ

一説によれば、ボードガヤーの大塔がインドにおける他の仏教遺跡と違って、仏教衰退に巻き込まれながらも建造物の破壊を免れ、その姿を留めていたのは、大塔が外部の侵略に伴う危機的状況の中で、仏教徒の手によって埋められたからだという［田崎 一九九三：七三］。

いずれにしても、ボードガヤーの大塔をめぐる史実が明らかになっていくのは一九世紀以降のことである。英領政府は、一八六二年にインド考古調査局を設立し、一八六三年には後にインド考古学の父として知られるようになったアレクサンダー・カニンガム（Alexander Cunningham）の指揮の下、ボードガヤーの大塔の基底部の発掘に着手している。一八八〇年からベーグラー（J. D. Beglar）が発掘の任に当たり、一八八一年に金剛宝座を掘り当てている。さらに、一八七〇年頃からビルマの王によって行われかけていた大塔の修復を、英領政府が一八八〇年から八四年までの四年間をかけて大規模に行っている(4)。

こうした英領政府による考古学調査は、法顕や玄奘三蔵といった中国人の僧侶の記録を手がかりに進められてきた。私たちは今でこそインドにおける仏教の地の位置を知りうるが、当時としては、史料を通してしか特定していく術はなかったのである［Basanta 2004 = 2006 : 137］。

ボードガヤーをはじめインド各地における仏教遺跡の現在からして、一九世紀に進められた「仏教」をめぐる研究の進展や考古学的調査や発掘の意味は大きい。歴史的遺跡の考古学的調査や発掘(5)は、史料が乏しい中で、その存在を疑われていたブッダの実在を確証することにつながり、インド史の分野においても多大な影響を与えた。ひとえに、このような働きかけがなければ遺跡がその歴史的な価値において評価され世界遺産として登録されることはなかった。

遺跡に関する調査、発掘さらには修復などの意義は、遺跡の歴史学的な意味を取り戻すことに留まらない。そのような働きかけの積み重ねは、世界各国の仏教徒に対して、この地が持っている宗教的な意味を改めて知らせ、ボードガヤーに宗教的な関心が向けられる土台をも提供しているのである。

事実、ボードガヤーにおける遺跡の固有性はまさにその宗教的意味の復元にあるといわねばならない。とりわけボードガヤーの場合、大塔や金剛宝座、菩提樹の周囲において仏教儀礼が催されており、大塔が現在単なる歴史的遺跡ではなく「生きている遺産」として存在することを物語る。

さて、ボードガヤーにおいて仏教儀礼が組織的に行われるようになるのは独立以降のことであり、一九五六年のブッダ生誕二五〇〇年を祝ったブッダ・ジャヤンティ（Buddha Jayanthi）がその最初である。インド政府主催によるこの祝祭は、各国、各地の仏教徒をインドに招待し、国を挙げて執り行われた(6)。そのプログラムの中には、様々な仏教関連のシンポジウムの開催や、各国や地域の人々のための仏教遺跡巡礼ツアー企画などが見られる。

それだけでなく、この祝祭において、インド初代首相ジャワハルラル・ネルーは、「釈尊のご成道の聖地ボードガヤーに国際仏教社会を建設し、数次の世界戦争を経験してきた人類の末永い国際融和と平和の拠点にしよう」と述べ、各国にボードガヤーへの寺院建立を呼びかけている［国際仏教興隆協会リーフレット／ショーバン 一九九五：一九二］。その後、大塔から一〜二キロメートルの範囲に、国内外の仏教寺院の建設が次々と進められ、ネルーの呼び掛けは大塔周囲を大きく変えていくきっかけとなった(7)。

大塔が「生きている遺産」として再建されていく様子はその管理体制の形成と運用からもうかがえる。つまり、大塔は一九四九年に施行されたボードガヤーの大塔を管理する法律「ボードガヤー寺院法（The Bodha Gaya Temple Act of 1949）」に基づき組織されたボードガヤー寺院管理委員会（Bodhgaya Temple Management Commitee：BTMC）が管理に当たるという形となっているが、この組織は、ヒンドゥー教と仏教の両宗教の代表者によって構成されている。そして、先に述べたブッダ・ジャヤンティのボードガヤーでの儀式開催の役割を担っただけでなく、その後、毎年、恒例行事として仏教儀礼を開催する主体でもある。こうして、仏教儀礼は、ボードガヤーにおける公式行事として定着していく。

さらに、公式行事に加えて、国内外の仏教信者によって大規模な仏教儀礼も執り行われるようになっていく。二〇一三年一〇月から二〇一四年二月にかけて国や宗派の異なる一一の仏教儀礼が執り行われていた。[8] 年毎に開催される数に変動はあるものの、記録が確認できる二〇〇九年以降、一〇を超える儀礼が毎年のように行われている。このような儀礼の定着が、インド独立を機に、ボードガヤーの歴史的遺跡に対して国内外の関心が向けられる宗教的な土台を築いているのはいうまでもない。

もう一つ、ボードガヤーの歴史的遺跡の「生きている遺産」としてのあり方をめぐって押さえておかなければならないことがある。それはボードガヤーの大塔がヒンドゥー教と仏教との間で宗教的緊張の争点となっているという点である。その発端は一八九一年に遡り、スリランカの仏教徒であるアナガーリカ・ダルマパーラ（Anagarika Dharmapala）が生涯をかけて行った大塔返還運動にある。ダルマパーラは、インドやスリランカでの仏教復興に寄与した人物としても知られる。[9] ダルマパーラは、一八九一年にこの地を訪れ、仏教徒に無視され、彫刻が運び去られ、仏像が冒瀆されているボードガヤーの現状を目の当たりにすることとなった。[10] 当時大塔を所有していたのは、ヒンドゥー教のシヴァ派の僧院の院長であるマハント（Mahant）であった。ダルマパーラは、大塔を仏教徒に返還するよう求めたが、ヒンドゥー教徒のマハントはそれに応じなかった。マハントをはじめとするヒンドゥー教徒は、ブッダをヴィシュヌ神の九番目の化身とみなし、大塔をヒンドゥー教の寺院だと主張した。[11] ダルマパーラは一八九一年にコロンボにおいて最初にマハーボディー・ソサイエティ（Mahabodhi Society）を設立し、他国に支援と協力を求めた。インドの仏教聖地の復興運動は、ダルマパーラによって展開され、ボードガヤーは七〇〇年の眠りから覚めて「仏教聖地」として目覚めはじめる。同時に、ダルマパーラの運動は、大塔のあり方をめぐる両宗教の対立に絡んでいくようになる。実は、こうした緊張を背景に、独立後、大塔の管理をめぐって両宗教が主軸となる寺院管理体制が整えられる。

だが、新たな寺院管理体制の整備によって両宗教の緊張が解消されたわけではない。大塔は、一九九二年に再び宗教的緊張に晒されることになった。一九九二年のヒンドゥー教と仏教との間に生じた緊張は、佐々井秀嶺（一九三五―）率いる新仏教徒たちによる、大塔を仏教徒の手に返還を求める運動が発端となっていた。[12] 新仏教徒とは、一九五六年に、法務大臣に就任し、憲法起草委員会委員長にもなったアンベードカル（Ambedkar）の指導の下、マハーラーシュトラ州のナーグプルにおいて仏教に改宗した不可触民（マハール）の人々のことを指す。アンベードカルは仏教改宗を行った年にこの世を去るが、その後、指導者を失った新仏教徒を先導した人物の一人に仏教僧の佐々井秀嶺が挙げられる。大塔返還を求める彼らの抗議行動は、地元のヒンドゥー・ナショナリスト等を刺激し、大塔をめぐる宗教的緊張を再び顕在化させることとなった。その後も、佐々井秀嶺らによる抗議運動は繰り返し行われ、「ブッダガヤ奪還闘争」とも呼ばれ、二〇〇四年までに一三回行われていた。

以上でわかるように、大塔が「生きている遺産」であることは大塔の周囲で祈りが捧げられ、儀礼が執り行われるということだけでは語りつくせない。つまり、大塔の宗教的な意味をめぐって異なる宗教の間で緊張が顕在することも、ボードガヤーの歴史的遺跡を「生きている遺産」にする要因であるといわねばならない。

その意味で、さらに大塔が「生きている遺産」となる上で取り上げておくべき要素がもう一つある。それは大塔と地元社会との関係であり、遺跡の発掘、修復さらには世界遺産登録などの動きが大塔周囲の人々の生活に与える影響である。当時大塔の周囲に集落を築いていた人々にとって、大塔と集落との境界は、今のように柵もなく、明確に切り離されたものではなかった。蓮池で知られる大塔横の池で、人々は日常的に洗濯をし、自由に大塔の周囲に出入りできたという。今では大塔や金剛宝座の周囲を取り囲むエリアは柵で取り囲まれ、地元の人々の生活空間からは切り離されたものとなっており、その頃の様子をうかがい知ることはできない。大塔は世界的建造物として名立たる地位を確立していくが、それは一方で、大塔から人々の生活空間を切り離していく過程でもあるということは確かである。

ボードガヤーの遺跡とりわけ大塔の再建が、その周辺の人々の生活に与える影響を考える上で最も興味深いのは、ボードガヤーに見られる仏教改宗の動きである。次に、大塔周辺の人々の仏教改宗を通して大塔が「生きている遺産」として形成しつつある様子に接近してみよう。

3　ボードガヤーにおける不可触民集落の仏教改宗

ボードガヤーの地域的構成について簡単に述べておこう。まず、行政区域としてのボードガヤーは都市自治エリア（Nagar Panchayat Area）[13]と村落自治エリア（Grama Panchayat Area）があり、ボードガヤーの大塔は都市自治エリアに位置している（図2、図3）。

一八七二年のセンサスに、ボードガヤーには四九七戸、三〇五〇人（内イスラム教徒三九二人）の人々が生活していたことが記録されている［Rajendralala 1972 : 3］。その頃に確認されているタリディ集落およびマスティプル集落に加え、ウラエル集落、ティカビガ集落、ミヤビガ集落は、今日、大塔の周囲約一～二キロメートルの範囲に点在し、いずれも不可触民[14]（マーンジ、チャマールなど）や後進諸階級（カハー

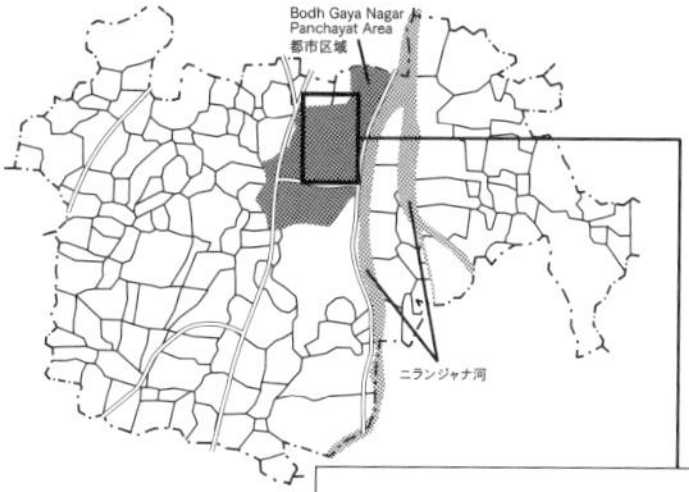

図２　ボードガヤー行政区域における都市自治エリアの位置（図2、3ともに筆者作成）

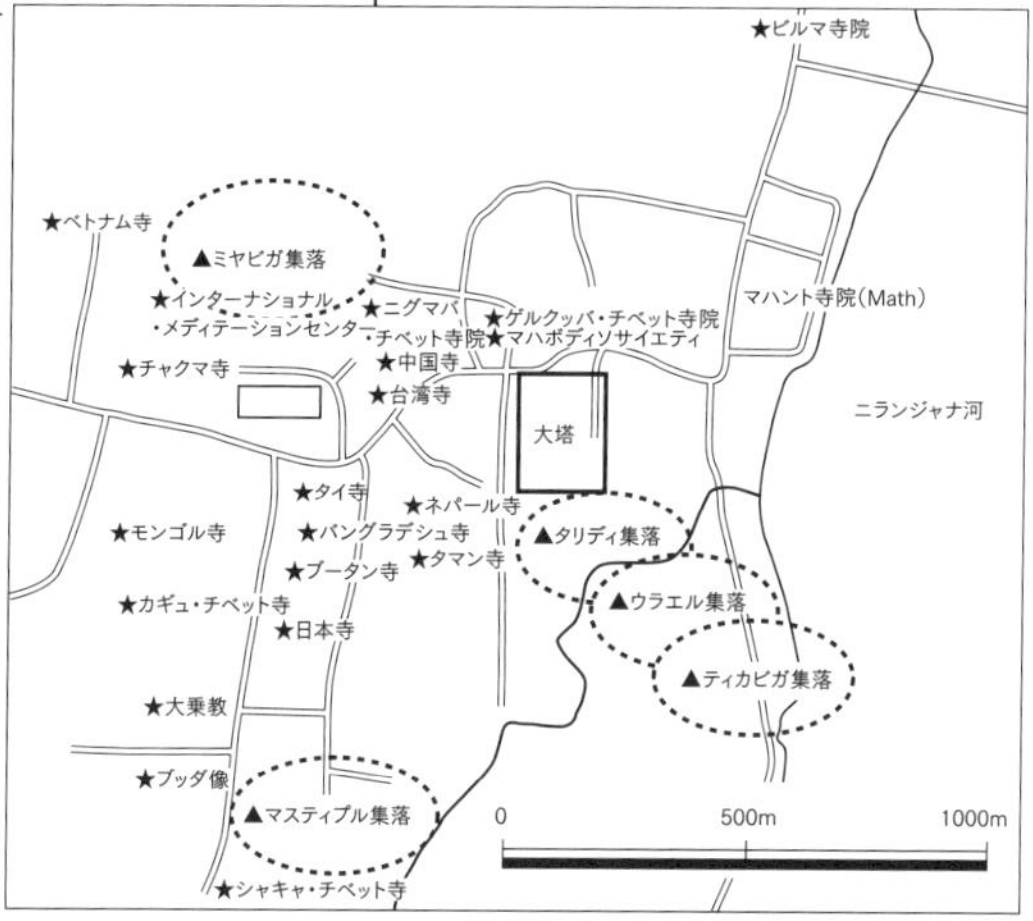

図３　大塔に隣接する集落の位置

ル）に属するジャーティ（カースト）で構成されていた。ボードガヤーの宗教構成を見ても、「仏教聖地」でありながら、約九〇%をヒンドゥー教徒が占めているというように、ヒンドゥー教を中心とする社会である(15)。

ボードガヤーにおける仏教改宗の動きは、こうしたヒンドゥー教を中心とする社会において生じたということである。仏教改宗は、人口のほとんどを不可触民のマーンジが占めているミヤビガ集落とマスティプル集落において確認できた。聞き取りによれば、マーンジは荷物運びやレンガ運びなどを行ってきたという。ミヤビガ集落においては、ドービー（洗濯屋）、パーシー（酒屋）、タテラ（皿屋）、チャマール（皮革業）といったジャーティも確認できたが、調査当時、集落の九五％がマーンジであった。ボードガヤーの不可触民は、大塔への参詣を許されず、公共井戸の使用を認められないなどの差別を受けていたという[16]。

両集落は大塔から一～二キロメートルも離れていない所に位置し、筆者が調査を行った当時の二〇〇三年には、集落規模としては、ミヤビガ集落は二一〇戸（約一一〇〇人）、マスティプル集落は一四〇戸であった。いずれも一九七〇年代に仏教改宗の動きを見せた。マスティプル集落では数名が仏教改宗を志し[17]、ミヤビガ集落では集落全体が仏教に改宗することになった。それに対して、これらの集落以外（タリディ集落、ウラエル集落、ティカビガ集落など）では仏教改宗の動きは確認できなかった[18]。ミヤビガ集落では、一九七三年に改宗の動きを見せているが、一度に集落全体が改宗をしたわけではなく最初に五人が改宗をし、その後、次第に仏教改宗者が増えていったという。

集落全体が仏教に改宗したというミヤビガ集落において、改宗者の一人であるQ氏は、仏教改宗の理由を、不可触民であるということで差別を被ってきたが、仏教徒になればすべての人が平等であるからだと述べていた[19]。改宗した人々は名前を男性はウパーサカ（Upasaka：優婆塞）、女性はウパーシカ（Upasika：優婆夷）と名乗る。この名称は仏教の在家信者を意味する。集落の名前はシッダールタ・ナガル（Siddhartha Nagar）と改めた[20]。シッダールタとは言うまでもなくブッダ（仏陀）の出家前の名である。そして、集落内において行っていた動物の供犠を取りやめることを集落内で決定し、それまで集落の人々の信仰の拠り所であった女神の祠、デーヴィー・スタン[21]を取り壊し、さらにはその上に小さな寺を建設した。そこにはインド人の仏教僧が常駐している。

ミヤビガ集落では、Q氏をはじめ、この集落の中心を担う人物が最初に仏教に改宗しており、彼らは就労を介して国内外の仏教僧との接点を築く中で改宗を決意していた。彼らは、仏教の教えを村に持ち帰り、集落の人々に改宗を促していた。その結果、改宗者が次第に増えていくような、緩やかな形で仏教改宗が進められた。こうしたボードガヤーにおける仏教改宗は、一九五六年以降、仏教改宗を掲げる運動を主導するリーダーが仏教改宗を鼓舞し、一度に人々を、改宗に先導するという、いわゆるインドにおける新仏教運動の文脈での改宗とは異なっている。

ここで注目しておきたいのは、ミヤビガ集落は、リーダーに限らず寺院就労者が多いということである。ミヤビガ集落における就労状況は次のようである(22)(表1)。

男性職業	Salary (1day)	数
寺院従業者		
チベット寺	50-100Rp	15
タイ寺	30-50Rp	18
中国寺	50-60Rp	3
日本寺	100Rp	3
大乗教	40-100Rp	3
大塔	30-50Rp	5
スリランカ寺	60Rp	3
その他	50Rp	2
合　計（N = 273）		52

女性職業	Salary (1day)	数
寺院従業者		
チベット寺	31-50Rp	3
タイ寺	35-40Rp	7
スリランカ寺	32Rp	1
ニマ寺	50Rp	1
合　計（N = 284）		12

表1　ミヤビガ集落における寺院就労者の数

また、仏教改宗の動きを見せたもう一つの集落、マスティプル集落においても、寺院就労者を確認することができた。マスティプル集落では、二〇〇三年当時、日本寺八名、大塔一名、大乗教寺院一名の計一〇名の人が寺院就労に従事していた。もちろん寺院就労者のそれぞれの集落に占める割合は必ずしも多いわけではない。だが、こうした各国寺院での就労従事者の存在自体が他の集落と比べて特徴的である。

いずれにせよ、ミヤビガ集落やマスティプル集落において仏教改宗が生じたのは、ボードガヤーが「仏教聖地」として国内外からの注目を集め、「仏教聖地」として再建されていくことと無関係ではないということだ。別の言い方をすれば、ボードガヤーにおける仏教改宗というのは、歴史的遺跡が単なる歴史的建造物に留まることなく「生きている遺跡」となることを受けて、遺跡を取り巻く社会集団に及んだ一つの影響だということができるだろう。

その後、ミヤビガ集落では仏教徒に改宗した集落として外国からの関心が向けられ、仏教に改宗したにもかかわらず、教育を受ける機会にめぐまれてこなかった同集落の子供たちのために、外国のNGOや仏教寺院、仏教僧等から手が差し伸べられるようになっていた。例えば、子供たちへの教育や、集落内での学校の建設、先生の給与の他、制服の支援、医療支援など多岐に及ぶ（表2参照）。特に、この集落に差し伸べられる国外からの教育支援は目を見張るものがあり、規模が大きいものとしては、集落の中央に建てられた鉄筋コンクリートの学校アーナンダ・ヴィドゥヤーパット（Ananda Vidyapath School）の建設がある。この学校の建設は、一九八五年頃に名古屋に本山をおく仏教教団である大乗教[23]によって提案され、一九九八年に完了するに至っている。しかし、教育支援は既に学校建設が進む以前から、S．T．A（Sharing Tears of Asia）[24]によって進められていた[25]。

こういった外国からの支援によって、この集落の人々の生活態度や生活環境においても次第に改善が見られた。例えば、人々が豚と共に生活していたような状態から、生活空間を分離し衛生的環境に気をつけたり、大人が飲酒を避けるようになったり、子供たちが身奇麗にする等の教育の効果が現れたという。また、集落内の道が整備され、小さな店もできるなど、集落の様子も変化を見せていた。だが、人々の生活状況が改善する一方で問題も現れていた。以前は、子供たちの教育のために村人らが自発的に少しずつお金を出し合っていたというが、そうした取り決めは失われ、村の結束が弱まっている様子も見受けられた。このように、各国仏教徒との就労を介した接触が、彼らを仏教改宗へと導いただけでなく、集落全体が仏教に改宗したことで、国外の仏教関係者の注目を集め、多くの支援を受けるようになっていった（表2）。一方、こうした変化を、集落外のヒンドゥー教徒は、信仰心に基づくような改宗ではなく、あくまでも彼らの改宗が金儲けの手段となっている等と冷ややかな眼差しを向けている。

支援組織・支援者	支援内容
日本のNGO (S. T. A.)	先生の給料など（約40,000Rp／1年）／黒板、扇風機、石版
チベット寺	約50,000Rp／1年
大乗教	鉄筋コンクリートの学校
中国寺	ミヤビガ集落の土地
タイ寺	タイの僧侶による小さな学校メディカルサポート、子供たちの制服
チベットの僧侶	屋根
日本寺の僧侶	学校の周囲を囲んだ壁
ダライラマ	集落内の寺院の仏像／5年間分の学校の先生の給料
ベトナム、韓国、タイ、日本の団体や個人	援助／学校の壁の塗装

表2　ミヤビガ集落における国外支援

ただし、注意しなければならないのは、ボードガヤーにおいて確認できた仏教改宗は限定的であった。というのも、ボードガヤーの遺跡周囲からはさほど離れていない場所に不可触民が大半を占める集落（タリディ集落、ウラエル集落、ティカビガ集落）はいくつも存在していたにもかかわらず、マスティプル集落とミヤビガ集落しか仏教改宗の動きを見せなかった。その上、仏教への改宗を見せたマスティプル集落でも、最終的に仏教改宗には至らなかった。結果として、ボードガヤーにおいて集落単位で仏教改宗の動きを見せたのはミヤビガ集落だけだったのである[26]。

では、マスティプル集落において仏教改宗が進まなかった背景には何があったのか。実は、ヒンドゥー教のシヴァ派の僧院のマハントが、マスティプル集落での仏教改宗を阻止したというのである[27]。こうした力が働いた理由を紐解くためには、ボードガヤーの大塔周囲の集落とマハントとの関係を切り離して考えることはできない。タリディ集落、ウラエル集落、ティカビガ集落、マスティプル集落のいずれの集落の人々も、かつてはマハントの土地あるいは僧院で働いており、マハントの強大な力によって押さえつけられていた［前島　二〇〇七］。特に、タリディ集落とマスティプル集落は、一九世紀にマハントの所有物であることが確認されており、その集落に住む男性はマハントの土地で働き、女性は僧院で働かされていたのだという。この意味において、マスティプル集落は、マハント支配体制の中に組み込まれていたのである[28]。

それに対し、仏教改宗が進んだミヤビガ集落は、マハント支配体制の周辺に位置づけられていた。実際、ミヤビガ集落では、マハントが改宗を阻止したという話は聞かなかった。だが、ミヤビガ集落での仏教改宗が、外からの抵抗が何もなく進んだということではない。この集落においても、祈禱師のオージャー[29]に、仏教に改宗すれば集落の人々はみんな死ぬと言われたり、ブラーフマン[30]にひどい病気が流行るなどと言われ、改宗を思い留まるよう圧力がかけられていたという[31]。だが、マスティプル集落と異なるのは、そうした外からの圧力に対し、ミヤビガ集落の場合は、改宗を躊躇するような動きもあったものの、思い留まるのではなく、仏教改宗の道を選択したということである。ただし、ミヤビガ集落の仏教改宗をめぐっては、その改宗が経済的利害に基づいたものだという批判的な声[32]の他に、改宗によっても民間信仰に関わるヒンドゥー教の儀礼を執り行わなくなったわけではないという声もあり、仏教改宗の動機や改宗後の人々の生き方は、それまでの彼ら、彼女らの生き方を一八〇度変えるものとはなっていないということも事実である。

このように、ボードガヤーにおいて仏教改宗が限定的なものに終わったのは、ボードガヤーのマハント中心に築き上げられていた支配―被支配を支えた社会的な仕組みが、弱まりながらも依然として彼らの生活において働いていたからだと考えられる。こうした二つの集落での仏教改宗の進み方から、ボードガヤーの社会が、その外から回帰しはじめた「仏教」に、伝統からの解放の道を求めつつ、その一方で、外からの「仏教」の勢いに揺さぶられながらも依然として伝統に結びついているという形で、伝統と近代の間で揺れ動いている様子が読み取れるのである。こうした、ミヤビガ集落での仏教改宗者が、一方ではそれまで集落で行っていた供犠を否定し、仏教寺院に参詣したり、仏教僧にサンガダーナ（僧伽布施）を行い仏教徒としての生活をしながらも、他方で、民衆のヒンドゥー教の年中行事を祝うなど、伝統と近代の間で揺れ動いている様子は、彼ら個々人の「改宗」そのものの中にも浮かび上がるということも付け加えておこう。

4 おわりに

ボードガヤーにおける大塔は、世界遺産への登録を受け、さらに生きられる遺産としての地位を築きつつある。国や地域の異なる人々が訪れ、それぞれの国や地域の仏教寺院の建設が進んでいくボードガヤーでは、一九五六年にネルーが謳った国際仏教社会の建設が、まさに着々と実現されようとしているといえるのかもしれない。

だが、ボードガヤーの物語は、長年の風雨に晒され、かろうじて崩落を免れてきた状態にあったボードガヤーの歴史的遺跡が、仏教最大の聖地として名を馳せていき、宗教的な意味を取り戻し、そして、二〇〇二年にようやく遺跡の価値が世界的評価を受けることになった、ということで終えることはできない。なぜなら、世界遺産への登録が、ヒンドゥー教と仏教との間の宗教的な緊張から解き放したわけではないし、もっと言えば、世界遺産への登録自体が、新たな緊張を生み出すことにもなっているからである。

世界遺産の登録に当たってユネスコが求めているのは、登録の対象となった大塔の周囲にバッファーゾーンを設け、建造物の建設の禁止や制限を加えるといった対応であった。そして実際に、ボードガヤーの広い範囲に及ぶ大規模な開発計画案が策定されることとなった。もちろん、ボードガヤーにおける大塔周囲の開発計画は、これが最初の試みではない。世界的な遺産へと持ち上げられていくまでに、度々大塔周囲の開発が進められてきた。ただし、政府の財政的な事情によって、その実施は不十分なものに終わったと後に評価されている。だが、度々進められた開発の中で、大塔周囲に近接していた集落の一部が強制的に移住を強いられた。そのため、世界遺産登録に伴う開発計画案の策定によって、ボードガヤーの生活者の中には、かつての開発による立ち退きの辛く過酷な経験や記憶から、開発に反対の声を上げ、世界遺産への登録をも問題視する者も出ている。さらには、自分たちの存在なくして、ボードガヤーの大塔は存在しえないと話す者も見られる。

一方、一九九二年以降、繰り返し大塔の返還を求めて抗議を行っていた新仏教徒を率いる佐々井秀嶺らは、大塔周囲に近接している地元の人々の生活の場や土産物屋を取り除くことを求めていた。地元の人々の反対を、ヒンドゥー教徒による開発計画の阻害だとして非難する一方、ユネスコの方針を高く評価し、その実現を強く求めた。そして、ボードガヤーの歴史的遺跡が世界遺産の登録を受けたことで、ユネスコ本部があるジュネーブに赴き、ボードガヤーの寺院問題の解決のための要請を出したのである。こうして、ボードガヤーの歴史的遺跡をめぐる問題は、仏塔の世界遺産への登録によって、国際舞台に持ち上げられることとなった。

佐々井秀嶺らが抗議の中で主張しているのは、独立後に成立することとなる大塔管理組織であり、その管理組織を定めている法律の改正等である。仏塔の管理体制を問題視するのは、彼らにとって、ブッダをヴィシュヌの化身とし、ヒンドゥー教の神の一つとみなすヒンドゥー教徒が大塔の管理を担っているような、管理体制状況は許されるべきものではなかった。

こうした佐々井秀嶺らによる抗議に対して、一九九二年以来、反対の声を上げてきたのは、ボードガヤー在住のＢＪＰ（Bhratiya Janata Party：インド人民党）のメンバーであった。彼らは、ブッダがヴィシュヌの化身であると主張し、大塔が仏教徒だけでなくヒンドゥー教の寺院でもあると話した。それゆえ、ヒンドゥー教徒にも寺院の管理権限があるのは当然であるとする(33)。

だが、ボードガヤーの人々のすべてが、新仏教徒に反対し、ＢＪＰのメンバーの主張に賛同しているというわけではない。特に、ここで取り上げてきた、仏教に改宗した不可触民の人々の声を取り上げてみると、彼らは、仏教徒による寺院管理を求め、大塔返還を訴える新仏教徒と同じように、基本的に仏塔の管理は仏教徒の権限だという立場にある。ところが、中には、そうなった場合、地元の仏教徒と新仏教徒の間で今度は問題がおきるだろうと話し、大塔の管理の一元化がさらなる緊張をもたらすと考える者もいるのである(34)。

こうしたボードガヤーの仏教改宗者の意見は、実は、仏教改宗をしていない他のヒンドゥー教徒の意見と類似している。どちらの宗教による管理が望ましく、望ましくない、ということではなく、歴史的遺跡にとって望ましい管理こそが重要であって、現在両宗教による管理で上手く管理が行き届いているのであれば、今の管理が望ましいと話す者がいる。(35) また望ましい管理とは一つの宗教に独占させることではないと話す者もいるのだ。(36)

こうして、ボードガヤーの歴史的遺跡の世界遺産登録は、それに伴う開発問題や佐々井秀嶺らによる寺院問題にユネスコの介入を求める動きを誘発し、ボードガヤーに住む人々に、世界遺産は誰のものなのか、ボードガヤーの大塔が生活者にとってどういう存在なのか、ということを問い直すきっかけになっている［前島 二〇一〇］。

新仏教徒にとって、ボードガヤーの遺跡は、純粋な仏教徒の遺跡であって、仏教徒が寺院を管理することが絶対的な価値を持っている。だが、地元の人々は、このような新仏教徒の立場に同意しない。問題はここでいう地元の人々の声は、単純にヒンドゥー教対仏教という二項対立の観点から捉えられるものではないということである。地元の人々の生活のただ中から出てくる声は、彼らがどのような集団に属しているのかという観点だけでは捉えきれない。「生きている遺産」として形成しつつあるボードガヤーが地元の人々の生活と絡み合い、交錯する具体的な内実を検討することで初めて読み解くことができる。

ボードガヤーの遺跡と社会をめぐる物語は、まだまだ終わっていない。むしろ、ボードガヤーが世界的に注目を集める場所へと変貌していく中で新たな緊張が生じているというべきかもしれない。二〇一三年七月七日にイスラーム教徒による爆破事件が生じ、仏教徒が負傷する惨事となった。さらに、こうした事件をきっかけに、大塔の周囲に築き上げられていた商業施設が取り壊されることとなった。この事態は、「仏教聖地」としてのボードガヤーとその社会にどのように受け止められるのだろうか。ボードガヤーにおける「仏教聖地」の物語は、インドの国民国家としての成立と、国際社会の働きかけや、地元の社会が、伝統と近代という狭間の中で、時に対立し、時に折り合いをはかり、妥協する中で築き上げられてきた。そのプロセスがボードガヤーの遺跡を「生きている遺産」とする限り、ボードガヤーにおける「聖地」構築の物語は今後も続いていく。

※写真撮影は、全て筆者による。

（1）http://www.unesco.or.jp/isan/decides/（二〇一四年八月二七日最終アクセス）。
（2）ちなみに、仏教の四大聖地の中で世界遺産に登録されているのは、誕生の地ルンビニー（ネパール）とボードガヤーのみである。
（3）一九九七〜二〇〇一年のデータは、http://www.bihartimes.come/articles/bdr/tourism.html（二〇〇五年七月一〇日最終アクセス）に基づく。二〇〇一〜二〇一三年のデータは、Static of Domestic and Foreign Tourist Visit to the State of Bihar Year 2001–2013 に基づく。
（4）ビルマの王による修復は、ビルマでのイギリスとの対立が深刻になったことを受けて中断することになったという。
（5）特に、アショーカ王の碑文の発見は、その後のインドにおける考古学調査及び研究の展開において決定的な意味を持っている。
（6）日本の代表者は、在日インド大使館より外務省を通じて大日本仏教協会に代表を推薦するよう依頼があり、推薦を受けた四〇名がインドに出向いている（『全佛通信』一一号、二一号）。
（7）特に、独立以降に建立されたタイ寺や印度山日本寺などは、ネルー首相の呼び掛けに呼応し寺院を建立していた。印度山日本寺は、国際仏教興隆協会が母体となり一九七三年に創設された。
(8) 二〇一三年九月中に寺院管理組織に大塔の周囲において仏教儀礼を開催する希望を出した仏教組織の数である。いずれも儀礼の担い手が一〇〇を超える大規模なものである。
(9) ダルマパーラを運動へと駆り立てた背後には、神智協会(Theosophical Society)の影響を無視できない。この協会は一八七五年にアメリカで創設された。ダルマパーラは、一八八〇年にスリランカを訪れた協会創設者であるオルコット大佐とブラバツキー夫人と活動を共にしており、神智協会の影響を受けてボードガヤーの大塔返還運動に着手した。
(10) 一五九〇年にシヴァ派のヒンドゥー教の行者のサンニャーシン(Sanniyasin)であるマハント・ガマンディ・ギリ(Mahant Ghamandi Giri)が、この地に僧院を建てた。これが僧院(Math)の起源とされる。マハントは二〇一三年に一五代目スドラールシャン・ギリ(Sudrarshan Giri)が死亡したことから、二〇一四年現在は一六代目ラメーシュ・ギリ(Ramesh Giri)となっている。通常、ヒンドゥー教の僧院の院長のことをヒンディー語でマハンタ(Mahantha)というが、地元では、マハント(Mahant)と呼称、表記される。
(11) 日本では「大菩提会」と翻訳されている。
(12) 新仏教徒は、ブッダをヴィシュヌ神の九番目の化身とみなすヒンドゥー教徒に異議を申し立て、未だにボードガヤーの大塔が完全な仏教徒による管理ではないことをめぐって抗議を繰り返している。もちろん、新仏教徒のみがこうした抗議を行っていたわけではないし、また仏教徒すべてがこうした運動に賛同していたわけではないことは注意の必要があるだろう。
(13) パンチャヤートはインドにおける自治組織を意味する。
(14) 不可触民(untouchable)は差別語であり一般的には使用されないが、学術書では実態を示すために使われ、アウト・カースト、ダリット、ハリジャン、制度的には指定カーストとも呼ばれる。
(15) 一九九一年センサスによればボードガヤーの都市エリアに住む仏教徒の割合はわずか〇・五%にすぎなかっ

た。
(16) H氏、男性、二〇〇五年八月三〇日インタビュー。
(17) マスティプル集落では四名がタイ寺で出家をする動きがあった。
(18) 大塔の周囲にある集落の他にも都市自治エリアにある集落に聞き取りを行った。
(19) Q氏、男性、二〇〇五年八月二九日インタビュー。このQ氏は、二〇〇一年には集落の副リーダー的存在であったが、二〇〇三年には死亡したリーダーに代わり、集落のリーダー的存在となっていた。
(20) 行政上の名称はミヤビガ集落のままである。
(21) 村落では村の神（grama devata）を祀る祠を築き、災い等が生じた場合には、動物の供犠を行っていた。
(22) 二〇〇三年の集落への聞き取り調査を基に作成。
(23) 教祖杉山辰子によって一九一四年に創始され、一九四八年に宗教法人大乗教となった。
(24) S. T. A.は、愛知県の豊橋にあり、元仏教僧Y氏を代表とし、涙の分かち合いを精神に、ボードガヤーの同集落をはじめ、インドの難民や先住民の子供たちへの草の根の支援を続けてきたNGOである。
(25) 教育は、S. T. A.の集落に建てられた寺院を子供たちの教育の場として代用し、黒板や石板、扇風機を入れる提案から始められている。こうした活動から、次第にS. T. A.以外からの援助も増えていった。
(26) ただし、こうしたミヤビガ集落では仏教改宗後も改宗以前に行っていた儀礼を執り行っているとの地元での指摘もあり、その意味では完全な仏教改宗とは言い難いだろう。
(27) L氏、男性、五二歳、仏教改宗者、二〇〇五年八月二九日インタビュー。
(28) マハントの強大な力は、一九六〇年代後半頃まで続いた。その後、マハントの影響力は次第に弱体化し、人々はマハントの就労に限らない経済手段を獲得していくようになっていく傾向が見られる［前島 二〇一二］。
(29) オージャーは、ブート（悪魔あるいは霊）が「村人に取り付いて何らかの災や病気をもたらした際に、それを呼び出し、要求を聞き出してそれを供し退散を祈る役割」を持った「祈禱師」として説明されている［大橋二〇〇一：三五―三六〕。
（30）ヒンドゥー教の祭祀を執行する者のこと。
（31）L氏、男性、五二歳、仏教改宗者、二〇〇五年八月二九日インタビュー。
（32）筆者の聞き取りの中では、ディワーリーやチャット・プージャーを行うなど、改宗以前に行っていたプージャーを改宗後も行い続けているという話もあった。
（33）A氏、男性、三三歳、都市自治エリアのBJPリーダー、二〇〇五年八月一三日インタビュー／K氏、四五歳、農村自治エリアBJPリーダー、二〇〇五年九月七日インタビュー。
（34）L氏、男性、五二歳、仏教改宗者、二〇〇五年八月二八日インタビュー。
（35）N氏、男性、五八歳、二〇〇五年八月三一日インタビュー。
（36）E氏、男性、四〇歳、二〇〇四年九月一日インタビュー。

参考・引用文献

NHK取材班　一九八〇『永遠のガンジス』日本放送出版会
大橋正明　二〇〇一『「不可触民」と教育』明石書店
桜部健　一九六〇「インド仏教滅亡時の事情をつたえる」『佛教史学』第九巻第一号、二七―三〇頁
佐藤良純　一九八八「ブッダガヤ寺院法をめぐって」『パーリ学仏教文化学』Vol.1、一二一―一三三頁
佐々井秀嶺　二〇一〇『必生――闘う仏教』集英社新書
ショーバン・K・サハ　一九九五「インドビハール州ブッダガヤにおける観光と開発」『アジアにおける文化遺産の保護と救済』二、シルクロード学研究センター
田崎國彦　一九九三「一三世紀はじめのブッダ・ガヤー〔資料編〕」『東洋学研究』三〇、六九―八八頁
『全佛通信』一一号（一九五〇年一〇月二五日発行）

『全佛通信』二一号（一九五六年一〇月二五日発行）

前島訓子　二〇〇七「『仏教聖地』における伝統支配の衰退と変容――独立以降のインド村落社会研究を手がかりに」『名古屋大学社会学論集』二八、八三―一〇四頁

――二〇一〇「ローカルな文脈における『聖地』の場所性――インド・ブッダガヤにおける『仏教聖地』を事例に」『都市社会学会年報』二八、一六七―一八一頁

――二〇一一「インド『仏教聖地』構築の舞台――『仏教聖地』構築と交錯する地域社会」『地域社会学会年報』二三、六七―八一頁

Basanta Bidari. 2004. *Lumbini: AHaven of Sacred Refuge*（＝バサンタ・ビダリ、黒坂佐紀子、ウダヤ・R・バジュラチャルヤ共訳　二〇〇六『救済の聖地ルンビニ』ヒルサイドプレス）

Naresh Banerjee. 2000. *Gaya and Bodhagaya A Profile*, Inter India Pubulication

Rajendralala Mitra. 1972. *Buddha Gaya The Great Buddhist Temple – The Hermitage of Sakya Muni*, Indological Book House

Roerich, G.. 1959. *Biography of Dharmasvamin*, K.P. Jayaswami Research Institute, Patna

世界遺産としてのバーミヤン遺跡

前田　耕作

はじめに

大学へ向かう途次、私にとっては忘れ難いふたりの人の名をふと思い出した。ひとりは名著『玄奘三蔵』［前嶋　一九五二］で知った前嶋信次先生である。オリエント学の卓越した学匠としてその名を知らない人はいないだろう。それから半世紀も後に書いた私の『玄奘三蔵、シルクロードを行く』［前田　二〇一〇］は少しでもその膝下に近づこうという試みでもあったからである。

いま一人は慶應義塾の理財科を出て、商社に勤めた後、奈良の登大路にある飛鳥園で美術雑誌『東洋美術』の編集に携わっていた林啓介という人である。学生時代によく寄宿した日吉館のすぐ近くに飛鳥園は

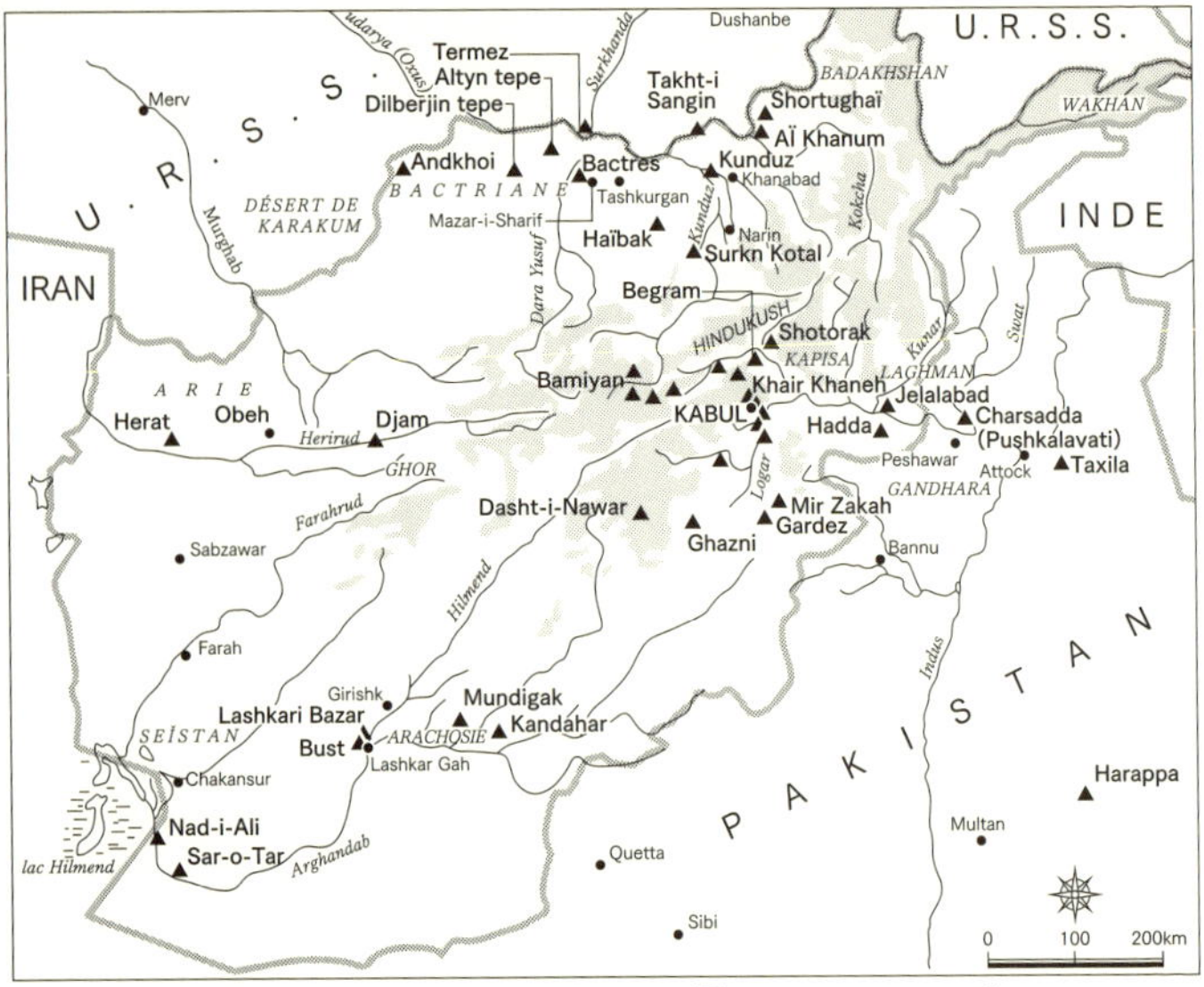

図１　アフガニスタン遺跡図（『バクトリア』1997）

あったので懐かしく思い出した。林さんは第二次世界大戦が始まったその日に亡くなってしまい、その名は島村利正の小説『奈良登大路町』［島村　一九七二］によって知られるに過ぎない。林さんは戦前、飛鳥園の園主小川晴暘の仏像写真に魅せられて通ってくるラングストン・ウォーナーに英語で対応したり、奈良の寺巡りの道案内を務めたり、ウォーナーの日本古代美術の研究と戦中の奈良・京都を戦災から護る活動に陰で力を添えた人であったことを、文化遺産保護に関わる話をするに当たって思いつくままに記しておきたい。

1　歴史的古道

アフガニスタンの中央を走る大山脈ヒンドゥークシュの山懐にすっぽり抱かれるかたちで、バーミヤン遺跡（図1）は存在する。つねに激動してきた中央アジアの南端にありながら、バーミヤンは比較的穏やかに持続的な文化を育んできたように思われる。

今日まで残されている古代ペルシアの碑文（ダレイオス大王のビストゥン碑文、ペルセポリス碑文、スーサ碑文、ナクシュ・ロスタム碑文）によれば、ペルシアのダレイオス大王が支配した二三の国々のうち、ズランカ、ハライワ、バークトリ、サタグ、ハラウワティの諸邦（ダフュ）が現在のアフガニスタンのほぼ全域に当たる。バーミヤンという地名や部族名こそどこにも記されていないものの、これらの地域の中央にあるバーミヤンは古くからペルシアとなんらかの関係があったと考えられる。ヘロドトスはダレイオスがペルシアの再統一を行った後、邦（ダフュ）に「二十の行政区（サトラペイア）」を制定し、それぞれの行政区に総督（サトラプ）を任命したとしている［ヘロドトス『歴史』Ⅲ・八九］。その中でバクトリア人とアイグロイ人の住む地域である「第七徴税区（ノモス）」と、サッタギュタイ人、ガンダーラ人、ダディカイ人、アパリュタイ人の住む「第十二徴税区」が、一部を除けばほぼ現在のアフガニスタンに相当するといえる。ジョージ・ローリンソンが『歴史』の英訳本（一八六二年）に付帯させた地図では、バーミヤンは「第七徴税区」の北辺に位置しており、アルフレッド・フーシェが『アフガニスタンへのフランス調査団報：インド古道　バクトリアからタキシラまで』［Foucher 1942-47］に掲載した地図（図2）もほぼ同じである。いずれの地図にもバーミヤンの名は記されていないが、東西に走る大山脈がアパルセーナ、パロパミソス、カウカソスなど、今日のヒンドゥークシュの古名で記入されているため、その位置を知ることができる。バーミヤンからは今日に至るまで、古代ペルシアの影響を裏付ける考古学的な資料はなにも見つかっていないが、アフガニスタンの北方ではアラム語をアラム文字で記した文書が発見され、

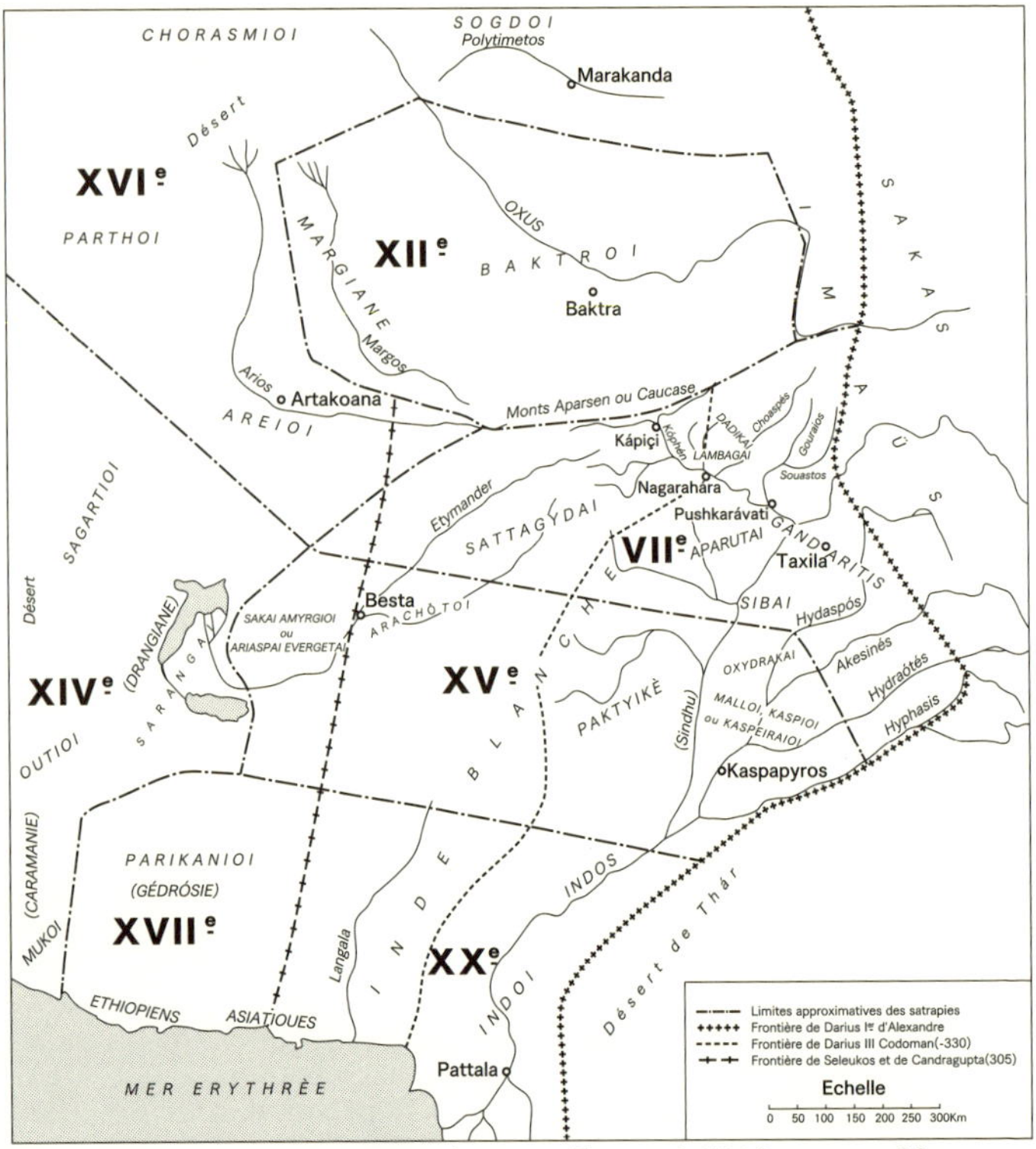

図２　ペルシア行政区（フーシェ『インド古道』(MDAFA I)）

一点が前五世紀、残りの文書は前四世紀（前三五三―三二四年）のものであったという。それはアケメネス朝のアルタクセルクセス三世、ダレイオス三世オコス、ベッソス（アルタクセルクセス四世）、アレクサンドロス大王治世の時代に当たる。さらに南方のアラコシアではマズダ教徒が「聖なる飲み物として崇めるハオマを造る石臼」にもアラム文字の銘文が刻まれていた［ルトヴェラゼ　二〇一一：一三〇］というから、アフガニスタンにはほぼその全域においてアケメネス朝ペルシアの文字文化が深く根付いていたと考えられる。オクソス河畔のヘレニズム遺跡アイ・ハヌムにおいてもアラム文字を印した前二世紀のものと思われる土器が見つかっている。

ダレイオス一世が没した(前四八五年)後、およそ一五五年が経過し、ダレイオス三世(在位・前三三六—三三〇年)治世のとき、アレクサンドロスはガウガメラでペルシア軍に勝利を収め、さらにダレイオスを追い、エルブルズ山脈の東南麓で王の死を確認する。しかしアレクサンドロスはそれを終戦とせず、さらに王の弑逆者ベッソスを追ってパロパミソス山脈の北方、オクサス河(現在のアム・ダリヤ)が貫流する「第十二徴税区」も、次いで帝国の東辺にあった「第七徴税区」も手中に収めた。このとき「第七徴税区」の中で、パロパミソス山脈の南麓に位置し、現在のゴルバンド川とパンジシール川との合流点にアレクサンドロスは、目下の追敵ベッソスのいるバクトリア攻めの後、やがて目指すことになるインド攻めの拠点となる都市の建設を定め、アレクサンドリア・スブ・パロパミサダエ(パロパミソス山麓のアレクサンドリア)と名付けた。仏教時代に名高いカーピシー国(玄奘の迦畢試国・慧超の罽賓)がここに当たる。しかしアレクサンドリアがここに存在するどの遺跡に相当するのかについてはさまざまな意見がある。

アレクサンドロスは、ここを拠点として後方を固め、冬営の幕舎をたたみパロパミソス山脈を北へと越えてバクトリアへと向かった。おおかたはパンジシール川を遡り、高峻なハワク峠(三五四五メートル)を通ったという見解が有力だが、ウィリアム・ターンはバーミヤン通過の可能性を視野に入れた別の独自な見方をしている[Tarn 1938]。

「ヒンドゥークシュ(パロパミソス)を越えてバクトリアへ至るには三つの道があった。どの道もパンジシール川とゴルバンド川の合流点にあるアレクサドリア・カーピシーによって支配されていた。そのうち中央の道は最も高いカオ・シャン峠（四三七〇ｍ）を越えなければならないので問題外である。しかし土地の人びとの伝承によれば、もっとも高いからこそアレクサンドロスは峠越えにこの道を選んだというがどうであろうか。カーピシーによって支配されていたパンジシール川上流域に通じる東北道には中央道より長いが低いハワク峠があり、これこそアレクサンドロスによって踏みしめられた道だとされている。しかしこの道はその後もギリシア人たちによって使われることになる道だったかもしれないが、そうだとしてもまずバダクシャンへ行くときに使われたのであって、めざすバクトラへは遠回りになる。もう一本の道は、これもまた先のアレクサンドリアの支配権が届いていて、今日もなお使われている道で、このパロパミサダエとバクトラとの間を直接に結ぶ西南道こそもっとも可能性が高いといえよう。この道はゴルバンド川を遡るとバーミヤンに通じ、そこからカラ峠（二八四〇ｍ）を越えてダラ川の源流域に出、さらにバクトラ川に沿って下る道で、いわばヒンドゥークシュ山脈を越えるというより迂回する道である。この道には三つの峠があるが、いずれもハワク峠より遙かに低い。そしてこの道こそ玄奘が通った時代にもっとも活用された道でもあったのである。この巡礼僧は、変化を求めたのであろうか、帰路はハワク峠越えを選んでいる。バーミヤンで発見された大仏は、この場所がギリシア時代においても重要であったことを裏付けている」［Tarn 1938: 139］。

図3はフーシェらの踏査によって作図されたヒンドゥークシュ越えの狭路と主要な峠を示すもので、カラ峠を越えた北方のアフガニスタンは当時西トルキスタンの一部と考えられていた。玄奘が『大唐西域

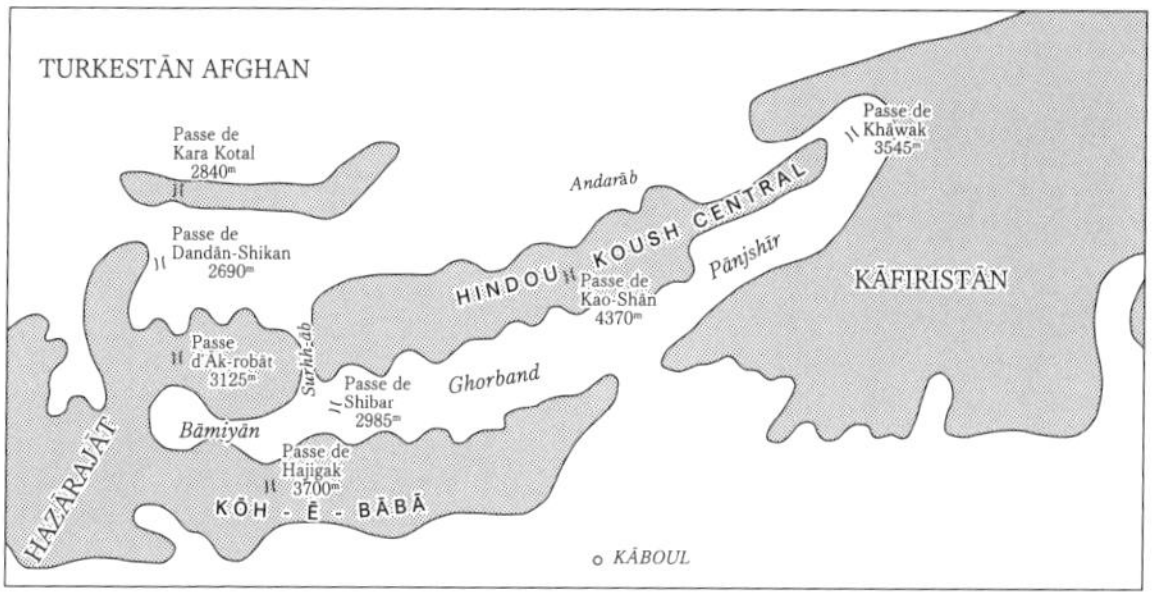

図３　ヒンドゥークシュ越えの狭路（フーシェ前掲書）

記』にいう「都貨邏国」（吐火羅国）、いわゆるトハリスタンである。

ターンのこの著作は一九三八年にケンブリッジ大学出版から刊行されたものだが、フーシェやアッカンらアフガニスタンに常駐するフランス考古学派遣団が一九二〇年代から三〇年代にかけてバーミヤンを中心に行った考古学調査の諸成果［Foucher 1923, Hackin et Godard 1928, Hackin et Carl 1933］を参照し、採り入れている。しかしバーミヤンの仏教時代における明らかな重要性が、アレクサンドロスやその後のギリシア人たちが往来した道と関わっていたのかどうかは十分検証されておらず、なお不分明というほかはない。

2　アレクサンドロス以後

アレクサンドロスの死（前三二三年）後、この地域は長い後継者戦争の果てにセレウコス・ニカトールの領するところとなったが、前三〇四年、ヒンドゥークシュの南方はマウリア朝のチャンドラグプタ王（在位・前三一七—二九三年）に割譲された。この王朝の宰相であったカウティリヤはその高名な著作『実利論』（アルタシャーストラ）の中で自領の葡萄酒の産地として「カーピシーヤナ」（第二巻第二五章）の名を挙げていることからも、マウリア朝がヘレニズム化して間もない地域を支配圏に包摂したことがわかる。この割譲が「第七徴税区」の全体であったとすれば、バーミヤンもまたマウリア王朝の統治を受けたことになろう。

しかし、ターンはセレウコス一世の子アンティオコス一世（在位・前二八一―二六一年）のとき、「バーミヤン・ゴルバンド」が一つの「エパルキア（行政区）」を形成していたという（一四〇頁）。エパルキアはペルシア・アカイメネス朝の行政区（サトラペイア）をそっくり受け継いだアレクサンドロスのアレクサンドリアを中心とする行政区を、アンティオコスがさらに小さな統治行政区へと分割したものであり、軍事と行政を司る長官はエパルコスとかストラテゴスと呼ばれたとポリュビオスは伝えている（『ローマ史』V・四五）。のちのローマのレギオ（行政区）はこの行政単位を踏襲したものであるという。ターンがここまで踏み込んで語るのは、ストラボン（前一世紀）やプリニウス（後一世紀）らが、アレクサンドロスの東方遠征以降明らかになったバクトリアを中継地とするインドへの交易道について残した記録を継承し、その具体的なルートを文献的に立証するためであった。

地中海地域と黒海地域は小アジアのミレトスに移住したイオニア人によって前八世紀頃から交易によって結ばれてきたが、中央アジア、とりわけ「オリーブ油以外は何でもできるバクトリアネ地方」（『地理誌』I・一四）への関心は高まるいっぽうであった。それはインドへと繋がる道の中継点にあったからである。「オクソス河はバクトリアネ、ソグディアネ両地方の境を区切る河で、話しによると非常に舟運の便に恵まれているため、インド産の品物でも山越えで、この河まで運び込むと、あとはいくつかの川伝いにヒュルカニア地方やそれに引き続く様々な地域から黒海にかけても容易に運んでくることができる」

(同上・I・一五)。ストラボンはこの記事を、セレウコスとアンティオコスによってカスピ海の探検に派遣されたギリシア人司令官パトロクレスがアンティオコスに宛てた報告を参照して書いたと述べている。

プリニウスはさらに進んで、ポンペイウスのミトラダテス・エウパトルとの戦いに軍団長として参加したマルクス・テレンティウス・ウァロ(前一一六—二七年)の書を引用しながら次のように記している。「ポンペイウスに率いられた探検隊は、インドからバクトリア国へ向かって七日間行くと、オクソス河の支流バクトゥルス川に着き、そしてインド商品はバクトゥルス川からカスピ海を横切ってキュルス川に運ばれ、そこからわずか五日以内の陸運によってポントスのパシスに到着することができるということを確かめた」(『自然誌』VI・二〇)と。インドと黒海とを結ぶ河川と山越えと海の道について、ヘレニズム世界、さらにはローマがともども深い関心を寄せていたことがわかる。先に指摘したように、とりわけアレクサンドロス大王の東征以後、現在のアフガニスタン全体を統治し、のちヒンドゥークシュ山脈の北方は保持しながら東南方をインドに割譲したセレウコス朝にとっても、河川路に繋がる山越えの道を軍事・経済の両面でどのように確保・活用するかが重要な問題であったにちがいない。プリニウスはまた「カフカス山脈のすぐ下にあるアレクサンドリア市」と「バクトリアの反対側にある」「のちにテトラゴニス(四角形)と呼ばれる」「パロパミソス山脈の下にあるカルタナという市」について触れているが、これはおそらくカーピシーを指すものであろう。論議の詳細は［前田 一九七七］を見て頂きたい。

3　東西大国の関心

ストラボンが指摘した、オクソス河と黒海とを繋ぐ河川路と道を併用する交易路は「容易に」物資を運ぶことができたかもしれないが、インドからバクトリアへと繋ぐインダス河を渡り、「山越え」をする「七日間」の道はそれほどたやすくはない。カーピシーからバーミヤン経由バクトリアに至る道とて決してたやすくないことは、フーシェたちの踏査によっても明らかである［Foucher et Bernard 1923-1925］。彼らの踏査をもってしても、バクトリアとカーピシー、すなわち「パロパミソス山麓のアレクサンドリア」とを繋ぐヒンドゥークシュ越えの古道を、これだと断定することはやはり難しい。ましてや遙か西方のローマからバルフまで届いた伝聞の情報などではなおさらのことである。

前二五〇年頃、バクトラで起こったギリシア人のセレウコス朝からの分離独立の反乱によって、グレコ＝バクトリアの新しい王国が成立するが、この頃マウリア朝のパータリプトラ（華氏城。現在のビハール州パトナー）では、アショーカ王治世のもと、仏教史の中でも重要な位置を占める第三回仏典結集が行われていた。そしてこの結集が終わると、アショーカ王は「仏陀の善き言葉」を携えた布教僧をインドとその周辺各地に派遣する。マウリア朝帝国の北西部、カシミールとガンダーラには布教の大徳マッジャンティカ（末闡提）が、ヨーナローカ（ギリシア人の住地）にはマハーラッキタ（摩訶勒棄多）が赴いた。ヨーナローカがどこを指しているかさだかではないが、まずは、すでにマウリア朝支配下にあったアラコシア（現在のカンダハールを中心とする地域）のアレクサドリアやパロパミソス山麓のアレクサンドリア

（カーピシー地域）に住んでいたギリシア人を指していることは明らかである。カンダハール出土のアショーカ王法勅の二種のギリシア語碑文とアラム語・ギリシア語二ヵ国語碑文の存在（写真1）がそれを裏付けている。十四摩崖法勅の第十三章に使節を派遣したギリシア王の一人であるアンティオコス二世テオス（在位・前二六一—二四六年）の名が見えるが、もしマハーラッキタの布教がさらにパロパミソス（ヒンドゥークシュ）の北方のバクトリア地域も含んでいたとしたら、この伝法の道はどの峠を越えるものであったのであろうか。ちょうどその頃、バクトリアでは反乱が起きており、仏教の布教がどのあたりにまで及んだのか明確な範囲を定めることはできない。

写真1　カンダハールの古市で発見されたアショーカ王碑文（JA 252）

グレコ・バクトリア王国が成立してから暫くすると、エウティデモス一世（在位・前二三五—二〇〇年）が王権を握るが、この地方におけるセレウコス朝の支配を取り戻そうとする大王アンティオコス三世（在位・前二二三—一八七年）の攻撃を受ける。アンティオコスは優勢のうちにバクトリアと和約を結び、兵馬を北方から南方へ廻らせ、祖王セレウコスがマウリア朝に割譲したパラパミソスの峠を越えた地域へと進軍する。かつてアレクサンドロスが軍を率いて往復した峠を越えたにちがいない。峠を越えれば太守ソバガゼスが護るマウリア朝の領地であった。こうした往来によって開かれる道筋には、幕営に必要な空間が確保でき、糧秣の保管が可能な拠点が設置されなければならない。パロパミソス山麓のアレクサンドリアはその意味でも重要なところであったが、北方のバクトリアへと至る道は限られており、その数の少ない分だけ次第に整備され、その道筋に村落も増えていったと考えるのが自然であろう。バクトリアの王デメトリオス一世（在位・前二〇〇―一八五年）による最初のインド遠征の往来もまた間違いなくこの道によったと考えられる。

ハワク峠越えとゴルバンド川を遡りバーミヤンの手前で右折北上する道と、その先のバーミヤン経由カラ峠越えの道、この二本の道が、今日もなお使われている古代からの主道である（図4）。地図には他に二本の道が見えるが、中央のサラン峠を通過する道は新しい道で、現在はトンネルで繋がれている。最高のカオシャン峠越えは古道であるが、峻険で十分な調査が行われていない。もう一本のバーミヤン古道を辿りながら、シバル峠（二九八五メートル）を越え、バーミヤンに近いトプチでスルフ川（クンドゥズ川）に沿って、マダル狭路かドシへと行き着く道もあるが精査されていない。途中に中世の城塞址も見られるこの道の調査が待たれる。

4　クシャン朝からササン朝へ

北東の遊牧民サカと踵を接するようにオクソス河の流域で新しい国を造り上げたクシャン（貴霜）が、グレコ・バクトリア王国を亡ぼしたのは、前一四〇年頃と考えられるが、クシャンがパラパミソスを越えるのは第二代の王ヴィマ・カドピセスのときであった。

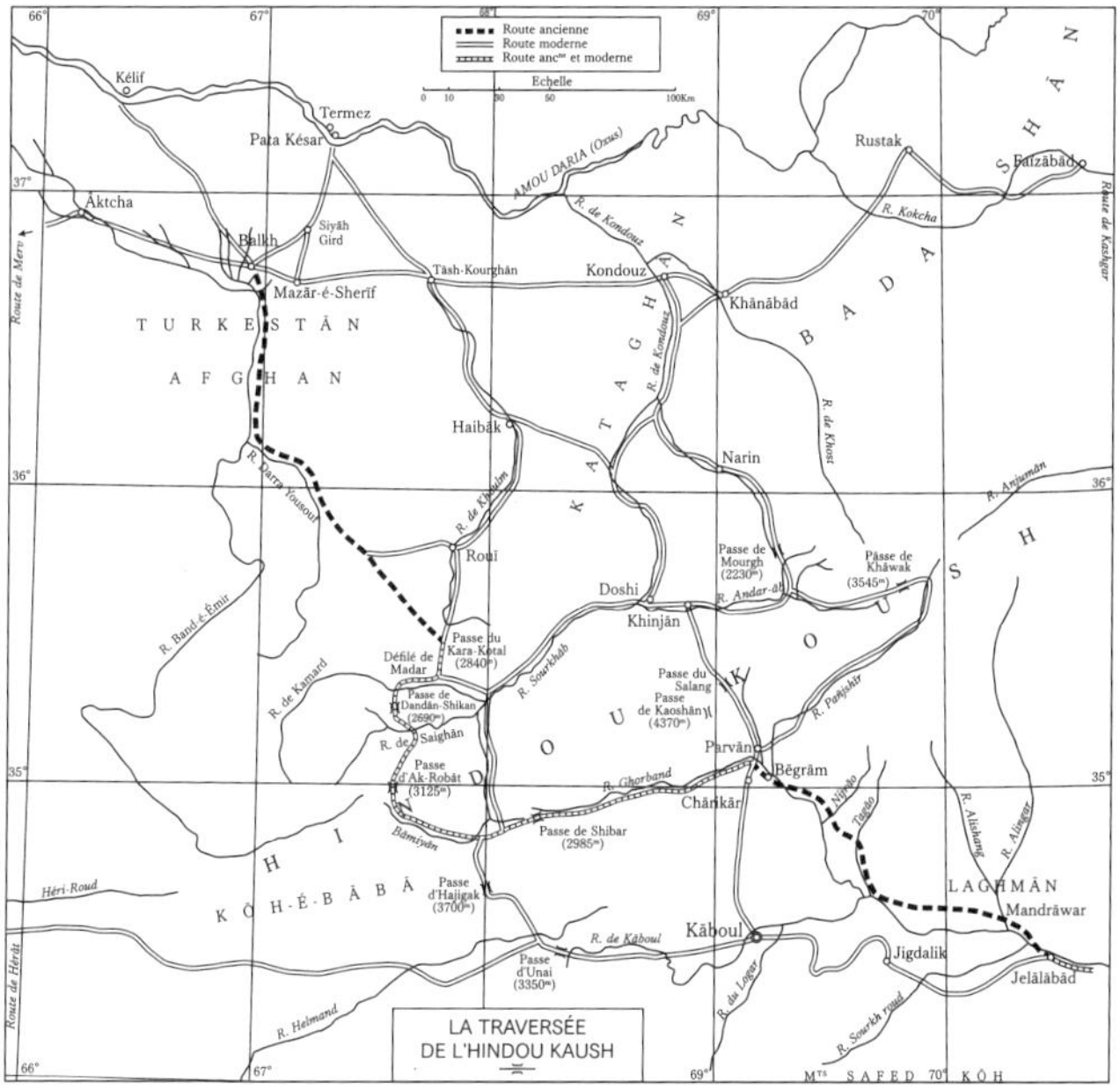

図４　ヒンドゥークシュ山脈の南北を結ぶ古道
---は玄奘の道（フーシェ前掲書）

クシャンの王統がどこに王国の礎を築いたかは、いまだに明らかではないが、パロパミソスの北方、オクソス河の流域であることでは、ほぼみな意見が一致している。王統もまた近年、クンドゥズ川の中流域ラバタクで発見されたバクトリア語碑文により、かなり明らかとなった。中国の史書に書き留められた丘就郤（クジュラ・カドピセス）、閻膏珍（ヴィマ・カドピセス）、カニシカと続く王統は正確ではなく、第一代のクジュラ・カドピセスと第二代のヴィマ・カドピセスとの間にヴィマ・タクトと名乗る王の存在が明らかとなり、カニシカは第三代の父ヴィマ・カドピセスを継ぐ第四代の王であったことが判明したのである。カニシカ紀元を後一二七／八年とすれば、この王

朝の成立はほぼ一世紀の最初期の頃と推定することができる。漢の武帝の使者張騫がオクソス河北岸の大月氏国に姿を現すのは前一二九年であるから、クシャン朝の存在はいまだ知られていなかった。

　クシャン朝の揺籃の地と、やがてカニシカ王の夏宮となるカーピシー（パロパミソス山麓のアレクサンドリア）を繋ぐ古道の上にあるバーミヤンに、いまだクシャン文化の影響を裏付ける遺物は発見されていない。ストラスブール大学のタルズィ教授は、東大仏の東方で出土した女性供養者像をクシャン朝初期の遺跡ハルチャヤン出土の塑像と比較し、その類似を指摘し、クシャン文化の影響に「留意すべきである」と指摘しているが、確証にはほど遠い。拝火教（ゾロアスター教）と仏教と祖霊崇拝を併存させたこの民族国家の動勢は、中央アジアの経略に深い関心を寄せ始めた中国の史書（『漢書』）にも記録され始める。バクトリアの南東域にあるスルフ・コタルの遺跡はこの地域におけるクシャンの存在とその文化の一端を明らかにするものであるが、揺籃のクシャン（貴霜）については、なお未解決なことが多い。

5　ササン朝以降

　後三世紀の初頭、西でローマの勢力圏と、東でクシャン朝の勢力圏と接するイランで、新たな王国ササン朝が成立し、国政の改革によって力を増したとき、シャプール一世（在位・二四〇―二七二年）はまず東方のクシャン王国へ遠征を行う。ナクシュ・エ・ルスタムに残る「ゾロアスターの方堂」の壁に刻まれた「マゴス神官長キルディールの碑文」の伝えるところによれば、シャプールはクシャンの冬宮（現在のペシャワル）を落としたのち、インダス河畔に至り、馬首を再び北に巡らし、ヒンドゥークシュ山脈を越え、バクトリアを占領し、さらにオクソス河を渡ってサマルカンドとタシュケントを落としたという。クシャン朝は揺籃の地を含めここに完全に解体され、以後はササン朝の宗主権を認める従属王領として生き延びるほかはなかった。

現在アフガニスタンの北西部のファリアブ州の摩崖に残されているササン朝の浮き彫り彫刻は、この遠征の勝利を記念するものである。シャプールがどこでヒンドゥークシュの峠を南から北へと越えたのか、多様な宗教の併存に寛容であったシャプールのこの遠征がバーミヤンにどんな影響を残しているのか、これもまた不明のままである。バーミヤンで確認されたペルシア語の法律文書の最古のものは九世紀とされていることを勘案しても、それをもってササン朝がなんらかの行政的な力をバーミヤンに及ぼしていた証しであるとするにはあまりにも弱い。

その後のバーミヤンは最も謎の多いキダラ・エフタルの時代を迎えるが、これまでエフタル貨幣の出土など時代を裏付けるものは見つかっていない。ただ大きな手がかりの一つは壁画であり、バーミヤンの東大仏の天井に描かれた太陽神を囲むように巡拝する王侯貴賓の列に民族の特徴が見られるが、まだ十分な民族の比定はなされていない。カクラクの「狩猟王」に見える三日月文頭飾の比較分析によってエフタルの存在を主張する論議もある［影山 二〇〇七］が、コインなどの考古遺物の出土によってのさらなる裏付けが待たれる。

6　玄奘の道

六三〇年、玄奘（六〇二―六六四）が『大唐西域記』（巻一）に縛芻河（オクソス河）の南にある縛喝国（バルフ）から梵衍那国（バーミヤン）を経て迦畢試国（カーピシー）への道筋を記したのが、最古にして最も正確なヒンドゥークシュ越えの記録である。

玄奘は西突厥が支配する鉄門（デルベント）を出たのち、呾密国（テルメズ）に至り、縛芻河を遡り、活国（クンドゥズ）へ通ずる渡しを舟で行き、活国と忽懍国（フルム）を経て縛喝国に行き着く。かつてはグレコ・バクトリアの首邑でヘレニズムの文化が花咲いたバクトリアはすっかり仏教の都と変わっていた。「伽藍は百余ヵ所、僧徒は三千余人」もおり、人びとは遙かインドの摩揭陀（マガダ）国の王舎城（ラージャグリハ）に想比して「小王舎城」と呼んだという。また一方で、拝火壇も発見されていることから、ここでは明らかにクシャン朝とササン朝のもと拝火儀礼も存続していたことをうかがわせる。

玄奘は縛喝国を出ると、この国を南北に貫流する現在のバルフ川を遡り、「南へ行くこと百余里」で「揭職国」（ガチ＝ダラ川とユスフ川の合流地点）に着いた。おそらく玄奘が活国で出合ったバクトラから来たという僧侶から聞いた「バクトラより天竺へ向かう好路」とは、この道であったのであろう。道案内は縛喝国の小乗の僧侶プラジュニャーカラ（慧性法師）であった。やがて彼らは揭職国から東南方の「大雪山」（パロパミソス・ヒンドゥークシュ）へと入り、この険しい山越えののち、ようやく梵衍那国へと至るのである（図5）。梵衍那国（バーミヤン）に入った玄奘は「崖に拠り谷に跨がる」都城の他とは異

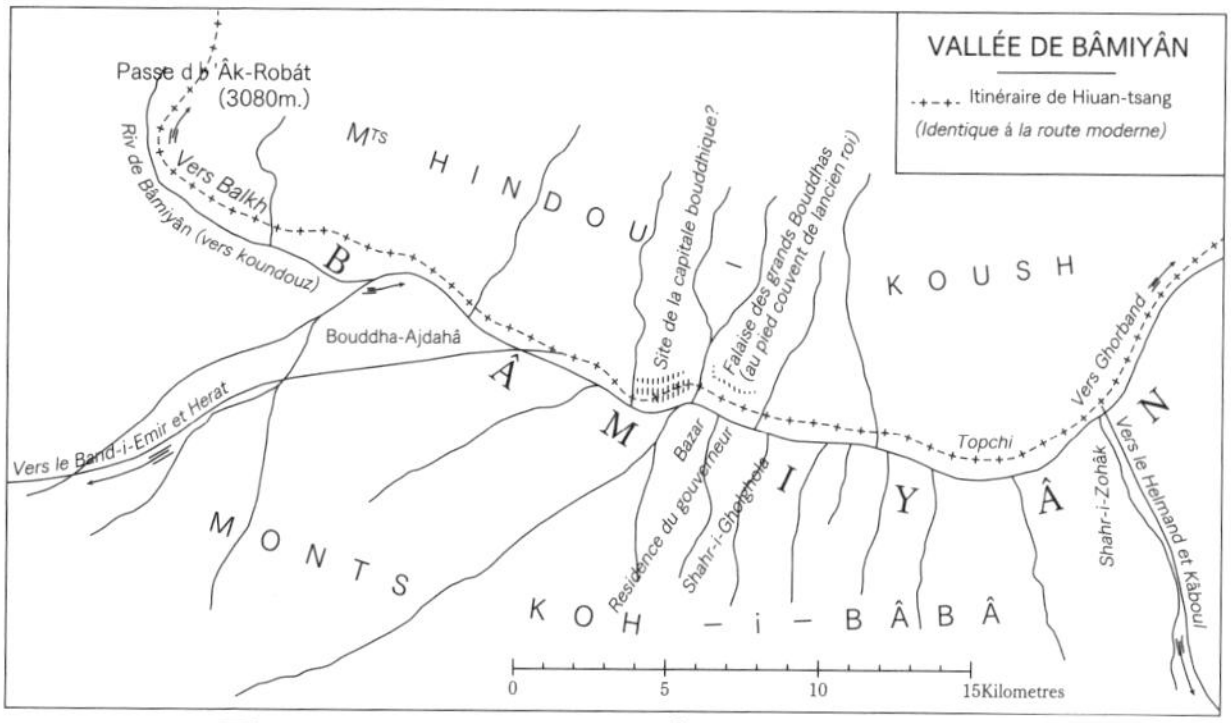

図５　バーミヤン渓谷（フーシェ前掲書）

なる佇まいを記したあと、「伽藍は数十ヵ所、僧徒は数千人」と縛喝国に比べやや小規模な仏都のありさまを伝えている。しかし「商人の往来」をも書き留めているところを見ると、七世紀にはインダス河畔とオクソス河畔とを結ぶ交易路が梵衍那国（バーミヤン）を通るものであったことをはっきり裏付けている。

玄奘が巡拝したバーミヤンの燦然と輝く西大仏、先王が建立した古伽藍、「鋳造」の東大仏、大涅槃像などが記録に留められ、当時バーミヤンが仏都として最盛期にあったことがわかる。「荘厳微妙」な「像長一千尺」の「入涅槃」の仏臥像こそ今に至るまで発見されていないが、西大仏も東大仏も歴史の経緯を示す損傷を受けながらも、二〇〇一年三月、タリバン政権による人為的・意図的な徹底した破壊を受けるまでは、極めて貴重な壁画とともに今日にまで残存してきたのである。玄奘を出迎えた「梵衍王」（『大慈恩寺三蔵法師伝』巻二）の「王城」はまだ考古学的に確認されていない。

玄奘の訪仏のあと、およそ一〇〇年経った七二六／七年に新羅生まれの僧慧超（七〇四―七八七）が玄奘とは逆の道を辿ってバーミヤンを訪れる。その頃北方は大食（アラブ）、南方は突厥の支配を受けているが、ここバーミヤンだけはなお他国に臣属しないで独立を保持し、王は依然として「胡」であると記している。バーミヤン仏教は胡王のもとでなお存続していたのである。大きな変化は、玄奘が訪れた当時のバーミヤン仏教は「小乗」であったが、慧超の訪れたときは「大小乗の教え」に従っていたことであった（『往五天竺国傳』）。この変化を裏付けることは、最近出土し流出した経典によってもうかがえるが、図像や石窟構造の変化で裏付けることができるかどうか、これからの課題である。世界遺産バーミヤンの構成要素として列挙されているカクラク遺跡とフォラディ遺跡は、大仏を擁するバーミヤン遺跡とは明らかに図像と石窟構造とを異にしている。これらの遺跡の連続と非連続をどのようなパラダイムの変化と捉えるのか、遺跡保存の課題とは別にやはり解かれなければならない大きな問題である。

バーミヤンのイスラーム化の時期も等しく重要な歴史問題である。慧超の証言通り、バーミヤンは懸崖に囲まれた地理的環境のおかげで他国の侵入を許してこなかったが、アッバス朝の第二代カリフにアル・マンスールがなったとき、彼の統治するクンドゥズ地方の総督ムザヒム・ビン・ビスタームによってついに征服されるところとなった。七五四—七七五年の間のことであるという。バーミヤンのイスラーム化は八世紀の末頃から本格的に始まったと考えられる。イスラームへの帰依を具示する最も明解な方法は、バーミヤン仏教を象徴する大仏の目鼻のある顔面を削り取ることにあったと私は考えている。仏堂に祀られた仏像の殆どが泥造であったから、これらの破壊は容易であったにちがいない。それでも戦後の発掘によって、幾体かが地中より彫り出され、なお色彩を留めていたことに驚かされた。バーミヤンの人びとが仏教からイスラームへどのような智恵を傾けて、先立つ時間の中で蓄積された輝かしい文化遺産の破壊を最小限に留めて、イスラームへと改宗しながら仏教の文化素を吸収継承していったのか、深い関心を寄せないではいられない。バーミヤンで出土するイスラーム陶片の多くはゴール朝期のものである。仏教石窟の多くがこの時期に住居化していったことが容易に想像できる。

バーミヤンがひととき荒廃するのは、一二二一年、チンギス・ハーン率いるモンゴル軍がこの谷を埋め尽くし、破壊し去ってからのことである。イスラーム陶器の出土が一三世紀以降著しく減少することも、それを裏付けている。それ以降、バーミヤンは歴史の闇に沈んだのである。

7 今日のバーミヤン

二〇〇一年にバーミヤンがタリバンの支配するところとなり、バーミヤンの文化遺産の破壊が始まる前、正確には一九七九年一二月二九日にソ連軍によるアフガニスタン侵攻が始まり、遺跡の学術調査が中断されたときまでに、バーミヤン仏教遺跡の考古学的、建築史的、美術史的視点からの学術調査は、フランス（一九二〇—一九三〇年代）、イタリア（一九六〇年代初期）、日本（一九六〇—一九七〇年代）、アフガニスタン（一九七〇年代）によって実施されてきた。これらの調査に並行して一九六八年から一九七七年に至る一〇年間、国連の教育・科学・文化機関であるユネスコの資金によって、インド隊が主導するバーミヤン仏教遺跡の大規模な保存修復事業が行われた。東西二大仏とその周辺窟の保護を目的としたこの修復作業は、今日から見れば、いくつもの欠点を指摘することができるが、セメントを多用したこの思い切った補強作業のおかげで、大量の爆薬を用いたタリバンによる破壊にも、東西二大仏を納めた巨大な仏龕の崩壊を免れたと評価することができる。もっとも悔やまれることは、修復の詳細な記録がどこにも保管さ

写真2　散華する飛天（H窟）（筆者撮影）

れていないことである。

タリバン占拠中の遺跡破壊は東西二大仏とその壁画の爆砕に留まらず、坐仏の母核を残し、仏龕内部の天井部に鮮やかな青色を主調にして描かれた「麗しの弥勒菩薩坐像」（E窟）にも及んでいた。東西の大仏立像のちょうど真ん中に穿たれた、バーミヤン最大の坐仏（H窟）の仏龕に残されていた「散華する飛天」（写真2）もまた姿を消した。この飛天は西大仏の飛天とともに飛天芸術の傑作に数えられるべきもので、模写画によってであるが羽田亨が、『西域文明史概論』［羽田 一九三一］でわが国に最初に掲載紹介したものである。「この地（バーミヤン）は直ぐ東に隣接するガンダーラ地方からバクトリアに出、更に所謂西域を経て支那に達する道筋であるから、印度やガンダーラ地方から佛教の東漸した際には多くの傳法僧はこの地を経過したことであり、またガンダーラ佛教美術の本地ともいひ得られる地である。従って今日バーミヤンの佛蹟に残されて居る繪畫こそ従来片影をも見ることの出来なかったガンダーラの繪畫であると認めて差支えない」（五六頁）。羽田亨は模写画を睨みながら込み上げる想いを披瀝しているが、大筋としては正鵠を射ている。壁画の分析は、今日では壁画の下地、顔料の分析、周辺地域でその後発掘された壁画との綿密な比較研究と図像学的な掘り下げによって、もっと進んだ段階にあるが、バーミヤンを「西域文明」の双方向的な広がりの中に位置づけようとした羽田の視線はいまも新鮮である。

タリバンによる執拗な破壊は、二大仏を擁するこの遺跡の主要な仏堂の隅々にまで及んでいることも記憶されねばならない。さらには別の川筋に造出された仏教遺跡（カクラク、フォラディ）でも残存仏像の破壊と壁画の窃取が行われている。今日有名になっているバーミヤン出土の大量な経典断簡、いわゆるスコイエン・コレクションもまた、こうした時代の混乱期にバーミヤンから流出したものにちがいない。わが国にもバーミヤンとフォラディ石窟から切り取られた壁画片が流入したが、幸い「文化財難民」として保護され、いまは流出文化財保護日本委員会の管理下にあり、母国帰還の日を待ちわびている。

8　戦後のバーミヤン

タリバンによるバーミヤンの文化遺産爆破の予告に対し、ユネスコはそれを避けるため、ハーグ条約の遵守の呼びかけやイスラーム法学者たちによる「現代の偶像破壊」回避に向けての説得など、あらゆる努力をしたにもかかわらず二〇〇一年三月一二日の暴挙を食い止めることはできなかった。

政治・宗教的口実を覆す智恵を人類はまだ持ち得ていない。覆すことは無理だとしても、せめて中和する叡智に辿り着かなければ、二一世紀における「文化遺産の保護」など絵空事に等しい。

ユネスコは戦後（二〇〇二年五月）いち早く「アフガニスタン文化復興セミナー」と題された国際会議を首都カーブルで開催し、遺跡・遺物の保護・保全活動と破壊略奪された国立博物館復旧の早急な開始を訴えた。日本から参加した平山郁夫東京藝術大学学長（当時）は、バーミヤン遺跡の復興にわが国が積極的に参加すると言明し、日本政府もこれに応えて「ユネスコ文化遺産保存日本信託基金」の拠出を表明した。同時にユネスコは素早い行動を起こし、アフガニスタンの暫定政権に戦後の文化復興の象徴として二つの文化遺産の世界遺産への登録を勧めた。その結果、バーミヤンの北西を流れるハリ・ルードの川沿いに聳えるイスラーム・ゴール朝の歴史的記念物「ジャムのミナレット」(一二世紀)が二〇〇二年六月にアフガニスタンにおける世界遺産登録の第一号となった。登録認定の証書授与は、同年の七月、東京藝術大学大学美術館で開催された「アフガニスタン　悠久の歴史」展に関連して行われた記念国際シンポジウム「アフガニスタンの文化/東西文化交流と仏教文化」の開会式で、松浦晃一郎ユネスコ事務局長(当時)からアフガニスタン情報文化大臣ラヒーン氏に手渡された。

先に触れた「ユネスコ文化遺産保存日本信託基金」は、一九八九年、日本政府が海外の有形文化遺産保存のための信託基金をユネスコに設置したものである。これは文化遺産保護の活動を通してわが国が積極的な国際貢献をしようという姿勢を海外に表明したもので、日本の専門家たちの協力と努力もあって、今日も日本の世界における「目に見える」文化的寄与として極めて高い評価を受けている。

二〇〇二年九月、日本とユネスコとが合同調査団をアフガニスタンに派遣し、廃墟と化した首都カーブルとその周辺域で諸遺跡とバーミヤン遺跡のタリバンによる破壊後の現況調査を行った。この調査に基づいて、同年一一月、バーミヤン遺跡保存のための活動計画策定のための第一回国際専門家会議が、ミュンヘンにおいて開催された。

ユネスコはこの専門家会議における討議を踏まえ、二〇〇三年六月、パリで「アフガニスタン文化遺産保護のための国際調整委員会第一回総会」を開催し、ただちに作業を開始する態勢を造り上げた。日本がバーミヤンにおける考古学的活動と、石窟の保存と石窟内に残存する壁画の保存修復を担当し、ドイツが東西二大仏の母核と大仏龕の保存を受け持ち、イタリアが二大仏の周辺の摩崖の緊急補強と地質調査を引き受け、バーミヤン全体の保存に関わるマスタープランの策定はドイツと日本がそれぞれ共同して行う。アフガニスタンはそのどの領域にも人材を派遣協力し、現場で学習し次世代への伝承を確かにすることで合意がなされた。バーミヤンは二〇〇三年に「バーミヤン渓谷の文化的景観と考古遺跡群」という名称で世界遺産に登録された。

これらの国際的合意を実施していくに当たって、わが国は国内体制の整備を行い、文化遺産保護の国際協力を積極的かつ横断的に展開していく官民共同のプラットフォーム「アフガニスタン等文化財国際協力会議」を設立すると同時に、二〇〇三年七月、第一次ミッションをバーミヤンへ派遣した。そして現地で、第二七回世界遺産委員会がバーミヤンをアフガニスタンにおける二番目の世界遺産としてリストに登録することを決定したという報道を知った。しかしそれは同時に危機に曝されている遺産としても記載されたということであった。バーミヤンはそれほど人為的・自然的な破壊の大きな危機のうちにあったのである。

ユネスコは、戦時下における文化遺産の保護を条文化したハーグ条約（一九五四年）が、タリバン政権によっていとも簡単に反古にされてしまったことに大きな衝撃を受けた。危機遺産の認定は、「土地の人びとと共に協力し、保護のため必要なあらゆる手段を講じなければならい」（ハーグ条約五条の二）という強い意志の表明でもあった。さらにハーグ条約がうたう「文化遺産へ敬愛の念を抱いてもらう努力」（五条の三）もまた、つねに視線の中に留め続ける必要があろう。

世界遺産バーミヤン

バーミヤンの世界遺産としての正式な登録名は、「バーミヤン渓谷の文化的景観と考古遺跡群」である。フォラディ川やカクラク川やアーハンガラン川など複数の川が流れ込む主流バーミヤン川によって形成される渓谷は、「地質学的な土地形成の過程と人間の介入の歴史を経て進化してきた景観であり、その進化の過程は全体の形と個々の要素において、現在もなお現地で見ることができる」と評された。

遺産の構成要素は次の八要素から成っている。

（i）バーミヤン渓谷とその石窟群
（ii）カクラク渓谷とその石窟群
（iii）フォラディ渓谷とその石窟群
（iv）カライ・ガマル石窟群
（v）シャフリ・ゴルゴラ城塞
（vi）シャフリ・ゾハク城塞
（vii）カライ・カファアリ望櫓（A）
（viii）カライ・カファアリ望櫓（B）

世界遺産として承認したカテゴリーは次の五つである。

（i）バーミヤンの仏像と壁画は、中央アジア地域におけるガンダーラ派仏教美術の極めて優れた例である。

(ii) シルクロードの重要な仏教センターであったバーミヤンの芸術的・建築的遺跡群は、ガンダーラ派における特徴的な芸術表現を発達させる基礎となった、インド、ヘレニズム、ローマ、そしてササン朝文化の交流を示す、際立って優れた証拠である。そして文化の交流という面では後の時代のイスラーム文化への影響もふくまれる。

(iii) バーミヤンは、中央アジア地域における消滅した文化伝統の際立った優れた証拠である。

(iv) バーミヤンは、仏教の歴史における重要な時代を例証する文化的景観の極めて優れた例である。

(vi) バーミヤンは、西方仏教のもっとも記念碑的な表出であり、幾世紀にも渉って巡礼の重要な中心地であった。その象徴的価値から、バーミヤンの記念建造物は過去幾度も迫害を受けてきた。そしてそれは世界を震撼させた二〇〇一年の意図的な破壊をふくむ。

（稲葉信子教授の発表資料に基づく）

9 バーミヤンにおける戦後復興

二〇〇三年夏からいよいよバーミヤン遺跡の本格的な保存修復事業が、日本・ドイツ・イタリア・アフガニスタンの合同作業として始まることとなったが、これらの作業と同時並行的に行わねばならなかったのは、至る所に埋められた地雷の除去作業であった。対人地雷が仕掛けられた石窟、爆破崩壊した土塊の中に埋もれた爆薬や不発弾、道などに埋め込まれた対戦車地雷など、触雷の危険は至る所に存在していたのである。二〇一四年現在では、バーミヤン渓谷の除雷は殆ど完了したとユネスコ・カーブル事務所は言明しているが、地中深く掘り下げる考古学隊は、いまでもつねに触雷の危険を警戒し、その注意を怠ることは許されない。

さらにバーミヤン渓谷での遺跡保存作業は、世界的な気象変化の影響もあり、年々その速度を上げる自然劣化による崩壊の危機とも向き合わなければならない。屋外に気象観測装置を設置し、気象変化の恒常的な測定をしたり、石窟内や亀裂の走る岩壁に各種のデータローガーを設置して恒常的に数値の動きを計測記録したりするなど、温湿度環境の変化や亀裂の微細な変動を監視しなければならない。

10　保存作業の推進

二〇〇三年から始まった遺跡の保存作業は、極めて順調に進んだが、アフガニスタンの国内の安定化は、残念ながら、戦後復興の速度とは逆行の様相を示し始める。武装した反政府勢力は国内における大量の資金流入による格差の拡大、汚職の蔓延、支援の偏りに不満をもつ人びとの動揺につけいり、次第にその力を増し、国内の不安定要因の最大なものとなった。とりわけ首都圏で頻発する武力による事件が、文化的な復興に大きなマイナス要因として働くことになった。

こうしたつぎつぎに起こる難題に直面しながら、日本隊は次のような作業計画を策定し、直ちに現地での活動を開始した。

作業内容

（ⅰ）遺跡の予備的保存・保存計画の策定
（ⅱ）壁画の保存
（ⅲ）考古学調査（埋蔵文化財の確認・地下探査・古環境の保護・遺跡の分布調査）
（ⅳ）建造物調査
（ⅴ）摩崖の劣化状況の調査
（ⅵ）人材育成・技術移転

このうち前記の（ⅰ）・（ⅳ）はすでに終了したが、（ⅱ）・（ⅲ）・（ⅵ）は継続中であり、（ⅴ）はまだ未着手である。作業の進捗の状況は、毎年年末の一二月に、各国が順に主催国となる「バーミヤン国際専門家会議」で報告され、内容を巡ってさまざまな視点から議論が交わされ、ついで次年度の作業工程について「リコメンデーション」（勧告）や「ノート」（注記）が作成される。これらの作業と会議は、基本的には「ユネスコ日本信託基金」によって運用されていることを明記しておきたい。

バーミヤンにおける各国の作業（写真3～7）が進むにつれて、これまで知られていなかった事実がつぎつぎと明らかになった。東西の大仏が身につけていた通肩の衣を形づくる上塗りの土層に、藁や小麦とともに馬や羊の毛が多く混じっており、玄奘が『大唐西域記』に「ここは馬や羊が多い」と記したことを裏付ける証拠となった。

11　経典の発見

また東大仏の爆破された土塊の中から経文の断片を納めた経筒が見つかり、さらには右手の付け根の最奥の部分からも布に包まれた泥封された小袋が発見された。まだ開封されていないが、極めて軽いことか

写真３　大仏の破片収集（ドイツ隊提供）

写真４　作業中に掘り出された不発弾（ドイツ隊提供）

ら、経片か菩提樹の葉が納められているのであろうと想像されている。これらの遺物はいずれも大仏の「胎内経」であったのであろう。前者の経片は松田和信（佛教大学教授）の解読により「縁起経」の一部であることが判明している〔松田 二〇〇六〕。「縁起経」は玄奘が帰国し、弘福寺で本格的な訳経を始めてからすでに一五年、六五歳で歿する三年前、玉華寺において訳し、弟子神昉によって筆受されたものである。玄奘はバーミヤン巡礼の折、小乗摩訶僧祇部の学僧アールヤダーサ（聖使）とアールヤセーナ（聖軍）に案内されている（『大慈恩寺三蔵法師傳』巻二）ことから、東大仏釈迦像の建立の折に「縁起経」が「胎内経」として納められたことなどを耳にしたのであろうか。玄奘が「縁起経」を神昉に筆受させた

写真５　岩の仏龕の補強作業をするイタリア隊（イタリア隊提供）

写真６　壁画の洗浄作業をする日本隊（日本隊提供）

写真７　発掘作業を進める日本隊（日本隊提供）

のは、楊廷福の『玄奘年譜』〔楊 一九八八〕によれば高宗の龍朔元年（六六一年）七月九日と記されているが、それよりもひと月前、高宗は「帆延国」（バーミヤン）に都督府を置いたという記事が並記されている。楊廷福はその記事を『資治通鑑』から引いているが、『旧唐書』（巻四十　地理志）や『新唐書』（巻二百二十一）にも等しく記されている。

玄奘は第三代皇帝高宗（在位・六四九―六八三年）の近くにいて「帆延」（失范延、望衍、梵衍）国の動静を熟知していたにちがいない。バーミヤンからの朝貢の使者の来廷に、バーミヤンで聞いた「縁起経」のことを思い出し、急ぎ訳したと推測することもできよう。この年の玄奘の訳経の主力は『大般若経』と世親の『辨中邊論』と『唯識論』に注がれていたのだから、なおさらのことである。

そのほかバーミヤンのザルガラン地区の崩壊した石窟で発見されたという経典も注目される。バーミヤンの戦中の混乱期に経蔵に使われていたと思われる石窟から持ち出され、流出したものであろう。この一群の経典は、収集者の富豪の姓を冠して「スコイエン・コレクション」と呼ばれている。

ターラ椰子の葉（貝葉）、白樺の樹皮、羊皮などに書写されたこれらの経典は断片も含めればおよそ「一〇〇〇点」に上るという。「カローシュティー文字によるガンダーラ語の『大般涅槃経』（二世紀）、『賢劫経』（二世紀）、ギルギット・バーミヤン第一型文字によるサンスクリット語の『無量寿経』（六世紀）などが含まれていた」。「中でも『賢劫経』の写本は、ガンダーラ語で書かれた初めての大乗経典写本の発見であり、これまで研究者の想像の域を出なかった初期大乗経典成立説に一つの根拠を与えるものである」［東京文化財研究所文化遺産国際協力センター編　二〇〇八］と注目を浴びている。バーミヤンが破壊後も中央アジア屈指の仏教遺跡としてなお発信し続けているのは、この世界遺産が未知の部分をあまりにも多く秘めているからであろう。

12　壁画が明かす文化

壁画の洗浄・保存作業の過程においても重要な発見が相継いだ。残存する壁画の地の構造が明らかになったばかりではなく、地の土の中に混ぜられていた藁片のCa14による分析の結果、主要な石窟の制作年代が明らかとなり、編年の可能性を前望できるようになったことは画期的な出来事であった。大仏のCa14による分析はドイツと日本でそれぞれに行われたが、得られた数値はほぼ一致しており、東大仏は五世紀中期から六世紀初頭、西大仏は六世紀初頭から中期までに造像されていることが明らかとなった。六三〇年、玄奘が訪れたとき、西大仏が「金色に輝いていた」（金色晃耀）のは、まだ出来上がって間もない頃であったからであろう。この下地に置かれた鉛白と顔料の分析によって、乾性油が膠着材として使用されていることが判明し、したがってバーミヤンの壁画の大部分がセッコ壁画であり、従来考えられてきたようなフレスコ画ではないことも明らかとなったのである。また私が一九六四年に発見したN窟の壁画が油彩画の技法によって描かれていることが、谷口陽子筑波大学准教授の博士論文［谷口 二〇一〇、谷口・Cotte 二〇〇八］で明らかにされた。油彩画の起源をせいぜい一二世紀あたりと考えてきたヨーロッパは、大きな衝撃をもってこの報告に向き合った。ルネ・グルッセが「バーミヤンのフレスコ画について、玄奘は何も語ってくれない。けれどもその壁画は、われわれにとってこの地の景観の中でもっとも主要な関心の的になるものだ」［グルッセ 一九八三〈原著一九二九〉］と語ってから八一年も後のことである。

相継ぐ発見は、バーミヤン渓谷に数世紀に渉って花咲かせた文化の豊かな多層性を顕示するものであるが、それとともに遺跡の保護・管理の難しさをも教えるものであった。しかも私たちがいま関わっている遺跡は、世界遺産の八構成要素のうちのまだ半分でしかない。

二一世紀の冒頭に実行されたタリバンによる東西二大仏の破壊は、ユネスコの文化遺産保護の崇高な理念への暴力的な反定立であったが、私たちは多くのスンニ派やシーア派のイスラーム教徒が深く心に抱いており、イスラーム神学の核の一つでもある「偶像破壊」を相互に理解できないまま、いま安易に「大仏再建」の是非を問うことはできない。この問題はイスラーム国における「異文化」への寛容という思想・魂の根源に関わる哲学の問題であり、それを避けては通れないのである。バーミヤンはその意味でも「反問する世界遺産」でもあるといえる。

13　転換期にさしかかる世界遺産バーミヤン

二〇一三年に二つの大きな出来事に遭遇した。一つはドイツ・イコモス（ミュンヘン・グループ）が突然、破壊され足部を失っていた東大仏に鉄筋コンクリートと煉瓦で固めた「二本の支柱」を添えたことである（写真8、9）。つねに大仏再建論に慎重な姿勢をとり続けてきた国際専門家会議で、「支柱」（pillar）と表現してきたドイツの志向が実体化された瞬間であった。この「原型なき復元」が世界遺産で手がけられたことは驚くべきことである。報告を受けてユネスコは工事の中断を命じ、イコモス（歴史記念建造物会議）は専門家を急遽派遣して情況把握と実体調査を依頼したが、まだ正式な意見表明をしていない。

写真8　ドイツ隊によって作られた東大仏の足（支柱）①（筆者撮影）

写真9　ドイツ隊によって作られた東大仏の足（支柱）②（筆者撮影）

わが国では、日本イコモスとこれまでさまざまな文化遺産の保存修復に関わってきた専門家たちが、日本隊による現状報告を基に、議論を交わし意見書（ステートメント）を作成して国際的な専門機関へ送付し、それぞれの多様な視点からの論議を求めた。世界遺産の保護を持続的に推進する場合、避けては通れぬ技術的・歴史的・美学的問題での見解の相違の克服もまた大きな課題なのである。そこには政治的介入もつねにあり、ユネスコの理念はその都度危機に曝される。だからこそユネスコは基本理念を研ぎ澄ますとともに、多角化し、新たなパラダイムに依拠し再統合する努力が絶えず求められるのである。

二つ目の出来事は、韓国政府が初めてバーミヤン博物館建設のため資金の拠出をユネスコに表明したことである。これ自体は大いに歓迎すべきことだが、事態はそれほど単純ではないのである。なぜなら、バーミヤンの保全事業の進展とともに、バーミヤンに博物館を建設する必要性について議論がいまも続いているからである。わが国はもう数年も前から、バーミヤン州政府とも相談を重ね、建設のためのマスタープラン（写真10）も提示してきたからである。マスタープラン（作成：岡崎甚幸）では建

写真10　未来のバーミヤン博物館（岡崎甚幸教授提供）

設に当たっては国際基金を設定し、各国からの募金に基づき、アフガニスタンにおける平和定着の礎石となるような、また地元バーミヤンの人びとにとってはアフガニスタンの古代文化（プレ・イスラーム文化）と中世以来の文化（イスラーム文化）の双方を等しく鑑賞でき、今も生きる伝統無形文化遺産の継承の場となりうるような「博物館」の建設が構想されてきたからである。ここでもユネスコは、議論されてきた大きな構想へ包摂できるあらゆる可能性を排除してはならないのである。韓国政府の大きな寄与も、これまで一〇年、バーミヤンで繰り広げられてきた国際協力の成果を稔らす方向で活用されなければ、価値あるものとはならないであろう。最も新しい第二次マスタープランに付された〈序〉を文末に付しておく。

バーミヤンでの日本政府の貢献は小さくない。道路の舗装化や唯一の滑走路の補修や空港施設の建設など、目に見える寄与に人びとは誰でも感謝の言葉をいってくれるが、こうした寄与も文化への貢献を欠いては点睛を欠く。なぜなら物のように消費されない文化には、消えることのない敬意を抱き続けてくれるからである。素晴らしい舗装道路の脇にあるフォラディ遺跡の間近で子どもたちがひしめき学ぶ学舎は、ユニセフが贈った古びた天幕のままであることを、わが国の政府は知っているのだろうか。アフガニスタンの復興支援のため政府が投ずる莫大な資金は、本当に人びとの魂に染みいるものとなっているのだろうか。重い複雑な思いを抱きながら私たちは遺跡へと足を運ぶ。

天皇・皇后両陛下が、まだ皇太子・皇太子妃であられた一九七一年、アフガニスタンへ国賓として迎えられ、バーミヤンを訪れられたときのことを人びとは今も忘れてはいない。両殿下を迎えるために急遽作られたプレハブの御所はもう戦時中に失われてしまったが、その場所にはいま日本の人びとの募金に基づき日本ユネスコ協会連盟が戦後まっさきに建設した「教育文化センター」がある。建物の壁には、この建設を支援した日本の寄金者ひとりひとりの名を刻んだ銘板が取り付けられている。長い間ここがバーミヤンで行われる重要な集会の場所であったが、新しい博物館の建設によって、いずれこれらの施設も統合されるだろう。

世界遺産バーミヤンの保存作業は、まだ緒についたばかりである。そして世界中がこの事業の持続を望み、熱いまなざしを向けている。アフガニスタンで不幸にして政治の混乱が続いたとしても、アフガニスタンが世界に誇る文化はこれからも多くの国の人びとの心を惹きつけ続けることだろう。廃墟と化した国立カーブル博物館の入口の上に張られた一枚の布に書かれた文字は、アフガニスタンの人びとが世界に向けて放った決意の表明でもあったのだから。「文化と歴史がなお生きながらえているとすれば、国もまた蘇るにちがいない」。

その意味で、強靱でしなやかで表現力豊かなアフガニスタンの象徴的な精神遺産であるバーミヤンは、再び危機から蘇らせ、再び失わせてはならない民族・文化の違いを超えた人類の普遍遺産なのである。

＊〈序〉

バーミヤン博物館・文化センター（仮称 Bamiyan Museum & Cultural Center for People）の構想は、

二〇一一年一二月に東京で開催された第一〇回バーミヤン国際専門家会議で提案され、論議された。その切っ掛けとなったのは、バーミヤン州知事（当時）ソーラビ・ハビバ氏による「住民の文化遺産保護に対する意識向上と共に住民の間の絆を結び直し、深めるための場・施設がまったくないバーミヤンにとっては、博物館の建設は特別の意味がある」という発言であった。この発言を受けて、アフガニスタン情報文化副大臣（当時）オマル・スルタン氏は、「アフガニスタンの平和的統一のためにも、国民のアイデンティティーを豊かに回復させるためにも、バーミヤン平和博物館に象徴される多様な文化を学ぶ場が不可欠である」と付言した。

私たちはこの重要な提言を受けて、アフガニスタン情報文化省が提示する場所に、どのような建物を、周辺の景観や既存施設に細心の注意を払いつつ、また過去一〇年間のバーミヤンにおけるユネスコ日本信託基金により進められてきた遺跡の保存・修復活動の成果にも配慮して、どのような機能を盛り込むべきかを視野に留めて最初の青写真を、二〇一二年アーヘンで開催された第一一回バーミヤン国際専門家会議で提示した。

二〇一三年一二月、イタリアのオリヴィエトで開催される第一二回バーミヤン国際専門家会議に、私たちはこれまでの議論を踏まえ、次のようなコンセプトに基づき、第二弾の青写真を提示するものである。建設の基本的なコンセプトは以下の通りである。

第一に、この建設の目的は、現地の人びとが集い、互いに絆を結び合い、文化を慈しむ心を養い、寛容な精神を発芽させる場となるだけではなく、バーミヤンを担う次世代の教育・訓練・技術習得など有効な人材育成の場となり、ひいてはアフガニスタン全体に平和の効用を波及させる場を創出することにある。

第二に、これまでの世界遺産としてのバーミヤンの輝かしい歴史と二〇〇三年以来の遺跡の国際的な保護活動の成果が展示されるだけではなく、人びとが現に生きるイスラーム文化の深さを学ぶ場となると同時に伝統的な無形遺産の継承・創造活動の場となり、観光資源としても活用され、人びとの生活向上に資する複合的な機能を有する施設でなければならない。

第三に、かつて東西世界の文化交流の基軸として世界史的な役割を果たしてきたバーミヤンに相応しい豊かな国際性を発信できる拠点としての効力を発揮できる施設でなければならない。

なお、建設に必要な資金は透明な国際ファンドの創設によって調達準備されることが強く望まれる。

本マスタープランは以上の条件を前提にして作成されたものである。

※筆者撮影以外の写真は、すべて筆者が許諾を受けて掲載しているものである。

参考文献

カウティリア　一九八四『実利論――古代インドの帝王学』全二巻（上村勝彦訳）岩波書店（岩波文庫）
影山悦子　二〇〇七「中国新出ソグド人葬具に見られる鳥翼冠と三面三日月冠――エフタルの中央アジア支配の影響」『オリエント』五〇巻二号、一二〇―一四〇頁
グルッセ、R　一九八三『仏陀の足跡を逐って』（浜田泰三訳）金花舎（興山舎、二〇一一）
玄奘　一九九九『大唐西域記』（水谷真成訳）平凡社（東洋文庫）
島村利正　一九七二『奈良登大路町』新潮社

谷口陽子・Cotte Marine　二〇〇八「バーミヤーン仏教壁画にみられる油彩技法について」『仏教芸術』二九八号、一三―三〇、三―四頁
谷口陽子　二〇一〇『バーミヤン仏教壁画の彩色技術に関する研究』筑波大学博士論文
東京文化財研究所文化遺産国際協力センター編　二〇〇八『バーミヤーン仏教石窟出土樺皮仏典の保存修復』（アフガニスタン文化遺産調査資料集 概報第五巻）東京文化財研究所
羽田亨　一九三一『西域文明史概論』弘文堂書房
ヘロドトス　二〇〇七『歴史』全三巻（松平千秋訳）岩波書店（岩波文庫）
前嶋信次　一九五二『玄奘三蔵――史実西遊記』岩波書店（岩波新書）
前田耕作　一九七七「バーミヤーン遺跡展望」『古美術』五三号、一〇四―一三〇頁
――　二〇一〇『玄奘三蔵、シルクロードを行く』岩波書店（岩波新書）
松田和信　二〇〇六「アフガニスタンの仏教写本」『駒沢大学仏教学部論集』三七号、二七―四二頁
ルトヴェラゼ、エドヴァルド　二〇一一『考古学が語るシルクロード史――中央アジアの文明・国家・文化』（加藤九祚訳）平凡社
楊廷福　一九八八『玄奘年譜』中華書局（上海古籍出版社、二〇一一）
Foucher, Alfred Charles Auguste. 1923. "Notice archéologique de la vallée de Bamiyan", *Journal Asiatique*, avril-juin 1923, pp. 354-358
Foucher, Alfred et Bernard, Paul. 1923-1925. *Archéologue : Les fouilles de la Délégation archéologique française en Afghanistan à Bactres*, Paris
Foucher, Alfred Charles Auguste. 1942-47. La vieille route de l'Inde de Bactres à Taxila, (avec E. Bazin-Foucher), 2 vol., *Des Mémoires de la Délégation archéologique française en Afghanistan*. Tome I, Paris : Éditions d'art et d'histoire

Hackin, Joseph et Godard, André. 1928. “Les antiquités bouddhiques de Bāmiyān”, *Des Mémoires de la Délégation archéologique française en Afghanistan.* Tome II, Paris : G. Van Oest

Hackin, Joseph et Carl, Jean. 1933. “Nouvelles recherches archéologiques à Bāmiyān”, *Des Mémoires de la Délégation archéologique française en Afghanistan.* Tome III, Paris : G. Van Oest

Tarn, W. W. 1938. *The Greeks in Bactria & India,* Cambridge: Cambridge University Press

エスニックツーリズムと文化遺産
——麗江とタナ・トラジャ

藤木　庸介

はじめに——考察に先立つ「問」

エスニックツーリズムと文化遺産の相関性における一断面をこれから考察しようとするにあたり、まずは「問」を設けることから始めてみたい。

「私たちが、私たちの伝統的な文化を守り伝えていくことの意味とは何であろうか?」

私たちは「伝統的な文化」と言われる対象に接する時、あまり深く考えることもなく「守り伝えていかなければならない」と、思っているところがある。しかし果たして何のためにそう思うのであろうか。そもそも、私たちは何を求めて「伝統的な文化」に接しようとするのであろうか。これは、私たちがどこかの場所へ観光に出かける際の、根源的な動機にも繋がると思われるものの、それを明白に意識して観光に出かけるツーリストは、案外多くはないのではなかろうか。

本考察は、中国・雲南省麗江旧市街地とインドネシア・スラウェシ島のタナ・トラジャの現在に見られる生活文化をケーススタディーの対象とするものであるが、これらの生活文化に拠る文化遺産について深く掘り下げて語ろうとするものではない。むしろ、こうした文化遺産をツーリストの立場から概観し、その現状をエスニックツーリズムの視点から捉えてみようとするところに目的がある。したがって、ここに先述した「問」があるのだ。是非、各位においてもご考察いただきたい。

1　エスニックツーリズムとは何か?

(1) 文化遺産の位置付け

今日、世界遺産などを訪れるツアー商品の広告は至る所に溢れ、以前なら、なかなか訪れることのできなかった諸外国各地へ、まるで隣町へ遊びにいくような感覚で、いとも簡単に訪れることができるようになった。特に文化遺産を訪れるツアーは人気が高く、よほどの紛争地帯でもない限り、目指す地へ向かうツアー商品を容易に見つけることができる。

便利になった一方、こうしたツーリズム形態に関連する様々な問題も報告されている。以上を踏まえ、ここでは既述したように、ツーリストの立場から見た文化遺産とエスニックツーリズムの相関性に注視したい。そこでまずは、本考察における「文化遺産」の位置付けについて確認をしておこう。

例えば、ユネスコの「世界の文化遺産及び自然遺産の保護に関する条約（通称、世界遺産条約）」に基づいて世界遺産リストに登録される対象[1]は、「文化遺産」「自然遺産」「複合遺産」によって構成されている。また、同条約で「文化遺産」とは、「顕著な普遍的価値をもつ建築物や遺跡など」と定義されている。これに対して、主に一九八〇年代に行われた議論の中には、世界遺産リストへの登録は主に「モニュメント（記念碑的建造物）」に偏重しており、文化遺産が本来包含すべき多様な価値観を反映していないとするものがあった。こうしたことから「モニュメント」、すなわち「有形」の対象だけを文化遺産として捉えるのではなく、過去から現在に継続する「無形」の文化を含む人間生活の総括的活動を「文化的景観」として捉えようとする考え方が提唱されるようになった。こうした考え方は、一九九二年の第一六回世界遺産委員会において正式に導入が決定され、「世界遺産リスト」への登録に対する新たな指針となる。また、二〇〇三年の第三二回世界遺産委員会における「無形文化遺産の保護に関する条約」の採択に繋がる契機となった。

以上を踏まえ本考察では、人間生活の総括的活動から創出された「有形・無形」を問わない文化的所産を「文化遺産」として尊重する立場を取る。また、こうした文化遺産を観光対象とするツーリズム形態を「文化遺産観光」と呼ぶ。

（2）エスニックツーリズムの観光対象

一般に、文化遺産観光における観光対象は例えば「神社仏閣・遺跡・建築物一般・仏像・絵画など」の有形文化遺産や、「口承文化・習俗習慣・芸能・祭り・食」といった無形文化遺産がある。近年では「コンテンツーリズム」[2]といったツーリズム形態も見られ、これも文化遺産観光の一つと言ってよい。

さて「エスニックツーリズム」であるが、以上に述べた文化遺産観光に包含される観光対象の内、特に「エスニック（民族的）」な要素を注視するツーリズムの形態である。では具体的に、どのような要素が観光対象となるのであろう。

例えば、世界遺産リストに登録されている白川郷では、よく知られている合掌造りの民家が主な観光対象である。もちろんエスニックツーリズムにおいても当該民家が観光対象の一つであることに違いはない。しかし一方では、こうした民家を維持するために必要な人々の営みがあり、そこにおける習俗習慣がある。集落の人々が協働する「結」や、囲炉裏に毎朝火を入れて煙を建屋内に行き渡らせる習慣[3]などがそれに当たろう。また白川郷に限らずとも、各地に見られる祭礼や婚礼といった様々な儀礼儀式、その地に特有の食文化、さらには自らの生活を守る防災に関する知恵など、これらは各地の人々の内において従前から継続されてきた文化に違いない。したがって、これら全てはそれぞれの民族色を有する文化遺産と言ってよい。すなわち、こうした要素がエスニックツーリズムにおける観光対象である。

（3）エスニックツーリズムの意義

エスニックツーリズムの観光対象は、そもそもツーリストに見せることを前提とするものではない。これらは、各地における人々の生活そのものを構成する要素である。プライヴェートな生活の内を赤の他人に見せることなど、一般的に考えてあり得ない。よそ者が観光に訪れて、気軽に見せてもらえるようなものではないはずだ。

実際に、ツーリストの側が一方的に思い立ち、自らが興味を持った地に行ったからといって、エスニックツーリズムが行えるわけではない。たまたま運良く、その地における人々の生活の一端を垣間見られる場合もあろうが、一見《いちげん》で行って得られるものは少ない。

ではなぜ、今日のエスニックツーリズムというツーリズム形態が成立し得ているのであろう。答えは簡単である。対象各地における営利活動にほかならないからである。

（4）ホスト・ビジター双方の視点から見たメリットとは？

例外はあるものの、エスニックツーリズムは主要都市部から遠く離れた辺境地において、その多くが展開されている。それはすなわち、辺境地であるがゆえに比較的都市部からの様々な影響を受けずに済み、特有の生活文化を色濃く残す地域である。と言えば聞こえは良いが、要するに、主要都市部を中心とする様々な経済活動と、それによってもたらされた現代的な生活スタイルへの移行から取り残された地域である。

こうした確たる経済基盤を持たない地域に対する地域振興の切り札として、戦略的に用いられるのがエスニックツーリズムである。ほかに何があるわけでもないが、都市生活者から見れば、自らの生活とは異なる特有の生活文化が残されている。これを観光資源にした観光開発、すなわち地域振興を目的とした営利活動である。しかし、これはこれで、巧妙なアイディアのように思われる。

ここでは便宜的に、ツーリストを受け入れる側を「ホスト」、エスニックツーリズムを行おうとするツーリストの側を「ビジター」として、それぞれの側から見たエスニックツーリズムのメリットを概観してみよう。

ホスト側から見れば、当地における人々の普段の生活そのものが観光資源であるから、特段に新たな観光資源を創出することなく、観光収入を得ることが見込まれる。すなわち、エスニックツーリズムは、初めに巨額の投資や大掛かりな観光施設を整備することなく、必要最低限の投資と施設整備のみで、観光客誘致を始めることが可能な観光開発と言える。ツーリストの来訪状況を見ながら、段階的に観光施設を補充していけば良い。また、観光収入が当地に対してもたらされれば、それによって文化遺産の維持・保全を行うことも可能であろう。地域に人々が集まり、賑わいが創出されれば、新たな雇用も生まれ、地域自体が活性化していくと考えられる。

一方、ビジターの側から見れば、従前ではなかなか行くことのできなかった地域を気軽に訪れることが叶う。自らの日常とは異なる文化に触れ、驚きや感動を得ることができる。まさに、観光の醍醐味を味わうことができるのだ。

こうして見ると、エスニックツーリズムはホスト・ビジター双方にメリットのある、バランスの取れたツーリズム形態と言える(4)。またそれは、確たる経済基盤を持たない辺境地へ経済効果をもたらすシステムとして、間違ってはいない。しかしこの際、エスニックツーリズムによる経済効果が、誰に対してもたらされているのか、といった点に注視する必要があることを覚えておきたい。ここに重要な考察点があるからである。

以上を念頭に置きながら、次節より二つのケーススタディー対象について、具体的に見ていこう。

2　中国雲南省麗江旧市街地

（1）麗江旧市街地の概要

中国雲南省麗江旧市街地（以下、「麗江旧市街地」）は、中国雲南省北西高原の周囲を山に囲まれた海抜約二四〇〇メートルの麗江盆地中心部に位置し（図1）、当地の先住少数民族である「ナシ族」の主要居住地とされている。街の建設は、およそ八〇〇年前の宋代より始まったと言われ、その後、交易の要衝として商業を中心に成長した。現在も当地には、交易によって形成された特有の伝統的民家と、その連なりによる町並み（写真1）が残り、こうした町並みや歴史的背景が評価されて、一九九七年には世界遺産リストへ登録された。

なお、世界遺産リストに登録された際の名称は「The Old Town of Lijiang」であり、中国語では「麗江古城」と表記される。厳密に言うと「麗江古城」[5]は、麗江市古城区である「大研古城」、

図1　麗江旧市街地の位置

写真1　麗江旧市街地の風景

並びに麗江市古城区に隣接する独立した二つの歴史的地区、すなわち「白沙古鎮」[6]と「束河古鎮」[7]を併せて、これを総称するものである。麗江古城の中心は「大研古城」であり、慣例的に「麗江旧市街地」と呼ばれるエリアはここを指している。したがって本考察では「大研古城」を指して「麗江旧市街地」とする。

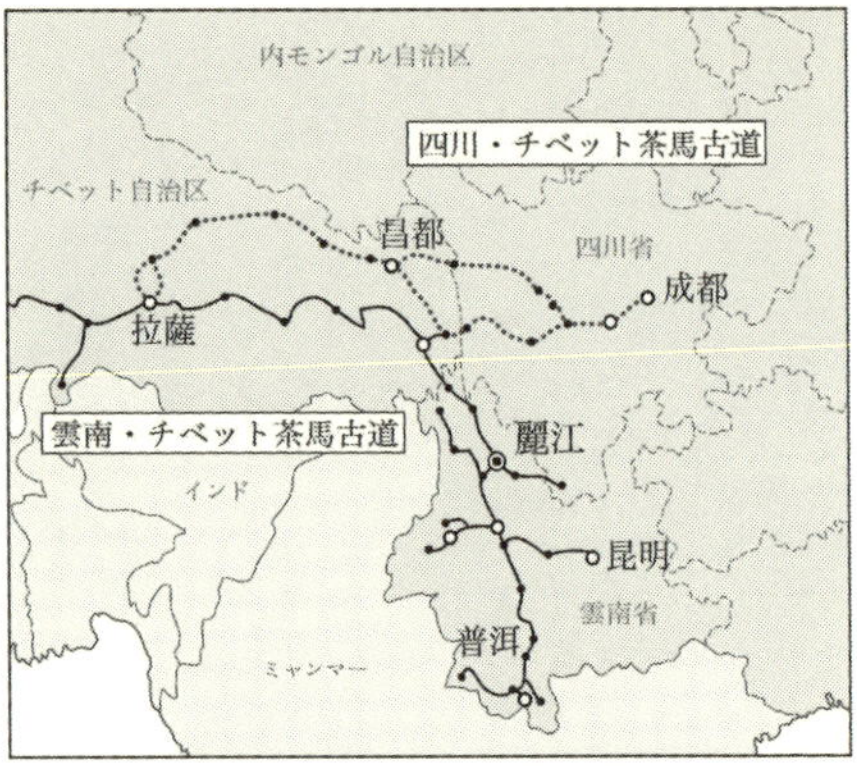

図2　茶馬古道の経路

(2) 麗江旧市街地のエスニックカルチャー

麗江旧市街地は交易により成長してきた街である。交易の対象は主に雲南省中南部で生産された茶葉であり、麗江旧市街地は、こうした茶葉を現在のチベットにあたる吐蕃へ向けて運ぶための重要な交易拠点であった。なお、茶葉は馬によって運ばれたため、この交易によって形成された街道を今日では「茶馬古道」と呼ぶ[8](図2)。

吐蕃に向けた茶葉の交易は、同時に吐蕃における様々な生活文化を麗江旧市街地とその周辺地域にもたらすこととなる。また、茶馬古道は独自の生活文化を持つ数々の少数民族が居住する世界的に見ても希有な地域を貫いており、交易を介した文化的交差とその展開は、麗江旧市街地の文化形成に重要な影響を与えたと言える。

現在でも往時の面影を、麗江旧市街地の至る所に見ることができる。例えば旧市街地の街路はかつて、中央部にのみ三列の石畳が敷かれ、その両側には砂利混じりの土が敷かれていたという。これは、旧市街地内では馬に乗って移動してはいけないといったルールがあったことから、中央の石の上を人が歩き、その両側を交易に使った馬を引いて通ったためだとされる。現在の街路は全面を覆う石畳に整備されているが、その中央には三列に並ぶ石畳が残されている（写真2）。[9]

また、かつて行われていた土司[10]による統治や、チベット仏教の影響を受けつつも独自の自然崇拝に基づく「トンバ教」の信仰。また世界で唯一、現在も使用されている象形文字である「トンバ文字」。そのほかにも食文化や伝統芸能など、これらは、ナシ族の長い営みにおいて培われてきた伝統文化[11]である。

ここでは、交易に関連しつつ形成された都市構成や、伝統的民家と歴史的町並み、あるいは、そこでの住民生活といった居住文化について、少し詳しく見てみよう。

写真2　街路中央の3列に並ぶ石畳

①麗江旧市街地の都市構成

麗江旧市街地は、西安や平遥といった中国の歴史的都市に見られるような城壁を持っていない。[12]こうしたことからも、ここが防衛を伴う都城と言うよりはむしろ、交通の要衝として発展してきた交易都市であることがうかがえる。

麗江旧市街地の都市構成は、自然の地形を巧みに利用したものである。旧市街地の北に所在する「象山」と「金虹山」、並びに西に所在する「獅子山」により冬の北西風を遮っており、また、東南には平野が開けることから、夏の通風に有利である。

麗江旧市街地から北へ約一三キロメートルのところには、ト

写真３　旧市街地内の水路

写真４　三眼井の風景

ンバ教の聖山である「玉龍雪山」があり、ここからの伏流水が旧市街地から北へ約一キロメートルのところにある象山の麓に湧き出ていて、これにより「黒龍潭」という池を形成している。この水を引き入れ、旧市街地の北端部にある「玉龍橋」の地点において三つに分流させ、それぞれが更に分流して旧市街地内に行き渡る。このことから、旧市街地内にはくまなく水路が張り巡らされており（写真３）、人々は、これを生活用水に利用してきた。またこうした水路は、水郷としての麗江旧市街地に特有の都市景観を形成する重要な要素となっている。

このような水路のほかに、旧市街地内には共同水場としての井戸が各所に設けられている。特に「三眼井」（写真４）と称する水場では、飲料水の汚濁を防ぐために、最上流部を飲料水の採取場、中間部を野菜や食器の洗い場、最下流部を衣類等の洗濯の場として、水場の使用を住民モラルによって秩序立てようとする生活上のルールが見られる。

旧市街地の中心は、「四方街」という広場であり、かつての交易の拠点となっていた場所である。ここ

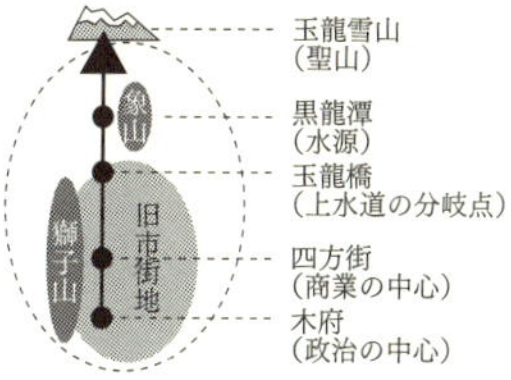

図3　麗江旧市街地の配置概念

写真5　四方街で踊るナシ族の女性たち

を中心として六本の主要交易街道が放射状に延び、そこからさらに細かな路地が拡がっている。四方街は同時に、ナシ族による伝統的な踊りやイベントが行われる場所としても機能していた。このような踊りやイベントは、今日でもこの場所で定期的に行われており、現在は観光客の主要な観光スポットになっている（写真5）。また、四方街の南には「木府」があり、これはかつて麗江一帯を統治した「木一族」の住居兼、政治の中心的役割を担う場所であった。

なお、玉龍雪山を起点としたこれらの生活を司る主要な要素は、北から南に一直線状に配置されており、ここには目には見えない中軸線が構成されているとともに、城壁を持たない麗江旧市街地を取り囲む山々は、地形を利用した自然の城壁と解することもできよう（図3）。ここにも、自然を尊重したトンバ文化と、これを崇拝したナシ族の人々の暮らしが想われる。

②麗江旧市街地の町並み

麗江旧市街地の町並みを構成する伝統的民家は、概ね一棟が木造切妻屋根の形式を取り、二階建て、ないしは平屋によるものが多くを占める[13]。また、こうした伝統的民家が街路に対して主に平入りに建ち並ぶことで、この地に特有の町並みが形成されている。

写真6　交易エリアの町並み

写真7　住居エリアの町並み

このような町並みは大きく「交易エリア」と「住居エリア」に分類することができる。交易エリアにおける町並み（写真6）は主に、筆者が「開放型」と呼んで分類している民家により形成されており、住居エリアにおける町並み（写真7）は主に、同じく筆者が「閉鎖型」と呼んで分類している民家により形成されている。

開放型の民家は、街路に対して「六合門」と称する木戸が構成されており、こうした木戸を開放して、建物内部を街路に開くことが可能である。したがって、往来を行く人々を建物内部に引き込んで交易を行うのに適している。一方、閉鎖型の民家は、開口部のない閉鎖的な壁が建ち上がり、不特定の外的要素を受け入れてはいない個人住居としての意志の表明にも見える。

③麗江旧市街地の伝統的民家

麗江旧市街地における伝統的民家は主に、桁行三間の木造切妻屋根による一棟を基本とし、これを一棟から数棟、敷地内に配置して一件の民家を構成する。麗江旧市街地における最も伝統的な平面配置は「四合五天井」並びに、「三坊一照壁」と称する形式を取るものである[14]。

四合五天井は中庭である「院子」を中央にして、四つの棟がこれを囲む。また三坊一照壁は、四合五天井の一つの棟の位置に壁が構成された形式のもので、この壁に当たる陽光によって中庭が明るく照らされることから、この名称で呼ばれる。

四合五天井の場合、一般に最も格式の高い棟は、主に北側に配置される「正房」であり（西側に配置される場合もある）、正房には三つの部屋が並列に構成される。この内、中央の部屋は「堂屋」と称され、家中で最も格式が高い主室であるとともに、先祖を祀る部屋として使用される。堂屋の両側の部屋は「臥室」と称され、当該民家の長老、または家長夫婦の寝室として使用される。「厢房」は家長の息子夫婦をはじめとする男系の血縁者が使用し、「倒座房」は使用人が使用するほか、ここで家畜を飼ったり、納屋として使用したりするとされる。しかし、麗江旧市街地の民家の場合、特に交易街道沿いに面する倒座房は、店舗として使用される割合が高いと言える。また、正房を除く各棟の二階は、女系の血縁者や小さな子供たちが使用するほか、納戸として使用されている（図4）。

なお、各棟と院子の間には、「厦子」という半屋外の領域がある。ここは民家内の居間的な要素を兼ねたコミュニケーションの場であるとともに、生活上の様々な家事や作業を行う場である（写真8）。当地の気候は常春とも言えるもので[15]、屋外で過ごすのが気持ち良い。このような気持ちの良い屋外空間を民家に取り込んで生活の主要スペースとし、かつ、雨天でも濡れないように軒を巡らした生活上の工夫が、麗江旧市街地における伝統的民家の空間構成には表れているのである。

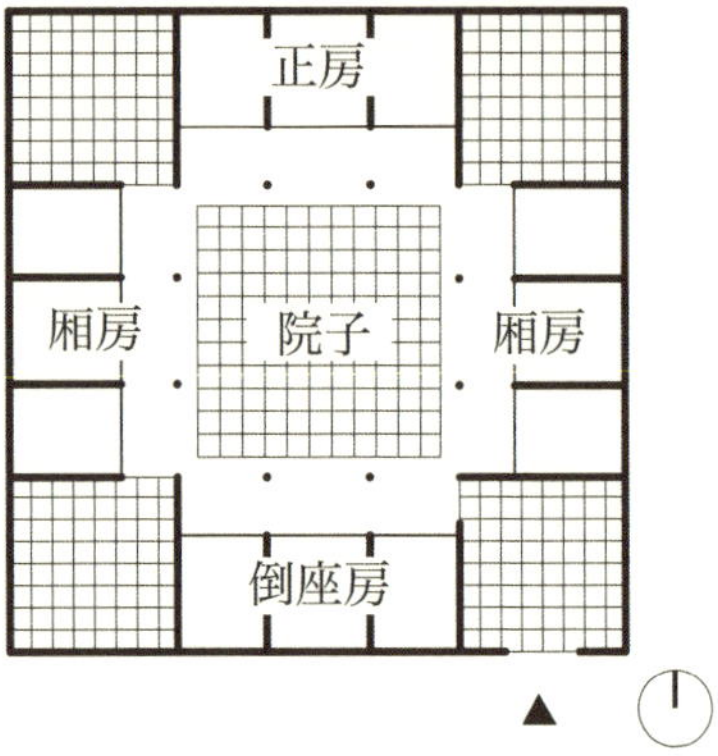

図4　四合五天井の棟配置

写真8　厦子の風景

(3) 世界遺産登録への過程とその理由

鄧小平による一九七八年末以降の改革開放路線は、中国の主要な沿海都市に大きな経済的発展をもたらしたが、一方では沿海部と内陸部の経済格差を著しく拡大させた。これに関連して、現在のところ中国全土には中国政府に正式に認定されているだけでも五五の少数民族が居住しているが、その多くが、内陸部の貧困地域に居住している。また、中国における貧困者層の八割以上が、当該内陸部に居住する少数民族である。

こうした状況において、中国中央政府は内陸部貧困層と沿岸部富裕層の間における経済格差是正を目的に、比較的少ない初期投資で実施可能である観光業に着目して対策を講じようとした。すなわち、内陸部の少数民族文化を観光資源とした「エスニックツーリズム」を「少数民族地区経済を振興させる突破口」と位置付け、内陸部貧困地域の観光開発を推進しようとしたのである[16]。

このような中国におけるエスニックツーリズム推進の動きについては、既刊の拙著[17]を参照いただき、ここに詳細を述べることは割愛する。こうした動きに関連して麗江旧市街地が着目され、エスニックツーリズムの目玉となる観光ブランドとして、当地を世界遺産リストへ登録する動きが始まったのである。かくして、一九九七年一二月四日、麗江旧市街地はユネスコの世界遺産（文化遺産）リストへの登録が決定した。なお、世界遺産リストへの登録の際、麗江旧市街地に対する評価は下記のようなものであった。(18)

①地理・歴史的背景：中国南西部の商業的・戦略的に重要な場所に位置し、山岳地形に調和・適応してきた都市である点。
②歴史的都市景観：高い質と真正性を有する歴史的都市景観を現在も保持している点。
③建築様式：都市景観を構成する建築様式が、何世紀もの間に複数の文化に由来する要素が融合したことを顕著に示している点。
④上水道網：複雑で創意ある歴史的上水道網が現存し、現在も機能し続けている点。

すなわち、以上の要素が麗江旧市街地における文化遺産として公に認められたのであり、これらが保護の対象となると同時に、ツーリスト誘致に向けた主な観光資源となった。

（4）観光開発がもたらしたもの

麗江旧市街地は、一九八五年に外国人に開放されるまでは、外国人の立入りを原則として禁止していた。また、その後も世界遺産登録が行われるまでは、交易都市としての歴史を持つものの、一般の旅行者から見れば中国の一辺境地に過ぎない地方都市であった。したがって、そもそも観光に対する縁は薄く、このような地域を専門とする研究者や、あるいは辺境地好きのバックパッカー等が時折訪れる程度であった。しかし、世界遺産登録を契機として、当地は世界的な観光地に急成長を遂げることとなる。ここを訪れたツーリスト数を見ればそれは明らかである。世界遺産登録前の一九九五年には、わずかに約七〇万人であったツーリスト数は、二〇〇六年には五倍以上の約三七〇万人に増加している。また、これに伴う観光収入は一九九五年の総額約一・六億元（約二四億円）に対し、二〇〇七年には二四倍以上の約三九億元（約五八五億円）へと激増している[19]。

現在ではエスニックツーリズムに留まらず、周辺エリアにおけるリゾート開発やテーマパークの開発といった様々な関連開発も進み、二〇一四年現在の正確なデータは残念ながら手元にはないものの、ツーリスト数と観光収入がさらに増加していることは確実と見られる。

こうして見ると、少なくとも経済効果の面において、麗江旧市街地のエスニックツーリズムは大成功の様相を呈していると言える。しかしその実情は、あまりにも急激に行われた観光開発によって様々な問題を露呈することとなった。特にそれは、従前から麗江旧市街地で暮らしてきた人々のエスニックカルチャーに対して、重大な影響を与える結果となったのである。その一端を、次に見てみよう。

（5）麗江旧市街地のエスニックカルチャーと観光開発の相関性

麗江旧市街地の観光開発に伴う現象としてまず顕著であったのが、旧市街地以外から旧市街地に流入する人口（以下、「流入人口」）の増加であった。

いささか古いデータではあるが、二〇〇〇年と二〇〇四年に、筆者が参加した調査チーム[20]は、麗江旧市街地中心部における店舗業態について現地調査を行った。これによると二〇〇〇年時には、全体の約半数の経営が麗江の先住民族であるナシ族を中心とした従前からの居住者（以下、「常住人口」）による個人経営、残りの約四五％程度が流入人口による経営、その他が企業などによるものであった。しかし二〇〇四年時には、常住人口による経営が約三〇％程度まで落ち込む一方、流入人口による経営は六〇％程度まで増加していた。また、二〇〇〇年時の店舗業態は観光業種と一般業種、これに一般住居といった要素が加わり複合的であったのに対し、二〇〇四年時ではほとんどの建物が観光業種として使用されていた(21)。

これは、麗江旧市街地の中心部において店舗経営が観光商業化し、経営も常住人口から流入人口へ移行していることを示している。さらには、観光産業による経済的利潤が常住人口に届いているわけではなく、むしろ流入人口に対してその多くが流れていることを裏付けている。

以上は、麗江旧市街地以外の場所に、常住人口が流出し続けていることにも関連している。すなわち、観光地化によって騒々しくなった旧市街地内は住み難い上、これまで住んでいた民家を観光関連業者に賃貸すれば、それなりの収入が得られる。それをもって新市街地に新しい住まいを借りることも可能となり、騒々しい旧市街地において古ぼけた民家に住み続けることを考えれば、新市街地に転居した方が良いということになろう。

先の現地調査から概ね一〇年を経て、二〇一三年に筆者は現地を再訪した。正確なデータはないが、印象からほとんど全ての常住人口は旧市街地から出て、新市街地、または別の場所に居を移してしまったと思われる。

事実、当時にナシ語(22)の通訳をお願いした方々や、筆者が調査時に滞在していた民家の一家、あるいは調査で知り合った友人・知人まで、皆すべからく新市街地やほかの場所に転居していた。また、街を歩いてみても、従前のような人々の生活風景は全くと言ってよいほど見られなくなってしまった。

それだけではない。例えば麗江旧市街地にくまなく巡らされた水路は、かつて日常における住民の生活用水であり、その水質は、これを使用する住民モラルによって永らく維持されてきた。しかし、営利活動を一義的な目的とする流入人口にとって、目の前の水路は「単なる水路」でしかない。レストランからの排水や生ゴミが水路に垂れ流され、店舗の床を掃除したモップを水路に直接突っ込んで洗う風景が日常的に見られるようになってしまった（写真9）。また、これに追従する形で、観光客は水路に痰を吐き、タバコの吸い殻を捨てる。三眼井には、誰が行うのであろうか、金魚が放たれ、飲水を取っていた場所には硬貨が投げ入れられていた。

人々の生活の場であった民家も、そのほぼ全てが観光客向けの店舗として使用され、伝統的な意匠性や計画性を無視した大幅な改造が行われている（写真10）。今、そこにかつて見られた、人々の生きている営みはない。

麗江旧市街地におけるエスニックカルチャーは、エスニックツーリズムという観光施策を行ったことで、皮肉にも完全に失われてしまったのである。今、ここにエスニックツーリズムは成立しておらず、当初とは異なる「テーマパーク型」の観光誘致が行われている。

（6）観光開発がエスニックカルチャーに与えた影響を考える

ではなぜ、麗江旧市街地はこれまでに見てきたような事態に陥ってしまったのであろう。

ここで再度、麗江旧市街地に対する世界遺産登録の際の評価を確認しておきたい。それは、都市景観や伝統的建造物といった「有形文化」を評価したものであった。しかし、こうした有形文化を形成してきたものは、当地における住民の営み、すなわち、生活習慣や習俗といった「無形文化」を含む、住民生活を根底とするものにほかならない。けれども、麗江旧市街地における世界遺産登録の対象は、目に見える形での有形文化に特化されており、無形文化に対する配慮が成されていなかった。

こうした点が、世界遺産登録以降の観光開発に伴い、麗江旧市街地の人々の生活に対して様々な影響を与えたと指摘できよう。

写真9　水路でモップを洗う女性

写真10　改造されてレストランとなった民家内部

すなわち、その多くは国策として観光開発を行った中国政府のミスリードにもあろうが、麗江旧市街地の観光開発におけるホストの側（その多くが流入人口によるものであったことは既に述べた）も、ビジターの側も、従前から暮らしてきた人々の生活を尊重し、そもそものエスニックツーリズムの意義を理解していなかったことに起因すると筆者は考えている。

一方、異なる視点から見れば、中国のほかの中小都市では、近代化とグローバル化による地域的特色の喪失が顕著である。戦略的観光開発と世界遺産登録は、麗江旧市街地の地域的特色を形成する有形のものを、テーマパーク型観光地として成立する程度に、一定は守ったと言うことも可能である。事実、当地に対する戦略的観光開発が持ち上がる以前の麗江旧市街地では近代化が急速に進行しており、伝統的な民家が壊された上で、鉄筋コンクリート造による建築物が主要街道沿いを中心に建てられつつあった。しかし、世界遺産登録を目指すことが示されて以降、こうした建築物の一部を取り壊し、再度伝統的な民家に模して建て替えを行い、町並みを整備した経緯もある。

また何よりも、麗江旧市街地は現在、自他ともが認める世界的観光地に成長し、稀に見る経済の飛躍と莫大な利潤を産んでいる。こうした利潤の流れる先が、必ずしも従前からの住民に届いていないとしてもである。

3　インドネシア――タナ・トラジャ

(1) タナ・トラジャの概要

インドネシア・スラウェシ島の中南部、標高約八〇〇~一八〇〇メートルの山岳地帯にタナ・トラジャ県はあり、当地の先住少数民族である「トラジャ族」の主要居住地となっている。「トラジャ」とは元来「山の人々」という意味で、南スラウェシの港町パロポを中心に居住するブギス族が「海の人々」であるのに対し、彼らが西方山岳地帯の住民を指して言ったものとされる[23]。なお、トラジャ族については、その分類にいくつかの解釈があるが、彼らの主要集落であるサダン川上流部ランテパオ（図5）を中心としたエリアに居住する者を「サダン・トラジャ」と呼び、それ以外の地域に居住する部族とは区別をすることが一般的である。本考察で「トラジャ族」とする対象は、「サダン・トラジャ」のことである[24]。

現在、トラジャ族の多くはキリスト教を信仰するものの、同時に「アルック・ト・ドロ」、すなわち「先祖のやり方」と呼ばれる伝統的な生活上の考え方を保持している。これは、東南アジアの基層文化につらなる文化伝統とされ[25]、本考察で紹介する彼らの生業である水稲耕作や特徴的な住居「トンコナン」、葬送儀礼等、生活の全てを司るものである。

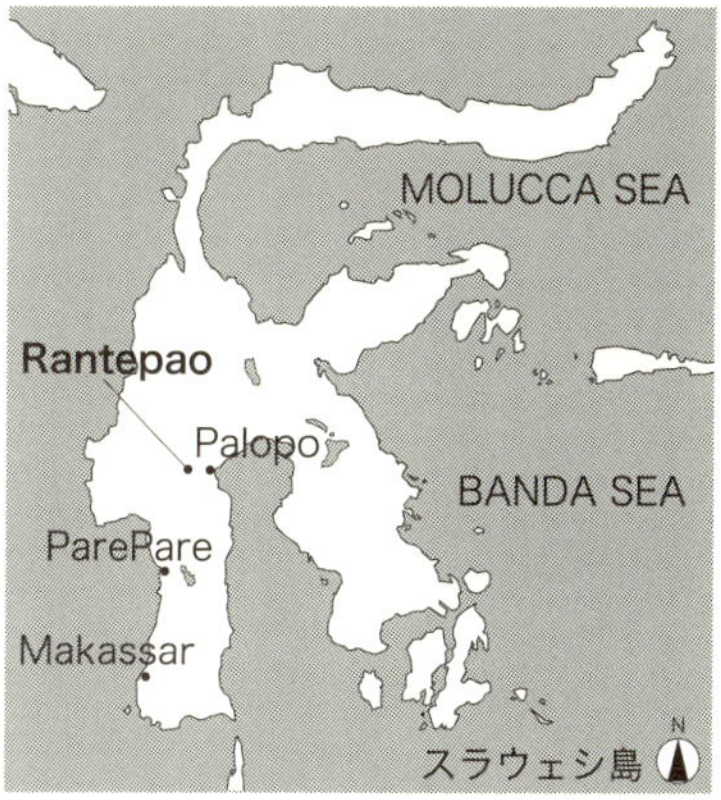

図5　ランテパオの位置

インドネシア政府は一九六九年に、この「アルック・ト・ドロ」を正式な彼らの宗教と認め[26]、今日に至る。

タナ・トラジャにおけるエスニックツーリズムは、このアルック・ト・ドロと深く関連している。

(2)「秘境ブーム」とタナ・トラジャ

一九六四年、社会が急速に近代化する中、ニューヨーク近代美術館において、バーナード・ルドフスキーによる「建築家なしの建築」展が開催された。当時の建築界においても近代化は顕著であり、従前の建築様式とそこにおける生活スタイルを過去のものとし、洗練された今日的な建築様式とそこでの新しい生活スタイルこそが重要とされる社会潮流が主流であった。ルドフスキーはこれに一石を投じるべく、従前から続く人々の生活に沿った土着的スタイルの住居や建築物の写真を世界各地から集め、これを世界の芸術思想を先導するニューヨーク近代美術館に展示したのである[27]。ここには、近代社会にはない従前から続く人々の生活の豊かさが写し取られていた。

この展覧会は大きな注目を集め、その後の「土着的なもの」に対する人々の関心の高まりと、これに伴ういくつかの社会現象発生の一端を担ったと言われる。その社会現象の一つが、ヒッピー文化から派生したバックパッカーの登場と、彼らによる所謂「秘境」への観光であり、一九六〇年代末から九〇年代にかけて隆盛した。本考察では、これを「秘境ブーム」と呼ぶことにする。

アルック・ト・ドロに基づくトラジャ族の生活は、この秘境ブームの中にあって格好の観光対象であった。インドネシアにおけるエスニックツーリズムはバリ島が先行していたが、ここでは伝統的な踊りや芸能がショービジネスとして展開されていたという。一方、一九六九年にスハルト政権は、観光開発による外資獲得の方針を打ち出し、タナ・トラジャ県を観光開発のための重点地域の一つとして挙げる[28]。既述したアルック・ト・ドロの政府による宗教公認も、こうした動きと無関係ではないであろう。タナ・トラジャ県における観光対象はショービジネス化されたものではなく、アルック・ト・ドロに基づくトラジャ族の日常の生活である。都市生活者から見れば、これはまさに秘境における生きているエスニックカルチャーであった。秘境ブームと国策としてのタナ・トラジャに対する観光開発は、両者の希求がちょうど時期を同じくして一致したのである。

(3) タナ・トラジャにおける観光の隆盛と衰退

以上に見た相乗効果により、タナ・トラジャにおけるエスニックツーリズムは隆盛した。この地を訪れた外国人ツーリストの数を見ればそれは明らかであり、一九七〇年には一六人であったのに対し、七三年には一〇四八人、国内ツーリストを含めたツーリスト全体では七五九八人と、わずか三年で飛躍的な増加を見たのである。その後もタナ・トラジャを訪れるツーリスト数は増加し、ピーク時の九四年には外国人ツーリスト数が約五万七千人、国内ツーリストを含めたツーリスト全体では約二六万二千人と、七三年の三四倍以上にも達した[29]。この時点でタナ・トラジャは、インドネシアにおける国際的な観光地として、バリ島に次ぐ知名度と地位を得たのである。

しかし、一九九〇年代後半、秘境ブームの陰りとインドネシアの社会情勢不安に伴って、タナ・トラジャへのツーリスト数は激減する。

これに対応すべく、観光ブランドを得ようとする動きが生まれた。すなわち、世界遺産への登録である。しかし二度の申請にもかかわらず、タナ・トラジャの世界遺産登録は失敗に終わる。

この経緯について詳述することは割愛するが、タナ・トラジャにおける世界遺産登録の対象と、その保護に対する考え方が不明確であったことに起因すると指摘されている。すなわち、世界遺産登録の対象を、タナ・トラジャにおけるトンコナンといった有形遺産に限定するのか、あるいは、アルック・ト・ドロに基づく、生きているエスニックカルチャーといった総括的な無形遺産とするのかといった登録対象の範囲。また、こうした遺産の維持・保全に対する具体的方法と観光開発との関係性。さらには、遺産保護と住民生活保護の両立といった問題に対して、有効で明確な指針を打ち出せなかったことに起因するとされる[30]。

ここに、人の住む地域を対象とした動的遺産に対する維持・保全の難しさが見て取れよう。

結果的に一九九五年以降、タナ・トラジャにおけるツーリスト数は減衰に転じる。二〇〇四年時には外国人ツーリスト数が五七六二人、国内ツーリストを含めたツーリスト全体は二万七五六四人にまで減少した。[31] 現在、公的機関が発表した正確な数値は手元にないものの、ある見解では、二〇一〇年時の外国人ツーリスト数は約五〇〇〇人だと言われている。[32] また、筆者が現地のツアーガイドに対して行ったヒアリングでは、一二年時における外国人ツーリスト数は約三五〇〇人、一三年時には少し回復して約四三〇〇人とのことである。もっとも、この数値はツアーガイドに対するヒアリングによるものであるため、信頼できる数値ではない。しかし、その大まかな傾向はここに表れていると言ってよい。

（4）トラジャ族のエスニックカルチャー

トラジャ族のエスニックカルチャーについては、既にいくつかの詳細な研究成果があり、[33] そちらを参照いただきたい。ここでは、二〇一三年三月時、並びに、二〇一四年三月時における筆者の現地取材から、現在におけるトラジャ族のエスニックカルチャーについて概観してみよう。[34]

①トラジャ族の宗教

現在、トラジャ族の多くはキリスト教を信仰すると既に述べた。これはオランダが現在のタナ・トラジャ県一帯のエリアを統治しようとするにあたり、一八〇〇年代末に、まずは当地で強い勢力を持っていたトラジャ族の内部調査を兼ねてキリスト教の宣教活動を行い、これをきっかけに彼らを懐柔しようとしたことに始まったとされる。ただし、一九〇〇年代中頃までは、トラジャ族のキリスト教化は緩やかなものであり、本格的にキリスト教が定着しだしたのは、むしろオランダが去った一九〇〇年代中頃から後半にかけてだという(35)。

二〇一三年時に筆者が行ったヒアリングでは、トラジャ族全体の内、プロテスタント系キリスト教徒が約六五％、カトリック系キリスト教徒が約三〇％と、キリスト教徒が約九五％を占めるという。また、残りの約三％がイスラム教徒、二％がその他の宗教を信仰する人々だと言う。ただし、この数値もツアーガイドに対するヒアリングによるものであるため、確証を得るものではない。大まかな傾向として参照するに留めるものである(36)。

写真11　ランテパオの教会内部・キリスト像の下にトンコナンをモティーフとした祭壇がある

しかしいかにせよ、現在、トラジャ族の多くは、アルック・ト・ドロを生活の根底に維持しながらもキリスト教を信仰している。言わばアルック・ト・ドロとキリスト教の双方が融合し、複合宗教として、今日、彼らに根付いている点が興味深い（写真11）。

②トラジャ族の生業

タナ・トラジャにおける人々の生業は、今日では観光関連産業を含めて多様化している。特に、秘境ブーム時において観光業を起業した者の中には、大きな富を手にした者もいる(37)。しかし一般の人々にとって、生活の根幹は水稲耕作にあると言ってよい。

山岳地帯に住む彼らの水稲耕作は、自ずと深い山々からの湧水を利用した棚田によるものである。ランテパオから車やバイクで数分も走れば、山々の麓に着く。そこから徒歩で山に分け入れば、やがて見事な棚田が一面に拡がる。

やや話は逸れるが、そこにある畦道は細く、ぬかるんで滑りやすい。ちなみに筆者はトレッキングシューズを履いているが、実に歩きにくく、再三にわたって田の中に足を取られることになる。しかし、子供たちはサンダル履きでやすやすと、こうした道を数キロも歩いて学校に通う（写真12）。こんな風景に出会うと、まさにエスニックツーリズムを具現化しているのだと感じるのである。

写真12　棚田の畦を歩いて学校に通う子供たち

話を元に戻そう。当然ながら棚田は山岳地帯にあることから、多くの場所で農業機械が入らない。かといって家畜を使うこともなく、耕作は基本的に人力による手作業である。水牛を使えばよいようなものである。しかし、トラジャ族にとって水牛は身近に存在する家畜であるにもかかわらず、これを耕作に使用することはほとんどないという。確かに水牛を耕作に使用しているところを筆者は見ていない。後にも述べるが、水牛はトラジャ族において富を表す象徴であり、そのために飼育されていると言ってよい。したがって耕作には使用しないのである。なお、現在の水稲耕作は二期作が主流となっており、収穫は穂刈である。

③トラジャ族の集落構成

写真14　バヌア（於・Palawa）

写真13　トンコナン（於・Palawa）

トラジャ族の住まいは、「トンコナン（写真13）[38]」または「バヌア（写真14）」と呼ばれる住居棟と、「アラン（写真15）」と呼ばれる米倉が必ず対となって構成されている。裕福な一族の集落ともなれば、住居棟が数棟にも及んで建ち並び、これと同数、またはそれ以上のアランが、「ランテ」と呼ばれる広場を介して対に建ち並ぶ（写真16）。筆者が取材した限りにおいて、少なくともアランを伴わない住居棟はない。住居棟が一棟しかない場合においても、それに対して必ず一棟から数棟のアランが併設されている。ここに、トラジャ族の生活において、「米の蓄え」と生業としての水稲耕作の重要性がうかがえよう。

これら一団の建築物は、基本的に拡大家族を含む一族の所有下にある。各住居棟と米倉は対を以て、家族を構成する各個人の誰かに帰属し、そして代々受け継がれていく。家族体系は原則として双系社会であり、相続は拡大家族を含み、かつ、男女を問わず一族内で決められるが、母系的要素が強いとも言われる。一族において、住居棟と米倉を一対しか持っていない場合にあっても、これは原則として変わらない[39]。

④トンコナンの意義

写真15　アラン（於・Palawa）

写真16　ランテを介して建ち並ぶトンコナンとアラン（於・Palawa）

先述した住居棟の内、トンコナンは生活の場として最も重要な意味を持ち、またトラジャ族の主要なエスニックアイデンティティーである。東南アジアにおける水稲耕作民族の住居に多く共通するいわゆる「高床式住居」形式であるが、屋根の棟が両端で反り上がり[40]、これを妻側の棟持ち柱で支えているところに特徴がある。

トンコナンの壁面は水牛をモティーフとするレリーフで飾られ、棟持ち柱にはいくつもの水牛の角が取り付けられている。特に裕福な一族におけるトンコナンの棟持ち柱には、とりわけ多くの水牛の角が取り付けられる（写真17）。彼らにとって水牛は豊かさを象徴するものであり、これらの角は後述する葬送儀礼の際に生贄にした水牛の角である。つまり、角の数が多ければ多いほど、すなわち、葬送儀礼の際に生贄にする水牛の数が多ければ多いほど、その一族は富める者としての力を示すことになる。

また、トンコナン正面の妻側は必ず北側に向く。これはトラジャ社会において、北は「生にかかわる方向」であり、南は「死にかかわる方向」とされることに由来する。現在においても、トラジャ族の人々は就寝の際、南に頭を向けないのが一般的である[41]。また、こうした方位に対する考え方は、彼らのエスニックカルチャー全般を通して重要な要素であるが、これについては先行研究を参照していただきたい。

トンコナンの内部は高床のレヴェルで三つの部屋に分かれている。中央の部屋には炉が据えられ、食事や団欒といった多目的の場として機能する。また、南北両側の部屋は中央の部屋より一段高くなっており、筆者によるヒアリングから、南側の部屋を主に家長夫妻が使用し、北側の部屋は娘の就寝や客が来訪した際の客間として使用するとのことである。また息子は中央の部屋などの適当などこかに就寝し、アランの倉室部分の下にあるプラットフォーム状の床に寝ることもあるという。しかし、これは主に過去の習慣であり、現在における使用については後述する。

なお、住居棟の全てがトンコナンであるわけではない。トンコナンは先祖より代々受け継がれてきた人々の拠り所として存在するものである。したがって、仮に現在は使用されていなくとも、トラジャ族の人々にとって、特に儀礼の際の、その意義は大きい。

写真17　水牛の角が取り付けられた棟持ち柱（於・Palawa）

一方、トンコナン以外の住居棟をバヌアと呼ぶ。筆者が接したトラジャの人々は、こうした住居棟を「ブギニスタイル[42]」、すなわち「ブギス族のスタイルによる家」と慣例的に呼んでいた。造りもトンコナンに比べると格段に簡便であることから、同じ規模なら一〇分の一程度の建設費用でできるという[43]。場所によっては、トンコナンよりもバヌアの方が多いところもあり、また、バヌアしかない集落もある。

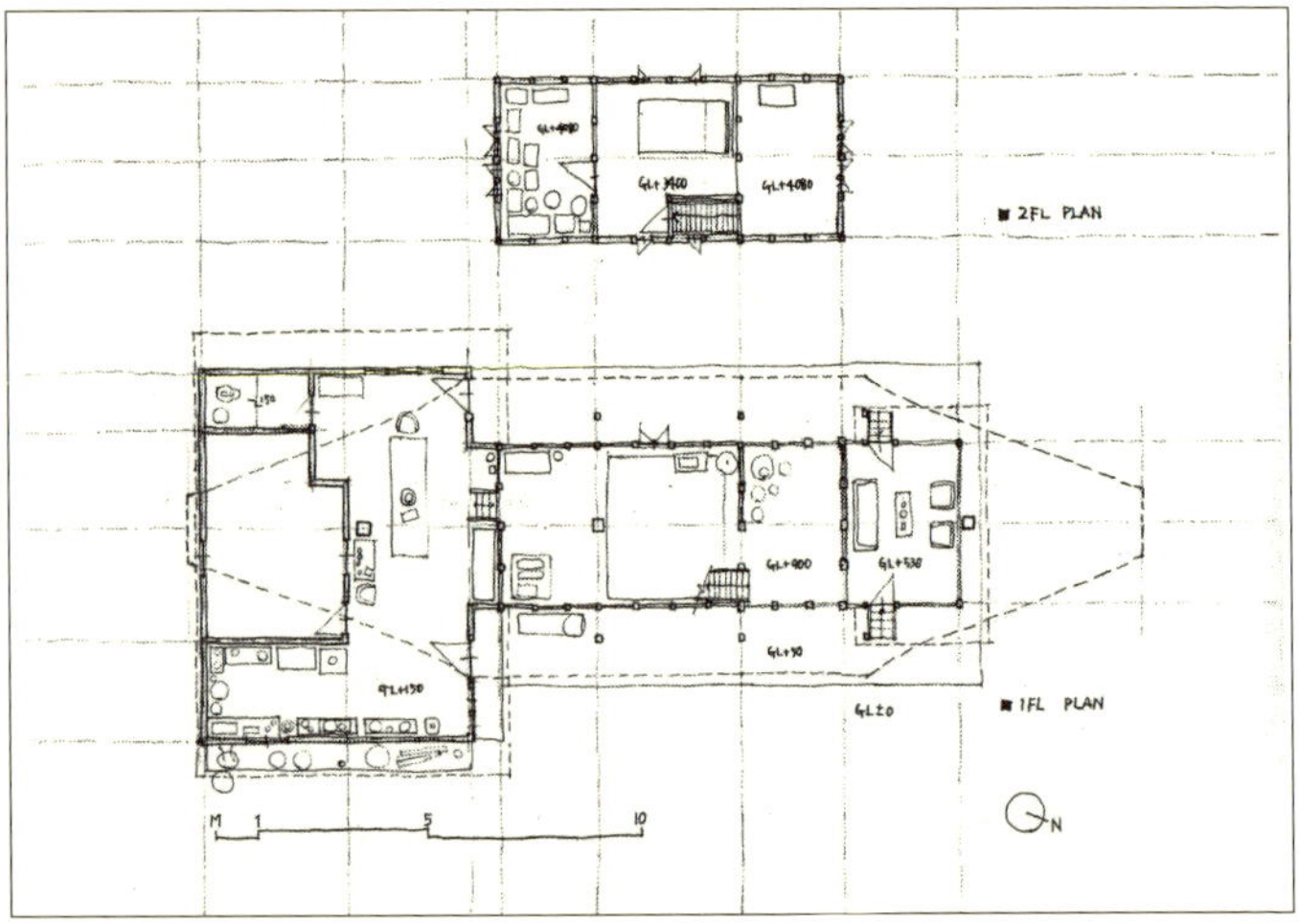

図6　トンコナン平面実測図（於・Siguntu）

裕福な一族では、現代的で設備の整った住居棟を集落内に建設する事例もある。しかし、筆者が取材した限りにおいて、これもバヌアと同等の位置付けであり、トンコナンとして扱われていた事例はない。

⑤現在に見るトラジャ族の住まい

繰り返しとなるが、今もトンコナンはトラジャ族の人々にとって住まいの根源であり、一族の拠り所として存在している。しかし現在、伝統的なスタイルのままトンコナンに住む人々は少ない。その様相は次第に変化しているようである。次にその事例を見てみよう。

（図6）は、Siguntu集落におけるトンコナンの一つを実測したものである。トンコナンは高床式住居であり、土間部分では各種の作業をしたり、家畜を飼ったりすることはあるものの、本来、居住部分としては用いられない。しかし、この事例ではトンコナンの土間部分に床が張られ、一家の娘のスペースとして使用されていた（写真18）。また、このスペースに続くトンコナン背後のスペースに、鉄筋コンクリート造による平屋の増築（写真19）が行われている。コンクリートによる土間レヴェルで、ダイニングスペースや一家の主人夫妻のベッドルーム[44]のほか、水浴び場兼トイレ、キッチン（写真20）が設置され、キッチンにはプロパンガスのコンロや冷蔵庫も置かれている。トンコナンにおける本来の居住部分である高床レヴェルには、中央の間にベッドが置かれ、現在はこの地を離れている息子とその妻が帰省した際に使用するという。また、炉は撤去されている。さらに、両側の部屋は主に物置として使用されている。

次の（図7）は、Madong集落における事例である。ここではトンコナン自体には手は加えられていないものの、その背後のスペースに木造平屋の住居棟が設置されている。前例に同様、コンクリートによる

写真18　改築され床が張られたトンコナン土間部

写真19　トンコナンに増築された平屋部分

写真20　増築部内部のキッチン

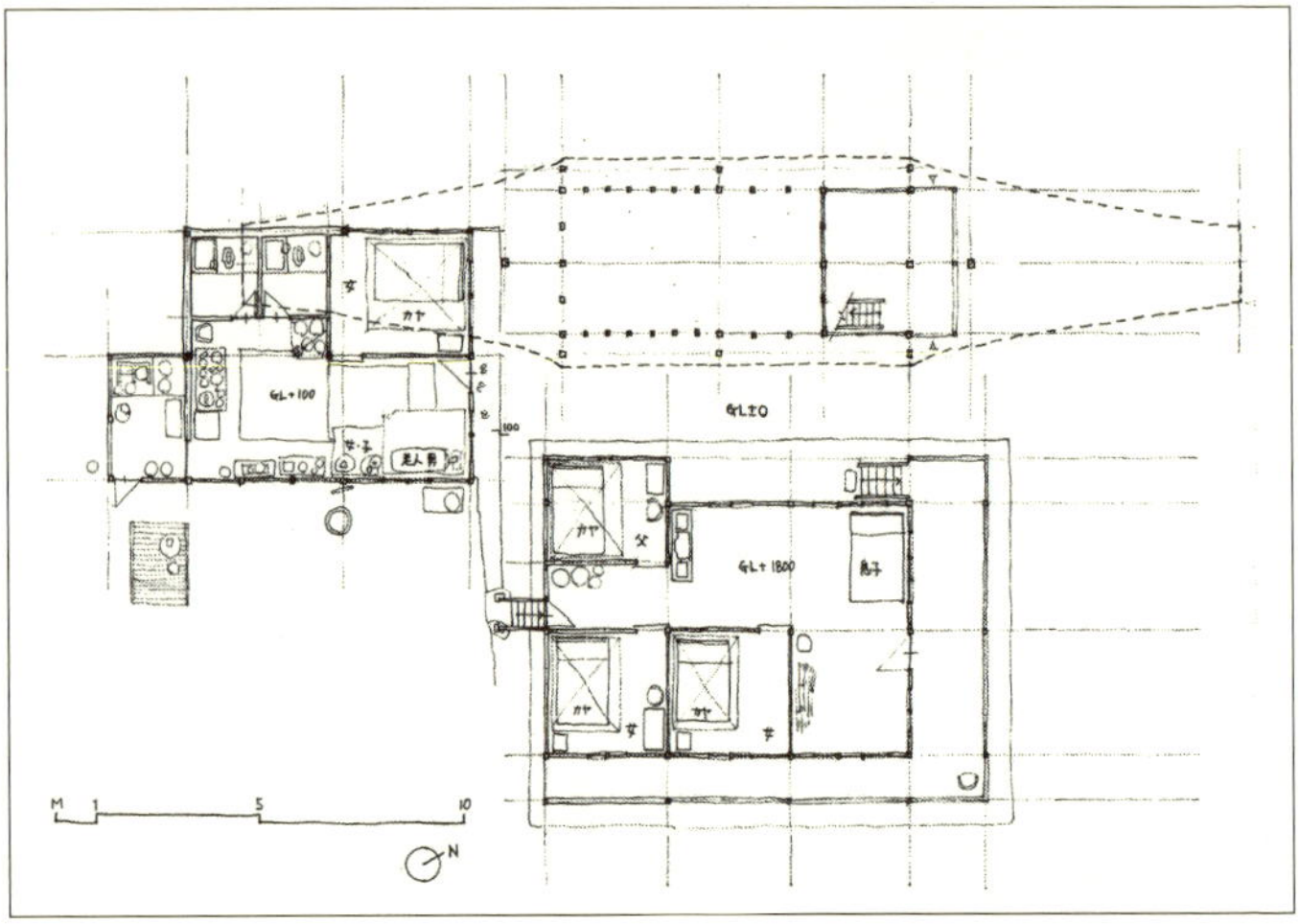

図7　バヌア実測平面図（於・Madong）

土間レヴェルで、リビング・ダイニング的なスペース（写真21）、水浴び場兼トイレ、キッチン、個室が設置されている。また、キッチンにはガスコンロもあるが、このエリアに連続する土間スペースに炉が設けられている（写真22）。

ここでは、隣接するバヌアについても実測を行った。高床レヴェルの内部には三つの個室が取られ、南西の角部屋に一家の主人が就寝する。また、これ以外の個室に女性たちが就寝し、リビング・ダイニング的なスペースに置かれたベッド、あるいはトンコナンの高床レヴェルに息子などの男性が就寝するという。当該バヌアにおける就寝位置は、既述したトンコナンにおける伝統的な就寝位置、すなわち南側の部屋を主に家長夫妻が使用するといった要素を踏襲したものと考えることもできる。なお、ベッドの向きはSiguntu集落の事例を含め、全て頭が南側に向かないように置かれている。また、客が来訪した際はトンコナンに就寝する。[45]

こうして見ると、トンコナンの使用は今日的なニーズに伴って変化しているのがわかる。また、トンコナンに増築や改築を加える場合、ここに紹介していない事例を含め、総じて土間レヴェルに居住スペースを設置している例が多い[46]。しかし、これは日常の営みにおいて、人々が利便性を求めた結果による自然な流れともいえよう。また、こうした様相は、トンコナンの意義が失われてしまったことを意味するものでもない。次に述べる葬送儀礼の際、死者が安置される場所は、今もトンコナンの高床レヴェルであり、ほかの建物の土間レヴェルに安置されることはない。

⑥トラジャ族の葬送儀礼

トラジャ族の葬送儀礼については、その独自性から、特に多くの研究者が詳細な調査を行っている。したがってここでは、葬送儀礼のハイライトである葬送の儀式（以下、「葬送儀式」）について、筆者が取材したものから概要のみを紹介しよう。

トラジャ族において人が死ぬと、その親族は葬送儀式に向けた準備に取り掛かるわけであるが、その期間中、死者はまだ死んでおらず「病人」として扱われる。したがって、この場合

写真21　増築部内のリビング・ダイニング的スペース

写真22　土間に設けられた炉

の病人はトンコナンの高床レヴェルに寝かされ、毎日の食事が備えられる。この期間は数カ月から数年続くこともあるという。またこの間、集落に続く道には葬送儀式を待つ者がいることを示す印が置かれる（写真23）。実はこの準備期間も含め、既に葬送儀礼は始まっており、この準備期間中にも様々な儀式が行われる。しかしその実態として、この期間を利用し、葬送儀式で行う生贄の家畜や、その他諸々の費用を都合し、遠くに住む者を含む親族の予定などを調整するのであるという。

写真23　葬送儀式を待つ者がいることを示す白い布の印（於・Madong）

準備が整うと、儀式をもって病人は「死者」として人々に告知され、数日にも及ぶ盛大な葬送儀式が執り行われる。大きな儀式になると周辺集落からはもとより、遠方からも多くの参列者が集まり、数千人から時には一万人を超えるという。トラジャ族の多くはキリスト教を信仰することから、現在に見る儀式の多くはキリスト教の牧師（プロテスタント系の場合）が進行を司る。また子供たちによって賛歌が歌われたりもする。しかし、そこには紛れもなくアルック・ト・ドロによる儀礼が根底にあり、ここに既述した複合宗教としての興味深さがある。

もちろん少数ではあるが、キリスト教の介在しない儀礼、すなわちアルック・ト・ドロにのみ基づく儀式もある。二〇一四年に筆者が取材した儀式は、たまたまそうしたものであった（写真24）。キリスト教の介在する儀式とは様々な点で差異があり、進行も祈禱師が独特の発声とともに行う。

儀式のハイライトは何と言っても水牛の生贄であり、筆者が取材した二〇一三年時の儀式では四〇頭あまりが、二〇一四年時の儀式では六五頭の水牛が生贄となった（写真25）。既に述べたが、この水牛が多ければ多いほど、その一族の富を象徴することになる。かつては一〇〇頭以上の水牛を生贄にした儀式もあったという。また、水牛は身体に白い色の多いものほど価値は高い。二〇一四年時の儀式は有力者の儀式であったことから、その半数近くが身体の色に白色の混ざる水牛であった。

生贄にされた水牛の肉は、参列者に分配される。また、これとは別に、数十頭から時には数百頭の豚も生贄にされる。これも、参列者の食事として振る舞われるほか、人々に分配される（写真26）[48]。すなわち、儀式における肉の分配は人々に対する富の分配であり、トラジャ社会における相互扶助システムと言えよう。

写真24　キリスト教の介在しない葬送儀式。子供たちが馬を模したものに跨り参列者を先導する（於・Balik）

写真25　ナタで喉元を切られる水牛（於・Balik）

写真26　分配する肉を切り分ける人々（於・Balik）

写真28　タウタウ（於・Lemo）

写真27　高い位置にある墓室へ運ばれる棺（於・Balik）

写真29　子供が埋葬された樹木(Kambirra)

さて、生贄の儀式が済むと葬送となり、棺は男性数人よって担がれ、その後を村人が列になって続き、墓地まで運ばれる。なおキリスト教による葬送の場合は、女性も墓地まで同行するが、キリスト教の介在しない儀式では、女性の同行は村外れまでで、そこから先は男性のみで行う。

死者の安置は、高い場所であればあるほど「プヤ」と呼ばれる死者の世界に近いとされ、裕福な者ほど、高い場所に安置される傾向がある（写真27）。また、生前の姿は「タウタウ（写真28）」という人形に写し取られ、後世に伝えられることとなる。

このほかにも、歯が生えるまでに死んだ子供は樹木の幹に穴を掘って、そこに埋葬する習俗[49]（写真29）があるなど、トラジャ族における葬送儀礼は実に独特であり、また複雑でもある。
なお、こうした葬送儀式には一般ツーリストも参列することが可能である。[50] トラジャ族の葬送儀式は、参列者が多ければ多いほど良いとされ、ツーリストも排除されることはない。こうした習俗もエスニックツーリズムに合致した点だと言えよう。

（5）トラジャ族のエスニックカルチャーとエスニックツーリズムの相関性

これまでに見たように、トラジャ族の人々の生活は現代的なニーズや社会的背景の変化によって、その姿を少しずつ変えつつも、根底にはなお、アルック・ト・ドロに基づく伝統的で独自のエスニックカルチャーが息づいている。また、トラジャ族の人々も、こうしたエスニックカルチャーに対して、強いアイデンティティーを持ち、それを誇りにしているように見える。

筆者はエスニックツーリズムをもって、このようなトラジャ族の生きたエスニックカルチャーに接することができたわけであり、またこの経験は大きな感動を得るものであった。したがって、ここにエスニックツーリズムにおけるビジター側の希求は、少なくとも筆者の経験においては満たされている。しかし、エスニックツーリズムにおけるもう一方の目的、すなわちホスト側の希求についてはどうであろう。

一九七〇年代から始まった観光開発は、その隆盛とともに、一定の経済効果をタナ・トラジャにもたらしたと言ってよい。しかし、ツーリスト数の伸び悩む今日では、観光業はかつてのような有望な職業とは言い難い。ツアーガイドも飽和状態であり、筆者が二〇一三年時に雇ったツアーガイドの平均月収は、日本円にして二万円を少し超える程度である。[51] タナ・トラジャにおける一般的なサラリーマンの月収がおよそ三万円程度ということであるから、決して恵まれた職業とは言えない。しかしまだ、観光関連業に就いている人々は良い方で、山間部における一般農民の収入は、これよりもさらに低いと考えられる。また、こうした人々に対して観光関連収入が渡ることはまず、ない。実際に、筆者が現地滞在時に使用した金銭を考えてみても、観光関連業者以外の人々に支払った金銭はない。一般のトラジャ族の人々にとって、エスニックツーリズムによる恩恵はほとんどないと言ってよい。

4 まとめ

(1) エスニックツーリズムの功罪

以上、二つの事例を見てきた。

麗江旧市街地の事例では、今も莫大な観光収入が現地にもたらされてはいるものの、そこに従前から住んできた人々に対するメリットは少ない。また、麗江旧市街地におけるエスニックカルチャーは崩壊し、もう元に戻ることはないであろう。したがって、エスニックツーリズム自体がこの地において成立し得ない状態となってしまった。

一方、タナ・トラジャでは、現在において観光収入を従前のように期待できる状態にはない。また、麗江旧市街地と同様に、一般のトラジャ族の人々に対して観光収入がもたらされているわけでもない。

エスニックツーリズムについて、最初にホスト・ビジター双方にメリットのある、バランスの取れたツーリズム形態であるとしたが、どうであろう。これまでに見てきたように、ホストを観光関連業者とした場合には、一定のバランスが得られていると言ってもよい。しかし、これを現地に暮らす一般の人々とした場合には、少なくともバランスの取れたツーリズム形態とは言えない。

(2) 観光ブランドとは何か

一方、観光ブランドについても考えておきたい。その最たるものが世界遺産であろう。そもそも世界遺産は対象となる遺産を保護するための条約である。しかし現在、これは観光ブランドとして機能している側面がある。これまでに見てきた二つの事例も、ともに観光ブランドを得たいがために世界遺産登録を目指したのである。

麗江旧市街地では世界遺産を、すなわち観光ブランドを獲得し、急激な観光開発が行われた。その結果は既に述べたとおりである。

タナ・トラジャでは世界遺産の獲得に失敗している。その結果、今日における観光振興は停滞した。しかし、トラジャ族の人々は時代の流れに伴って、徐々にその生活スタイルを変化させながらも、その根底にある自らのエスニックカルチャーを失っていない。むしろ、自らのエスニックカルチャーに誇りを持ち、これを維持しながらタナ・トラジャに暮らしているように見える。

以上を観光ブランドとの関係において考えた時、今日の世界遺産といった遺産保護を謳う制度は、有形遺産の保護に対して、それなりの機能を果たしていよう。また、観光ブランドとしては、確実にその力を発揮すると言ってよい。しかしここには、人々の営みから成る伝統的なエスニックカルチャーを保護する機能はない。すなわち、こうした観光ブランドは、当地に暮らす一般の人々の暮らしに対して、何らメリットをもたらすものではない。

人々の営みによって息づくエスニックカルチャーは、制度をもって、まして観光ブランドによって保護できるものではない。それは、人々のアイデンティティーによってのみ、維持されるものであると筆者は考えている。トラジャ族の事例は、このことを示している。

(3) 再び始めの「問」について

考察の冒頭で、筆者は問を設定した。「私たちが、私たちの伝統的な文化を守り伝えていくことの意味とは何であろうか?」という問である。

筆者の考えを述べよう。それは「自らが他との差異を維持すること」にあるということに尽きる。言うまでもなく、国や地域、そこに住まう人々の習俗や気候風土には差異があり、多種多用な文化が存在する。したがって、文化を楽しむこととは、文化の多様性を楽しみ、かつ、その差異を認め合うことに等しい。いささか極論めくが、もし世界の人と地域が均質化されてしまったならば、どうであろう。これほどつまらない世の中はない。どこへ行っても同じなのであれば、当然、観光の必要もないし、こうなれば、もはや文化は死に絶えたと言ってよい。

私たちが文化の差異を楽しみ続けるために、さらに言えば、エスニックツーリズムを楽しみ続けるために、今、私たちが行うべきことは何か。これに対して、筆者自身、明確な答えを未だ持ち合わせていない。しかし、これを常に考え続けることこそが、私たちに求められているのだと思う。

ここに、今後におけるエスニックツーリズムのあり方が問われている。

※本考察は、[藤木 二〇一〇] の筆者執筆部分の一部を基に、タナ・トラジャに関する部分を加筆し、全体を通して調整を行ったものである。

※図版作成、写真撮影は、全て筆者による。

(1) したがって「世界遺産」といった名称の遺産は正式には存在しないが、本章では通例に倣い、世界遺産リストに登録された対象を「世界遺産」と呼称する。
(2) アニメや漫画などのコンテンツに出てくる場所等が、観光対象となるツーリズム形態。
(3) これによって、構造材や茅葺き屋根が腐敗や虫害から守られる。
(4) 「イコモス国際文化観光憲章」により、遺産保護と観光開発との関係性に対する評価と枠組みが明示されている [International Council on Monuments and Sites 2002]。
(5) 古城区大研街道の旧市街地部分。面積は約三・八平方キロメートル。なお、「街道」とは、中国の行政区画において、市が管轄する「区」以下のレヴェル。「郷」や「鎮」と同じレヴェル。
(6) 玉龍納西族自治県白沙郷の旧市街地部分。大研古城から北へ約八キロメートル。麗江一帯において、最も古い時代のナシ族の政治・経済・文化の中心集落と言われる。
(7) 古城区束河街道の旧市街地部分。大研古城から北へ約七キロメートル。大研古城よりも古い集落で、ナシ族最古の集落と言われる。
(8) 茶馬古道には吐蕃からそれぞれ四川省中東部、並びに雲南省中南部を結ぶ二つのルートがあり、前者を「四川・チベット茶馬古道」、後者を「雲南・チベット茶馬古道」と呼ぶ。
(9) 五花石と呼ばれる麗江周辺で産出される鉱石が使用されている。五花石の名称は、五つの異なる色が混ざり合っていることによる。

(10) 中央朝廷より世襲の官職を与えられた少数民族の首長。元代から清代初期までの三四一年間、麗江は中央朝廷から世襲知事の官職「土司」を与えられたナシ族首長である「木一族」が統治した。

(11) ナシ族伝統文化の詳細については、[山村・張・藤木 二〇〇七]を参照。

(12) 一説には、元から清までの間、当地を治めたナシ族の首長「木一族」が、「木」という字を城壁の比喩である「口」で囲むと「困」の字になって不吉であるとし、これを忌んだことによると言われている。

(13) 辻に面する民家では入り母屋や寄棟に類する形式もあり、階数も稀にではあるが三階建ても見受けられる。

(14) 筆者による現地調査では、麗江旧市街地には四合五天井が、大理旧市街地には三坊一照壁が、それぞれ全体に対する割合として比較的多く存在している傾向が認められた。

(15) 麗江旧市街地一帯の緯度は、日本の沖縄本島とほぼ同じ北緯二七度であり、標高は海抜約二四〇〇メートル。一月の平均気温は約一二度であり、七月の平均基本は約二三度。

(16) [曽 一九九八]。

(17) [山村・張・藤木 二〇〇七]および[藤木 二〇一〇]。

(18) [World Heritage Committee 1997]日本語訳は[山村・張・藤木 二〇〇七]二九頁からの引用。

(19) [山村・張・藤木 二〇〇七]。

(20) 北海道大学山村高淑教授を筆頭とした調査チーム。

(21) [藤木 二〇一〇]。

(22) 主にナシ族が使用する現地に特有の言語。近年では小学校などで教育が行われているが、喋れる人は年々少なくなっていると言われる。

(23) [山下 一九八八]。

(24) ただし、こうした分類は研究者間における議論中にあるものであり、筆者の現地におけるヒアリングによれば、トラジャ族の人々がこうした分類を自ら認識しているわけではない。
(25)［山下 一九八八］。
(26)インドネシアは宗教の公認制をとっており、宗教省はイスラム教、キリスト教(カソリックおよびプロテスタント)、ヒンドゥー教、仏教・儒教を「宗教」として認めている。トラジャの宗教は東南アジアの宗教伝統の系譜に属するものであるが、「バリ・ヒンドゥー」の一分派として公認を受けた［山下 一九八八］。なお、ここでは「宗教」としたが、アルック・ト・ドロは狭義の宗教ではなく、彼らの生活体系に対する伝統的な考え方として捉えられるべきである。
(27)［ルドフスキー 一九八四］・一九六四年時の当該展覧会のカタログを本邦において翻訳出版したものである。
(28)［山下 一九八八］。
(29)［Adams 2008］。
(30)［阿部 二〇一三］。
(31)［Adams 2008］。
(32)［阿部 二〇一三］。
(33)［山下 一九八八］［Adams 2008］［Parinding & Achjadi 1998］［Waterson 1990］［鳥越・若林 一九九五］［細田 一九九六］［Achsin 2006］など。
(34)したがって、先行する研究成果に対して相違するものが含まれている。また、トラジャ族の研究成果については、いくつかの先行研究相互で、既に一致しない部分も多い。しかし、これについての追究は、ここでは行わないこととする。
(35)［山下 一九八八］。
(36)山下による調査では、一九七八年時において約六〇%が、一九八四年時において約八〇%がトラジャ族全体の内、キリスト教徒であったとしている［山下 一九八八］。したがって、この増加傾向から見ても、当該数値は大きくは外れていないと思われる。

(37) 例えば、スラウェシ島の玄関口であるマカッサルとランテパオを結ぶ高速バスの運営を行う「リタ社」は、トラジャ族の者が起業しており、ランテパオ郊外の広大な土地に、一族の豪邸が数棟にわたって建っている。

(38) 鳥越らの解釈では、トンコナンは本来、住居を示す概念とは別の意味で使用されることから、住居を指す場合のトンコナンの使用は誤用であり、本来はバヌアと言うべきであるとしている［鳥越・若林 一九九五］。しかし現在、トンコナンは現地でも一般的な呼称であることから、ここでは本文に沿ってトンコナンとバヌアの両方を使用する。

(39) トラジャ族はかつて社会階層を有しており、鳥越らによれば「貴族」「上流階級」「自由民」「奴隷」といった四つの階層があった［鳥越・若林 一九九五］。こうした階層はオランダ統治時代に公に廃止されたものの、集落の規模と建築物の数、あるいは相対的な貧富の差について、現在も無関係とは言えない。ただし一方で、下層階層出身の者が富を持つケースも現在に見られる。

(40) 棟の反りは、建設年代が古いものほど低く、新しいものほど高くなる傾向がある。これはエスニックアイデンティティーの誇示であると思われ、観光地化の影響が考えられる。なお、布野も先行文献において同様の指摘をしている［布野 一九九七］。

(41) 筆者による複数のヒアリングと観察によれば、今日の一般生活において狭小な住宅事情もあり、南にさえ頭を向けなければ、それ以外の方向については特にどの方向でも気にしないようである。

(42) 発音がなまり「ブギス」が「ブギニ」となる。

(43) 二〇一四年時における筆者のヒアリングでは、標準的な規模のトンコナンを新築する場合、一棟につき五億ルピア（日本円で五〇〇万円）程度が必要であり、これに対してバヌアは五千万ルピア（日本円で五〇万円）程度だという。なお、どちらを建設する場合にも、これに加えて、建設に従事する人夫の食事代等が必要となる。ちなみに、タナ・トラジャにおけるツアーガイドの一カ月分の収入は二五〇万ルピア（日本円で二万二千円）程度、車をチャーターした際に付くドライバーの一カ月分の収入は一五〇万ルピア（日本円で一万三千円）程度だという。

(44) 内部については立ち入りが許されず、詳細は不明である。

(45) 筆者がこの集落に宿泊した際、トンコナンの高床レヴェルに就寝するように指示された。しかし、高床レヴェルのどこに就寝するかについては自由である。なお、南側の部屋は物置として使用されており、それ以外のスペースには何も置かれていない。筆者には折りたたみ式のマットレスが貸し出され、それを適当などこかに広げて就寝せよとのことであった。

(46) 二〇一四年時に筆者のツアーガイドをしたトラジャ族の青年の村には、未だ電気が引かれていないといい、生活スタイルも従来からのものに近いという。したがって、未確認であるが、ランテパオから遠い山岳地帯では、今も従前の生活スタイルを保持している可能性がある。

(47) 儀式の主催者はジャカルタの警察幹部であり、息子たちも警察官である。また、筆者が二〇一四年に取材した時は、ちょうどインドネシアの総選挙期間にあたり、主催者も立候補をし、儀式においても政治活動が行われていた。

(48) こうした盛大な儀式と生贄は、当然ながら全ての葬送儀式において行われるわけではない。むしろ裕福な一族に限られた儀式と見てよいであろう。筆者のヒアリングによれば、こうした財を持たぬ多くの庶民一族において人が死ぬと、水牛はないか、せいぜい一頭、豚を一頭から数頭生贄にするのみで、葬送儀礼の期間も全体を通して一週間程度であるという。

(49) 死後の世界の食物に困らないように、樹液がその子のミルクになるとされる。

(50) ツーリストが儀式に参列する際には、入村時に贈り物を持って儀式の主催者に簡単な挨拶を行う必要がある。贈り物は、現在ではタバコが一般的であり、筆者も各儀式でタバコワンカートンを持参した。それが済めば基本的に出入りは自由であり、お茶や食事も提供される。

(51) 二〇一四年時において、ガイド料は一日三〇万ルピア、日本円にして二六〇〇円程度。

参考文献

阿部嘉治　二〇一三「インドネシア・タナトラジャの世界遺産登録プロセス」日本国際観光学会論文集（第二〇号）

曽士才　一九九八「中国のエスニック・ツーリズム――少数民族の若者たちと民俗文化」愛知大学現代中国学会『中国21』三号、四三―六八頁

鳥越憲三郎・若林弘子　一九九五『倭族トラジャ』大修館書店

藤木庸介編　二〇一〇『生きている文化遺産と観光』学芸出版社

布野修司　一九九七『住まいの夢と夢の住まい』朝日新聞社

細田亜津子　一九九六『トラジャ紫の大地』西田書店

山下晋司　一九八八『儀礼の政治学』弘文堂

山村高淑・張天新・藤木庸介編　二〇〇七『世界遺産と地域振興』世界思想社

B・ルドフスキー、渡辺武信訳　一九八四『建築家なしの建築』鹿島出版会

Amir Achsin. 2006. “Toraja A Unique Culture” CV. Putra Maspul Publisher

International Council on Monuments and Sites. “ICOMOS International Cultural Tourism Charter” ICOMOS International Cultural Tourism Committee December 2002

Kathleen M. Adams. 2006. “Art as Politics” University of Hawaii Press Honolulu

Roxana Waterson. 1990. “The Living House” Oxford University Press Pte Ltd.

Samban C. Parinding and Judi Achjadi. 1998. “Toraja Indonesia’s Mountain Eden” Times Editions

World Heritage Committee. 1997. “Justification for Inscription: The Old Town of Lijiang. Report of the 21th Session of the Committee, 1997” UNESCO (WHC-97/CONF.208/17)

中国における「遺産」政策と現実との相克
——ユネスコから「伝統の担い手」まで

菅　豊

はじめに

現在、世界各地の多くの伝統的な文化に、「遺産（heritage）」という「称号」や「肩書き」が与えられている。近代社会において打ち捨てられてきた伝統文化の価値が、「遺産」という称号や肩書き、そしてそれらを授ける政策や制度によって発見されているのである。伝統文化は、いまでこそ一躍脚光を浴びているが、しかしその価値が「遺産」として社会に認められたのは、ここ数十年のことに過ぎない。そしてその価値は無意識に、あるがままに、そして自然に見出されたのではなく、文化のグローバル・ポリティクスのなかで意識的に、作為的に、そして操作的に構築されてきたのである。

長い歴史を有する伝統文化を「遺産」としてとらえる考え方が、世界のなかで主流となるのは一九七〇年代以降のことである。そしてそのとらえ方は、ユネスコ（UNESCO：国際連合教育科学文化機関、以後、本論ではユネスコと表記する）が介在する文化のグローバル・ポリティクスのなかで醸成されてきた。ただ、第二次世界大戦後に文化政策をユネスコが遂行する段階では、「遺産」ではなく「財(property)」として伝統文化を位置づけていた［七海 二〇一二、菅 二〇一四］[1]。伝統文化を「財」としてとらえるこの考え方から「遺産」としてとらえる考え方への転換が、一九七〇年代に大きく進展したのである。

とくに世界各国の文化政策に多大なインパクトを与えた「世界の文化遺産及び自然遺産の保護に関する条約（Convention Concerning the Protection of the World Cultural and Natural Heritage）」が一九七二年に締結されて以降、「財」から「遺産」へという伝統文化のとらえ方の変化は顕著になる。二〇〇一年には、ユネスコによる「文化的多様性に関する世界宣言（UNESCO Universal Declaration on Cultural Diversity）」が採択され、第一回の「人類の口承及び無形遺産の傑作（Masterpieces of the Oral and Intangible Heritage of Humanity）」が宣言された。そして、二〇〇三年には「無形文化遺産の保護に関する条約（Convention for the Safeguarding of Intangible Cultural Heritage）」が締結され、「遺産」の枠組みが無形文化にまで拡大された。その後、この「遺産」をめぐるグローバル・ポリティクスが、世界各国の文化政策を含む政治や文化、地域社会に多大なる影響を与えてきたことは周知のとおりである。

この「遺産」の考え方と制度を最も熱烈に歓迎し、そして最も戦略的に利用してきた国家が、本論で取り扱う中国である。ユネスコによる世界的な文化政策である世界遺産保護政策、ならびに無形文化遺産保護政策が世界各国に大きな影響を与えるなか、中国政府はこれらの文化政策に多大なる刺激を受けた。そして、「遺産」をめぐって国内外対応を著しく加速させたのである。二〇〇〇年代以降、中国はまさに「文化遺産時代」へ突入したといっても過言ではない。

しかし一方で、この中国政府の国内外への対応は、ユネスコが設計した政策、あるいは制度や理念と完全に一致するものではなかった。それはさまざまな局面で、ずれを生じさせたのである。また、そのユネスコの「遺産」をめぐる動きに触発されて整備された中国政府の「遺産」政策や制度は、国内の地方政府や「伝統の担い手」たちをも大いに触発してきたが、その結果、地方政府や伝統の担い手たちは、「遺産」政策や制度に対しさまざまな適応を行った。その適応もまた、ユネスコの「遺産」のみならず、中央政府の「遺産」とも、ずれを生じさせたのである。それは、政策や制度を遂行し受容するなかで、自然と「ずれる」場合もあったし、一方で、政策や制度の実施者や受容者たちが企図、意識してそれを「ずらす」場合もあった。

この文化政策と現実との「ずれる／ずらす」ありようのために、「遺産」が存在する中国の諸地域では、不確実性を帯びた文化状況、社会状況が現出している。文化政策や制度を実社会に適用する際、それらの政策や制度でもたらされる結果を、事前に正確に予想することはそれほど容易ではない。つまり、政策や制度が生み出した状況変化やインパクト、そして結果というものは、往々にして政策や制度の立案時に想定されていたものから、ずれ、ずらされているのである。本論ではそのような、ずれ、ずらされる文化政策や制度、そしてそれらへの人びとの対応について、中国の「遺産」政策や制度をめぐる現象を題材に考察する。

具体的にはまず、国家間レベルの主要アクターであるユネスコを起点として定められた「遺産」概念や政策、制度に、国家レベルのアクターである中国政府が積極的に応答する状況を解説する。次にそれらを中国的な国内向けの「遺産」政策や制度として、積極的に読み換える状況を明らかにする。さらに、その国内政策・制度を再び読み換え、地方の文化政策として応用展開する地方レベルのアクター＝地方政府、そして、その政策や制度に巻き込まれたり、あるいはそれらを積極的に読み換えながら参画したりする個人レベルのアクター＝伝統の担い手が変化する状況を、観光開発が進展する小地域で考察する。それらすべてが、文化政策や制度をめぐって立ち現れる「ずれる／ずらす」現象なのである。

なお本論では、ユネスコが使用する intangible cultural heritage を、日本で通常使用される「無形文化遺産」という用語で基本的に表記し、中国における制度の固有の名称は、中国政府が公式使用する「非物質文化遺産」という用語で表記する。無形文化遺産も非物質文化遺産も、共に intangible cultural heritage の翻訳語であるが、それが日中両国に受容された後、それぞれの国内の文化政策と関連づけられ、さらに特徴づけられる段階、すなわち、ずれ、ずらされる段階で、各国政府の事情や思惑に応じて意味や概念が独自にアレンジされており、両者は必ずしも一致しないことを確認しておく(2)。

1　過熱する中国の文化ポリティクス

文化遺産時代の到来を迎え、中国政府はユネスコの「遺産」をめぐる制度へ熱心に対応した(3)。たとえば、中国の世界遺産（自然遺産、文化遺産、複合遺産）を見れば、「世界遺産一覧表」に記載された件数は四

表1　ユネスコの無形文化遺産の国別記載件数（2014年8月現在）

記載件数順位	国名	代表一覧表	緊急保護一覧表	ベスト・プラクティス	計
1	中国	30	7	1	38
2	日本	22	0	0	22
3	韓国	16	0	0	16
4	クロアチア	13	1	0	14
4	スペイン	11	0	3	14
6	フランス	11	1	0	12
7	トルコ	11	0	0	11
7	ベルギー	10	0	1	11
7	モンゴル	6	5	0	11
10	イラン	8	2	0	10
10	インド	10	0	0	10

七件（二〇一四年八月現在）にも上り、イタリア（五〇件）に次いで世界第二位の記載件数となっている[4]。さらに、無形文化遺産を見れば、その対応の積極性はより顕著である。ユネスコの無形文化遺産の「代表一覧表」「緊急保護一覧表」「ベスト・プラクティス」[5]に記載された中国の件数は全三八件（二〇一四年八月現在）で、現在、世界第一位の記載件数を誇っている。その件数は、他の国々に比べて突出している（表1）。

これらの数字から、中国政府がユネスコの世界遺産、無形文化遺産政策を熱烈に歓迎し、受容していることが理解される。グローバル・ポリティクスのなかで生み出された「遺産」の考え方は中国を大いに刺激し、中国はいまや「遺産」のホット・スポットと化しているのである。

このようなユネスコの「遺産」の刺激は、二〇〇〇年代以降の文化遺産時代に中国で展開された国内文化政策にも、多大な影響を与えてきた。ただし中国政府は、ユネスコの「遺産」概念をそのまま同じ形で直輸入したのではない。それは意味内容や範疇、そしてその価値を中国的に組み換え、再解釈した、すなわち、ずれた、あるいはずらされたものである。また、それは文化大革命によって、多くの伝統文化を封建的文化、あるいは迷信的文化として破壊し、負の文化として否定した考え方を根底から転換した、すなわち文革期の思考から、ずれた、あるいはずらされたものでもあった。

文革以前、すでに中国には、日本と同じく歴史的文化を「財」あるいは「宝」とみなして保護する制度が存在していた。早くも一九六一年には国務院が「文物保護管理暫行条例」を発し、「文物――いわゆる有形文化・物質文化――」の保護を行っている。しかし、その保護に関する法規は文革期には機能しなくなり、多くの文物が破壊された。文革が収束した後の一九八二年に、ようやく「中華人民共和国文物保護法」が制定され、歴史、芸術、科学的に価値のある文物が法的に位置づけられ、保護された。この文化保護制度によって守るべき対象とされた「文物」は、文化遺産時代に入った現在、「遺産」として新しく位置づけ直されている。

二〇〇五年一二月に「国務院関於加強文化遺産保護的通知」(6)が国務院より下された。この通知は、中国的な「文化遺産」という概念と解釈が提示されている点で重要である。ここでいう「文化遺産」は、「物質文化遺産」と「非物質文化遺産（先にも述べたように無形文化遺産に相当する）」を包括する概念である。

この中国の「文化遺産」の概念は、明らかに中国的に読み換えられたものである。概念上、それは非物質文化遺産までも包含している点が特徴的で、ユネスコの世界遺産制度（「世界の文化遺産及び自然遺産の保護に関する条約」）で定義されている「（世界）文化遺産」とは、意味内容において、ずれてしまっているのである。周知のとおり、ユネスコでは世界遺産の制度と無形文化遺産の制度とを、別立ての制度として設計している。(7)そのため、世界遺産制度が定義する「文化遺産」のなかには、概念的に無形文化遺産を含んではいない。一方、中国では「文化遺産」のなかに非物質文化遺産を含んで、政策・制度上の基礎概念を構成しているのである。

中国はこのようにユネスコの「遺産」概念を受容しつつも、一方で独自の概念構成を行っている。そして、その中国的な「遺産」概念構成のなかに、ユネスコの「遺産」概念が再配置されている。たとえば、ユネスコが規定する「文化遺産」は、中国が規定する「文化遺産」の下部概念である物質文化遺産へと再配置されているものと考えてよい。

ユネスコが規定する「文化遺産」は、条約上「記念工作物」「建造物群」「遺跡」に分類され、記念工作物は「建築物、記念的意義を有する彫刻及び絵画、考古学的な性質の物件及び構造物、金石文、洞穴住居ならびにこれらの物件の組み合わせであって、歴史上、芸術上又は学術上顕著な普遍的価値を有するもの」、建造物群は「独立した建造物の群又は連続した建造物の群であって、その建築様式、均質性又は景観内の位置のために、歴史上、芸術上又は学術上顕著な普遍的価値を有するもの」、遺跡は「人間の作品、自然と人間との共同作品及び考古学的遺跡を含む区域であって、歴史上、芸術上、民族学上又は人類学上顕著な普遍的価値を有するもの」と定められている(8)。

一方、中国政府が「国務院関於加強文化遺産保護的通知」で規定した「文化遺産」のなかの物質文化遺産は、歴史、芸術と科学（学術）的価値を有する「文物」、すなわち遺跡や古墳、古建築、石窟寺、石刻、壁画、近現代重要史跡、及び代表的建築などを含む「不可移動文物（移動できない文物）」や、歴史上各時代の重要実物、芸術品、文献、自筆原稿、図書資料等を含む「可移動文物（移動できる文物）」、ならびに建築様式や分布が均一、あるいは環境景観との結合に関して突出した普遍的価値をもつ「歴史文化名城（街区、村鎮）——後に詳述する——」とされている。両者の内容を対照すれば、完全ではないにしろ、その包含する事物がかなりの部分で重なり合っていることが理解される。つまり、中国では文化遺産という概念をずらして設定しつつも、その下位概念の物質文化遺産のカテゴリーによって、整合性をある程度保っているのである。

一方、ユネスコが定めた無形文化遺産と、中国が定めた非物質文化遺産とは、当初よりほぼ整合性をもたされている。ユネスコの「無形文化遺産の保護に関する条約」で規定される無形文化遺産の「分野(domains)」は、(a)口承による伝統及び表現(無形文化遺産の伝達手段としての言語を含む。)、(b)芸能、(c)社会的慣習、儀式及び祭礼行事、(d)自然及び万物に関する知識及び慣習、(e)伝統工芸技術を含んでいる。そして、中国の非物質文化遺産は、大衆生活と密接に関係し非物質の形態(無形)で存在するものであり、何世代にもわたって継承される伝統文化の表現形式を意味するもので、具体的には「口頭伝統、芸能、民俗活動と儀礼や祝祭日、自然界と宇宙の民間伝統に関する知識と実践、伝統手工芸技能、及び上述の伝統文化の表現形式に関係する文化空間」[9]などの分野が例示されている。それは、ユネスコが定義する無形文化遺産と、ほぼ重なり合っている。

中国政府が国内の文化政策のために構築した「遺産」概念は、基本的にその全体構成はユネスコの「遺産」概念の延長線上にある。しかし、細部を検討するとユネスコの「遺産」概念とは、ずれ、ずらされているのである。このユネスコと中国政府とのずれは、その「遺産」に見出す価値の評価の局面を見れば、より顕著になってくる。

ユネスコの世界遺産制度では、人類全体のための世界の「遺産」としての価値や、あるいは無形文化遺産制度では、文化の多様性、及び人類の創造性に対する尊重を助長する価値といった、ある種、普遍性をもったユニバーサルな価値が重要視されている。一方、中国においては、さらにそれに加えて国家内部に向けたナショナルな価値が重要視されているのである。先述の「国務院関於加強文化遺産保護的通知」のなかで、中国政府は、文化遺産に見出す価値について、次のように述べている。

「我が国は悠久の歴史をもつ文明の古国である。長い歳月のなかで、中華民族は豊富かつ多彩で、満ち溢れる貴重な文化遺産を創造した。…（中略）…さらにいっそう我が国の文化遺産保護を強化し、中華民族の優秀な伝統文化を継承、発揚し、社会主義先進文化建設を推進するために、国務院は二〇〇六年から毎年六月第二土曜日を我が国の〃文化遺産日〃とすることに決定した…（中略）…中華民族特有の精神価値、思考方式、想像力を含みもつ我が国の文化遺産は、中華民族の生命力と創造力を体現し、それは各民族の智慧の結晶であり、全人類文明の貴重な宝である。文化遺産保護や、民族文化の伝承の保持は、民族感情紐帯を連結し、民族団結を増進し、国家統一及び社会安定を守る重要な文化基礎となり、それはまた世界文化の多様性と創造性を守り、人類共同発展を促進する前提である。文化遺産保護の強化は、社会主義先進文化の建設と、科学発展観を徹底的に実行し社会主義調和社会を構築する必要条件である(10)」

この文章のなかでは、世界の人類に向けた普遍性や多様性などのユネスコの理念が、確かに尊重されている。しかし、そのような普遍的価値にしっかりと織り込むように、中華民族の優秀性や独創性、さらに国家統一、民族団結、調和社会といった国家的なスローガンが謳われている。「遺産」の価値は、国家統治の価値へと積極的に回収されているのである。中国政府は、「遺産」概念に国家政策へ貢献する有用性を見出した。そのために、「遺産」に関する国内制度を瞬く間に整備した。とくに、これまで制度的な枠組みのなかった非物質文化遺産に関する制度を、迅速かつ積極的に整備した。

「国務院関於加強文化遺産保護的通知」が発せられる四カ月前の二〇〇五年八月、国務院辦公庁は「国務院辦公庁関於加強我国非物質文化遺産保護工作的意見」という意見提出を行った。そのなかでは非物質文化遺産の価値や、その保護の重要性と緊急性、保護事業の目的と方針、認可（中国語で「批准」と表現）・公布する「名録（目録）」作成と保護の制度、保護事業の責任や構造などが解説されている。これによって中国の非物質文化遺産制度が、本格始動することになる。非物質文化遺産制度は中央政府主導で集権的に整備され、さらに省や市、県レベルの制度も同時に整えられた。その結果、現在では国家級、省級、市級、県級という複層的な非物質文化遺産制度が推し進められている。

二〇〇六年、前記の「意見」に従い「国務院関於公布第一批国家級非物質文化遺産名録的通知」が出され、五一八項目の国家級非物質文化遺産の名録記載が認可、公布された（第一回認可）。国家級の非物質文化遺産名録への認可に際しては、「突出した歴史、文化と科学的価値」「集団における世代伝承性」「当地への比較的大きな影響性」、そして以上の条件とともに「消失の危機に瀕しているもの」という条件が挙げられている。この認可の後、第二回認可と第一回認可の拡大（二〇〇八年）、第三回認可（二〇一一年）を経て、国家級非物質文化遺産として、一二一九項目に上る伝統文化が、現在、認可されている。

この中国の国家級非物質文化遺産の認可件数には、その政策に熱心に取り組む中国政府の積極姿勢があらわれている。日本の国家レベルの無形文化遺産ともいえる国指定重要無形文化財、重要無形民俗文化財の指定件数とそれを比べると、その政策への熱心さは一目瞭然である。日本では、国指定重要無形文化財が一九五〇年以降の六四年間で一〇二件、国指定重要無形民俗文化財が一九七五年以降の三九年間で二八六件、計四〇〇件弱しか指定されてこなかった（二〇一四年九月一日現在）。一方、中国ではわずか五年間で一二〇〇件以上もの認可が行われている。中国の非物質文化遺産政策の規模と、展開スピードの凄まじさを推して知るべしである。

二〇一一年には「中華人民共和国非物質文化遺産法」が制定され、「調査」「項目名録（認可）」「伝承と伝播」「法律責任」等の管理制度がさらに整えられた(11)。さらに文化遺産時代に入って、中国の中央政府は、非物質文化遺産とともに「文化遺産」のなかの物質文化遺産に関する制度整備にも着手した。主な物質文化遺産は、旧来から存在した「中華人民共和国文物保護法」の読み換え——ずらし——によってカバーされているが、中国が「遺産」の概念を積極的に導入した二〇〇〇年代以降、さらに物質文化遺産に関する制度の充実が加速されることとなる。たとえば、先に触れた「歴史文化名城（街区、村鎮）」に関する制度はその典型である。

「歴史文化名城（街区、村鎮）」の制度は、日本の文化財保護法で規定される「伝統的建造物群保存地区」に類似するもので、歴史的景観を保護する制度である。それは認可単位の規模の順に「歴史文化名城（市を指定）」「歴史文化名鎮（鎮を指定）」「歴史文化名村（村を指定）」の階層に分けられている。歴史上重要な事件が起こった場所（古代の政治、経済、文化の中心地や革命の故地など）や、良好な形で古建築群が残留している都市や鎮、村などが選ばれている。「歴史文化名城（街区、村鎮）」の概念そのものは、前記の「中華人民共和国文物保護法」によって、早くも一九八二年には提示されているが、二〇〇〇年代に入ってさらにそれを保護する制度が整備された。

二〇〇五年に「歴史文化名城保護規劃規範」が施行され、保護の原則や措置の方法が統一され、また、二〇〇八年には「歴史文化名城名鎮名村保護条例」が定められ、「歴史文化名城」「歴史文化名鎮」「歴史文化名村」の申告や認可、公布の方法、保護計画、措置等が明確にされた［孫 二〇〇五：四―五］。同条例の第一章総則、第三条には「歴史文化名城、名鎮、名村の保護は、科学的計画や厳格な保護の原則に従い、その伝統構成と歴史風貌を保持・継続し、歴史文化遺産の真実性と完整性を守り、中華民族の優秀な伝統文化を継承・発揚し、経済社会発展と歴史文化遺産保護との関係を正しく処理しなければならない」と、その目的が定められている。(12) そこでは、歴史文化遺産の保護と、ときにトレードオフとなる「経済社会発展」とのバランスが考慮され、そのような経済的目的をもった行為は必ずしも否定されてはいない。しかし、基本的には計画的で厳格な原則を遵守する保護と、伝統や歴史の保持が強調され、さらに「真実性」「完整性」といった本質的な実態保存が明確化されている。

ここで明示された「真実性」「完整性」という概念は、実はユネスコの世界遺産条約履行のための作業指針で規定されている「authenticity（真正性）」と「integrity（完全性）」という条件の中国における訳語であり、それらがユネスコの制度概念の準用であることは明らかである。authenticity は、その「遺産」が「本物」であるかどうかを問う尺度であり、また integrity は、「遺産」とその特質を全体として含み、継承しているかどうかを問う尺度である。それらは、「遺産」として認可するための評価基準であり、また、「遺産」が本物でなければならず、その内容や価値を無傷で保持し続けていなければならないことを強く要求する条件でもある。「遺産」の自然な変容や人為的改変を忌避する本質主義的文化観に基づいた

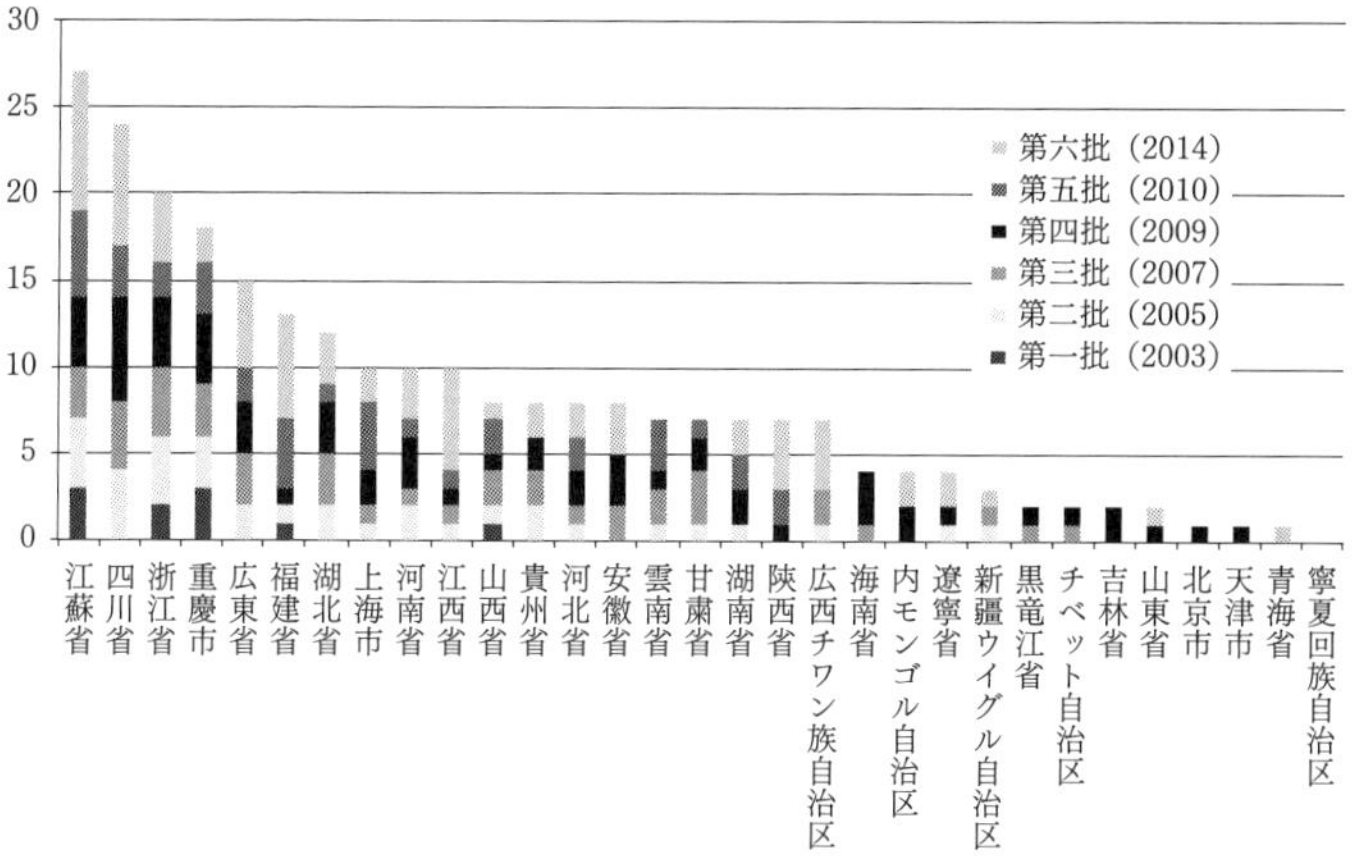

図１　省（自治区、直轄市を含む）別の国家級「中国歴史文化名鎮」の許可件数（2014 年現在）

その基準や条件が、中国の「歴史文化名城名鎮名村」の保護制度で重視されていることを、ここで確認しておく必要がある。後で詳しく述べるが、この「真実性」「完整性」という条件の履行は、実際の「歴史文化名城名鎮名村」では完遂されていないのである。

さて、国家級の「名城」の認可は一九八二年から開始されたものの、「名鎮」「名村」の認可は二〇〇三年以降であり（二〇一四年まで、全六回の認可）、「名鎮」「名村」は、まさに中国の文化遺産時代の賜物である。文化遺産時代に入って、地方にその保護活動が拡大されたのである。ただし、その保護政策の拡大は中国全土で均質に執り行われたのではなく、地域的にかなり偏りがある。図１は省、自治区、直轄市ごとの国家級の「中国歴史文化名鎮」の認可件数をまとめたグラフである。これを見ると「名鎮」の認可に大きな偏りがあることがわかる。認可件数が最も多い江蘇省が二七件であるのに対し、寧夏回族自治区は認可が一件もない。概略、華中・華南地域の沿海部の件数が多く、東北部や内陸部では相対的に少なくなっている。

これは、いわゆる古い街並みの残った街——古鎮——が、華中・華南地域に多く残存しているためとも考えられるが、さらに保護政策と経済との関係性を含み置く必要があろう。周知のとおり、華中・華南地域は、中国のなかでも経済発展が先行した地域である。そのため、早くより都市部に限らず農村部にまで開発が進行している。結果、古鎮の保護が急務となり、積極的に「歴史文化名鎮」認可申請に、地方政府が動いたと考えられる。

また、その保護に必要な原資の出所も考慮しなければならない。国家級の「中国歴史文化名鎮」の選定や認可作業の実務は、中央政府の建設部と国家文物局が担当するものの、実際の保護事業は省などの地方政府が担当するため、地方政府の経済力と申請活動とが大きく連関していることが推測される。

さらに、経済的に発展した地域にその認可が卓越しているのは、観光開発という経済的理由も大きく影響していると考えられる。この「歴史文化名鎮」認可に限らず、中国における「遺産」保護の動きは、観光産業と密接に関係している。「遺産」関連の種々の法律や制度のなかでも、保護のみならず「遺産」を積極的に活用することが謳われている。いや、むしろ中国の「遺産」制度は、表面的には文化保護を装いつつも、実際は国家統治や経済発展といった実利的な目的が顕著に埋め込まれ、制度的に読み換えられているのである。つまり、単なる文化「保護」制度とは、ずれ、ずらされていると考えた方が良い。そして、その「ずれる／ずらす」状況は、地方で実際に制度が運用されるなかで、より先鋭化している。次に、地方の「古鎮」における「遺産」政策の読み換えと、それによる文化の客体化、そしてその政策を読み換える伝統の担い手を検討してみたい。

2　文化保護と観光開発の地方政策——古鎮化

浙江省衢州市江山市廿八都鎮[13]は「古鎮」の典型で、前記の国家級の「中国歴史文化名鎮」にも選ばれている。古鎮とは、古い建造物や「伝統」的な文化を数多く残し、長い歴史を有するとされる「伝統」的街並み群である。そこでは、文化のハードウェアである古建築や遺物などの物質文化遺産と、ソフトウェアである生活文化などの非物質文化遺産とが一体として保存、保護、あるいは活用されている。「遺産」としての古鎮がもつ歴史性は、現在の中国において観光開発の重要な資源となっている。

ただし、古鎮は歴史の推移のなかで自然と残ってきたのではない。いままさに古鎮として創造されているのである。その創造過程は「古鎮化」と表現しても良いだろう。建造物や街路、さらに生活文化など、古鎮全体で歴史性を来訪者に感得させる工夫が行われている。そこでは新しい建造物を古風に造り替えたり、元には存在しなかった古風な雰囲気をもつ「古」建築を新築したりする。また、街並み風景と地域文化を特色あるものにするため地域文化の取捨選択や変形、デフォルメがなされたりする。そこは、観光客に向けて地域文化を展示する「パビリオン」として改造され、また地域性を勘案した文化を主題とし、その主題に沿って街の特徴づけや演出を行う、いわゆる「テーマパーク」として改造されているのである。その極端なまでの改造は、本来ならば国家級の「歴史文化名鎮」として具備しなければならないはずの「真実性」や「完整性」といった要件を、少なからず揺るがす行為である。すなわち、中国の地方の文化政策の現場で起こっている古鎮化は、中央政府が構成した古鎮保護の法的な位置づけや条件から、かなり逸脱している——ずれている——現象であるといえる。

この古鎮へと街が変化していく古鎮化を、中国民俗学者・周星は「古鎮の再発見」と表現している。そして周は、古鎮の文化的価値に注目する社会的な高まりが、一九九〇年代から長江や珠海三角州地帯などの経済発展著しい地区から始まり、現在、全国各地で活発化していることを指摘している［周 二〇一二］。廿八都もその例に漏れず、古鎮として近年再発見されたのである。そして、そのような古鎮の再発見や創造は、中国各地の観光開発の場ならばどこでも目にすることができる普通の現象であるといっても過言ではない。またその現象は、世界各地の歴史的観光地でも散見されるであろう。しかし中国では、その現象がより過激に進行しているのである。

さて、廿八都鎮の「古鎮」として保護されている中心部は、面積三・五平方キロメートル、戸数一〇〇七戸、人口三一三三人（二〇〇七年九月時点）で、潯里村、花橋村、楓溪村の三つの行政村で構成されている。そこは浙江省、江西省、福建省の三省の境界（三省交界）であり、古くより交通の要衝であった。福建省から浙江省に抜ける仙霞古道は、かつて華南から北上する重要な街道であり、多くの人びとが行き交った。そのためこの鎮には、古くより浙江省、江西省、福建省から移住してきた人びとが混住し、現在でも鎮内で一四二種もの姓氏、一三種以上もの方言が確認されている。このような地域的特性が、パビリオンやテーマパークと化した廿八都古鎮の主要モチーフとして利用されている。

中国各地の古鎮は、政府などの公共部門によって保護される一方、同時並行的に観光地として開発されているが、ここ廿八都も保護と開発が政策的に同時進行している。廿八都鎮は、現存する建築の約八割が明末から清代、民国期にかけての古建築であるとされ、現在、潯里街、楓溪街などの街路の古建築を中心とする伝統文化保護政策が展開されている。この廿八都の文化政策は文化遺産時代に入って、よりいっそう過激なものとなっている。

廿八都における地域伝統文化を保護する政策の端緒は、文化遺産時代が到来する以前の一九八〇年代まで遡る。一九八六年、当時の江山県（現江山市）人民政府は、廿八都鎮の著名な名所旧跡である文昌宮（文昌閣）、水安橋、楓嶺関を重点文物保護単位に指定した。また、一九八八年八月には江山市九期人民代表大会三次会議代表と常務委員会から審議意見が出され、廿八都を市級の「歴史文化名鎮」に列するための研究を行うことが決定され、一九九一年には、浙江省政府から省級の「歴史文化名鎮」として認可された。同時に、一九九〇年には、文昌宮と水安橋とその周囲が建設抑制地帯とされ、翌一九九一年八月には文昌宮が浙江省重点文物保護単位に指定された［蔡、祝 二〇〇七：三二―三八］。このような保護活動を見ればわかるように、文化遺産時代が到来する以前の文化政策は、文物保護という目的に重点が置かれていた。ところが、その後、一九九〇年代末から二〇〇〇年代にかけて、その文化政策の重点は文物保護から経済発展へと移行していく。

一九九八年八月に、浙江省や衢州市クラスの政府幹部が廿八都を視察に訪れた。それに参加した浙江省政治協商会議の副主席は、「廿八都の古建築は伝統文化の縮図で、何物にも代えがたい宝であり、非常に特色があって、開発する価値がある。現在、緊急救助的保護を引き締めてやらなければならず、廿八都経済と古鎮文化開発との結合を立ち上げ、経済を活性化させ　威風堂々たる風格を再び奮い立てなければならない」［蔡、祝 二〇〇七：三三］と、廿八都の文化を礼讃し、その文化と経済が結合する事業を支持した。この幹部の意見から、当時の廿八都の古鎮保護が、すでに開発や経済発展政策と軌を一にする活動として位置づけられていたことが理解される。

二〇〇〇年六月に江山市人民政府は、古建築のうち二八件を市級の重点文物保護単位に指定し、「江山市廿八都古鎮保護與開発辦公室」を開設した。以後、この辦公室と鎮政府が、地元での古鎮保護開発をリードすることになる［蔡、祝 二〇〇七：三一―三八］。この辦公室名に「保護」とともに「開発」が併記されているように、古鎮保護の動きは、単なる文化保護だけではなく、文化を活用した開発、とくに観光開発に重点を置くものに移行したのである。

二〇〇一年には、南京の東南大学城市規劃設計院・仲徳昆教授によって『廿八都歴史文化保護区保護規劃』（保護区の設計図）が作られ、二〇〇二年に浙江省歴史文化名城保護管理委員会の検討を経て、二〇〇三年に浙江省政府から承認された。さらに同年、これを受けて江山市政府は「廿八都古鎮保護與開発領導小組」を設立し、「廿八都省級歴史文化保護区保護管理辦法」を制定した［蔡、祝 二〇〇七：一二七］。また二〇〇二年には、近隣の観光地として重要視される「江郎山国家級風景名勝区」の構成単位となり、そして、二〇〇四年には、廿八都の古鎮保護と開発プロジェクトが「浙江省重点建設項目（省の重点的な建設プロジェクト）」のひとつとして位置づけられた。また、同年には、廿八都を貫通する仙霞古道を、古道沿線の仙霞関や江郎山、浮蓋山などと組み合わせて、「海上絲綢之路（海上のシルクロード）」として世界遺産に申請しようという計画がもち上がり、実際、浙江省建設庁を経て中央政府の建設部へと上申されている。

この時期にもなると、一九九〇年代に比べて、より上級の政府幹部が廿八都の古鎮保護・開発に関与するようになる。彼らは廿八都を視察し、その保護と開発事業を高く評価し、その推進を支持し、鼓舞した。

九〇年代にはせいぜい省・衢州市クラスの政府幹部しか廿八都を来訪しなかったのが、この頃になると中央政府クラスの幹部までもが、視察に訪れるようになった。たとえば、二〇〇六年には、中央政府の関係者たちが立て続けにこの地を訪れた。三月、中央政府の文化部の副部長、省の文化庁の庁長、衢州市の宣伝部長などが視察に訪れ、それを江山市政府の指導者であり、廿八都古鎮開発のキーパーソンであった市長が随行、案内した。また四月には中央の全国政治協商会議の副主席までもが視察している。廿八都の古鎮開発において、江山市の地方政府は衢州市、浙江省、そして中央政府という上級の政府のお墨付きと支援を得ることに成功したのである。

そして二〇〇七年には、廿八都は中央政府から、先に紹介した国家級の「中国歴史文化名鎮」として認可・公布され（第三次認可）、さらに二〇〇八年には文化部によって「中国民間文化芸術之郷」に指定された。国家級の「中国歴史文化名鎮」に認可された当時、廿八都では古建築の修復、ならびに古鎮整備のための用地買収、住民移転などの政策的な動きが活発化しており、そのため、当時の廿八都鎮政府の幹部は、江山市政府から直接派遣され、古鎮開発の職務を主として担っていた。たとえば、廿八都鎮共産党委員会書記・人民代表大会主席は、江山市旅遊局（旅行局）副局長が兼務していた（二〇〇八年八月時点）。また、二〇〇六年から廿八都副鎮長に就任した人物は、江山市廿八都古鎮保護與開発辧公室の主任を兼務し、古鎮開発の政策遂行の実務にあたり、地元住民と交渉を重ねていた。彼は、元々江山市の旅遊局に勤務し、廿八都の開発にともない派遣されたものである。

この廿八都古鎮開発の政策の立案過程には、先に述べた東南大学を始め、同済大学（上海市）、鄭州大学（河南省）などの古建築、都市計画等の専門家が関与した。そして、二〇〇八年四月から第一期工事が開始され、二〇〇九年一〇月二六日に竣工するまでの間、七六四八万元（約一三億円）もの資金が江山市から投入され、潯里街を中心とする古鎮の整備が進められた。今後、さらに楓溪街なども含んだ、第二次、第三次の廿八都の総合的な保護開発計画が企画されている。

二〇〇八年秋には浙江省と福建省を結ぶ黄衢南高速道路が開通し、二〇〇九年には国慶節に向けて九月二六日に、「廿八都古鎮」として対外開放された。文昌宮などの中心的建築物は改修され、歴史的なパビリオンとなり、また古民居は住民がそのまま居住しながら、生態環境と文化（文化生態）の調和を図り、この地の特色文化を展示するパビリオンへと改造された。それはその後さらに、省レベルの非物質文化遺産の保護政策で支持されることになる。廿八都は「江山廿八都文化生態区」として、二〇〇九年二月に、「浙江省非物質文化遺産保護条例」に基づき、省内の七カ所の文化生態区とともに、「非物質文化遺産生態保護区試点（無形文化遺産生態保護区モデル）」に指定されている。

二〇〇九年の古鎮の対外開放にともない、廿八都古鎮の経営・管理は、江山市旅遊局が出資する従業員四〇名ほどの「江山市廿八都古鎮旅遊開発有限公司」（二〇〇五年に設立）に移管され、ビジター・レセプション・センター（旅客接待中心）やホテルなども整備されている。この公司は展示館、古民居の入場料収入以外に、商業地として整備した建物の賃貸料収入、ビジター・レセプション・センター内のレストラン、ホテル、商店などの承包（請負）による収入などで運営されている。公司には、古鎮内を案内するガイドや、招致された外来の商店に勤める者など、廿八都のほか、江山市などからも雇用されている(14)。公司は、収益を上げながら、古建築や街路の修復、排水処理などの環境整備なども継続して執り行っている。

3 「遺産」制度から「伝統の担い手」へのインパクト

廿八都は、二〇一〇年に国家旅遊局の質量等級評定委員会の視察を受け入れ、「国家AAAA級景区」の観光地として認定された。文化保護以上に、このような観光事業への制度的対応を着実に進行させている。そして、一、「方言王国、百姓古鎮（多種の方言、多様な地域に出自をもつ住民の鎮）」、二、「鶏鳴三省、商貿集鎮（浙江・江西・福建三省の境界、商業集積する鎮）」、三、「兵家之地、辺陲重鎮（国境の軍事的要衝の鎮）」、四、「民俗魅力、風情古鎮（民俗の魅力溢れる風情のある古鎮）」という、四つのテーマをもとに古鎮作り（写真1）が進められた。古建築の改修と合わせて、新しい古風な建物が建てられ、それらは四つのテーマに関連する種々の文化要素を展示するパビリオンとなり、街全体がテーマパークと化した。それにともない、廿八都の地域文化は取捨選択され、そのありようと意味づけを変化させている。

写真1　古鎮化した廿八都の街並み

かつては、その地域文化の継承は無意識になされていたが、観光化という新しい状況への変化によって、地域文化はドラスティックに客体化され、新しい価値や用途が発見、創造された。さらに、それとともにその伝統の担い手までも発見、創造されたのである。そのような客体化された地域文化の代表例に「剪紙」がある。

剪紙とは切り紙工芸であり、中国の伝統的な民間工芸である。それは現在、「遺産」への関心が高まる中国にあって、重要な非物質文化遺産として位置づけられる民俗である。二〇〇六年、国家級の非物質文化遺産第一回認可の際には、五一八項目のひとつとして名録に認可され、また二〇〇九年には、ユネスコの無形文化遺産にも選ばれている（「代表一覧表」に記載）。

本来、剪紙は春節などの節日、結婚式などの祝事に、窓や天井、壁、門口、さらに器物などを装飾する吉祥の民間工芸品であった。花卉や動物、風景や民間故事などの図案が描かれてきた。それは総体として見れば、地域や民族を越えて中国全土で嗜まれる普遍的な国民文化となっているが、一方細部を見ると、各地固有の特徴的な地域性をもったデザインや技法が展開される地方文化でもある。一般に、それはスタイルによって北方派（陝西省、山東省）、江浙派（江蘇省、浙江省）、南方派（広東省、福建省）などの流派に分けられるが、さらに地域ごとに図案や技法により細かい特徴を有しており、近年、その地域的特徴が注目されている。

かつて廿八都でも、日常生活のなかに登場する普通の民俗として、地域的特徴をもった剪紙が伝承されていた。その図案は窓を飾る「窗花」や祝いの魚を飾る「魚花」、春節の餅・年糕を飾る「糕心花」、豚を飾る「猪辺花」、そして過年（年越し）の祖先祭祀の卓を飾る「年飯花」など多様であった。剪紙は廿八都の祝事には欠かせない装飾品で、年配の女性ならばその制作技術を保持していたという。しかし現在は、地域的特徴をもった剪紙制作に取り組む人はほとんどいない。

二〇〇七年、廿八都ではCとTという二人の女性が、剪紙の巧手として知られていた。彼女たちは、二〇〇一年一〇月に、浙江省電視台（浙江省テレビ）が廿八都の剪紙などの民間芸術を取材した際にも一緒に取り上げられた。ただ、この二人は、同じく剪紙を嗜むといっても、その制作者としての性格を大きく異にしていた。

Cは一九一七年生まれで、すでにかなりの高齢であった。一六歳のときに近在の福建省浦城から嫁いできた。そのときは、まだ剪紙制作の技術は身につけておらず、婚家にもそれができる人はいなかった。その後、廿八都の人びとが春節などに「寿」「喜」「窻花」「魚花」「糕心花」など伝統的な剪紙を家や什器に飾るのを見て羨ましく思い、自分も近所の人から習いながらそれを始めてみたという。そのおかげで、彼女は前記したような廿八都の地域的特徴をもった伝統的剪紙の図案を伝承していた。

一方、Tは一九七九年に廿八都の農家に生まれた。刺繍や剪紙を嗜む母方の祖母から剪紙を学び、小学生の頃から趣味として剪紙制作を継続してきた。ただ、彼女が祖母から学んだのは、あくまで剪紙の一般的、基礎的な技法や図案だけであり、祖母やCが伝承していたような廿八都の地域的特徴をもつ技法や図案を継承することはなかった。しかし、彼女は、廿八都古鎮の観光開発が進められ、観光資源としての非物質文化遺産の価値が再認識されるなか、数少ない剪紙愛好家たちのなかから、廿八都の非物質文化遺産を継承する「名人」として見出されたのである。

廿八都の剪紙の名人とされるTは、地元の人びとのみならず、廿八都鎮政府や古鎮旅遊開発有限公司の関係者らに、その才能が認められている。また剪紙研究の専門家もその力量を認めており、浙江省の剪紙を総覧した研究書『浙江民間剪紙史』収載の「浙江剪紙名人譜（浙江省の剪紙名人のリスト）」にも、彼女はその名を連ねている［鄭 二〇一三：一四〇］。彼女は、この地で行われた剪紙の展示会や競技会で高く評価され、数々の褒賞の栄に浴している。しかし、その高い評価は二〇〇〇年代に入ってから獲得したものであり、廿八都の古鎮化、さらにそれを推進する政策や制度と、軌を一にしているのである。

Tは中学に入ってからも剪紙に興味をもち続け、美術の授業のときにはとくに熱心に取り組んだという。あるとき美術の授業で剪紙の講習があり、彼女が、最初に作った作品（「花碗」）で優秀な成績を取り、また友人のために代作した作品も高く評価された。美術の成績はクラスのなかで最も優秀で、彼女は将来、剪紙作家となることを夢見るようになった。

しかし、取り立てて師と仰ぐような人もなく、専門的に勉強する機会もなかった。その後、テレビや図案集、専門書などをもとに自学自習で剪紙を身につけた。また、特別に専門的な道具を使うでもなく、家にある普通の剪刀で制作を続けていた。この時点では、まだ中学生の趣味の域を超えてはいなかった。彼女は、中学を卒業後、美術学校への進学を希望したが、残念なことに学費を工面できずそれを断念し、広州へと出稼ぎに行った。しかしこれ以降も、剪紙は彼女にとって熱中できる趣味であり、仕事の合間を縫っては、不要な新聞紙や雑誌の紙を使って剪紙制作を楽しんでいた。また、親しい友人たちの新居の祝いや結婚時に剪紙を制作して、部屋を飾っていたという。こういう経験を経て、彼女の剪紙制作の力量は、周りの人びとに認められるようになった。

二〇〇一年に、廿八都鎮政府は、伝統文化の保護を行うために剪紙などの実態調査を行った。この情報を聞きつけたTの父親は、彼女が制作した「牧童（水牛の背に乗った子どもの図案）」「送飯（農作業の昼食を届ける女性の図案）」などの六点の作品を、その頃、浙江省義烏に出稼ぎに行っていたTに代わって鎮に提出した。そして同年、江山市では国際婦人デー（婦女節：三月八日）に際して、江山市婦女聯合会、江山市旅遊局、江山日報社主催の「〝三八〟江郎山杯女巧手旅遊工芸品設計大賽（三月八日江郎山杯女性名人旅行工芸品デザイン大会）」が開催され、そこにTの六点の作品が出品され、幸運なことに二等賞の褒賞の栄に浴した。この賞の授与式のために、彼女は義烏から江山まで駆けつけたが、そのとき江山市の副市長・人民代表大会副主任から直接激励され、剪紙制作を続ける意志を固め、さらに制作活動に打ち込んだという。

また二〇〇七年三月には、やはり国際婦人デーに廿八都鎮委員会、廿八都鎮人民政府主催「〝弘揚伝統文化、歌頌新農村〟剪紙大賽（〝伝統文化を発揚し、新農村を褒め称える〟剪紙大会）」（写真2）が開催され、Tはそれに出場した。そこには、Cなど古くから剪紙を嗜む年配の剪紙制作者たちも参加していたが、とくに注目されたのが若いTであり、その作品が高く評価された。彼女は、廿八都において自他ともに認める剪紙の重要な伝承者となったのである。

写真２　「“弘揚伝統文化、歌頌新農村”剪紙大賽」の栄誉証書

ただし、二〇〇七年九月時点では、Tは未だ本格的な剪紙の制作活動を開始しておらず、自らの作品の販売経験もなかった。しかし、剪紙の展示会等で実績を積み上げる過程で、彼女は剪紙制作で生計を立てる、いわゆるプロフェッショナルな剪紙作家となるというそれまでの夢の実現を、本気で望むようになった。彼女は、廿八都の古鎮観光開発にともない、剪紙は今後この地で商品となると確信し、職業として剪紙作家が成り立つと信じていた。

Tを取り巻く状況は、廿八都の古鎮開発が進展するなか、大きく変容していく。彼女は、廿八都鎮中心小学校の美術の授業で、剪紙伝承のために制作技法を教える機会を鎮政府から与えられ、毎日三課の

「剪紙課」の授業を受け持ち、廿八都の子どもたちに教えるようになった。この剪紙教育は、この地の伝統文化継承のために鎮政府が開始したものである。それは文化保護政策の一環であり、彼女も伝統文化を保護するという社会的使命を意識していた。しかし、やはり彼女の主たる関心事は、生活の向上や自分の夢の実現といった私的な問題であった。

その後、Tの剪紙制作活動は、着実に社会的認知とその評価を高めていくこととなる。とくに、二〇〇九年には、彼女の剪紙活動が大きな転換期を迎えた。彼女は同年一月に、衢州市民間文芸家協会[15]より、「衢州市民間文化芸術優秀人材」の栄誉称号を受け、江山市民間文芸家協会会員となった。また同月、その熱心な剪紙制作活動が認められ、江山市文化広電新聞出版局から、「江山市首批文化示範戸（江山市第一回文化模範の家）」として表彰されている。さらに同年六月には、中国共産党衢州市委員会宣伝部と衢州市文化広電新聞出版局が主催する「衢州市非物質文化遺産大型展示会」に出品し、「優秀展演展示賞」が授与され、九月には、廿八都鎮委員会と廿八都鎮人民政府が主催した「廿八都鎮創建〝中国幸福郷村〟暨首届文化芸術節剪紙比賽（廿八都鎮創建〝中国幸福郷村〟及び第一回文化芸術節剪紙コンクール）」において、「牧羊女（羊飼いの女性の図案）」の作品で特等賞を獲得している。

このように社会的な肩書きや栄誉を矢継ぎ早に獲得し、その評価を高めるなか、ついに彼女は自らの工房兼販売所を、整備された古鎮の街路に開店した。彼女は、まず二〇〇九年一〇月一日に、古鎮の潯里街、楓溪街の境附近にある一般個人の家を借りて剪紙の店を開いた。それを見た江山市廿八都古鎮旅遊開発有限公司の関係者が、自らのテナントに入ることを勧め、二九日に公司の建物に移転することとなった（写真3）。公司は、観光客を引きつけるための良い素材だとして、彼女の入居を歓迎した。古鎮の観光開発は、Tにとって歓迎すべきことであり、地元で念願の職、地位を得る良い機会となったが、それは観光開発に関わるアクターにとってもテーマパークの題材を得る好機となった。この時点で彼女の剪紙制作は、個人的な趣味から、職業的な民間芸術作家の創作活動へと転換されたのである。

4　古鎮化による非物質文化遺産の創造

写真3　Tの剪紙工房兼販売所

以上のような伝統の担い手、及びその制作活動、そしてその作品に対する社会的認知や評価の変化は、その図案や作品に対する伝統の担い手自身の解釈に、微妙な変化をもたらしている。すでに述べたように、Tは剪紙を本格的に始めた当初、廿八都で伝承されてきた地域的特徴を有する図案ではなく、中国で一般的に見受けられる図案しか制作していなかった——できなかった——。それは、彼女が剪紙を地域の人びとから伝承したのではなく、テレビや図案集、専門書といった現代的メディアを通じて自学自習し、中国一般に流布している汎用的な知識や技術を習得したためである。当初は、「太陽月亮（太陽と月の図案）」「星体雲霞（天体の雲霞の図案）」「鳥飛蝶舞（鳥が飛び蝶が舞うの図案）」「牡丹鳳凰（牡丹と鳳凰の図案）」「双鳳朝陽（鳳凰と太陽の図案）」「龍鳳呈祥（龍と鳳凰の図案）」「双龍戯珠（二匹の龍が珠で遊ぶ図案）」「喜鵲登梅（梅の上のカササギの図案）」「金魚」「連年有余（魚と蓮の図案）」「魚子蓮花（金魚と蓮の花の図案）」「鴛鴦戯水（オシドリの水との戯れの図案）」「万年青（オモトの図案）」「紅双喜（双喜文字の図案）」「団花（円形の飾りに吉祥字を配置した図案）」「福禄寿喜（吉祥文字の図案）」「福（吉祥文字の図案）」、さらに干支などの伝統的、かつ中国剪紙に一般的な吉祥図案（縁起の良い絵柄）を制作しているに過ぎなかった。それらは、種々のテキストにある作品を模倣した図案であり、学習段階の図案といえる。それらには、廿八都の剪紙の地域的特徴や伝統性といったものは、まったく見受けられない。しかし、古鎮化の過程で、彼女は徐々に独自の作風を獲得していく。

現在、Tの図案上の独創性は、廿八都という地域の特色ある風景や文物を描く図案において発揮されている。彼女は、廿八都の古鎮開発の資源としてクローズアップされた古建築や景観、農村風の生活様式をデザインとして剪紙に取り入れることにより、独自の作風を獲得したのである。それは、廿八都の伝統的剪紙の地域的特徴ではなく、古鎮としての廿八都そのものの地域的特徴、地域色を保持している。

古鎮のなかでパビリオン化した古建築は伝統様式をもち、それは鑑賞の対象になっている。彼女は、古鎮開発が進行する以前からそれらを題材として剪紙に取り込み、被写体とすることで自身の剪紙の特徴を生み出したと述べる。具体的には、水安橋、文昌宮、楓溪橋、万寿宮、水星廟、東岳宮などの廿八都の古建築、さらに「牧羊女」「牧童」のように農村イメージを喚起させるモチーフ――実際は廿八都と関係はない――を図案に盛り込んだ。そして、政府や公司などの観光業を進展させたいアクターは、このような図案を高く評価し、彼女を廿八都の地域性を醸し出す剪紙の制作者として位置づけたのである。

Tは、このような廿八都の地域色を盛り込んだ図案を、古鎮開発が進むなか、感覚的に自分で生み出したと語る。ある晩、寝ているときに、廿八都の名勝の光景が目に浮かび、その光景を図案化することを思いついたと語るのである。しかし、廿八都の名勝を描く意義を、戦略的に意識していることは間違いない。廿八都には、古くから「楓溪十景」と称する名勝が存在する。それらには「水安涼風（水安橋附近の光景）」「楓溪望月（楓溪橋からの観月）」「浮蓋残雪（奇岩である浮蓋山の残雪）」「龍山牧場（龍山での馬の放牧）」「狩嶺晴嵐（英雄の鄭成功が狩猟したと伝える古跡）」「西場騎射（清代の兵士たちの教練場）」「珠玻樵唱（山歌を歌う場所）」「梓山花錦（昔時、僧侶たちが花を植えた名所）」「相亭晩鐘（相亭寺の古跡）」「炉峰夕照（香炉山の夕景）」という民間故事に因む呼称が付されており、彼女はそれらをモチーフとした図案を考案し、「風景剪紙」として一揃いで販売した。そのなかには、いまでは消失してしまった風景もあるが、彼女はその名勝の様相を古老から聞き取り、また風景を想像して図案化した。彼女は意識的に、地域の特性をもった図案を生み出そうと模索したのである。その風景には、より地域性をもたせる工夫も施されている。たとえば、水安橋の下を流れる川には、江山の特産品であるガチョウを配置し、江山市の地方色を醸し出しているのである（写真4）。

写真４　Ｔの剪紙作品「水安橋」

一方Ｔは、この地に本来伝承され、普通に見られたはずの地域的特徴を有した伝統的な図案は受け継いでいないことはすでに述べたとおりである。廿八都において剪紙は、過年や結婚式などの吉事に制作され、調度を飾るものだった。たとえば、三〇年ほど前まで、婚礼儀式である「文定（婚約）」に際して、新郎は新婦の家に「猪辺」という豚の半身を台に載せて贈る儀礼的な贈与が行われていた。その上に、「猪辺花」と呼ばれる豚を象った剪紙を被せ、装飾した。また、魚の贈答品は「魚花」という剪紙で飾られていた。さらに、嫁入り道具には、蘭や梅、菊、竹、万年青などの縁起の良い図案の剪紙が貼られていた。過年には、窓に「窗花」が飾られ、春節の餅・年糕（廿八都では「銅鑼糕」という）には、万年青などを象った「糕心花」、祖先へ供える卓には「年飯花」、そして香炉には万年青や蘭を象った「香炉花」という剪紙が飾られていた。

　しかし、廿八都地方で普通に見られた、これらの伝統的な剪紙を飾る民俗は、Tが剪紙制作を開始する以前に衰退しており、年長者の記憶のなかに存在するのみである。彼女は廿八都にそのような伝統的な剪紙が存在したことを知っているものの、具体的な伝統図案やその作成技法は知らない。彼女は、そのような図案を年長者から学びたいと語るが、実際は過去の伝統剪紙のモチーフは、彼女の作品のなかには取り入れられていないのである。また、彼女を高く評価する地方政府や観光開発の公司などの外部アクターも、彼女が廿八都の地域伝統として地域的特徴を有した剪紙のモチーフを学び、制作することを求めていない。むしろ、地域に長らく伝承される伝統文化としての剪紙ではなく、地域色、地域風味を醸し出す新しい創作文化としての剪紙を歓迎している。古鎮化、さらにそれと並行してなされた非物質文化遺産の保護・活用の過程で発見された非物質文化遺産は、一般的な文化政策で重視される「真正さ」をもつ地域文化ではなく、「真正らしさ」をもつ創作文化だったのである。

　Tは、さらに北京オリンピックのマスコットである福娃や、ディズニーのミッキーマウスなどの、現代的なキャラクターの制作を行っている。また、彼女は今後、挑戦してみたい図案として、豆腐作り、綿打ち、蓑（椶衣）作り、鍛冶屋などを挙げる。これらは、廿八都の古鎮化において伝統性を醸し出す文化資源として活用された民俗であり、剪紙と同じく観光資源へと変容した地域文化なのである。古鎮開発のなかで客体化された文化が、さらに剪紙のなかに客体化される。すなわち、古建築などと同じく、古鎮を代表する文化として構築された文化が、剪紙の被写体となることによって再構築されるのである。

Tは、廿八都に元々伝承されてきた地域的特徴をもった図案を継承するよりも、新しく地域性をもった図案を考案するという、創意溢れた戦略を採用した。それは、廿八都を訪れる観光客のニーズを考慮したものであり、廿八都の古鎮化、観光化の過程で選択された戦略である。彼女は、観光客のニーズを常に意識し、需要が多い図案を制作するように配慮している。そのため、年齢が低い旅行者向けに、現代的なキャラクターも織り交ぜる必要があるという。彼女はさらに、そのような観光客の購買意欲をかきたてるために、その場で剪紙の実演制作・実演販売をしていた。そして、彼女の剪紙制作は、その作品だけではなく、技術や作業工程も一種のパフォーマンスとして、廿八都古鎮文化、古鎮テーマパークの要素のひとつとして組み込まれたのである。

廿八都の古鎮化の進展にともない、ひとりの女性が愛好した剪紙は地域の伝統民間芸術となった。そして、古鎮開発を主導するアクターに、その価値が「発見」された。彼女が得た剪紙の「名人」としての地位は、彼女ひとりの努力によって得られたのではなく、非物質文化遺産を保護しつつ、観光資源の目玉のひとつとした公共部門の政策や、名人を生み出す褒賞システムといった制度のサポートによって得られたものである。その結果、ひとりの女性が短期間のうちに、一般の剪紙愛好家からプロフェッショナルな剪紙作家へと生まれ変わった。

二〇〇七年までは、細々と趣味として制作されていたTの剪紙は、ここ数年の古鎮化にともない地域文化を表す「作品」となり、その制作過程も廿八都の地域文化を表象する非物質文化遺産として演じられる行為に変化した。そして、彼女は、さまざまな公的な表彰システムによって顕彰され、地域の非物質文化遺産の継承者、伝承者と位置づけられることにより、社会的評価もまた大きく転換したのである。ただし、この「位置づけ」は、非物質文化遺産の一般的な取扱いから見れば、かなり特異なケースである。それはデザインや技法上で地域的特徴を有し、歴史的に継承されてきた「遺産」ではなく、新しい創造的な文化なのである。むしろ、価値を見出され保護の対象とされやすい伝統的な「遺産」とは「ずれた」、新しい創作的な文化が、非物質文化遺産として評価されているのである。

その後、Tの人生は、さらなる変転を遂げた。一時、「成功」したかのごとく思われた彼女の剪紙作家としての生活は、実は長続きしなかった。筆者はTと初めて出会って五年後の二〇一二年に廿八都を再訪したが、そのとき彼女の姿は廿八都にはなかった。結局、彼女の剪紙はそれほど観光客に受け入れられず、経済的に成り立たなくなった彼女は、出店して三年後の二〇一一年に店を畳み、再び、廿八都の外の地に出稼ぎに出たのである。

5　まとめ

以上のように、ユネスコを起点とする「遺産」概念や政策、制度に、中国政府は積極的に応答してきた。そして、それをきっかけとして、国内向けの中国的な「遺産」制度や政策が組み立てられた。それはユネスコの「遺産」を踏襲しつつ、政治的、経済的な目的によって読み換えられた。それはナショナリズムと結びつく国家統合のツールとなり、また一方でツーリズムと結びつく経済開発のツールともなった。程度の差こそあれ、世界各国で同様のことが行われ、同様の状況が現出しているが、中国ではそれが極端なまでに進行しているのである。

この中央政府の「遺産」概念や制度、政策は、さらに地方にも大きな影響を与え、類似の政策や制度を生み出していく。それもまた中央政府の仕組みとは、ずれるものであった。それは、無意識にずれる場合もあれば、より積極的に地域の現状に合わせてずらしている場合もある。そして、そのような地方の「遺産」は、それを担う個々の人びとによってもずらされている。

政策と現場とのずれ——不一致性——に関しては、環境保全の問題等ですでに検討され、そこに広範なずれが存在することが指摘されているが、それは文化保護の現場においても、まったく同様である。文化保護の現場でも、「グローバルな価値とローカルな価値のズレ、地域にあるさまざまな価値の間のズレ、制度と実態のズレ、公共的な目的と個人の思いのズレ、など多様なズレが存在している」[宮内 二〇一三：三二一]のである。(16)

この「ずれる／ずらす」状況を、一面的に評価することはできないだろう。それは、ときに統治強化といった政府の目論見によって生じることもあれば、またときに個人の自己実現の発露のための「創造的」な誤読、あるいは読み換えによって生じることもある。さらに、そのずれ、ずらしの結果もたらされる状況も、当然ながら多面的である。

ユネスコが展開する世界文化遺産や無形文化遺産などの文化政策は、「文化の保護」を目的としながらも、観光等の経済的な「文化の活用」を必ずしも否定してはない。いや、それらの文化政策が、受容された国々で読み換えられ、経済政策や地域発展政策へと焼き直される、つまり、ずれ、ずらされることくらいは、当初より織り込み済みなのである。それは人類の幸福に資することを目指し、現実社会に資するというプラグマティックな可能性をもっている。地域文化を「伝統文化」や「民俗」という古臭い概念から解き放ち、「遺産」という新味のある概念に位置づけ直し、ずらすことによって、それを経済的、政治的、社会的弱者の生活を改善、向上させるための文化資源へと変化させる力を生み出した。そのような「遺産」概念の有効性を、まずは認めるべきであろう。

その一方で、そのような「遺産」概念が、ずれ、ずらされながら生み出される状況は、「遺産」保護を謳いながらも、その「遺産」を徹底して客体化し攪乱してしまうという矛盾を孕んでいる。文化は絶えず変化するものであるという非・本質主義的な文化観からいえば、そのような客体化や攪乱は当然のことであり、殊更、目くじらを立てる必要はないのかもしれない。しかし、そのような地域伝統文化の客体化や攪乱が、その伝統の担い手たちに大きな影響を与え、その人生を翻弄することがあるとすれば、やはり慎重に熟視し続ける必要があろう。

世界的にもて囃される「遺産」政策や制度は、不確実な結果をもたらし、社会や個人生活をときに不安定にしてしまうことを、私たちは意識しなければならない。そして、その不安定な状況は、その制度を生み出したユネスコや、政策を遂行する政府によって十分にモニタリングされているわけではない。ユネスコの「遺産」に登録やリスト記載された案件に関しては、その政策の事後調査や影響評価がなされ、その「遺産」の保存状態が確認されているが、地域社会や人びとにわたる広範なインパクトまでは把握されていない。ましてや、ユネスコの直接の「遺産」制度ではなく、それによって喚起、惹起、醸成、誘発、触発された国レベル、地方レベル、個人レベルの状況までは熟覧されるはずもない。しかし、そこでは研究者や政策立案者が事前に予想だにできないような状況が生起し、地方や人びとの生活や人生をときに揺るがしているのである。

もちろん、ユネスコの制度により喚起されて起こった国家レベル、地方レベル、個人レベルの現象の責任を、ひとりユネスコに押しつけるわけにはいかない。その現象は、ユネスコのみならず国家、地方、個人といった多様なアクターが繋がり、協働——ときに共犯——する運動体なのである。文化の公共政策を今後発展的に推し進めるには、この「遺産」政策の背後、あるいはその延長線上で予期しない、予期できない、そしてコントロールできないような不確実な状況が生起し、地域の人びとを巻き込んで、その地域や人びとの人生を大きく変えていることに敏感となり、内省的に政策をとらえ直す必要がある。いま、「遺産」政策の影響をモニタリングし、さらにフィードバックすることによって政策を修正するという「遺産」の「順応的管理（adaptive management）」が求められているのである。

※写真撮影は、すべて筆者による。

（1）たとえば、一九五四年にオランダのハーグにおいて「武力紛争の際の文化財の保護に関する条約（Convention for the Protection of Cultural Property in the Event of Armed Conflict）」が締結され、また一九七〇年には、「文化財の不法な輸入、輸出及び所有権移転を禁止し及び防止する手段に関する条約（Convention on the Means of Prohibiting and Preventing the Illicit Import, Export and Transfer of Ownership of Cultural Property）」が締結されたが、その条文を見れば、そこで対象とされた文化は「文化財（cultural property）」と表現されていた。それらの条約は、絵画や彫刻など有形の「優れた」「美しい」美術品や優品を措定していたため、その時代の人びとは、文化を「財」とみなすことに、それほど違和感を抱かなかっただろう。

(2) ユネスコの「遺産」制度が世界を席巻する以前に、すでに日本には「文化財」制度が存在した。そのため日本政府は、国内の伝統文化の保護政策においては、文化財保護法（一九五〇年施行）に基づく既存の文化財制度と「遺産」制度とを二重構造的に接ぎ木するという苦肉の策に出た。一方、中国の場合、ユネスコの「遺産」制度の刺激によって、国内の種々の文化制度が新しく整備されたため、その「遺産」概念や制度が中国的に読み換えられながらも、相対的に外形上は日本以上にユネスコの制度との連続性が高い。このように国ごとに「遺産」制度の受容のあり方に相違があるため、「遺産」概念の意味内容や制度のあり方に、ずれが生じている。このずれは、日中両国間だけに限られたことではなく、他の国々の間においても同様に見られる現象である。

(3) 世界遺産としての位置づけは、一般的に世界遺産への「登録」と表現されており、この表現を日本の所管部署である文化庁も一部用いているが、正式には「世界遺産一覧表への記載」と表現される。

(4) 二〇〇五〜二〇一四年の一〇年間の、世界遺産一覧表への記載件数に限ってみると、中国は一七件（記載件数が世界第一位）で、イタリアやイラン（一一件）、フランス（一〇件）などを大きく引き離しており、近年、中国が世界遺産政策への関わりを加速させたことが理解できる。なお、中国の記載件数はアジアにおいては、インドの三二件（六位）、日本の一八件（一三位）を、やはり大きく引き離しアジア第一位の記載件数を誇っている。

(5) 「無形文化遺産の保護に関する条約」では、無形文化遺産が記載される「一覧表（list）」として、「人類の無形文化遺産の代表的な一覧表（Representative List）」と「緊急に保護する必要がある無形文化遺産の一覧表（Urgent Safeguarding List）」との二種が明記されているが、通常、無形文化遺産の「一覧表」には、さらに「ベスト・プラクティス（Best Safeguarding Practices）」を含める場合が多い。ベスト・プラクティスは、「条約」の精神に則った優れた無形文化遺産保護の実例で、政府間委員会（Intergovernmental Committee for the

Safeguarding of Intangible Cultural Heritage）が選定し、「登録（register）」するものである。

（6）中華人民共和国中央人民政府　http://www.gov.cn/gongbao/content/2006/content_185117.htm　二〇一四年八月三一日アクセス。

（7）正しくいうならば、世界遺産制度と無形文化遺産制度は、その成立年代がずれるために、このような制度設計がなされたのである。世界遺産制度は一九七〇年代に先行して形作られたが、それは有形文化・物質文化のみを保護対象としていた。それ以後、その制度で掬い取られていなかった無形文化の価値が認められ、それを保護対象とする必要に差し迫られた。そのため、「無形文化遺産の保護に関する条約」が、「世界の文化遺産及び自然遺産の保護に関する条約」を補完する形で締結されたのである。結果、世界遺産制度ですでに用いられていた「文化遺産」と切り離し、別の条約で「無形文化遺産」が設定された。本来ならば、中国のように「無形文化遺産」を「文化遺産」に含む、あるいはその下部概念ととらえた方が論理的には整合性があり、合理的だと考えられるが、ユネスコの制度では、この二つが切り離されているのである。論理上の表現と制度上の表現に、このようなずれが生じていることには注意を要する。

　なお、世界遺産制度の「文化遺産」は、「世界の文化遺産及び自然遺産の保護に関する条約」の条文のなかの定義では、「世界（world）」の文字が外されている。その用語は、中国では「物質文化遺産」と称される物質文化だけを包含するだけの制度上の限定的な用語となっている。

（8）文化庁文化遺産オンライン　http://bunka.nii.ac.jp/jp/world/h_13_2A.html　二〇一四年八月三一日アクセス。

（9）注（6）に同じ。

（10）同上。

（11）その制度整備は、政府主導で進められたが、設計段階で多くの民俗学者が関与している［陳　二〇一四、葉　二〇一四］。現在の中国において、文化政策の立案段階から、具体的な登録段階の調査、審査等に多くの民俗学者が動員されている。

(12) 中華人民共和国中央人民政府　http://www.gov.cn/flfg/2008-04/29/content_957342.htm　二〇一四年八月三一日アクセス。

(13) 衢州市は「地級行政区」の「市」であり、江山市は「県級」の「市」である。中国の地方行政区分は省級行政区（省、自治区、直轄市など）、地級行政区（市や地区、自治州など）、県級行政区（県、県級市など）、郷級行政区（鎮や郷など）、さらに郷級行政区に小単位の村や社区が属するというクラスターになっている。

(14) 修復に関して、当時、廿八都に専門的に家屋建築を行う熟練した「木匠（職人）」がいないため、すでに完了している分も含め、九〇パーセント以上が廿八都以外の労働者によって担われていた。さらに、設計や意匠の決定なども、廿八都以外の外部者が担っていた。

(15) 中国民間文芸家協会（略称：民協）は、中国の人民団体である中国文学芸術界聯合会（略称：文聯）の団体会員で、民間文芸や民間芸術、民俗の調査、保護、人材教育などに携わってきた。この協会は、地方レベルでも組織化されており、中央、省レベルの協会に関しては一種の準公務員的な位置づけがなされ、専従の職員も配置されている。地方レベルの協会には、その地方の地方史家や地方文化人が多く加入している。中国民間文芸家協会は、文化政策を担う中央政府の文化部と協力し、またときに並行して非物質文化遺産保護などの活動を行っている。文化部が官僚中心で組織されているのに対し、中央の民間文芸家協会のメンバーには民俗学の学位をもった専門家や大学教員、愛好家が多い。中国的な公共民俗学を展開する機関のひとつである。

(16) 社会学者・宮内泰介は、環境保護をめぐる「ずれる／ずらす」状況を、「ズレがあることはよいこと、ズレは宝」と肯定的にとらえている。そして「そのズレをちゃんと認識し、フレームをずらしながら協働で前に進むこと」を提唱している［宮内 二〇一三：三二一—三二二］。

参考・引用文献

蔡恭・祝龍光主編　二〇〇七『廿八都鎮志』中央文史出版社

陳勤建　二〇一四「民俗学者と現代中国の無形文化遺産保護」『日本民俗学』二七九号、四二―四七頁
宮内泰介　二〇一三『なぜ環境保全はうまくいかないのか――現場から考える「順応的ガバナンス」の可能性』新泉社
七海ゆみ子　二〇一二『無形文化遺産とは何か――ユネスコの無形文化遺産を新たな視点で解説する本』彩流社
菅豊　二〇一四「文化遺産時代の民俗学――『間違った二元論（mistaken dichotomy）』を乗り越える」『日本民俗学』二七九号、三三―四一頁
孫安軍　二〇〇五「《歴史文化名城名鎮名村保護条例》実施的研究」『中国名城』二〇一〇年第五期、四―七頁
展鳳彬　二〇〇八「中国の新型観光農家楽――四川省・成都市を事例に」『同志社政策科学研究』一〇（一）、二四一―二四六頁
鄭巨欣　二〇一三『浙江民間剪紙史』杭州出版社
周星　二〇一一「現代中国社会における古村鎮の『再発見』」『愛知大学国際問題研究所紀要』一三八号、八九―一一一頁
葉濤　二〇一四「中国民俗学会と中国無形文化遺産の業務」『日本民俗学』二七九号、四八―五三頁

［謝辞］
本研究はJSPS科研費25284172、50222328の助成を受けたものです。

韓国の無形遺産保護政策の成立と展開

朴　原模

はじめに

韓国は戦前には日本の植民地統治を受け、戦後は冷戦時代の産物である朝鮮戦争によって、多くの文化遺産が毀損あるいは破壊された。したがって、知識エリートを中心とした文化に関する主な議論の主題は「民族文化の再建」であった。「文化財」は民族文化を代表する象徴であり、戦後の韓国は日本の植民地時代に作られた文化財関連法令を変えて、新しい時代に合わせた新しい法令を制定しなければならなかった。一九六二年一月には、日本の植民地時代に作られた「朝鮮宝物古跡名勝天然記念物保存令」を廃棄して、新しく「文化財保護法」を制定・公布することになった。

この新しい法律の特徴は、文化財の範囲に、既存の保存令が対象にしていた建造物、典蹟、古蹟、絵画、彫刻、工芸品などの「有形文化財」や、古跡、名勝、天然記念物などの「記念物」以外に、演劇、音楽、舞踊、工芸技術などの「無形文化財」と、生業、信仰、年中行事、衣服、器具、家屋などの「民俗資料」が新しく入ったことである。

「文化財保護法」が制定された当時、韓国の無形文化遺産は、その遺産を伝承してきた伝統的な共同体が解体されていく過程にあっただけでなく、遺産を巡る社会的・文化的環境が崩壊していた。したがって、韓国の当局は、重点的に管理すべき無形文化財の目録を作成して、支援する指定制度を制定すると共に、伝統的な徒弟方式を応用した伝承教育体系を人為的に構築することになった。

一九六四年一二月に最初の重要無形文化財が指定されて以来、一九六〇年代は無形文化財の種目指定と公開政策が集中的に行われ、一九七〇年代には保有者の認定制度が定着する一方、地方の無形文化財の指定が始まった。一九八〇年代には国家主導の伝授教育体系を構築し、一九九〇年代には国家指定の重要無形文化財に関する記録作成が重点的に行われた。二〇〇〇年には従来の「保存」中心の文化財の保護政策が、「活用」中心に変わり、無形文化財の政策は文化産業との連携を試みている。一方、現在では半世紀続けられてきた無形文化財保護政策に対する反省がなされ、制度改善に関する論議が活発に行われている。

以上のように、行政上の措置によって構築された韓国の無形文化遺産の保護制度は、画一的で柔軟性がない、変化する現実に合わないなど、いくつかの矛盾を抱えているが、このシステムが、消滅と滅失の危機に瀕していた韓国の無形文化遺産を、過去半世紀の間、継続的に維持することを可能にしたという評価も受けている。

韓国の無形文化遺産の保護に関する法的制度は、数多くの無形文化財を発掘して国家の目録を作成すると共に、その保有者および保有団体を選定する「指定認定」、公開された場所で無形文化財の技・芸能を一般国民に公開する「公開行事」、無形文化財の世代間の伝承のために構築した徒弟方式の「伝授教育」、経済的あるいは制度的に無形文化財の保護・育成を支援するための「公的支援」がその核心である。これらに加えて、非指定の無形文化財を含めて無形遺産の実態を調査する「研究調査」と、無形遺産の原型を保存するために、文字、音源、写真、映像などの「記録作成」を行うなどの関連制度が現行の法律で定められている。

本章は、韓国の「文化財保護法」の制定と行政体系の構築、無形文化財の指定制度の成立と展開を検討し、無形文化財の伝承教育体系の構築と、無形文化財の保護・育成のための公的支援について考察する。

1 「文化財保護法」の制定と行政体系の構築

(1)「文化財保護法」の制定

韓国における文化財保護制度の嚆矢は、一九一〇年四月に朝鮮総督府の前身である統監府が儒林との親和政策の一環として行った郷教財産の管理に関する「郷教財産管理規定」の制定である。その後、一九一一年六月三日には朝鮮総督府制令第七号で「朝鮮寺刹令」が制定・公布され、同年九月一日には府令第八四号「寺刹令施行規則」が制定・公布された。そして、一九一五年一〇月に朝鮮総督府博物館が設立された。一九一六年には「古跡および遺物保存規則」が公布され、一九三三年には文化財の保存管理のために、より幅広く体系的な内容を含む「朝鮮宝物古跡名勝天然記念物保存令」が朝鮮総督府令第六号で制定され、この法令は戦後に「文化財保護法」ができるまで、文化財の保護管理の法的根拠になっていた。

「文化財保護法」は、戦前の「朝鮮宝物古跡名勝天然記念物保存令」を廃止し、「文化財を保存し、これを活用することで、国民の文化的向上を図ると同時に、人類の文化の発展に寄与すること」を目的として、一九六二年一月一〇日に法律第九六一号として制定・公布された。この法律は、朴正熙《パクチョンヒ》による一九六一年の「五・一六軍事政変」以後に行われた法制整備の一環として、当時の立法機関であった「国家再建最高会議」で議決・公布された。その作成にあたっては、一九五〇年に制定された日本の「文化財保護法」が大いに参考にされている。

韓国では「文化財保護法」の制定に伴って、同年六月二六日には法律の施行に必要な細則や規定を内容とする法規命令である閣令第八四三号「文化財保護法施行令」が制定・公布された。しかし、「文化財保護法」を実際に運用するために必要な事項を細かく定めた「文化財保護法施行規則」は準備が遅くなって、一九六四年二月一五日になって漸く文教部令第一三五号として制定・公布された。したがって「文化財保護法」の制定・公布から一年以上経過したこの時期から文化財の管理行政が本格的に始まったといえる。

（2）「文化財保護法」の内容

当時の文化財保護法の条文は、全七章三号附則三項からなる。第一章は文化財保護法の目的と文化財の定義などの「総則」、第二章は文化財委員会に関する事項、第三章は文化財の指定、管理および保護、公開、調査などの「指定文化財」に関する事項、第四章は「埋蔵文化財」に関する事項、第五章は「国有文化財に関する特例」、第六章は「補則」、第七章は「罰則」、そして最後に「附則」で構成されていた。

その内容を要約すると、①文教部に文化財委員会を置くこと、②文化財を有形文化財、無形文化財、記念物および民俗資料の四種で区分してこの中でも重要なものは指定文化財とすること、③指定または仮指定された文化財の管理保護上、必要とする時には、所有者、占有者または管理者に対して一定の行為を禁止または制限できるようにすること、④指定文化財の所有者または管理者は彼らが所有または管理する指定文化財を一般に公開する義務を持つようにすること、⑤土地その他の物件の所有者、管理者または占有者が所有または管理する土地その他の物件に関連する文化財を発見した時には申告し、埋蔵文化財の発掘には許可を受けるようにすること、⑥国有に属する指定または仮指定文化財は譲渡したり私権を設定したりできないようにすること、⑦文化財に関する特定の行為に対しては刑罰や過料を科することなどである。(1)

そして、文化財の内容に関する定義を具体例を挙げて以下のように列挙している。

① 建造物、典籍、古文書、絵画、彫刻、工芸品その他の有形の文化的所産として我が国の歴史上または芸術上の価値の高いものとこれらに準ずる考古資料（以下有形文化財という）

② 演劇、音楽、舞踊、工芸技術その他の無形の文化的所産として我が国の歴史上また芸術上の価値が高いもの（以下無形文化財という）

③ 貝塚、古墳、城跡、宮跡、窯跡、遺物を含む層その他の史跡地と景勝地、動物、植物、鉱物として我が国の歴史上、芸術上、学術上または観賞上の価値が高いもの（以下記念物という）

④ 衣食住、生業、信仰、年中行事等に関する風俗習慣とこれらに用いられる衣服、器具、家屋その

他の物件で国民の生活の推移の理解のため欠くことのできないもの（以下民俗資料という[2]）

（3）「文化財保護法」の改定

「文化財保護法」は一九六二年一月一〇日の制定以来、現在まで三回の全面改定と三九回の一部改定が行われた。全面改定の法令は法律第三六四四号（一九八二年一二月三一日）、法律第八三四六号（二〇〇七年四月一一日）、法律第一〇〇〇〇号（二〇一〇年二月四日）である。最近の一部改定の法令は全一二章一〇四条の法律第一二六九二号（二〇一四年五月二八日）である。これは最近になって文化財保護政策の傾向が「保存」から「活用」へと変わり、「韓国文化財保護財団」の設立を目的として、名称を「韓国文化財財団」に変更する法律改定の手続きであった。

第一回の全面改定の理由は、文化財に関する効率的な管理体系を確立し、動産文化財の登録制度を廃止するなど、非現実的な規定を現実に合わせて整備・補完するためであった。主な内容は、文化財を国家指定文化財、市・道指定文化財、文化財資料の三種に区分し、動物の生息地・繁殖地・渡来地と植物の自生地も天然記念物に指定できるようにした。重要無形文化財の保護・育成のために、その保有者の伝授教育を可能にして、伝授教育を受ける者には奨学金を支給できるようにした[3]。

第二回の全面改定は、法的簡潔性・含蓄性と調和する範囲において、法律の文章表記をハングル表記にして難しい用語を分かりやすい言葉に変え、複雑な文章は文法を整理して簡潔に整えて、一般の国民が読みやすく理解できるようにした。国民の言語生活に合う法律に変えることで、従来の公務員や法律の専門家を中心とした法律文化を、国民中心の法律文化に変えることにした[4]。

第三回の全面改定の理由は、一九八二年の全面改定以来、数回にわたり必要な条項の保安および改定を行う中で、関連法制度間の関係が明確ではなくなったので、文化財修理と埋蔵文化財に関する部分を分離して別途の法律に制定し、国外に所在する韓国の文化財に対する保護および活用のための政策の推進の根拠を拵えた。そして、多様な有形の文化財の保存・管理および活用の実効性を確保するために、現行制度の運営上の一部の不備な部分を補完するなどである(5)。

現在の文化財保護法は(6)、全一一章一〇四条で、第一章は文化財保護法の目的、文化財の定義、文化財保護の基本原則などの「総則」、第二章は文化財基本計画の樹立、文化財保存施行計画の樹立、文化財委員会の設置などの「文化財保護政策の樹立および推進」、第三章は文化財基礎調査、文化財情報化の促進、歴史文化環境の保存地域の保護、火災および災難防止、文化財保護活動の支援、文化財専門人力の養成、文化財国際交流協力の促進、外国文化財の保護などの「文化財保護の基盤造成」、第四章は文化財の指定、管理および保護、公開および観覧料、補助金および経費支援などの「国家指定文化財」、第五章は文化財の登録、登録文化財の管理、登録文化財の現状変更などの「登録文化財」、第六章は一般動産文化財輸出などの禁止、一般動産文化財に関する調査などの「一般動産文化財」、第七章は管理庁と総括庁、譲渡および私権設定の禁止などの「国有文化財に関する特例」、第八章は国外所在文化財の保護、国外所在文化財保護および還収活動の支援などの「国外所在文化財」、第九章は市・道指定文化財の指定、市・道文化財委員会の設置などの「市・道指定文化財」、第一〇章は売買など営業許可などの「文化財売買業など」、第一一章は「補則」、第一二章は「罰則」、「附則」で構成されている。

（4）文化財管理の行政体系

戦前の日本の植民地下では、文化財に関する行政管理は、最初は朝鮮総督府の総督直属機関である総督官房総務局が管掌してきたが、一九二二年になると学務局に新設された古跡調査課に移管された。学務局では、古跡調査委員会、朝鮮総督府宝物名勝天然記念物保存会、朝鮮総督府博物館協議会などが所属の行政委員会として設置され、諮問機関の役割を果たした。

戦後になって米軍政庁は初期には文化行政の主務部署として「学務局」の内に「文化課（芸術系、宗教系）」を置き、各市道には学務局の下に「社会教育課（ソウル市は文化課）」を置いて文化財保護を担当するようにした。一九四六年三月には米軍政庁は中央行政改編を通じて「公報部」の設置と共に学務局を文教部に昇格させ、社会教育課と文化課を統合して「教化局」に昇格させて、文化行政の専門化と分業化を試みた。すなわち、教化局の下に「教導課（青少年系、教導系）」「芸術課（劇場芸術系、美術系、音楽系）」「文化施設課（図書館系、博物館系、古跡系）」を設置した。文化財管理業務は、一九四八年の政府樹立後にも、教導課が管掌していたが、一九五五年六月からは「文化保存課」でこの業務を管掌することになった。

一九五二年八月、朝鮮戦争の中で学・芸術院の設置および運営に関する「文化保護法」を制定し、一九五四年七月には学術院と芸術院を開院する。しかし、その後、政治的混乱、経済的荒廃、そして社会的不安が続いた。一九六〇年には、四・一九の四月革命で李承晩《イスンマン》政権が崩壊し、暫定政府の発足、民主党政権の登場と続き、一九六一年の五・一六軍事政変で朴正熙が軍事政権を樹立するなど目まぐるしく変化した。当時の国家再建最高会議は、故宮など旧皇室の財産管理業務を担っていた「旧皇室財産事務総局」と文教部の文化保存課を統合して、一九六一年一〇月に文教部所属の外局として「文化財管理局」を新設する。「文化財管理局」は一九九九年五月二四日の政府組織法改編で、現在の「文化財庁」になった。

現在は、無形文化財に関する予算編成、指定・認定、制度改善、委員会の運営などの管理や行政は文化財庁の「無形文化財課」が担い、無形文化財の伝承活動の支援、公演・展示などの公開活動、調査・研究および記録作成は「国立無形遺産院」が管掌している。そして、無形文化財の公演・展示・体験、伝統料理・伝統婚礼の普及、文化遺産の教育、伝統文化商品の開発および販売などの無形文化財の活用は「韓国文化財財団」が、伝統工芸の技術者や文化財管理の専門家の養成は「韓国伝統文化大学校」が担う。一方、無形文化財の調査・研究・記録に関する業務は過去四〇年間「国立文化財研究所」が行ってきたが、二〇一四年四月に前記の「国立無形遺産院」が創立され、事業が国立無形遺産院に移管された。

2　無形文化財の指定制度の成立と展開

(1)　無形文化財の指定基準および指定の流れ

韓国の文化財保護法での文化財保護のための管理行政の核心は、価値があるものを指定して集中的に保護することである。すなわち、当時全七章の文化財保護法の根幹は、第三章「指定文化財」に関する事項の第八条「重要無形文化財の指定」では、「文教部長官は文化財委員会の諮問を経て第二条第二号の無形文化財の中で重要なものを重要無形文化財に指定することができる」と規定している。これに従って、文化財保護法の制定・公布の後続措置として「文化財保護法施行令」を備える過程の中で、当局は文化財委員会[7]を通じて文化財の指定に関する基準などを決議する。

一九六二年五月八日に初めて開催された「文化財委員会」第二分科委員会第一次会議では、無形文化財の指定基準が次のように決議された。①民族の生活の変遷と発達を理解するのに役立つもの、②発生年代が比較的古く、その時代の特色を持つもの、③形式と手法が伝統的なもの、④芸術上の価値が特出したもの、⑤学術研究上に貴重な資料であるもの、⑥郷土的にもその地の特色が顕著であるもの、⑦隠滅のおそれがあり、文化的価値が失われやすいもの[8]。

そして、同会議は、指定対象として演劇六種目、音楽一三種目、舞踊五種目、工芸技術一九種目を次のように定めた。

① 演劇：人形劇、仮面劇、山台ノリ、鳳山タルチュム、野遊、五広大、別神クッ
② 音楽：祭礼楽、宴礼楽、大吹打、歌曲、歌詞、詩調、唱楽、散調、農楽、雑歌、民謡、巫楽、梵唄、その他
③ 舞踊：儀式舞、呈才舞、タルチュム、哱囉チュム、僧舞、その他
④ 工芸技術：陶磁工芸、馬尾工芸、金属工芸、画角工芸、竹工芸、装身工芸、螺鈿漆工芸、製紙工芸、木工芸、建築工芸、皮革工芸、紙物工芸、織物工芸、染色工芸、玉石工芸、刺繡工芸、服飾具工芸、楽器工芸、草藁工芸、その他

これによって、韓国の無形文化財の指定体系は、初期には無形文化財を「演劇」「音楽」「舞踊」「工芸

技術」に分類したが、現在は行政上は「音楽」「舞踊」「演劇」「儀式および遊び」「武芸」「工芸技術」「飲食」の七つに分類している。現在の無形文化財の指定基準は「歴史的、学術的、芸術的価値が高く郷土色が顕著なもの」であり、既存の「①演劇(9)、②音楽(10)、③舞踊(11)、④工芸技術(12)」に、新しく「⑤その他の儀式・遊び・武芸・飲食製造など」と「⑥上記の規定された芸能の成立または構成上に重要な要素をなす技法やその用具などの制作・修理などの技術」が指定基準に入っている(13)。

無形文化財の指定のための調査の計画と指定に関する審議は文化財委員会で行われた。文化財委員会は無形文化財の分野別の専門委員を選定して指定調査を行い、その結果を委員会に上程して審議をしたのである。そして指定が決められた無形文化財に対してはその趣旨を官報に公示し、当該無形文化財の保有者に通知することになっている。文化財保護法第一二条「指定の告示および通知」では、「文教部長官が前五条の規定による指定をする場合にはその趣旨を官報に告知すると共に当該指定文化財の所有者または保有者に通知しなければならない」と規定している。

現在の指定の流れは、次のとおりである。

① 指定申請：指定保護が必要な種目に対して地方自治団体長が指定を推薦（申請）
② 指定調査：自治団体から提出された資料を基に文化財委員会で指定調査の可否を検討した後、専門家の指定調査を実施
③ 指定検討：現場調査後、調査報告書を基に文化財委員会で当該種目の指定（保有者認定）が妥当であるか審議

④ 指定予告：三〇日以上官報に載せて重要無形文化財としての指定（認定）を予告
⑤ 指定審議：文化財委員会が指定の可否を審議・議決
⑥ 指定告示：官報に告示して地方自治団体および保有者（保有団体）に通報

そして、指定の文化財がその価値を喪失した場合は指定を解除することができる。同法同条は「指定文化財が指定文化財としての価値を喪失した場合または公益上その他特殊な事由があるときには文教部長官は文化財委員会の諮問を経てその指定を解除することができる」と規定している。そして、第二項では「文教部長官が前項の規定により指定を解除した場合にはその事実を官報に告示すると共に当該指定文化財の所有者または保有者にこれを通知しなければならない」と規定している。

（2）無形文化財の指定状況

一九六二年一月一〇日の文化財保護法の制定以後、実際に行政的な指定の作業が可能になったのは、一九六四年に「文化財保護法施行規則」を整えてからである。

無形文化財の最初の指定は、一九六四年一一月二七日の第二分科委員会第五次会議での「宗廟祭礼楽（第一号）」（写真1）「楊州別山台ノリ（第二号）」「コットゥカクシノルム（第三号）」(14)、同年一二月一一日の同委員会の第六次会議での「ガッイル（第四号）」であった。同年一二月一八日の同委員会の第七次会議では「パンソリ春香歌（第五号）」(15)「統営五広大（第六号）」「固城五広大（第七号）」の指定が決められ、この七種目は一九六四年一二月二四日付ですべて「国家指定重要無形文化財」に指定された。

一九六〇年代は、一九六四年の七種目を含めて、「カンガンスルレ（第八号）」「恩山別神祭（第九号）」（写真2）「螺鈿漆器匠（第一〇号）」[16]「農楽一二次（第一一号）」[17]（以上一九六六年）、「晋州剣舞（第一二号）」「江陵端午祭（第一三号）」「韓山モシチャギ（第一四号）」「北青獅子ノルム（第一五号）」「コムンゴ散調（第一六号）」「鳳山タルチュム（第一七号）」「東萊野遊（第一八号）」（以上一九六七年）、「ソンソリ山打令（第一九号）」「テグム正楽（第二〇号）」「勝戦舞（第二一号）」（写真3）「毎緝匠（第二二号）」「伽倻琴散調および併唱（第二三号）」（以上一九六八年）、「安東車戦ノリ（第二四号）」「霊山スェモリデキ（第二五号）」「霊山ジュルダリキ（第二六号）」「僧舞（第二七号）」「羅州セッコルナイ（第二八号）」「西道ソリ（第二九号）」「歌曲（第三〇号）」「烙竹匠（第三一号）」（以上一九六九年）など、芸能が二五種目、工芸が六種目で、総三一種目が重要無形文化財として指定された。年度別では、一九六四年七種目、一九六六年四種目、一九六七年七種目、一九六八年五種目、一九六九年八種目である。指定作業がなかった一九六五年を除くと毎年平均六種目の指定作業が行われていたことが分かる。

一九七〇年代には、「谷城トルシルナイ（第三二号）」「コサウムノリ（第三三号）」[18]「康翎タルチュム（第三四号）」「彫刻匠（第三五号）」（写真4）「パンソリ沈清歌（第三六号）」[19]「靴匠（第三七号）」[20]「朝鮮王朝宮中飲食（第三八号）」（以上一九七〇年）、「処容舞（第三九号）」「鶴舞（第四〇号）」[21]「歌詞（第四一号）」「楽器匠（第四二号）」[22]「水営野遊（第四三号）」「韓将軍ノリ（第四四号）」「テグム散調（第四五号）」「大吹打（第四六号）」[23]「弓矢匠（第四七号）」（以上一九七一年）、「丹青匠（第四八号）」（以上一九七二年）、「松坡山台ノリ（第四九号）」（写真5）「梵唄（第五〇号）」[24]「南道ドゥルノレ（第五一号）」「シナウィ（第五二号）」[25]（以上一九七三年）、「彩箱匠（第五三号）」「クヌムジル（第五四号）」[26]「小木匠（第五五号）」

「宗廟祭礼（第五六号）」「京畿民謡（第五七号）」（以上一九七五年）、「ジュルタキ（第五八号）」（以上一九七六年）、「パンソリ鼓法（第五九号）」[27]「粧刀匠（第六〇号）」「殷栗タルチュム（第六一号）」「左水営漁坊ノリ（第六二号）」「プクメウギ（第六三号）」[28]（以上一九七八年）など芸能二〇種目、工芸一二種目の総三二種目が重要無形文化財として指定された。各年度別には、一九七〇年七種目、一九七一年九種目、一九七二年一種目、一九七三年四種目、一九七五年五種目、一九七六年一種目、一九七八年五種目が指定された。一九七〇年代には一九六〇年代の活発な指定活動の流れに乗って、一九七〇年と一九七一年には総三二種目の中の一六種目の指定が行われた。

　一九八〇年代には、「豆錫匠（第六四号）」「白銅煙竹匠（第六五号）」「網巾匠（第六六号）」「宕巾匠（第六七号）」「密陽百中ノリ（第六八号）」（写真7）「河回別神クッタルノリ（第六九号）」「楊州ソノリクッ（第七〇号）」「済州チルモリ堂クッ（第七一号）」[29]「珍島シッキムクッ（第七二号）」「駕山五広大（第七三号）」（以上一九八〇年）、「大木匠（第七四号）」「機池市ジュルダリキ（第七五号）」（以上一九八二年）、「テッキョン（第七六号）」「鍮器匠（第七七号）」「入絲匠（第七八号）」「バルタル（第七九号）」（以上一九八三年）、「刺繍匠（第八〇号）」（以上一九八四年）、「珍島タシレギ（第八一号）」（写真8）「豊漁祭（第八二号）」[30]「郷制ジュル風流（第八三号）」[31]「農謡（第八四号）」[32]（以上一九八五年）、「釈奠大祭（第八五号）」「郷土スルタムグキ（第八六号）」[33]（写真9）（以上一九八六年）、「明紬チャギ（第八七号）」「バディ匠（第八八号）」「針線匠（第八九号）」「黄海道平山ソノルムクッ（第九〇号）」（写真10）「製瓦匠（第九一号）」「太平舞（第九二号）」（以上一九八八年）、「箭筒匠（第九三号）」「ビョル匠（第九四号）」[34]「済州民謡（第九五号）」（以上一九八九年）など芸能一八種目、工芸一四種目で総三二種目が重要無形文化財とし

写真1　重要無形文化財第1号「宗廟祭礼楽」

朝鮮時代の歴代王と王妃の神位を祀っている「宗廟」の祭祀で演奏される音楽である。祭場の上段と下段にそれぞれ「登歌」と「軒架」2つの楽団が位置される。祭礼の順序により「保太平」や「定大業」の曲目の演奏と共に、祖先の功績をほめたたえる「楽章」が歌唱される。登歌と軒架の間では舞子により列が作られ「佾舞」が行われる。

写真2　重要無形文化財第9号「恩山別神祭」

恩山で毎年初春に行われている村祭りである。3年に1回「別神祭」と呼ばれる大祭で挙行される。百済時代に戦死した兵士たちの霊魂や伝染病などで無念に死んだ人々の魂を慰めるためのものといわれている。儀礼は、村人による儒教儀礼や巫女による巫俗儀礼が習合されて行われる。

写真3　重要無形文化財第21号「勝戦舞」

水軍の統制使があった統営の、芸者を育てる「教坊」で伝承されていた「鼓舞」である。大礼服である「闊衣」を着て両手に「汗衫」を付けた4名の舞子が中央の太鼓を囲んで東西南北に立って舞う。壬辰倭乱（文禄の役）の李舜臣将軍の勝利を祝賀するために「勝戦舞」と呼ぶようになった。

写真6　重要無形文化財第50号「霊山斎」

仏教で、死者の霊魂を極楽に導くために行う儀礼である。釈迦牟尼が霊鷲山で「法華経」を説法した「霊山会相」を象徴的に再現した。その内容は掛仏を庭に掛けて釈迦牟尼の功徳を賛美する儀式、仏壇に菩薩を祀る儀式、死者の霊魂を迎える儀式、生きている時に犯した罪を洗う儀式などで構成される。

写真7　重要無形文化財第68号「密陽百中ノリ」

忙しい農作業が終わった後、辛い仕事をしてきた作男らが旧暦7月15日の「百中」の頃に1日休み、陽気に楽しむ遊びである。農神の竿を立てて行う「農神祭」に始まり、背負子を馬にして一番の作男を乗せて遊ぶ「チャクドゥマルタギ」、「両班舞」「病身舞」「凡夫舞」「五鼓舞」などの「チュムパン」が行われる。

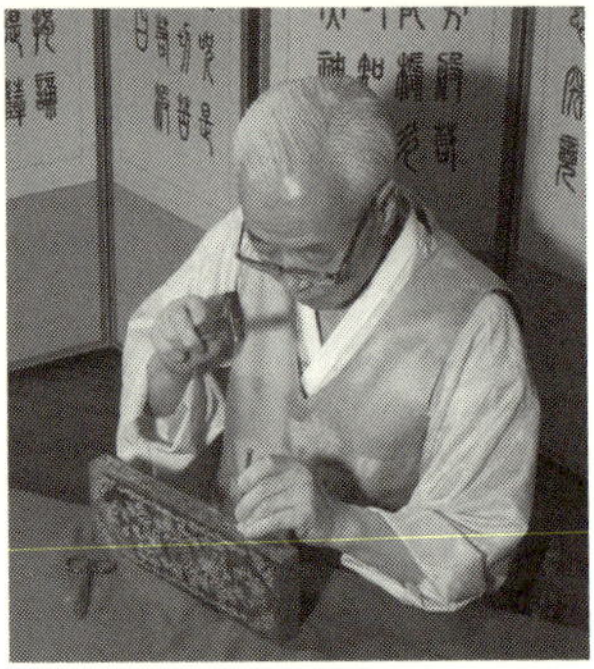

写真4　重要無形文化財第35号「彫刻匠」

金属表面を装飾する職人である。金属製の容器や物品の表面を刻んで文様を飾る細工技法の一つで、高麗時代に発達した韓国の金属工芸の代表的な手法である。鏨で表面を突いて陰刻する「平刻」、鏨で掘り出す「透刻」、器物の内外を鏨で叩いて凸凹にする「肉刻」、溝を掘って金銀などで埋める「象嵌」などがある。

写真5　重要無形文化財第49号「松坡山台ノリ」

ソウル・京畿で演戯されてきた「山台都監劇」系統の仮面遊びの一種である。小正月や端午・百中・秋夕などの歳時に松坡市場に名演技者たちが集まって行われていた。その内容は、お清めの「上佐舞」をはじめ、破戒僧を風刺したものや、上流社会の生活を批判的に表現したものなど総7演目で構成される。

写真9　重要無形文化財第86－1号「ムンベ酒」

北朝鮮の平安道地方で伝承されてきた伝統的な酒造りである。タイリンヤマナシの実の香りがするので名付けられた。ムンベ酒は平陽の大同江流域の地下水を使って作ったもので、原料は小麦、粟、モロコシであり、麹の主な原料は小麦である。普通6カ月から1年間熟成させており、アルコール度数は40%程度である。

写真8　重要無形文化財第81号「珍島タシレギ」

珍島で、長生きして幸福に死んだ人の葬儀の時、喪中の家で行う演劇的な民俗遊びである。死者の極楽往生を祈願し喪主を慰めるため、村人がお通夜に喪家の庭に芸人を迎えて徹夜で遊ぶ「喪輿ノリ」である。放浪芸人である「寺堂牌」の女である「寺堂」と男の「居士」の間に「僧侶」が入る三角関係の寸劇が行われる。

写真10　重要無形文化財第90号「黄海道平山ソノルムクッ」

巫業を専門的に行っている巫堂らにより進行する民俗遊びである。豊穣・豊農・多産を祈願するために牛の格好をして遊ぶ娯楽性が強い。巫俗儀礼の「帝釈」の演目に続いて後遊びとして「牛遊び」が行われる。馬子が牛を追いながら畑を耕し、愛味菩薩が種を蒔き、地蔵菩薩が草を取り、神農氏が農作業を監督する。

て指定された。各年度別には、一九八〇年一〇種目、一九八二年二種目、一九八三年四種目、一九八四年一種目、一九八五年四種目、一九八六年二種目、一九八八年六種目、一九八九年三種目である。この時期、特に一九八五年の指定の特徴は、一つの種目に複数指定を行ったことである。既存の晋州三千浦農楽を対象にした第一一号「農楽一二次」を、ほかの四つの農楽と合わせて「農楽」に指定し、「豊漁祭」「郷制ジュル風流」「農謡」などを複数指定した。複数指定は、一九八六年に地域の酒造りの「郷土スルタムグキ」の指定以後は行われていない。複数指定の件数まで含めると、一九八〇年代には農楽四種目も含めて総四三種目になる。指定作業は一九八〇年代をピークとして徐々に減ることになる。

一九九〇年代には、「甕器匠(第九六号)」「サルプリチュム(第九七号)」「京畿道都堂クッ(第九八号)」(以上一九九〇年)、「小盤匠(第九九号)」(一九九二年)、「玉匠(第一〇〇号)」「金属活字匠(第一〇一号)」「褙貼匠(第一〇二号)」「莞草匠(第一〇三号)」「ソウルセナムクッ(第一〇四号)」「沙器匠(第一〇五号)」「刻字匠(第一〇六号)」「ヌビ匠(第一〇七号)」「木彫刻匠(第一〇八号)」「華角匠(第一〇九号)」「輪図匠(第一一〇号)」(以上一九九六年)など芸能三種目、工芸一二種目の総一五種目が重要無形文化財に指定された。各年度別では、一九九〇年三種目、一九九二年一種目、一九九六年一一種目である。一九九〇年代は指定が減って、以前の年代に比べると半分以下になる。そして特徴は、芸能種目と工芸種目の件数の対比が、一九六〇年代「二五:六」、一九七〇年代「二〇:一二」、一九八〇年代「一八:一四」、一九九〇年代「三:一二」であり、指定の傾向が芸能から工芸に変わっている。このような趨勢は二〇〇〇年代にも続く。

二〇〇〇年代以降、二〇一〇年代も含めて現在までは、「社稷大祭(第一一一号)」(二〇〇〇年)、「鋳鉄匠（第一一二号）」「漆匠（第一一三号）」「簾匠（第一一四号）」「染色匠（第一一五号）」（以上二〇〇一年）、「靴鞋匠（第一一六号）」（二〇〇四年）、「韓紙匠（第一一七号）」（二〇〇五年）、「佛画匠（第一一八号）」[35]「金箔匠（第一一九号）」（以上二〇〇六年）、「石匠（第一二〇号）」（二〇〇七年）、「翻瓦匠（第一二一号）」（二〇〇八年）、「煙燈会（第一二二号）」「法聖浦端午祭（第一二三号）」（以上二〇一二年）、「宮中綵華（第一二四号）」「三和寺水陸斎（第一二五号）」「津寛寺水陸斎（第一二六号）」（以上二〇一三年）、「アレッニョク水陸斎（第一二七号）」など芸能六種目、工芸一〇種目の総一六種目が重要無形文化財として指定された。各年度別では、二〇〇〇年一種目、二〇〇一年四種目、二〇〇四年一種目、二〇〇五年一種目、二〇〇六年二種目、二〇〇七年一種目、二〇〇八年一種目、二〇一二年二種目、二〇一三年三種目である。二〇〇〇年代には指定作業は極端に減って年平均一種目で、「社稷大祭」を除くとすべて工芸の種目である。二〇一〇年代は仏教系などの要求を受け入れて芸能五種目、工芸一種目であった。

国家指定の重要無形文化財は、二〇一四年現在（二〇一四年九月三〇日）、芸能六八種目、工芸五二種目の総一二〇種目であり、複数指定の種目である「農楽」（六種）、「郷製ジュル風流」（二種）、「農謡」（二種）、「豊漁祭」（四種）、「郷土スルタムグキ」（二種）などを含めると総一三二種目になる。分野別には、音楽一七種目（複数指定を含むと二四種目）、舞踊七種目、演劇一四種目、遊びと儀式二九種目（複数指定を含むと三二種目）、武芸一種目（以上芸能種目）、工芸技術五〇種目、飲食二種目（複数指定を含むと四種目）（以上工芸種目）である。

（3）「全国民俗芸術競演大会」と『人間文化財』

重要無形文化財の指定の開始以降、その対象を選定するのに一番大きな役割を果したのは「全国民俗芸術競演大会」であった。第一回大会は政府樹立一〇周年慶祝記念で、一九五八年八月一三日から一八日まで一週間かけて将忠壇野外陸軍体育館（現在の将忠体育館）で、「文化団体総連合会」の主管で開催された。この時の大会は競演よりは祝祭という意味が強く、内容は農楽・民俗劇・民謡・民俗遊びなどであって、大統領賞をはじめとして部門別に賞が授与された。

全国一四の各市道で三一の団体が参加して、慶尚北道の「河回仮面劇」（大統領賞）、黄海道の「鳳山タルチュム」（国務総理賞）、京畿道の「陽州別山台ノリ」（文教部長官賞）が受賞した。その後、各々が重要無形文化財第六九号「河回別神クッタルノリ」（一九八〇年）、第一七号「鳳山タルチュム」（一九六七年）、第二号「陽州別山台ノリ」（一九六四年）として指定されることになる。

この大会は当初一回限りの行事として行われたが、一九六一年に軍事政権が登場して以降、民心収拾を目的として「中秋節慶祝」および「九・二八ソウル修復記念行事」として、第二回大会が一九六一年九月二四日から二九日まで三日間徳寿宮で行われた。その後も九月から一〇月の間に三日間の日程で続けられている。第七回大会（一九六六年）まではソウルの徳寿宮・景福宮・昌慶院（現在は昌慶宮）・南山野外音楽堂などで行われたが、第八回大会（一九六七年）からは地域間の文化的格差を解消とするという方針で、地方の大都市を回りながら開催されることになった。その後、一九八三年からは公演場所など、諸般の条件がある程度整えられた地方の中小都市でも開催されるようになって今日に至っている。

第一回と第二回大会では「河回仮面劇」と「鳳山タルチュム」などの民俗仮面劇（タルチュム）が大賞

の「大統領賞」を受賞したが、その後は各道の「農楽」が発掘されて発表され、しばらくの間は「農楽」が大賞をさらった。一九六七年以後は大会の場所が全国に拡大して民俗遊び（ノリ）の発掘が活発になり、大型化された民俗遊びも登場する一方、「民謡」の発掘も活発に行われた。また北朝鮮出身の住民たちによる北朝鮮の民俗芸術の公演も行われた。

指定初年度である一九六四年の重要無形文化財で七種目の中の工芸一種目（「カッニイ」）と宮中音楽である「宗廟祭礼楽」を除くと、五種目全部が全国民俗芸術競演大会で発掘された種目である。一九五八年から一九六九年までの一一年間に、農楽、民俗遊び、仮面劇、民俗舞踊、民謡などの分野で総一九五種目の民俗芸能が公演されたが、一九六四年から一九六九年の間に指定された三一種目の重要無形文化財の中で一八種目がこの大会で発掘された種目である。工芸六種目、宮中および舞台音楽や舞踊六種目を除くと民謡の一種である「ソンソリ山打令」以外の民俗芸能は、すべて大会で発掘された[36]。

全国民俗芸術競演大会は、一九九九年からは「韓国民俗芸術祝祭」と名称を変えて行われ、二〇一四年で第五五回を迎えた。本大会を通じて、二〇一三年の第五四回大会まで総四八七種目の民俗芸能が発掘および再現された。その中で特に価値が高いと認定される「光山コサウムノリ」「安東車戦ノリ」「男寺堂ノリ」など三四種目が国家指定の重要無形文化財になり、そして「東萊鶴チュム」「旌善アリラン」など五六種目が市・道指定無形文化財になっている[37]。

全国民俗芸術競演大会は国民に民俗芸術を普及・宣揚すると共に、重要無形文化財の指定種目を発掘するのに重要な役割を果たした。本大会が人々の注目を引くようになった理由の一つは、「大統領賞」の受賞が重要無形文化財の指定への近道であるという認識のためであった。実際に一九七〇年代まで大会の審査委員の大部分が、文化財委員会の第二分科委員会（無形文化財・民俗分科）の委員や専門委員で構成されていたので、「大統領賞」の受賞種目が重要無形文化財に指定される可能性は非常に高かった。

また、重要無形文化財の指定初期に、種目の選定に大きな影響を与えたもう一つのものは、ジャーナリストで文化財委員会の委員でもあった芮庸海氏が出版した『人間文化財』という本である。本書は、国の指定制度が成立される以前に、一九六〇年七月一〇日から一九六二年一一月三〇日まで、伝統芸能および技能の優れた保有者たちを取材して「韓国日報」に連載したものを単行本にしたものである。『人間文化財』には五〇名の芸人や匠人の話が書かれ、記述は簡略であるが、国家が制度的に芸人や匠人を保護する必要性を認識させるのに重要な役割を果たした。一九六四年から一九六九年の間に重要無形文化財に指定された総三一種目の中で、「パンソリ」「楊州山台」「コットゥカクシ」「五広大」「烙竹匠」など半分以上が、この本に掲載されていた種目であった。

（4）市・道指定無形文化財

一九七〇年には、文化財保護法の一部改定を通じて、指定文化財以外の文化財の中で郷土文化の保存上に必要なものを「地方文化財」として指定できるようにし、所要経費は国家または当該地方自治団体で負担したり補助するようにした。[38] 同法令は地方文化財の指定手続・管理・保護育成・公開および諮問機関の設置などに関して、必要な事項は地方自治団体が条例で決めることとしている。「地方文化財」に関する事項は、文化財保護法の一九八三年の全面改定時に「市・道指定文化財」として分類された。[39] それと共に各地方自治体で指定される地方文化財に対しては、当該の自治団体の名称を付けることにした。

文化財庁長は、文化財委員会の審議を経て、必要と認められる文化財について、市・道知事に市・道指定文化財や文化財資料（保護物と保護区域を含む。以下同じ）への指定・保存を勧告することができる。この場合、市・道知事は、特別な事由がある場合を除いては、特定手続を実施し、その結果を文化財庁長に報告しなければならない。そして、市知事や道知事は、文化財庁長との事前協議を経て、重要無形文化財を「市・道指定文化財」として指定することができるが、保有者の認定は、重要無形文化財の保持者ではない者の中から選ばなければならない。

二〇一四年九月三〇日現在、「市・道指定無形文化財」は、ソウル特別市：四五種目、釜山広域市：二二種目、大邱広域市：一六種目、仁川広域市：二七種目、光州広域市：二〇種目、大田広域市：二一種目、蔚山広域市：四種目、世宗特別自治市：一種目、京畿道：四七種目、江原道：二四種目、忠清北道：二七種目、忠清南道：四八種目、全羅北道：七一種目、全羅南道：四八種目、慶尚北道：三〇種目、慶尚南道：三一種目、済州特別自治道：二〇種目の総五〇一種目である(40)。

3　無形文化財の伝承教育体系の構築

(1) 保有者および保有団体の認定制度

韓国の無形文化財の保護政策のもう一つの方針は、重要無形文化財の指定制度を導入しつつ、文化財を伝承している「保有者」を認定するものである。一九六四年に最初の無形文化財を指定し、保有者の認定も行ったが、保有者の認定制度が法制化されたのは、一九七〇年八月一〇日に改正された文化財保護法によってである。一九七〇年代、全国を荒らしたセマウル運動（一九七二年に農山漁村で展開した社会経済改革運動）の中で、一九六〇年代には重要無形文化財の種目指定だけでは十分ではなく、技能者・芸能者たちが使命感を持って伝承しなければ、継続が難しい状況であったからである。

一九七〇年八月一〇日に一部改定された「文化財保護法」には、文化公報部長官は「重要無形文化財を指定するときは、当該無形文化財の保持者を認定しなければならない」と記述しており、文化公報部長官は「保有者を認定した後においても、当該無形文化財の保持者として認定すべき者があるときはこれをさらに認定することができる」と規定している[41]。

同改定法律に基づき、一九七〇年一二月一六日に改正された同法施行規則（文化公報部令）は、前記の保有者の認定基準に対して、「指定された重要無形文化財の芸能や技能を原型のまま正確に体得・保存してこれをそのまま実現できる者」、そして「指定された重要無形文化財の芸能と技能の性格上、個人的特色が希薄で所有者になるような者が多数の場合には、その中から代表的な者」にすると規定している[42]。これによって、一九六四年から指定された種目に対する最初の保有者認定は、「宗廟祭礼楽」など総三五種目についての一三六名が、一九七一年二月一一日付で、同時に行われた。二〇一四年現在、認定された保有者の数は、分野別では、音楽四〇名、舞踊八名、演劇二二名、遊びと儀式三三名、武芸一名（以上芸能種目）、工芸技術六六名、飲食四名（以上工芸種目）の総一七四名である。

そして、同法には「保有者を認定した後においても当該重要無形文化財の保有者として認定すべき者がある時にはこれを追加で認定することができる」という規定が新設され、保有者を複数で認定することができるようになった。また、同法第一四条第三項「重要無形文化財の保有者が死亡した時にはその保有者の認定は解除され、重要無形文化財の保有者が全部死亡した時にはその指定が解除されたとみる」と規定したため、死亡や移住など個人的な事情により保有者が空席になった場合には、当日に当該種目が指定解除されたこともあった。また、身体または精神上の障害により保有者として適当ではないなどの特殊な事由がある場合も文化財委員会の諮問を経て、文化公報部長官が、保有者の認定を解除することが可能となった。一九七五年五月三日には第五二号「シナウィ」が保有者の移民により種目解除され、一九八二年二月五日には第三七号「靴匠」、一九九〇年七月二〇日には第九四号「ビョル匠」が、それぞれ保有者死亡により種目解除された。一九九九年一月二九日には文化財保護法の一部改定を通じて、保有者の解除によって自動的に指定が解除される仕組みを改めて、文化財委員会の審議を経て当該種目の指定を解除するようにした(43)。

ところが、「個人的特色が希薄で所有者になるような者が多数の場合には、その中で代表的な者」という基準は、いくつかの混乱を内包することになった。したがって、当局は一九八二年一二月三一日に文化財保護法の全面改定をして、「保有団体」の概念を導入することになる。同法に基づき、一九八三年九月一九日に改正された施行規則（文化公報部令）には、保有者を「重要無形文化財の芸能や技能を原型のまま正確に体得・保存してこれをそのまま実現できる者」、そして保有団体を「重要無形文化財の芸能や技能を原型のままこれをそのまま実現できる団体。ただし、当該重要無形文化財の芸能や技能の性質上、個人的には実現できない場合と、または保有者に認定できる者が多数である場合に限る」と規定している。これによって、一九八六年一一月一日から保有団体の指定が始まって、第二号「楊州別山台ノリ保存会」、第三号「コットゥカクシノルム保存会」、第六号「統営五広大保存会」、第七号「固城五広大保存会」、第八号「カンガンスルレ保存会」、第九号「恩山別神祭保存会」、第一一号「農楽一二次保存会」などをはじめとして、現在（二〇一四年）には芸能は六三団体、技能は一団体で、総六四団体が保有団体として認定されている。分野別には、音楽は二四種目の中で一四団体、舞踊は七種目の中で四団体、演劇は一四種目の中で一三団体、遊びと儀式は三二種目の中で三一団体、一種目である武芸は一団体で、工芸技術は五〇種目すべてが個人種目になっており、二種目の飲食は一団体が保有団体になっている。

特に二〇〇七年には、保有者のない保有団体が認定されるようになる。この年までは保有団体の認定は保有者の認定と共に行われたが、一九八六年に指定された複数指定の「郷土スルタムクキ」のうち、「沔川杜鵑酒（第八六―二号）」（一九八六年一一月一日指定）が二〇〇一年以後、保有者の死亡により保有者のない種目になった。二〇〇七年には杜鵑酒を作る沔川団体を保有団体として認定した（二〇〇七年三月一二日）。その後、文化財管理当局は、当該種目の特徴上、団体種目であり、保有者が要らないものに対しては、保有者なしで保有団体だけを認定することを目指すことになった。「沔川杜鵑酒」の保有団体の認定以後、団体種目は保有者なしで保有団体だけを認定している。二〇一二年に指定された「煙燈会」「法聖浦端午祭」、二〇一三年に指定された「三和寺水陸斎」「津寛寺水陸斎」、二〇一四年に指定された「アレッニョク水陸斎」などは保有者無しで保有団体だけが認定されている。当局はこの政策を、既に指定されている団体種目にも適用していこうとしている。

韓国が無形文化財の指定および保有者の認定制度を整え、実施してから既に半世紀以上になった。したがって、指定制度の初期に認定された保有者は高齢になり、伝承活動が不可能になる。二〇〇一年三月二八日、文化財保護法の一部改定を通じて「名誉保有者」制度を新設した。同法は、名誉保有者に対し、

表1　分野別指定および伝承現況（2014年9月30日現在）

区分		芸能種目 音楽	舞踊	演劇	遊びと儀式	武芸	技能種目 工芸技術	飲食	合計
指定種目	指定番号	17	7	14	29	1	50	2	120
	詳細種目	24	7	14	32	1	50	4	132
保有団体		14	4	13	31	1	-	1	64
伝承者	保有者	40	8	22	33	1	66	4	174
	伝授教育助教	88	20(1)	61	60	2	47	1	279(1)
	履修者	2,426	852	520	755	68	534	23	5,178
	伝授奨学生	21	-	4	1	-	62	-	88
	計	2,575	880(1)	607	849	71	709	28	5,719(1)
名誉保有者		4	3(1)	7	7	-	10		31(1)

※ 詳細種目：農楽（6）、郷製ジュル風流（2）、豊漁祭（4）、農謡（2）、郷土スルタムクキ（3）
※（　）は2種目以上の中腹認定（選定）の保有者（伝授教育助教）

「文化財庁長は、認定された重要無形文化財の保有者が技・芸能の伝授教育を定期的に実施することが困難な場合には、文化財委員会の審議を経て名誉所有者に認定することができる。この場合、重要無形文化財の保有者が名誉保有者に認定された時は、その時から重要無形文化財の保有者認定は解除されたものとみなす」と規定している[44]。

これによって、現在（二〇一四年）名誉保有者の数は、分野別に音楽が四名、舞踊が三名[45]、演劇が七名、遊びと儀式が七名、工芸技術が一〇名の総三一名である（表1）。

以上のような過程を経て、韓国は無形文化財の伝承主体として、保有者、保有団体、名誉保有者の三つを設定するという現在の認定制度を構築することになった。

（2）国家主導の伝承教育体系の構築

一九七〇年代に始められた保有者と保有団体の認定だけでは伝承体系を完成することができなかった。したがって、一九八〇年代に入ると国家主導の伝授教育体系が整えられた。一九八二年一二月三一日に改定された文化財保護法は、文化公報部長官が、「重要無形文化財の伝承・保存のために、当該重要無形文化財の保有者による、その保有技・芸能の伝授教育を実施することができる」と規定している(46)。そして、この法律の改定に伴い、一九八三年八月三日に改定された施行令（大統領令）は、伝承教育について、文化公報部長官は、「重要無形文化財の伝授教育の実施状況を指導・監督することができ」、「伝授教育を受けた者とされている者を審査し、その技能や芸能が相当な水準に達した者には履修証を交付することができる」と規定している(47)。そして、「審査を文化財委員会の委員と専門委員および関係専門家に行わせることができる」

そして、伝授教育補助者について、文化公報部長官は、「重要無形文化財保有者（保有団体を含む）の伝授教育を支援するために、履修の交付を受けた者または当該分野楽器を使いこなすことができる者の重要無形文化財の保有者候補・伝授教育助教または楽士に選ぶことができ」、「重要無形文化財の保持者候補・伝授教育助教または楽士に対しては、予算の範囲内で伝授教育を支援するのに必要とされる経費を支給することができる」と規定している。伝授奨学生については、文化公報部長官は、「重要無形文化財の伝授教育を受ける者の中から、その重要無形文化財の保有者または保護・育成団体の推薦を受けて伝授奨学生を選ぶことができる」と規定した。

特に、伝授奨学生に対しては、同法の改定により、一九八三年九月一九日に改定された施行規則（文化公報部令）では、伝授奨学生の選定基準を、「重要無形文化財の保有者または保有団体から六カ月以上の伝授教育を受けている者であって、当該重要無形文化財の技能または芸能の素質がある者」、「重要無形文化財と関連している分野で、一年以上活動した者であって、当該重要無形文化財の技能または芸能を伝承しようとする者」と規定している。そして、伝授教育期間を五年とすると規定している。ただし、伝授奨学生が伝授教育履修証の交付を受けたときはそうしないと補足している[48]。

一九九四年一〇月七日に一部改定された施行令（大統領令）は、それまで文化体育部長官が交付した伝授教育履修証を、保有者または保有団体が発行できるようにして、その権限を付与することにより伝授教育の保有者および保有団体の権限を強化した。改定された施行令には、文化体育部長官は、「重要無形文化財の保持者または保有団体をして、それぞれの重要無形文化財の伝授教育を受けた者を審査するようにして、その技能または芸能が相当の水準に達した者に履修証を交付させることができる」と規定して、保有者または保有団体をして履修証の交付ができるようにした[49]。

また、一九九九年六月三〇日に一部改定された施行令（大統領令）は、履修証の交付を受けるために必要最小限の伝授教育の期限を、三年と明示している。すなわち、同施行令には、文化財庁長が、「重要無形文化財の保有者または保有団体をして、その重要無形文化財の伝授教育を三年以上受けた者に対し技能または芸能を審査して、その技能または芸能が相当の水準に達したと判断される者に伝授教育の履修証を交付することができる」と規定している[50]。

一方、「伝授教育補助者」と「保有者候補、伝授教育助教または楽士」に区分して呼んでいた名称を、名誉保有者制度が新設された、二〇〇一年六月三〇日に一部改定された施行令に従って、「伝授教育助教」と一本化して呼ぶようになった[51]。そして、二〇一〇年一二月二九日に全面改定された施行令によって、伝授教育助教の資格に「伝授教育の履修証の発給を受け、五年以上伝承活動をした人」という条件が付けられるようになる。同施行令には、文化財庁長は、「重要無形文化財の保有者または保有団体の伝授教育の履修証の発給を受け、五年以上伝承活動をした人の中から、文化体育観光部令で定めるところにより、

重要無形文化財の伝授教育助手を選ぶことができる」と規定している。(52)

以上の過程を経て、韓国は「保有者（保有団体）―伝授教育助教―履修者―伝授奨学生（一般伝授生含む）」、その他の「名誉保有者」と呼ばれる階層的な伝授教育体系を構築することになった。内容をまとめると、韓国の重要無形文化財の伝授教育体系は、以下のような段階的構造になっている。

① 保有者：重要無形文化財の芸能や技能を原型のまま体得・保存して、これをそのまま実現できる者

② 保持団体：重要無形文化財の芸能や技能を原型のまま保存して、これをそのまま実現できる団体（ただし、当該重要無形文化財の芸能や技能の性質上、個人的には実現できない、または保有者に認定する者が多数である場合に限る）

③ 伝授教育助教：重要無形文化財保有者と保有団体の伝授教育を支援するために履修者の中から選抜された者

④ 履修者：保有者または保有団体から三年以上の伝授教育を受けた人の中から選抜された者

⑤ 伝授奨学生：保有者と保有団体からの推薦を受けて選抜された者(53)

⑥ 名誉保有者：重要無形文化財の保持者の中から技・芸能の伝授教育を定期的に実施することの困難な者

指定および認定制度と伝承教育体系に基づいた現在の指定および伝承状況を表にすると、表1のとおり

である。一般伝授生の状況は、これまでの当局の法律体系では、一般伝授生の管理や監督の根拠がなかったため、統計情報を確保していない。

4　無形文化財の保護・育成のための公的支援

韓国は、最初に文化財保護法を制定した時、指定文化財の保護のために必要な場合、その経費を国庫で全額または一部を補助するようにした。補助金については、一九六二年一月一〇日に制定された文化財保護法は、重要無形文化財の保護育成に必要な経費を国庫から全部または一部を補助するように規定している。また、同法は、指定文化財の公開の義務を規定しているが、重要無形文化の公開については、重要無形文化財の保有者は、特別な事情がある場合を除いては、毎年一回以上、その重要無形文化財を公開しなければならないと規定している[54]。そして、伝授教育を制度化した一九八二年一二月三一日の改定文化財保護法は、伝授教育に必要な経費を予算の範囲内で国家が負担するようにしているだけでなく、伝授教育を受ける者に奨学金を支給することができるとした[55]。同法は、「伝授教育に必要な経費は、予算の範囲内で国が負担することができる」、「文化公報部長官は、伝授教育を受ける者に奨学金を支給することができる」、そして、「伝授教育と奨学金支給に関して必要な事項は、大統領令で定める」と規定している。

指定文化財の公開と伝授教育などの無形遺産の保護・育成のための同法および関連施行令に基づいて、当局は、様々な公的支援をしている。その内容を見ると、次のとおりである。

①月極め伝承支援金
○保有者・伝授教育助教・保持団体伝授教育支援金：伝授教育などの伝承活動のための基本的経費として毎月一定の金額を保有者、伝授教育助教、保有団体に支援している。
○伝授奨学金：文化財委員会の審議を経て奨学金を支給することができる種目に選ばれた種目は、一定期間月極め支援金を受ける伝授奨学生を置くことができる。
②特別支援金
○名誉保有者特別支援金：重要無形文化財保有者の中から該当種目の伝授教育を定期的に実施することの困難な者で文化財委員会の審議を経て認定された名誉保有者に対して毎月一定の特別支援金を支給している。
○保有者がいない保有団体のための特別支援金：保有者がいない保有団体に対して毎月一定の特別支援金を支給している。
○生活保護特別支援金：生活に困窮する者に年一回の特別支援金を支給している。ここでの生活が苦しい者と保有者とは、不動産と月所得額が毎年文化財庁が定めた生活水準以下に該当する者で、文化財庁が、毎年生活実態調査を実施し、生活状況に応じて、特別支援金を支給している。
○伝承脆弱種目の特別支援金：文化財委員会の審議を経て伝承脆弱種目に選定された種目の伝承者に対して年一回の特別支援金を支給している。
③葬儀補助金と入院見舞金
○葬儀補助金：保有者や伝授教育助教が死亡した場合、葬儀補助金を支給している。

○入院見舞金：保有者と伝授教育助教が病院に一〇日以上入院した場合、年一回に限って入院見舞金を支給している。

④重要無形文化財公開行事支援

保有者または保有団体が主催する無形文化財を一般に公開する展示や公演などの公開行事に対して年一回に限り支援している。工芸の分野は、作品の展示と試演を含んでおり、合同公開行事は、個々の状況に応じて調整する。そして支援の規模は、行事計画書の検討後、支給額の範囲内で調整して支給する。

⑤無形文化財普及・宣揚

○無形文化財の海外公演と展示の企画：無形文化財の海外普及・宣揚と、同胞を対象にした伝統文化の享有を促進し、国家イメージ向上のための海外公演と展示を企画している。

○地域祝祭や国際的行事支援：市・道または国際行事の主管機関の支援申請書を審査して、支援対象祝祭や大会を選定し、参加種目と対象者を選定し、地域祝祭および国際行事への参加を支援している。

○訪問公演および展示の企画：文化疎外地域、地域祝祭、その他の普及・促進のきっかけとして活用するための公演や展示を企画している。

○無形文化財の公演や展示：宮・陵、遺跡管理所、博物館、文化財庁が主催する行事などの文化遺産関係機関と共にする公演や展示を企画している。

○その他の団体への支援：無形文化財の普及や宣揚のために無形遺産関連等の団体の行事を支援している。

⑥無形文化財の伝承活性化支援

○研究師範学校運営支援：当該地域の伝統文化を継承できるように研究師範学校を指定して、その伝承活動を支援している。

○伝承装備および伝授教材の制作支援：重要無形文化財の伝承活動のための伝承装備（楽器、衣装、楽譜、台本集、映像資料、装備、広報物など）の整備作業を支援している。主に伝承脆弱種目や団体種目を支援対象としている。

⑦工芸分野特別行事支援

○保有者作品展出品作品購入および出品補償費支援：重要無形文化財保持者の作品展に出品する伝承者（保有者、伝授教育助教、履修者）の作品の中の一部を国家が購入するだけでなく、出品の奨励、試演の謝礼費として出品助成金と試演補償金を支給している。

○伝統工芸交流展示支援：工芸関連団体の海外交流・展示や販売などの行事を支援している。

そのほか、伝承者たちの伝承活動の空間として、一九七三年から「伝承教育会館」が、各保存会の活動地を中心に建て始められた。「伝承教育館」は国家と自治団体が共同出資で費用を出して建てることになっている。さらに、支援金の支給や伝授会館の建設のほかに、制度的支援として、医療費の支給、重要無形文化財学点認定制、産学兼任教師などがある。

5　無形文化財に関する新しい法律の制定

（1）二〇〇三年ユネスコ条約とその対応

二〇〇三年のユネスコ無形文化遺産保護条約の採択、そして二〇〇六年の発効によって、韓国の無形文化財の政策および制度は非常に困難な状況に直面している。過去半世紀の間、続けてきた政策や制度が、二〇〇三年ユネスコ条約によってその根幹が揺れているからである。

まず、二〇〇三年ユネスコ条約が与えた影響の一つは、無形文化財の概念を拡大したことである。それまで韓国が政策や制度の対象としていた無形文化財は、「歴史的、芸術的、学術的に優れているといわれていた芸能（演劇・音楽・舞踊・遊びと儀式・武芸）や技能（工芸技術・飲食）」に限られていた。したがって、ユネスコの条約目録に登載するには、現在の芸能と技能だけの国家指定の目録では足りないと判断して、文化財庁は「人類無形遺産登載申請目録選定などに関する規定」を制定して新しい目録を作成することにした。

例規によると、条約目録に申請できる国家の目録としては、「国家指定」と「市・道指定」のほか、「予備目録」を作ることができる。また、文化財庁長は「指定されていない無形文化財の中の人類無形遺産として価値があると判断される無形文化財に対してその価値などを」調査することができる。そして調査の結果、「人類無形遺産としての価値が認定されるものは」、文化財委員会の審議を経て予備目録として選定することができる。この予備目録は国家目録として認められ、文化財庁のホームページに載せられるようになっている（この例規は発令後、法令や現実与件の変化などを検討して、例規の廃棄、改定などの措置をしなければならない期限を二〇一五年三月三一日までとしている）。(56)

前記の例規が制定される前、二〇一一年度に文化財庁は予備目録を作るための調査作業を始めた。そして、六一種目の無形文化財を予備目録に入れることができた。そして二〇一二年度も予備目録を作るための調査作業を行い、五〇種目の無形文化財をその目録に入れた。韓国民俗学会に依頼して二年にかけて行われた「大韓民国無形文化遺産国家目録作成研究」と、文化財委員会による無形文化遺産の予備目録の選定に関する審議により、現在総一一一種目の無形文化財が目録化されている。

この調査作業の特徴は、無形文化財の範囲を以前の「芸能」と「技能」から、二〇〇三年のユネスコ無形文化遺産保護条約を参考にして、①口伝伝統および表現、②公演芸術、③社会的慣習・儀式および祝祭行事、④自然と宇宙に関する知識および慣習、⑤伝統工芸技術の五つの範囲に拡大したことである。

そしてこの拡大により、二〇一一年度には、口伝伝統および表現が七種目、公演芸術が二〇種目、社会的慣習・儀式および祝祭行事が一一種目、自然と宇宙に関する知識および慣習が二三種目、伝統工芸が〇種目と、総六一種目が予備目録に選定されて国家目録になった。二〇一二年度には口伝伝統および表現が一種目、公演芸術が三種目、社会的慣習・儀式および祝祭行事が二二種目、自然と宇宙に関する知識および慣習が一九種目、伝統工芸技術が五種目と、総六一種目が予備目録に選定されて国家目録になった。

そして、もう一つの特徴は、特定の保有者や保有団体だけではなく、その伝承が幅広い範囲で行われていることである。すなわち、韓国を代表する民謡である「アリラン」や、韓国の家庭では何処でも作っている「キムチ」などを国家目録に入れることができた。特にアリランは二〇一二年に、キムチに関する

「キムチャン文化」は二〇一三年に、それぞれユネスコの人類無形文化遺産代表目録に記載された。以前の重要無形文化財の枠組みではできないことであった。

（2）新しい法律の制定のための動き

前述したように、今日までの韓国の無形文化財の保護に関する政策や制度は「文化財保護法」に基づいている。しかし、ユネスコの二〇〇三年の無形文化遺産保護条約の登場以後は、無形文化財に関する内容を文化財保護法から取り出して分法しようとする試みがあった。最初は二〇〇九年一二月に「無形文化財保護法案」が議員発議で国会に上程されたが、この法案は任期満了で廃案となった。(57) この法案は、文化財保護法の中の無形文化財の保護のための基本原則を変更し、未指定の無形文化財の保護法案、種目指定の硬直性の緩和などを通じて、既存の文化財保護法上では及ばなかった無形文化財の保護のための内容を、積極的に補完するという意図を持っていた。無形文化財の指定管理の領域を拡大するなどの改定内容は、一部分は大きな意義があると評価されている。しかし、文化財保護法の無形文化財に関する条項だけを、別に抜粋して無形文化遺産保護法として分法したものに過ぎないという評価もある。

したがって、文化財庁はまた新しい法案の作業を試みることになった。この法案のための研究と検討を終え、法案に関する公聴会を行い、二〇一二年一一月七日に「無形文化遺産の保全および振興に関する法律案」を議員発議で国会に上程している。(58) 現在、文化財庁が法案を作成して議員発議で国会に上程している、この法案の重要内容は次のとおりである。

第一は、無形文化遺産の範囲、対象の拡大および伝承者の地位を高めるための用語の変更である。世代間の伝承を強化し、無形遺産の範囲および対象を拡大するために資産（財貨）中心の「無形文化財」を、意味中心の「無形文化遺産」に変更すると共に、伝承者の地位および伝授教育の役割を高めるために、「保有者」「保有団体」を、「伝承教授」「伝承団体」に変更することである。

第二は、無形文化遺産の特徴を反映した保存原則の変更である。無形文化財はある特定の時期、特定の形態に固定化されるものではなく、時代によって社会文化的環境に遭遇しながら絶え間なく変化する文化的資産である。したがって、無形文化遺産の外形的な枠ではなく、内在している典型的な価値を維持発展していくためには、原型維持の原則を無形文化財に適用することは既に有効ではなくなっている。したがって既存の文化財保護法にある「原型維持」と文化財保護の原則を、新しい法律で「民族アイデンティティの涵養、伝統文化の継承・発展、無形文化遺産の価値の具現と向上」に変える。

第三は、ユネスコの二〇〇三年の無形文化遺産保護条約を反映して無形文化遺産の範囲を拡大することである。現在、重要無形文化財は、総一二〇種目のうち、芸能分野が六八種目（五六％）、技能分野が五二種目（四四％）であり、技能と芸能に限定されている。新しい法案は、既存の分類概念から脱皮して、無形文化遺産の保護範囲を拡大するためにユネスコの条約を参考にして、現実の条件に合わせて包括的に分類する。すなわち、技能および芸能を中心としたものから、①伝統的公演・芸術、②工芸、美術などに関する伝統技術、③伝統医薬などの伝統知識、④口伝伝統および表現、⑤衣食住などの生活慣習、⑥民間信仰などの社会的儀式、⑦伝統遊び・祝祭および技芸・武芸などの七つの範囲に広げる。

第四は、保有者がいない種目の指定が可能になるように、無形文化財の指定および保有者の認定に関する規定を変更することである。現行の文化財保護法によると、特定の無形文化財を重要無形文化財に指定する場合は必ず保有者（保有団体）を認定するように規定されているが、韓国を代表する無形文化遺産のように伝承者が不特定なものは保有者（保有団体）を認定できない。したがって、重要無形文化財を指定する時に、保有者（保有団体）のない種目についても指定を可能にする。伝承共同体（住民・地域民・団体など）が共有している重要無形文化財の指定を可能にして、ユネスコの条約の緊急保護目録制度に対応できる国家緊急保護無形文化遺産制度を作る根拠を用意しようとしている。

第五は、履修者の技・芸能の技量強化のため、履修証の審査および発給主体を変更する。履修者になるための審査および履修証の発給に関する権限を保有者（保有団体）に付与する現在のシステムは、伝承者間の序列化、履修証の不正発給および金品収受などを生じさせた。履修証の交付が無形文化財の伝承秩序の毀損をもたらし、無形文化財の全般の地位を落としてしまうという社会問題化している状況がある。したがって、国家の無形文化遺産の伝承者として、履修者の技量や地位を向上させ、伝承教授（伝承団体）の権威や地位を高めるために、履修証の発給主体と管理主体を文化財庁長に戻すことである。

第六は、時代的変化を反映した伝承教育の方法を追加することである。現在の時代に合わない徒弟式の工芸技術の伝授体系を維持することで、伝承者を求められなくなり、伝承工芸の技術が消滅する危機に直面しているという認識がある。そこで大学を通じて伝承教育を実施して伝授生を確保する一方、工芸種目の場合、産業デザイン、経営知識、特許権、知的財産権など、創業活動のための教育を実施することを支援するようにしている。

第七は、無形文化遺産の振興のための政策強化である。現在、無形文化遺産の政策は指定された種目の伝授教育に焦点を合わせていて、これに要する費用（月定伝承支援金など）を直接伝承者に支援する構造であるが、これだけでは無形文化遺産の振興・育成に関する政策が足りないため、原材料、制作工程などの技術開発およびデザイン・商品化などに必要な支援、保有者が制作した伝統工芸品の認証制の実施、無形文化遺産の伝承者の創業支援、無形文化遺産に対する国内外での特許出願の事前防止など、無形文化遺産を振興するための積極的な政策を進めることである。(59)

6　おわりに

以上のように本章では、①無形文化財の保護に関する法的根拠になる「文化財保護法」の制定の過程と内容、および文化財管理の行政体系、②国家指定の重要無形文化財の指定基準と範囲および年代別指定の状況、③無形文化財の伝承のための「保有者―伝授教育助教―履修者―伝授奨学生」という教育体系、④月極め伝承支援金、重要無形文化財公開行事支援、無形文化財の伝承活性化支援などの無形文化財の保護・育成のための公的支援について検討した。

韓国の無形文化財の保護制度は、近代化の影響で消えていく伝統文化を保存・伝承するために、「文化財保護法」を介して重要な無形文化遺産を重点的に保護するために導入された制度である。一九六〇年代の開発中心の政策で生じた、急速な社会環境の変化によって、韓国の伝統文化が急速に衰えてきたため、固有の伝統文化を保存し、民族のアイデンティティを維持できるようにするために設けられた制度であった。一九六二年一月一〇日に法律第九六一号として制定・公布された文化財保護法は、全七章三号附則三項であったが、制定以来現在まで三回の全面改定と三九回の一部改定が行われ、現在の文化財保護法はその内容が増えた。埋蔵文化財に関する内容が分法されたにもかかわらず、全一一章一〇四条になっている。そして、文化財保護法は、その法の施行に必要な細則や規定である「文化財保護法施行令」と、様々な事項を細かく定めた「文化財保護法施行規則」があり、文化財の管理・行政を支えている。

最近では有形文化財中心の現在の文化財保護法から、無形文化財に関する内容を取り出して、新しく「無形文化遺産の保全と振興に関する法律案」が国会に上程された。文化財保護法から無形文化財を分法しようとする試みが、文化財庁を中心に進行している。文化財保護法の中でも有形中心の文化財の概念は、文化財保護法の第二条第二項の文化財の保存・管理および活用の基本原則として「原型維持」を規定している部分にも表れている。これに従って文化財保護法施行令は、第一二条一号で保有者（あるいは保有団体）の認定基準を「重要無形文化財の芸能や技能を原型のまま体得・保存してこれをそのまま実現できる者」と規定している。原型保存主義は、国家が原型として公認した時点の瞬間的な芸術形式を化石化させることで、重要無形文化財の創造的継承を阻害すると共に、無形文化財の自活力を死滅させるという問題点がある。そして新しい分法案は無形文化財保護の基本原則を「民族アイデンティティの涵養、伝統文化の継承・発展、無形文化遺産の価値の具現と向上」としている。

韓国の文化財保護法での文化財保護のための管理や行政の核心は、価値があるとされるものを指定して集中的に保護することである。そして、国家指定の重要無形文化財および市・道指定の無形文化財などの指定制度を施行する。文化財保護法の制定直後、一九六二年六月二九日に制定された文化財保護法施行令では、文教部長官が文化財委員会の諮問を経て決めることとして、一九六二年五月八日の文化財委員会第二分科委員会の第一次会議でその指定基準を決議した。そして一九六四年二月一五日に制定された文化財保護法施行規則に指定基準が載せられ、それに基づいて一九六四年一一月二七日に「宗廟祭礼楽」などの初めての指定が行われた。重要無形文化財の指定は、既に述べたように一九六〇年代に三一種目、一九七〇年代に三二種目、一九八〇年代に三二種目、一九九〇年代に一五種目、二〇〇〇年以後一六種目に対して行われ、現在総一三二種目、複数指定の種目を除くと一二〇種目である。そして、市・道指定無形文化財は五〇一種目である。

このように韓国の文化財保護法は、指定による重点保護主義をとっている。保存する価値のある無形文化財を重要無形文化財に指定して、これを集中的に保護育成することで、無形文化財の管理の効率性を図る。重要無形文化財指定による重点保護主義は、文化財を価値の重要性に応じて差別化して集中的に保護することができるという長所があるが、未指定で文化財保護を受けずに命脈を保ってきたものは、消えていくという状況が顕著に広がっている。

一九六四年に最初の無形文化財を指定して保有者の認定も行うという制度が確立したが、保有者の認定制度が法制化されたのは、一九七〇年八月一〇日に改正された文化財保護法からである。そして、一九八二年一二月三一日に改定された文化財保護法は、重要無形文化財の伝承・保存のために、当該重要無形文化財の保有者はその保有技・芸能の伝授教育を実施することができると規定している。これらに基づいて韓国の文化財管理当局は、国家主導の伝授教育制度を構築した。これは「保有者―伝授教育助教―履修者―伝授奨学生」という階層式の教育体系である。そして、現在の伝授教育制度は、一九九四年の文化財保護法施行規則の改定を通じて、伝授教育を保有者あるいは保有団体の自律に任せている。

現在、伝授教育は保有者を中心とした徒弟式の閉鎖的な教育で運営されている。行政規制が緩和されてきた次元で、伝授の計画、実績報告制度などを廃止し、現在は伝授教育は完全に保有者と伝授助教に委任された形で運営している。しかし、時間が経過して、最近は階層式のこの教育構造と伝授教育に関する権限の委任などにより、保有者や伝授教育助教などの閉鎖的な文化の権力化が起こり、伝授教育の不実や質的低下のおそれに関する問題が提起されている。そして、時代の流れに合わせて、伝統的な徒弟式の教育から学校教育に転換する方案についても論議されている。

保有者あるいは保有団体は、伝授教育のために毎月定期的に伝承支援金を支給されており、経済的に劣悪な者は、生計困難を救済するための特別支援金を、脆弱な種目の保有者は、特別奨励金の支給を受けることができる。また、重要無形文化財の公開行事の支援、伝授教材や装備の支援、伝授教育権および履修証の発行権を認め、公益勤務要員選抜権、医療費の支給など、様々な制度的支援を受けることができる。

伝承支援金は、保有者の生計費支援ではなく、伝授教育のための報酬として支給されることが明確である。現行法は、重要無形文化財の保有者の伝授教育の実施可否を任意規定に規律することにより、文化財庁は伝授教育を実施するかどうかにかかわらず、行政便宜的に伝承支援金を一律に支給している。したがって伝承支援金は、公演、展示など、実質的な活動と、具体的な教育実績を中心に、客観的な根拠を持って合理的に支給できる方案を用意して、伝授教育に伴う補給金という本来の趣旨を生かす方向に改善しなければならないという批判もある。

無形遺産に関する政策や制度は半世紀を迎えたが、様々な矛盾が浮かび上がってきている。そして、制度改善に関する論議が続けられており、最近は時代の変化の中で一方的な保存中心の政策によって、剝製化および脱文脈化されている無形の文化遺産を、国民の生活に取り戻す必要があるという反省から活用中心の政策への積極的な転換が行われている。そして、二〇〇三年のユネスコ無形文化遺産保護条約は、国内の無形遺産の保護政策に大きな影響を与えた。例えば、遺産の範囲を既存の芸能や技能中心から条約の五つの範囲を受け入れようとしているし、また、無形遺産の概念は、価値性から代表性に、原型の保全から生命力の強化に移っている。このような状況の中で最近は全州に「国立無形遺産院」が設立されて、無形文化遺産に対するより専門的な政策施行が可能となる施設を整備すると共に組織体系を整えるようになった。

韓国は二〇一一年にユネスコ・アジア太平洋無形文化遺産国際情報ネットワーキングセンターを設立し、日本や中国と共同で保護活動にあたることになった。ユネスコの無形文化遺産は、人類学的な「文化」の概念を取り込み、非西欧社会の文化遺産の重要性を認識させると共に、有形という不動産だけでなく、実践や行為も「文化」として大切であるという認識をもたらした。また、その担い手についても、従来のような王権や貴族よりも、民衆の個人や集団が重要であるという見方を広げた。今後の無形遺産の保護・保存に関しては、文化を評価することによる格差の生成という負の側面も考慮し、担い手の伝承の維持に留まらず、政府が制定・実施する法律とその運用という制度的・法的な側面と、政治・経済・社会の大きな変動、そしてグローバル化という複雑な力学の相互関係を明らかにしなければならない。

※写真撮影は、すべて筆者による。

（1）法制処「文化財保護法」法律第九六一号（新規制定）、一九六二年一月一〇日。

（2）現行の文化財保護法との定義上の差異は、「歴史的、芸術的価値」以外に「学術的、景観的価値」の文言が入り、「民俗資料」の名称が「民俗文化財」に変わったことである。特に景観的価値を認めて記念物に景観が入ることになった。

（3）法制処「文化財保護法」法律第三六四四号（全面改定）、一九八二年一二月三一日。
（4）法制処「文化財保護法」法律第八三四六号（全面改定）、二〇〇七年四月一一日。
（5）法制処「文化財保護法」法律第一〇〇〇〇号（全面改定）、二〇〇〇年二月四日。
（6）法制処「文化財保護法」法律第一二三五二号（一部改定）、二〇一四年一月二八日。
（7）文化財保護法の制定の当時に「文化財委員会」は、分科委員会を持ち、第一分科委員会では有形文化財、第二分科委員会では無形文化財と民俗資料、第三分科委員会では記念物に関する事項を担当するようにした。現在文化財委員会は九分科委員会があって、無形文化財は「無形文化財分科委員会」が担当している。
（8）文化財管理局「文化財委員会会議録」第二分科委員会第一次会議録（一九六二年五月八日）、『文化財』創刊号、一九六〇年。
（9）種目の記述の「人形劇・仮面劇」が小分類単位に変更されている。
（10）種目の記述の「…歌曲、歌詞、詩調、唱楽…」が「…歌曲、歌詞または詩調の詠唱…」に変更されている。
（11）種目の記述の「哱囉チュム、僧舞、その他」が「民俗舞」に変更される。
（12）「馬尾工芸」と「皮革工芸」を統合して「皮毛工芸」に変更、「画角工芸」と「装身具工芸」を統合して「骨角工芸」に変更、「刺繡工芸」を「刺繡・結び目工芸」に変更、「武具工芸」を挿入。
（13）法制処、「別表1：国家指定文化財の指定基準」、「文化財保護法施行令」大統領令第二二五六〇号（全面改定）、二〇一〇年一二月二九日。
（14）一九八八年八月一日に「男寺堂ノリ」に名称変更。
（15）一九七三年一一月五日に「パンソリ」に名称変更。
（16）一九九五年三月一六日に「螺鈿匠」に名称変更すると共に第五四号「クヌムジル」を吸収・統合する。

(17) 一九八五年一二月一日に「平澤農楽(第一一―二号)」「裡里農楽(第一一―三)」「江陵農楽(第一一―四号」が、一九八八年八月一日に「任実筆鋒農楽(第一一―五号)」が、二〇一〇年一〇月二一日に「求礼潺水農楽(第一一―六号)」が追加で指定され、一九九三年三月一日に農楽一一次を「晋州三千浦農楽(第一一―一号)」に名称を変え、六つの農楽を合わせて「農楽」に名称を変更する。
(18) 二〇〇五年九月二三日に「光州漆石コサウムノリ」に名称変更。
(19) 一九七三年二月五日に第五号「パンソリ」に統合される。
(20) 一九八二年二月五日に保有者の死亡により種目解除される。
(21) 一九九三年一二月一六日に「鶴蓮花台合設舞」に名称変更。
(22) 一九九五年三月一六日に第六三号「プクメウギ」を吸収・統合する。
(23) 一九九八年六月五日に「ピリ正楽および大吹打」に名称変更。
(24) 一九八七年一一月一一日に「霊山斎」に名称変更。
(25) 一九七五年五月三日に保有者の移民により種目解除。
(26) 一九九五年三月一三日に第一〇号「螺鈿匠」に統合される。
(27) 一九九一年一一月一日に第五号「パンソリ」に統合される。
(28) 一九九五年三月一六日に第四二号「楽器匠」に統合される。
(29) 二〇〇六年六月一九日に「済州チルモリ堂霊登クッ」に名称変更。
(30) 一九八五年二月一日に「東海岸別神クッ(第八二―一号)」「西海岸ベヨンシンクッおよび大同クッ(第八二―二号)」「蝟島ティベッノリ(第八二―三号)」が、一九八七年七月一日に「南海岸別神クッ(第八二―四号)」が指定される。
(31) 一九八五年九月一日に「求礼郷制ジュル風流(第八三―一号)」と「裡里郷制ジュル風流(第八三―二号)」が指定される。

(32) 一九八五年一二月一日に「固城農謡(第八四―一号)」と「醴泉通明農謡(第八四―二号)」が指定される。
(33) 一九八六年一一月一日に「ムンベ酒(第八六―一号)」「沔川杜鵑酒(第八六―二号)」「慶州校洞法酒(第八六―三号)」が指定される。
(34) 一九九〇年七月二〇日に保有者死亡により種目解除。
(35) 二〇〇六年一月一〇日に第四八号「丹青匠」から種目分離。
(36) 李長烈、「一九六〇年代重要無形文化財指定現状」『韓国無形文化財政策――歴史と進路』関東出版、二〇〇五年、七一頁参照。
(37) 文化観光部「歴代発掘民俗種目現状」、『第五五回韓国民俗芸術祝祭および第二一回青少年民俗芸術祭』二〇一四年参照。
(38) 法制処「文化財保護法」法律第二二三三号(一部改定)、一九七〇年八月一〇日。
(39) 法制処「文化財保護法」法律第三六四四号(全面改定)、一九八三年七月一日。
(40) 文化財庁『重要業務統計資料集』、二〇一四年九月三〇日、三七頁。
(41) 法制処「文化財保護法」法律第二二三三号(一部改定)、一九七〇年八月一〇日。
(42) 法制処「文化財保護法施行規則」文化公報部令第一九号(全面改定)、一九七〇年一二月一六日。
(43) 法制処「文化財保護法」法律第五七一九号(一部改定)、一九九九年一月二九日。
(44) 法制処「文化財保護法」法律第六四四三号(一部改定)、二〇〇一年三月二八日。
(45) 舞踊種目の李梅芳は第二七号「僧舞」と第九七号「サルプリチュム」両種目の保有者であるため重複計数。
(46) 法制処「文化財保護法」法律第三六四四号(全面改定)、一九八二年一二月三一日。
(47) 法制処「文化財保護法施行令」大統領令第一一一八四号(全面改定)、一九八三年八月三日。
(48) 法制処「文化財保護法施行規則」文化公報部令第七七号(全面改定)、一九八三年九月一九日。
(49) 法制処「文化財保護法施行令」大統領令第一四三九九号(一部改定)、一九九四年九月七日。

(50) 法制処「文化財保護法施行令」大統領令第一六四一三号(一部改定)、一九九九年六月三〇日。
(51) 法制処「文化財保護法施行令」大統領令第一七二七九号(一部改定)、二〇〇一年六月三〇日。
(52) 法制処「文化財保護法施行令」大統領令第二二五六〇号(全面改定)、二〇一〇年一二月二九日。
(53) 最近では、政府からの支援を受けている伝授奨学生は、伝承脆弱種目に限られる傾向があり、その他の種目は、保有者と保有団体が別途に一般伝授生を置いて伝授教育をしているところがほとんどである。
(54) 法制処「文化財保護法」法律第九六一号(新規制定)、一九六二年一月一〇日。
(55) 法制処「文化財保護法」法律第三六四四号(全面改定)、一九八二年一二月三一日。
(56) 文化財庁「人類無形遺産の登載申請の目録選定などに関する規定」文化財庁例規第一〇九号、二〇一二年四月一七日。
(57) 大韓民国国会「無形文化財保護法案」第一八代国会議案第六九四四号、金宇南議員代表発議、二〇〇九年一二月九日。
(58) 大韓民国国会「無形文化遺産の保全および振興に関する法律案」第一九代国会議案第二四八二号、韋海珍議員代表発議、二〇一二年一一月七日。
(59) 無形文化遺産の振興のための政策強化に関する条項は、現在文化体育観光部で同じく議員発議されている「伝統文化産業の振興に関する法律案」(第一七代国会議案第六二三二号、金光琳議員代表発議、二〇一三年七月三一日)の内容と重複する部分が多いので、無形文化遺産に関するこの法律の制定において一番大きな論点の一つになっている。

参考文献

李長烈　二〇〇五『韓国無形文化財政策——歴史と進路』関東出版
朴東錫　二〇〇五『文化財保護法』民俗苑

大韓民国国会「無形文化財保護法案」第一八代国会議案第六九四四号、二〇〇九年一二月九日
―――「無形文化遺産の保全および振興に関する法律案」第一九代国会議案第二四八二号、二〇一二年一一月七日
―――「伝統文化産業の振興に関する法律案」第一九代国会議案第六二三二号、二〇一三年七月三一日
国会法制室「無形文化財保護法の制定方向」法制現案第二〇〇六―一六（通巻第一九八号）、二〇〇六年一二月
法制処「文化財保護法」、一九六六～二〇一四
―――「文化財保護法施行令」、一九六六～二〇一四
―――「文化財保護法施行規則」、一九六四～二〇一三
文化観光部　二〇一四「歴代発掘民俗種目現状」、『第五五回韓国民俗芸術祝祭および第二一回青少年民俗芸術祭』
文化財庁　一九六二～二〇一四「文化財委員会会議録」
―――　二〇一一『文化財関係法令集』
―――　二〇一一『文化財庁五〇年史――本史編』
―――　二〇一一『文化財庁五〇年史――資料編』
―――　二〇一四『無形文化財現状』

「白川郷」で暮らす
――世界遺産登録の光と影

才津　祐美子

はじめに

かつて「文化遺産」といえば考古学的遺跡や数百年前に建てられたり造られたりしたもの――つまり「いにしえの遺物」を指していた。また、それらは城や寺、神社や教会、神殿のような特別な建造物だったり、特権的な地位を占めていた人々ゆかりのものだったりした。ところが、文化遺産保護制度が拡充していくにつれて、いわゆる「優品」ばかりではなく人間の営為全般に関わるものが文化遺産として認識され、保護されるようになってきた。それは日本の文化財保護制度にもＵＮＥＳＣＯの世界遺産条約にも見られる傾向である。

こうした傾向は、文化遺産として保護する対象を格段に広げることになり、文化の多様性を示す／遺すことに貢献しているといえる。しかしながら、その多くが現在もなお「生きている」文化であるがゆえに、保護することの困難さも抱えているように思う。

本章では、人々の生活の場全体が世界遺産になった「白川郷」を事例に、生きている文化を遺産として遺すことの光と影を見つめたい。

世界遺産「白川郷」の概要

世界遺産「白川郷」は一九九五年一二月に世界遺産（文化遺産）に登録された「白川郷・五箇山の合掌造り集落（Historic Villages of Shirakawa-go and Gokayama）」の一部であり、資産（Property）の所在地は岐阜県大野郡白川村荻町地区である。「白川郷」の特徴は、大型の茅葺き木造民家（「合掌造り」）群と、それを中心として構成された集落景観である（写真1）。

二〇一〇年の国勢調査によれば、白川村全体の世帯数は六〇一、人口数は一七三三（男八四四・女八八九）であり、産業別人口数（総数一〇二九）の内訳は第一次産業二八（二・七パーセント）、第二次産業二二三（二一・七パーセント）、第三次産業七七七（七五・六パーセント）となっている。一般に「白川郷」は農山村景観の代表として捉えられているが、実際は第三次産業で生計を立てている家がほとんどだということがわかる。もちろんかつては第一次産業が最も多かったわけだが、一九七〇年から一九七五年にかけて第三次産業がそれに取って代わった。これはちょうど荻町地区で「合掌造り」保存運動と観光地化に向けた動きが活発になる時期と重なる。

1　白川村発見の経緯

今日、世界遺産「白川郷」といえば、日本においてはかなり有名な観光地の一つとなっている。「白川郷」と聞けば、おそらく誰もが「合掌造り」民家が連なる景観を思い浮かべるだろう。しかし、「白川郷」を含む白川村が全国的に有名になったきっかけは、「合掌造り」ではなかった。「白川郷」の文化遺産化・観光地化のことについて述べる前に、白川村発見の経緯について見ておきたい。

写真1　世界遺産「白川郷」(2010年9月11日)

(1)「大家族制」の発見

近年、飛騨と云へば誰でも白川村と思うくらゐ、白川村は色々な方面から有名な存在になつた。事實、年々白川方面への訪問者は非常に多數にのぼるらしい。その大部分はジヤーナリズムの宣傳に乘せられた、獵奇的趣味のツーリストが、別世界でも見るやうなつもりでやつて來るらしい勿論中には同村研究のために來られる眞面目な學者や學生諸氏がゐられる。しかしその人たちも、殆んど自動車で郡山から白川村へはいり、大體御母衣の遠山家をひと渡り見るか、平瀬あたりで一泊するかして、同じコースをまた自動車で歸られる向が多いやうである。［江馬 一九三六：二］

この文章は、今から約八〇年前に、当時白川村で民俗学的研究を行っていた江馬三枝子が書いたものである。冒頭部分は現在の白川村のことかと錯覚するくらいの内容だが、「獵奇的趣味」という描写や、郡山から白川村に入り、御母衣や平瀬に寄って帰るという観光ルート（このルートだと世界遺産「白川郷」の資産部分＝荻町地区を見ずに帰るということになる）は、現在ではかなり違和感があるのではないだろうか。というのも、実は当時のツーリストや学者・学生たちが白川村に来た主な目的が現在とは違っていたからなのである。ではその目的とは一体何なのか。同時期に技術史家・社会運動家である相川春喜は次のように書いている。

飛驒大野郡白川村の名は、いはゆる「大家族制度」の残存せる特殊村落の一モデルとして明治以降學界の一問題として提出され、珍奇を好むジヤーナリズムの一トピックとなつてきてゐる［相川 一九三五：一五二］

つまり、江馬と相川の記述によれば、白川村は明治以降「大家族制（度）」（以下、「大家族制」）が残る場所として注目されており、それゆえにジャーナリストや学者から一般の観光客まで多くの人々が白川村を訪れていたようなのである。では、その「大家族制」とはどのようなものだったのだろうか。

白川村の「大家族制」の特徴としては、まず、分家が許されず、多いところでは三〇～五〇人もの人々が一つの家に住んでいたことがあげられる。また、もう一つの特徴として、家長とその直系の継子だけが正式な婚姻をし、二男以下と女子は内縁関係にある他家の女子および二男以下と妻問婚をしており、できた子どもは基本的に女子の家で育てていたことがあげられる。この特徴の特に後者の部分が「古代遺制」や「封建遺制」などといわれて過去の遺物と見なされたり、乱婚や近親婚の疑い（もちろん、誤解である）をもたれたりしたために、白川村は好奇の目に晒されたのである。

現在でも、「白川郷」を取り上げたテレビ番組のナレーションのみならず、文化庁のホームページ［文化庁 online:h_04.html］にまで、白川村＝「大家族制」というイメージの残像は散見される。しかしながら、実は世界遺産「白川郷」の資産である荻町地区には「大家族制」はなかったというのが「大家族制」研究の定説である。なお、「大家族制」イメージの生成と流布する過程の詳細については［才津 二〇〇八］を参照されたい。

（2）「合掌造り」研究の始まり

最初の「大家族制」研究と考えられる藤森峯三の論考[1]［藤森 一八八八］から少し遅れて、大家族の器と考えられた「合掌造り」もまた近代の学知の研究対象となっていく。建築学的見地から「合掌造り」の詳細な調査を行ったのは、竹内芳太郎の「飛騨白川村の民家」［竹内 一九二三］が最初だった。これは早稲田大学の学生だった竹内の卒業論文の一節である。竹内の研究がこの時期に行われた背景には、日本における民家研究の流れがある。日本の民家研究の嚆矢といわれる白茅会（一九一七―一九一八年）での活動を経て、今和次郎が『日本の民家』を出版したのは一九二二年のことだった［今 一九二二］。本書は日本各地の民家を調査して紹介したはじめての本であり、「民家」という名称そのものが本書によって広められたものだという［藤森 一九八九］。今は一九一六年から早稲田大学理工学部の助教授をしていたのだが、竹内は今から民家調査の手ほどきを受けた［竹内 一九七八］。そして、竹内の卒業論文の指導教員も今だったのである。

ちなみに、ブルーノ・タウトが『日本美の再發見』［ブルーノ・タウト 一九三九］で「合掌造り」について書いたことが「合掌造り」を世に知らしめるきっかけとなったといわれている（［白川村役場online:146/］、［白川村役場商工観光課 二〇〇二］など）が、日本の民家を見学したいというブルーノ・タウトの要望に応えて白川村に行くスケジュールを組んだのは竹内だった［竹内 一九七八］。そして、ブルーノ・タウトが白川村を訪れた頃（一九三五年）には、すでに「合掌造り」は一定の評価を得ていたようで、「此の地の民家の一つが、何時かは國寶的存在として保護される日が來る筈だが」［大間知 一九四三（一九三五）：一三七］という将来を予言するような言葉を民俗学者の大間知篤三が残している。

つまり白川村は、はじめは「大家族制」の村として、遅れて「合掌造り」の村としても戦前から知られていたといえる。ただし、繰り返しになるが、多くの人が訪れたのは、世界遺産「白川郷」＝荻町地区ではなかったのである。

2 「合掌造り」の保存と文化遺産化

（1）「合掌造り」保存運動

一九五〇年代から六〇年代にかけて白川村では「合掌造り」の数が減少していった。その要因として、まずは茅葺き屋根の維持管理の難しさがあげられる。茅葺き屋根は定期的に差し茅（茅が傷んだ部分だけを補修する作業）をするなどメンテナンスが必要な上、三〇年から五〇年に一度は全面的に葺き替えなければならない。よって、経済的に余裕のある家から屋根を板葺きや瓦葺きに変えていく傾向にあったという。二つ目の要因は、ダム建設の影響である。一九五〇年代以降、白川村を南北に貫く庄川沿いには発電所とダムが次々と造られた。「合掌造り」はダムに水没したり、村外に移築されたりしたほか、水没は免れたもののダムの補償金が入ったところでは瓦葺きなどへの改築が進んだ。三つ目の要因としては、「合掌造り」の村外移築（売却）があげられる。先述したように、ダム建設に伴って水没する地域にあった「合掌造り」で規模の大きいものは村外の博物館施設に寄付・売却されて移築された。ちなみに、一九五六年に開館した日本最初の野外博物館である日本民家集落博物館（大阪府）は、大牧ダムの建設に伴って消滅する「合掌造り」を、ダムを開発していた関西電力が大阪府に寄付するという話を契機に造られたものだったのである［小島 二〇〇八］。また、ダム建設とは関係ない地域でも、「合掌造り」を飲食店などの商業施設として利用したり、自分が住んだりする目的で購入したいという人々が現れ、村外売却が進んだ。これは一九七〇年代からの民芸ブームを先取りするような動きだったとも考えられる。

こうした状況に、村内では危機感を抱く人々も出てきた。彼らの主導で「合掌造り」保存に向けた動きが始まったのが荻町地区＝後の世界遺産「白川郷」だったのである。

（2）「白川郷荻町部落の自然環境を守る会」発足前夜

白川村荻町地区における「合掌造り」の保存は「白川郷荻町部落の自然環境を守る会」（現在の名称は「白川郷荻町集落の自然環境を守る会」。以下、「守る会」という）の存在を抜きにしては語れないが、まずはその「守る会」発足までの流れについて見ておきたい。

「合掌造り」保存運動において中心的な役割を果たした人物として、荻町地区出身の板谷静夫さん（一九一九―二〇〇五年）と山本幸吉さん（一九二二―一九七二年）がいる。二人は一九四六年に「復員グループ」、一九四八年には青年団を結成し、戦後の白川村における新しい生活の建設を模索していた。その中でまず取り組んだのが郷土芸能の復活だった。「荻町民謡保存会」や「獅子舞保存会」を立ち上げたほか、「春駒」の振興にも注力した。のちに「合掌造り」の保存とともに白川村の観光地化に取り組んだ際には、板谷さんは自らが会長を務めていた「荻町民謡保存会」を率いて何度も観光キャンペーンに出かけたという。

板谷さんと山本さんは一九五九年から揃って村会議員になっているが、二人が「合掌造り」保存運動に取り組むようになったのは、一九六三年から一九七一年まで村長を務めた野谷平盛さん（荻町地区出身）の存在が大きかったようである。一九五〇年代からの「合掌造り」の減少を目にし、それを食い止めようとした野谷村長から屋根葺き用の茅の確保に関する相談を受けた板谷さんと山本さんは、一九六三年に「白川郷合掌家屋保存組合」を創設する。これには村内の「合掌造り」を保有する家が加盟することとし、その目的は、「合掌造り」の維持管理面をサポートすることだった。具体的な活動としては、屋根葺きの材料である茅の確保を容易にするための講組織（「茅一〆講」）の結成や屋根葺きの際に必要な足場材等の共有（組合からの貸し出し）等があげられる。この組合は白川村全体を対象としたものだったが、賛同者の大半は荻町地区の住民だったという。

一九六〇年代後半、山本さんのいとこである作家の江夏美好から妻籠（長野県）がある吾妻村役場の小林俊彦さんを紹介される。妻籠は町並み保存運動の先駆的地域の一つで、小林さんはその立役者だった。板谷さんや山本さんは小林さんを荻町地区に招いて講演してもらったり、何度も妻籠を訪れたりしながら町並み保存の方法を妻籠に学んだという。

さらに、観光資源保護財団（現日本ナショナルトラスト）が一九七〇年から三年間、年六〇万円の助成金を白川村の「合掌造り」の保存に提供したことや国鉄キャンペーン・ディスカバージャパンが一九七〇年に始まったことが「合掌造り」保存運動への追い風となった。

以上見てきたような流れの中で、一九七一年に「守る会」が発足したのである。このように書くと非常に順風満帆に聞こえるかもしれない。しかし実際には『合掌造り』を保存しつつ、それを観光資源として食べていく」という板谷さんたちのアイデアは、当初多くの住民に受け入れられず、「キチガイ」だとまでいわれていたという。そんな中、板谷さんたちは熱心に説いてまわり、ついには荻町地区全世帯の合意を得るに至ったのである。妻籠の小林さんも最初はやはり変わり者扱いされたというから、先駆者というのはそういうものなのかもしれない。

（3）「守る会」の初期の活動

「守る会」は一九七一年一二月二五日に行われた荻町地区の「大寄合い」（年に一度行われる住民総会）

で賛同を得て発足した。この時、(「合掌造り」を)「売らない・貸さない・こわさない」の三原則を含む「白川郷荻町部落の自然環境を守る住民憲章」と「白川郷荻町部落の自然環境を守る会会則」の原案も同時に承認された。両者は妻籠のものをそっくりまねて作られたものである。会則では「守る会」会員は「荻町部落の住民並びに本会の主旨に賛同する者」となっており、荻町地区の全世帯が会員となっている。

「守る会」が取り組んだ主な事業としては、①「合掌造り」の観光資源としての活用、②カラートタン屋根の塗り替え、③「合掌造り」の文化財化(集落全体としての文化財化)の三つがあげられる。①は「合掌造り」を食堂や土産物店などとして活用しつつ保存していこうとしたもので、最も進められたのが民宿としての活用だった。②は当時増加していたブルーのトタン屋根を周囲の景観と調和するような色調に塗り替えるという、文化財選定後の修景行為を先取りしたものだった。③の「合掌造り」の文化財化は、一九五〇年代から進んでいた「合掌造り」単体としての文化財指定ではなく、荻町地区全体を集落ごと文化財にすることを目的としたものだった。特に③は世界遺産登録に繋がる重要なものなので、もう少し詳しく見ておこう。

(4)「合掌造り」の文化財/文化遺産化

民家に対する文化財保護制度は、一九二九年に公布された国宝保存法から始まっている。ただし、この法律の下で国宝として指定された建造物約一〇〇〇件のうち民家は二件のみで、そのうち「純粋の民家」は一件だけだったという[杉本 一九九八]。しかし、戦後間もない一九五〇年に制定された文化財保護法以来、民家の保護をめぐる状況は一変する。民家に適用される保護制度が次第に拡大していくのである。

「あらたな見地から重要文化財の指定が行われるようになるとともに、近世庶民の造り出した文化財としての民家の保護は、全国的な問題として大きく取り上げられるようになつた」［関野・伊藤 一九五七：一一六］のだという。

結果、白川村の「合掌造り」に関していえば、一九五六年に旧大戸家住宅が重要文化財に（一九六三年旧下呂町下呂温泉合掌村に移築）、一九五九年に日本民家集落博物館に移築された（移築は一九五六年）旧大井家住宅が重要有形民俗資料（のちの民俗文化財）に、一九七一年に旧遠山家住宅が重要文化財に指定された。しかし、先述したように、「守る会」が目指したのは「合掌造り」単体の文化財指定ではなく、荻町地区全体で文化財指定を受けることだった。のちに荻町地区とともに世界遺産に登録される「五箇山」こと富山県東礪波郡平村（現南砺市）相倉と同上平村（現南砺市）菅沼の集落全体が一九七〇年に国の史跡に指定されており、荻町地区もそれを目標としたのである。

板谷さんたちは当初岐阜県庁に陳情に向かうが、「合掌造り」が火に弱い建物であることを理由に文化財指定に難色を示されたという。しかし、ここで諦めずに文化庁まで赴いた際、史跡ではなく、当時できつつあった新しい制度で選ばれるよう準備をしておくことを勧められる。その制度が一九七五年の文化財保護法の改正に伴って創設された伝統的建造物群保存地区制度だったのである。

一九七四年四月になり、白川村は文化庁から伝統的建造物群保存地区保存対策の一環として荻町地区の調査を依頼された［白川村史編さん委員会 一九九八］。狙い通り、荻町地区が重要伝統的建造物群保存地区の選定候補となったのである。同五月には調査および保存計画査定を行うために「伝統的建造物群保存地区保存対策協議会」が設けられ、同六月から翌一九七五年二月にかけて行われた調査は、協議会のメンバーだった竹内芳太郎と中部工業大学建築学科竹内研究室の教員および学生が中心となって行われた［白川村教育委員会 一九七五］。さらに、重要伝統的建造物群保存地区の選定を受けるためには、荻町地区住民の合意を得ることが必要だった。この新しい制度は、従来の国指定の文化財のように文化庁が選び、指定するというのではなく、当該地区の住民の総意に基づき、市町村から申請されたものの中から文化庁が選定するという方式を取るものだったからである［白川村史編さん委員会 一九九八］。そのための住民との懇談会は、板谷さんたちが中心となって、荻町地区に七つある近隣組織（組）ごとに行われた［板谷静夫さん所蔵資料 一九七六］。「守る会」創設時に住民の合意は取れていたように見えるが、国選定の文化財ともなると「守る会」の会則や「住民憲章」とは比べものにならないほど規制が強くなるだけに、改めて合意を取り直す必要があった。懇談会の場では、保存方法に関する意見や質問、規制による生活への影響に対する不安などが多く聞かれたようであるが、文化財化に期待する声もまた七つの組に共通して聞かれたという。それは「文化財に選定されることによって、今後観光客数が増加し、地域経済が向上する」というものだった。そしてその期待をもって、住民たちは文化財化に合意したのである。

伝統的建造物群保存地区制度ができたのは一九七五年七月だったが、最初の選定が行われたのは翌一九七六年だった。荻町地区はその一九七六年に重要伝統的建造物群保存地区に選定された。そしてこのことが一九九五年の世界遺産登録に繋がっていくのである。なぜなら、世界遺産（文化遺産）に推薦される物件は、日本が世界遺産条約の締約国になった（一九九二年）当初、国指定（選定）の文化財の中から選ばれたからである。

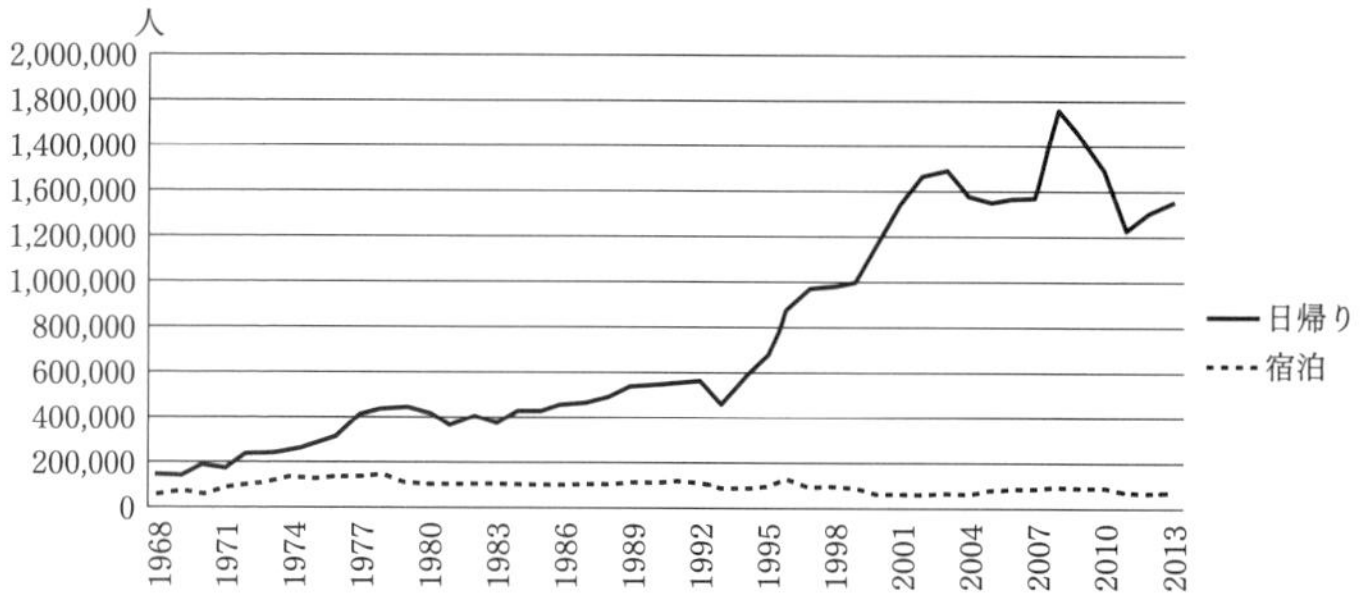

図１　白川村観光客入込数（［白川村史編さん委員会編 1998］、［白川村役場 online:2580/］をもとに才津が作成）

3　世界遺産登録の影響

日本が一九九二年に世界遺産条約を締結するにあたって、世界遺産（文化遺産）候補として、一〇件の文化財が暫定リストに掲載された［文化庁 二〇〇二］。その一つが「白川郷の集落」であり、一九九四年に「白川郷・五箇山の合掌造り集落」として推薦され、一九九五年に世界遺産リストに登録された。

この世界遺産登録は、「白川郷」にどのような影響を与えたのだろうか。

(1) 観光客の増加がもたらした変化

世界遺産に登録されたことによって、それまで年間六〇万人程度だった観光客が一九九六年からは一〇〇万人を超え、東海北陸自動車道が全線開通した二〇〇八年には約一八六万人にまで増加した（図1）。その後少し減少し、二〇一三年は約一四三万人となっている。人口約六〇〇人の荻町地区に、多い日には約二万人もの観光客が訪れることもあるという。宿泊施設に限りがあることもあり、圧

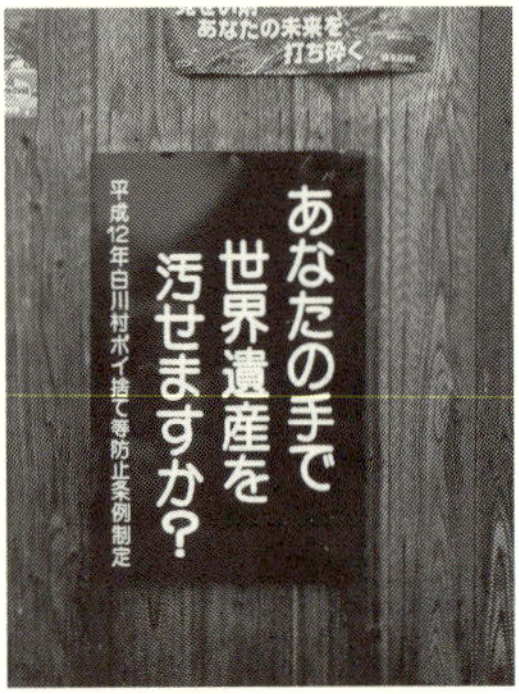

写真2　ポイ捨て等防止条例（2000年）の看板（2003年4月4日）

写真3　村営せせらぎ公園駐車場の観光車両（2010年11月7日）

倒的に日帰り客が多い。こうした観光客の急増に伴って、観光収入も飛躍的に増加し、新たな雇用の創出やUターンの促進等に繋がっている。また、住民の意識には世界遺産に暮らしているという誇りも生まれた。かつては村の外に出た際に出身地を聞かれた時、白川村だとは答えられなかったという話をする人がいる。茅葺きの「遅れた」家に住んでいると思われるのが恥ずかしかったからである。ところが、今は「あの世界遺産の『すばらしい』家に住んでいるんですね」といわれるという。

しかし、こうしたポジティヴな効果がもたらされた一方で、問題も発生した。まず、観光客によるゴミのポイ捨てや農地・私有地・一般住宅への侵入、花壇の花・庭先の果実・農作物の窃盗まで起こり、「観光公害」と呼ぶべき状況に陥った。二〇〇〇年にはポイ捨て対策に条例までできたほどである（写真2）。また、土産物店や飲食店、個人駐車場のような観光関連施設が増加し［才津 二〇〇三c］、景観が大きく変化（「悪化」と評されることが多い）した。さらに、増えすぎた観光車両（写真3）は、しばしば渋滞を引き起こすこと、住民車両・緊急車両の走行を妨げること、観光車両目当てに個人駐車場が増加すること、集落にあふれる観光車両そのものが農山村集落としての景観を阻害することなど、多方面から問題視されている[2]。このような状況の下、観光化・文化遺産化に対する温度差から住民間に軋轢が生じる場面も出てきた。

さらに、世界遺産への登録が「白川郷」にもたらしたのは、このような観光客の増加に伴う変化だけではない。世界遺産「白川郷」としてふさわしい景観をまもるための「規制の強化」もまた重要な変化だったといえる。なぜなら、この規制は住民生活に大きく関わるものだからである［才津 二〇〇六b］。

（2）規制の強化

一九七六年に国の重要伝統的建造物群保存地区に選定されて以来、荻町地区では「現状変更行為」をする際、白川村役場（教育委員会）に許可申請をしなければならなくなった。この「現状変更行為」とは、次のようなものを指す。

①建築物その他の工作物（以下「建築物等」という。）の新築、増築、改築、移転又は除去
②建築物等の修繕、模様替え又は色彩の変更でその外観を著しく変更することとなるもの
③宅地の造成その他の土地の形質の変更
④木竹の伐採
⑤土石類の採取
⑥水面の埋め立て又は干拓

（「白川村伝統的建造物群保存地区保存条例」より抜粋）

これを見ると、「合掌造り」だけでなく、荻町地区内におけるすべての建築物等に規制がかかるほか、土地の形質の変更や木竹の伐採、土石類の採取など建築物ではないものにまで規制がかかることがわかる。つまり、自分の家や土地であっても、変更によって集落の景観が変わると考えられる場合には、勝手に手を加えることができないのである。具体的には、「自宅サッシの木製建具への変更」や「雨戸の設置」、「松の伐採」、「仮設のお休み処（観光客用）の設置」といったものから公共事業や企業による建築物等の建設まで許可申請を経て行われている。

許可申請手続きの流れを説明すると、①申請者は、「守る会」委員[3]によって毎月行われる定例会の二週間前までに、自分が所属する組代表の委員に現状変更行為の内容を説明した上で、委員か世界遺産白川郷合掌造り保存財団（以下、財団という。詳細は後述する）に現状変更行為許可申請書（資料1）を提出する、②「守る会」定例会で提出された申請書の内容を審議する、③白川村教育委員会から許可／不許可の決定が下る、となっている。③はほぼ形式的なもので、実質的に許可／不許可の判断を行っているのは、「守る会」委員だといえる。ただし、この定例会には白川村教育委員会からも職員が参加し、議論に加わっている。

資料1は実際に荻町地区で使用されている現状変更行為許可申請書の一部だが、これを見ても、非常に細かいことまで明記しなければならないことがわかる。例えば建築物であれば、規模・材質・色彩・形態など細かく記入する必要がある上に、「行為前の当該現状写真」や「平面図、立面図及び配置図」などを添付しなければならないことになっている。こうした申請の是非を審議する際に「守る会」委員が参考にしているのが表1にあげたような明文化された規制である。規制の内容は時代を下るにしたがって具体的

様式 1

平成　　年　　月　　日

白川村教育委員会　様

住　所

氏　名　　　　　　　　　　印

現状変更行為許可申請書

このたび、白川村荻町伝統的建造物群保存地区内において、現状変更の行為を行いたいので、白川村荻町伝統的建造物群保存地区保存条例第6条及び同条例施行規則第2条の規定により、下記の関係書類を添えてここに許可されたく申請します。

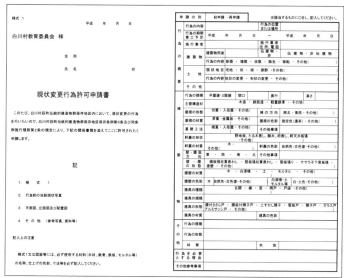

記

1. 様　式　1
2. 行為前の当該現状写真
3. 平面図、立面図及び配置図
4. その他　（参考写真、資料等）

記入上の注意

様式1又は図面等には、必ず使用する材料（木材、鉄骨、鉄板、モルタル等）の名称、仕上げの色彩、寸法等を必ず記入してください。

申請の別	初申請・再申請			

※該当するものに○をし、記入してください。

行為の概要	行為の内容		行為の位置または場所	
	行為の期間着工予定	平成　年　月　日　〜　平成　年　月　日		
	施行業者		施行業者住所、電話	
	建築物	建築物用途	伝建物・非	伝建物・非伝建物
		行為の内容	新築・増築・改築・除去・移転・その他（　）	
	土地	現状地目	宅地・田・畑・原野・その他（　）	
		行為の内容	地目の変更・形状の変更・その他（　）	
	その他			
建築物	行為の規模	平屋建・2階建	間口　　奥行　　高さ	
	主要構造材	木造・鉄筋造・軽量鉄骨・その他（　）		
	屋根の形態	切妻・入母屋・その他（　）	棟の方向	南北・東西・その他（　）
	屋根の材質	茅葺・金属板・その他（　）	屋根の色彩	指定色（濃茶）・その他（　）
	葺替工法	桟葺・入母屋・その他（　）	その他事項	
	軒裏の形状	野地板、たる木表し、腕木、桁表し、軒天井板張・その他（　）		
	軒裏の材質	木・その他（　）	軒裏の色彩	自然色・古色塗・その他（　）
	壁・腰面方向	東・西・南・北	その他事項	
	壁・腰の形態	横板張柱貫表わし・竪板張柱貫表わし・竪板張り・ササラ子下見板張・塗壁・その他（　）		
	腰壁の材質	木・白漆喰・土・モルタル・その他（　）		
	腰壁の色彩	木　自然色・古色塗・その他（　）	白漆喰・土モルタル等	白・土色・その他（　）
	建具の種類	玄関・縁・窓・雨戸・戸袋・その他（　）		
	建具の規模			
	建具の形態	腰付ささら戸・腰板付障子戸・上すかし障子・竪板戸・障子戸・ガラス戸アルミサッシ戸・その他（　）		
	建具の材質		建具の色彩	
その他	行為の規模			
	行為の形態			
	材質		色彩	
行為を必要とする理由				
その他参考事項				

資料1　現状変更行為許可申請書の一部

かつ厳密になっていっているのだが、特に世界遺産になる直前の一九九四年以降のものにその傾向が強い。

世界遺産になる前に行われた住民への説明会において、住民から規制の強化を危惧する声が上がった時、「世界遺産になっても規制は強くならない」という説明がなされたという。確かに、世界遺産になったからといって、UNESCOから新たに課せられる規制はない。国内法上で十分な保護措置を講じているものを推薦することになっているからである。しかし実際は、世界遺産登録を見越して一九九四年に「白川村自然環境の確保に関する条例」や「白川村荻町伝統的建造物群保存地区保存計画」が改正されたし、登録後の一九九九年には「白川村荻町伝統的建造物群保存地区景観保存基準」が改正され、同時に「景観保存基準におけるガイドライン」が設けられた。これは明らかに規制の強化である。さらに、より広範に景観保全の網をかけるために、二〇〇三年には「白川村景観条例」(二〇〇八年全部改正)が制定されている。

表1　明文化された規制

1971年	白川村荻町部落の自然環境を守る住民憲章
1973年	白川村自然環境の確保に関する条例
1976年	白川村伝統的建造物群保存地区保存条例
	白川村荻町伝統的建造物群保存地区保存計画
1980年	荻町から看板を失くする運動
1985年	白川村荻町伝統的建造物群保存地区景観保存基準
1994年	白川村自然環境の確保に関する条例　改正
	白川村荻町伝統的建造物群保存地区保存計画　改正
1999年	白川村荻町伝統的建造物群保存地区景観保存基準　改正
	景観保存基準におけるガイドライン
2003年	白川村景観条例
2008年	白川村景観条例　全部改正
	白川村景観計画

(3) 繰り返される「修景」

「守る会」定例会において現状変更行為許可申請を審議する際、先述したような明文化された規制とともに判断基準となるのが、「景観上良くなるかどうか」である。これには伝統的建造物群保存地区特有の「修景」という概念が深く関わっている。修景とは「地区の歴史的風致になじまない非伝統的建造物や地区内に新築される建築物を地区に調和した外観に整備する事業」[文化庁 二〇〇一:一九七]を指す。この修景の具体例として、ここでは「電線の地下埋設と街灯の選択」に関する議論を紹介したい[才津 二〇〇三b]。

世界遺産になった後、以前からカメラマンに不評だった電線の地下埋設を行うことになった。ただし、電柱は街灯も兼ねていたので、電柱を撤去した後に新たな街灯を建てる必要が出てきた。その際浮上したのが、「どのような街灯が『白川郷』の景観にふさわしいか」という問題である。これもいつも通り「守る会」定例会に申請書が出され、図面で審議を受け、許可が下りたという。それにもかかわらず、実際に建てられた街灯に対して、荻町地区の住民から「景観に合っていない」という意見が寄せられた（写真４）。そこで「守る会」委員全員で現地視察をした後、改めて「守る会」定例会で街灯に関する話し合いが持たれることになった。

定例会ではまず、新しい街灯が本当に景観に合わないのかどうかが検討された。新しい街灯は「カバーの形が『神戸の異人館』のよう」「色が明るすぎる」「見た目は従来の方（白熱電球の街灯）がいい」という意見が出て、「守る会」委員の間でも「景観に合わない」ということになった。ということは、これをさらに景観に合うものに修景しなくてはならない。最も景観に合うのは白熱電球の街灯であるというのが委員の共通認識のようだったが、白熱電球は雪で破損したり、雨や車の振動で切れることもあり、メンテナンスが大変だという理由で難色を示す意見が多かった。そこで、取り替えが少なくてすむ水銀灯で、白

写真４　「景観に合わない」とされた街灯（2001 年 4 月 28 日）

熱電球の色に近いものにするという案が出て、それにしようということになった。しかし、水銀灯にするなら、破損した場合に備えて電球を覆うカバーをつける必要がある。従来の白熱電球の街灯のイメージにはカバーがないことや、新しい街灯につけられていたカバーの形が不評だったことから、次はカバーの形が問題になった。そして、一見カバーがついていないように見せるために、電球の笠からはみ出さない大きさで、透明かつ着脱式（カバーが気になった場合、すぐはずせるように）のカバーを試作してもらうことになった。さらに、新しい街灯は、街灯の笠の形や大きさ、鉄柱と街灯の笠を繋ぐアームの形や太さ・長さも良くないということで、それらも従来の白熱電球の街灯

写真5　創り直された「景観に合う」街灯（2004年10月15日）

写真6　最も「景観に合う」街灯（2007年9月19日）

に近いものに変えるという結論に至った。なお、街灯の支柱の材質は、木柱が一番景観に合っているということになり、案内板をつける必要があるもの以外はなるべく木柱にすることに決定した。また、案内板をつけるものは、濃茶色の鉄柱を用いることになった。

「守る会」定例会では、こうした議論が日常的に行われており、午後七時か七時半から始まって、討議が白熱した場合には深夜まで続くこともある。

その後、この日の話し合い通りの試作品が完成し、「守る会」委員の承認を得て、建てられた（写真5）。写真4の街灯もすべてこれに建て替えられ、今ではもう見ることはできない。また、さらに後日「白川郷」に行くと、メインストリートには支柱が木のものが建てられていた（写真6）。これが「最も景観に合う」街灯であるが、いかがだろうか。

いくら景観に良いといわれても、現代の生活に合ったものでなければ困る。そこで「本物」の追求よりも「本物らしさ」の追求が重要となる。街灯の事例でいえば、「白熱電球の街灯」は現状にそぐわないため、「白熱電球の街灯モドキ」を創るわけである。しかし、白川村伝統的建造物群保存地区審議会（白川村教育委員会が委嘱した、村内外の学識経験者、関係行政機関の職員、関係地域を代表する者等一〇名程度からなる組織）委員でもある建造物の専門家によれば、「偽物」はだめだという［才津 二〇〇六b］。かくして伝統的建造物群保存地区では、大量の「モドキ」が創られているのである。

このような修景行為によって「白川郷」は伝統的建造物群保存地区に選定された時点よりも整った景観に再創造されている。そして、当初建てられた街灯に住民から「景観に合っていない」というクレームがきたことや「守る会」定例会の審議の場で「景観に合うかどうか」が常に重要な判断基準となっていることからわかるように、「白川郷」では住民の間で文化財／文化遺産をまもるための規制がかなり身体化されているように見える。世界遺産という「誇り」は、その身体化を加速したようでもある。

4 世界遺産「白川郷」を支えているもの

ここまで見てきたように、「守る会」の設立と現在まで続く活動が中心となって「白川郷」はまもられてきた。しかしそれだけではない。「白川郷」で調査をしていてわかるのは、荻町地区で暮らす人々の多くが何らかの形で文化遺産の保全に携わっているということである。

特に重要なのが、2―（4）で若干触れた「組」という近隣組織の存在である。組単位で行うこととしては、まず様々な相互扶助（屋根葺き・結婚式・葬式・火の番まわり・頼母子講等）や毎月の寄合があげられる。このほか、七年に一度の祭り当番やＰＴＡ・婦人会の役職等も組単位で回ってくる。「守る会」

との関係でいえば、各組の代表者である伍長が「守る会」委員となり、毎月「守る会」の定例会に出席して、審議内容を組ごとの寄合で報告している。「守る会」が設立する際、「大寄合い」という住民総会で承認されたことは先述したが、「大寄合い」が十分に機能しているのも日頃の組単位での活動が盛んであるからだといえるだろう。

現在でも毎年「大寄合い」の際には、「守る会」の代表が一年間の活動報告をすることになっている。3―(2)で述べた明文化された様々な規制も、「大寄合い」での承認を経ているのである。それはおそらく単に荻町地区の全世帯が「守る会」の会員であるからというのではない。むしろこうした従来からある組や寄合といったシステムに「守る会」の活動を上手く乗せることができたからこそ、保存運動は成功したといえるだろう。換言すれば、「守る会」委員たちの活動は今も常に荻町地区全体が支えているということになる。

また、「白川郷」を対象とした文化遺産研究においてほとんどふれられることはないが、「合掌造り」の保存に対する女性の力も大いに評価すべきものである。

「守る会」の発足当時の活動として、「合掌造り」の観光資源としての活用があり、最も進められたのが民宿としての活用だったことは先述した。ただし、「合掌造り」の民宿としての活用は、「守る会」結成の少し前から始まっていた。その流れが「守る会」の活動とともに広がり、「合掌造り」民宿の数は増えていったのである。伝統的建造物群保存地区内に残っている「合掌造り」の主屋六一棟のうち、約三分の一が民宿を経営している。これは「合掌造り」主屋の用途で一番多い。つまり、「白川郷」において民宿とは「合掌造り」という文化遺産の最も有用な保存／活用装置だといえる［才津 二〇〇三a］。

一方、「民宿」と呼ばれる宿泊施設は、一般に旅館よりも規模が小さく家族経営が中心である。ただし、家族経営とはいっても労働の内容は家庭内で「女性の労働」に位置づけられているものが大半であり、荻町地区では民宿を副業としている家がほとんどということもあって、民宿の実質的な担い手は各家の女性たちである場合が多い（男性は別の本業を持っている）。民宿の労働は過酷で、早朝から深夜まで断続的に続く上、家族のための家事労働もあり、女性たちはほぼ休む間もなく働いている状態である。民宿が「合掌造り」の保存／活用に果たした役割は大きいが、それを支えてきたのは各民宿の女性たちなのである。

このほか、新しい組織だが、一九九七年に設立された財団の存在も大きい［才津 二〇〇六b］。財団の主な事業は、世界遺産集落の保存のための修理事業、修景事業、地域活性化事業、調査・普及事業、受託事業（二カ所の村営駐車場や「総合案内であいの館」の受託管理）である［世界遺産白川郷合掌造り保存財団 online:jigyou.html］。これによって、文化財保護法に基づいた補助制度では対象にならなかった修理や修景に対しても助成金が出るようになり、荻町地区の人々に規制に則した形での修理・修景をしてもらいやすくなった。地域活性化事業としては、「守る会」の年間活動費の助成も行っている。

5　生きている文化遺産のゆくえ

世界遺産「白川郷」で暮らすことは、文化遺産の保全を日常として抱え込むことにほかならない。私が「白川郷」に通うようになってから十数年が過ぎたが、その傾向は年々強化されているようである。しかし、それはどこにでも可能なことではない。多くの住民が当事者意識をもって、互いに意思疎通を図りながら、文化遺産をまもっていくことができているのは、長い間かけて育まれてきた住民組織の持つ底力だといえるからである。しかしながらそれは、ほかの文化遺産にはほかの文化遺産なりのまもる方法があるということでもあるだろう。

また、「白川郷」が教えてくれるのは、「文化遺産をまもること」とは「文化（遺産）を再創造すること」だということである。これは特に伝統的建造物群保存地区に顕著に見られるものであるが、ほかの文化遺産に関しても大なり小なり同じことが指摘できるだろう。「無形の文化遺産は変化するが、有形の文化遺産は変わらない」という言説を聞くことがあるが、そんなことはないのである。「文化」とは、そもそも変化するものであることを考えれば、それは当然のことだといえるかもしれない。とするならば、こうした変化を前提に文化を保全（そのものをそのままの形で遺すことを指す保存とは違い、保全という言葉にはある程度の変化は許容しながら持続可能な形で継承していくという意味が含まれているという）していく場合問題になるのは、「何をどこまで保っていればいいのか」ということだろう。

「白川郷」で、ある「合掌造り」保有者と談笑していた際に、次のように言われたことがある。『合掌造り』は祖先から受け継いできた大切な世界遺産だし、是非とも次の世代に受け継いでいってほしい。しかし、次世代にバトンタッチしていくためには、『合掌造り』を次世代が苦労しないで維持していけるようなものにしなければならない。だから、これまでも内部は暮らしやすいように改築してきた。今後は、例えば、屋根を葺き替えないでいいように、プラスチックか何かで藁にそっくりのものを作ってほしいし、雪下ろしをしなくて済むように、屋根が羽のように動いてパタパタと動かしたら雪が落ちるような仕組みを作ってほしい。そういうことを『白川郷』を研究している人たちに考えてほしい」と。そこで私はその時心に浮かんだ素朴な疑問を口に出してみた。「内部も変えて、屋根も変えて、一体『合掌造り』という『文化遺産』のどこが次の世代に受け継ぐべきところなんでしょうか？　外観の形だけですか？」。その方は黙ってしまい、答えを聞くことはできなかった。

こうした発言は、文化遺産をまもっていくことの大変さからきていることはわかっている。ただ、時々思うのである。文化遺産として考えた際、「白川郷」で現役の「合掌造り」と博物館施設等に移築された「合掌造り」なら、どちらが「本物」といえるのだろうか、と。あるいは、どちらが「文化を遺している」といえるのだろうか、と。「白川郷」の「合掌造り」は、屋根と軸部（建物の骨組みとなる部分）以外はかなり変更されている。他方、博物館施設等に移築された「合掌造り」は、移築された数十年前の姿を遺しているものが多い。これまでの文化遺産保護制度の流れでいえば、移築されたものよりも現地で実際に使用されているものの方が、より「本物」だということになるのかもしれない。私自身もその見解に異論があるわけではない。しかしながら、文化遺産保護制度の難しいところは、現地に存在する、生きている文化であれば、いかなる変化も容認するとはなっていないことである。もちろんそれは、保護制度としてはしごく当たり前のことだといえる。

では、どこまでの変化なら許容できる（文化遺産をまもっているといえる）のだろうか？　無形の文化遺産である無形民俗文化財などは、常にその変化が問題視されている［才津 二〇〇六ａ］のだが、こうした問題は、程度の差こそあれ、実はどの種類の文化遺産にもいえることである。結局、文化遺産の多様性を求めた一つの帰結として生きている文化遺産が増加している今日、継承のあり方もまた多様性が求められているということなのではないだろうか。そしてそれはきっと「実際の担い手たちがどう継承したいのか／どうすれば継承していけるのか」ということと深く関わってくるのだろう。

※写真撮影は、すべて筆者による。

（1）近世の史料にも「大家族制」の存在を窺わせる記述が散見されるが、のちに「大家族制」と呼ばれる家族制度の詳細を最初に紹介したのは藤森峯三の「飛驒ノ風俗及其他」［藤森 一八八八］だった。
（2）二〇〇九年九月からは大型車両の通行規制、二〇一四年四月からは観光車両（自家用車）の通行規制を行っている。
（3）「守る会」委員とは、地区選出村議会議員（全員）、組代表（各一名）、地区女性協議会代表（二名）、地区青年会代表（一名）、地区内営業団体（宿泊業、食堂業、土産販売業、一般小売業）から推薦されたもの（各一名）、その他会長が推薦するもの（若干名）からなる組織である。この中から、会長（一名）、副会長（一名）、事務局長（一名）、部長（四名）を互選することになっている。委員および役員の任期は二年で、村議会議員、女性協議会代表および青年会代表は、それぞれの在任期間中となっている。荻町地区の人口数（約六〇〇）と役員および委員の対象となる年齢層の人口数から考えれば、荻町地区の少なからぬ人が委員を経験していることがわかる。

参考文献

相川春喜　一九三五「飛驒白川村『大家族制』の踏査並に研究（上）」『歴史科学』四―一〇、一五一―一六五頁
板谷静夫さん所蔵資料　一九七六「伝統的建造物群保存地区指定（選定）に関して荻町区民との懇談会経過報告」
江馬三枝子　一九三六「三味線をひく村男――隨筆風に」『ひだびと』四―二、二―五頁

大間知篤三　一九四三（初出は一九三五年）「御母衣の家刀自」『神津の花正月』六人社、一三五―一三七頁
小島久美　二〇〇八「鳥越憲三郎メモリアル――日本で初めて野外博物館を創った男」大阪府文化財センター・日本民家集落博物館・大阪府立弥生文化博物館・大阪府立近つ飛鳥博物館著、大阪府文化財センター編『財団法人大阪府文化財センター・日本民家集落博物館・大阪府立弥生文化博物館・大阪府立近つ飛鳥博物館共同研究成果報告書　二〇〇六年度』大阪府文化財センター、九―二五頁
今和次郎　一九二二『日本の民家――田園生活者の住家』鈴木書店
才津祐美子　二〇〇三a「文化遺産の保存／活用装置としての民宿と女性労働――白川村荻町地区の事例から」石森秀三・安福恵美子編『観光とジェンダー』国立民族学博物館調査報告三七、七一―九五頁
――　二〇〇三b「世界遺産『白川郷』の『記憶』」岩本通弥編『現代民俗誌の地平三――記憶』朝倉書店、二〇四―二二七頁
――　二〇〇三c「『白川郷』における世界遺産登録の影響について」『旅の文化研究所研究報告』一二、一〇一―一〇八頁
――　二〇〇六a「『民俗』の『文化遺産』化をめぐる理念と実践のゆくえ」『日本民俗学』二四七、一六九―一九四頁
――　二〇〇六b「世界遺産の保全と住民生活――『白川郷』を事例として」『環境社会学研究』一二、二三―四〇頁
――　二〇〇八「白川村発見――『大家族制』論の系譜とその波紋」小松和彦還暦記念論集刊行会編『日本文化の人類学／異文化の民俗学』法藏館、四三〇―四五一頁
白川村教育委員会　一九七五『白川村荻町伝統的建造物群保存地区調査報告書　昭和四九年度』白川村教育委員会
白川村史編さん委員会編　一九九八『新編白川村史』中巻　白川村
白川村役場「合掌造りとは」http://shirakawa-go.org/kankou/siru/yomu/146/（二〇一四年九月一日）

——「白川村の観光統計」http://shirakawa-go.org/mura/toukei/2580/（二〇一四年六月二六日）
白川村役場商工観光課　二〇〇一『古心巡礼』白川村
杉本尚次　一九九八「民家の保存・再生・活用——民家野外博物館を中心として」『民俗建築』一一三、七六—八二頁
世界遺産白川郷合掌造り保存財団「事業説明」http://shirakawa-go.org/zaidan/jigyou.html（二〇一四年九月一日）
関野克・伊藤延男　一九五七「荘白川地方の建築について」岐阜県教育委員会『荘白川綜合学術調査報告書』上　岐阜県教育委員会、一一五—一三八頁
竹内芳太郎　一九二三「飛騨白川村の民家」『早稲田建築學報』二（民家研究会編一九八六『復刻　民家』一　柏書房、五一一—五一六頁、五四一—五四四頁、五六三—五六四頁、五八九—五九二頁　所収）
——一九七八『年輪の記——ある建築家の自画像』相模書房
藤森峯三　一八八八「飛騨ノ風俗及其他」『東京人類學會雜誌』三—二九、三〇五—三一一頁
藤森照信　一九八九「解説」今和次郎『日本の民家』岩波文庫、三三三—三五一頁
ブルーノ・タウト　一九三九（篠田英雄訳）『日本美の再發見——建築學的考察』岩波新書
文化庁　二〇〇一『文化財保護法五十年史』ぎょうせい
——「白川郷・五箇山の合掌造集落（世界遺産登録年：一九九五年）」http://bunka.nii.ac.jp/jp/world/h_04.html（二〇一四年九月一日）

無形遺産条約と日韓の文化財保護法
――その対応の相違

岩本　通弥

はじめに――合わせ鏡としての日韓

本章は、日本と韓国の文化政策が、それぞれ一九九〇年頃から調印しはじめる国際連合教育科学文化機関（以下、ユネスコ）の二つの文化遺産に関わる条約の「受諾」をめぐり、国際条約という世界標準＝グローバル・スタンダードに、どのように対応しようとしてきたのか、両者を合わせ鏡のように比較対照することによって、日本（韓国）の文化財／文化遺産システム[1]のあり様の特質を浮き彫りにしたい。

日韓はともに「文化財保護法」という同名の法律を持つとともに、そこに無形文化という〝非物質的〟な文化財を保護する仕組みを、世界に先駆けて整えてきた。詳しくは後述するように、同法を日本は一九五〇年に、韓国は一九六二年に制定するが、独自の保護体系を有するとして、いわゆる世界遺産、ユネスコで一九七二年に採択された「世界の文化遺産及び自然遺産の保護に関する条約」(以下、世界遺産条約)を、長い間、批准してこなかった。基本的に人類にとっての「顕著な普遍的な価値(Outstanding Universal Value)」(以下、OUV)が一番の登録基準となる世界遺産条約を、日本が締結するのは一九九二年のことであり(韓国は一九八八年)、先進国では最後の、世界で一二四番目の締約国だった。ちなみに万里の長城や、周口店北京原人遺跡、秦始皇帝陵をはじめ、世界有数のOUV遺産を数多く有する中国は、一九八五年に調印している(2)。

このような有形の記念物や建造物・遺跡を基軸に展開した世界遺産条約に対し、それとは本質的に異なる不定形な無形の文化財/文化遺産に対する保護施策を内蔵した特異な法制度の下で、豊富な経験や実例を積み重ねてきた日本は、「無形文化遺産の保護に関する条約」(以下、無形遺産条約)に関しては、世界で三番目の締結国として、その策定段階から韓国とともに国際的にも多大な役割を果たしてきた(3)。二〇〇一年の「人類の口承及び無形遺産の傑作の宣言」を経て、二〇〇三年の第三二回ユネスコ総会において採択され、締結国が三〇カ国に達した二〇〇六年に無形遺産条約は発効したが、無形という行為者の技能的な知識や経験から、その「時空」限りで産み出される「わざ」=技芸や演技・行為といった〝形態のない〟文化を保護対象に含めてきた日韓は、条文の作成交渉の最初から議論を牽引していった。ところが、二〇一〇年を境に、主導権がユネスコ事務局側に移行する流れの中で、両国の当初の思惑は外れ出し、国内法との整合性や他国との熾烈な代表リスト(代表一覧表)登載競争、またその理念の調整や変更など、グローバル・ポリティクスの中で翻弄されはじめていく。

筆者は二〇〇八年度から二〇一〇年度まで行われた日本学術振興会の科学研究費補助金による共同研究に基づき、先年、岩本通弥編『世界遺産時代の民俗学――グローバル・スタンダードの受容をめぐる日韓比較』（風響社、二〇一三年二月）を上梓した。同じく科学研究費の学術図書助成による刊行であり、審査期間が含まれるため、刊行日と原稿執筆時とではかなりの時間的間隙が生じた。序文に記された日付の二〇一一年九月が示すように、助成申請時のこの時点までの日韓両国の文化的対応（受容の仕方）を対象としたが、本章はその後の展開も含めて論じたい。ただし、基本的論点は諸前提として再度紹介せざるを得ないため、同書掲載の筆者論文等と重複の多いことをあらかじめ断っておく。

この論文集の総説的な序章において、筆者は「日韓の文化財保護法――乖離と近接化」と題した一節を設け、両国の文化財保護法の類似点と相違点を、箇条書き的に列記した［岩本 二〇一三］。およそ半世紀前の法律公布当時は極めて類似していた条文・条項構成や制度が、時間が経つにつれて乖離していったこと、ところが、グローバル・スタンダードであるユネスコ二条約の「批准（Ratification）」によって、均質化される側面も現れてきたことなどを論じた。拡大する一方だった懸隔は、両国の歴史的蓄積によるヴァナキュラーな文化適応、すなわち政治的・経済的・社会的コンテキストによる、文化の相違が顕在化したものだといえるが、昨今の近接化してきた別なベクトルは、国際標準に合わせたがゆえの収斂である。ただ、そこにも両者の対応には、相応の違いが認められる点に、本章は焦点化される。

箇条書き的に論じた諸特徴は、前論文執筆時より、より鮮明化してきたと思われるが、少し先回り的に付け加えるならば、乖離が進んだのは文化財保護法を幾度も大胆に変革し続けた韓国側の動きによるところが大きい。日本側の法律改定は、常に付加的であって、かつ部分的なものにすぎず、あまり大幅な変化を好まない傾向にある。前稿執筆時からの三年半の間にも、韓国の方は更なる法律や組織の体系的な大改革を志向しており、条文変更の兆しすら見せようとしない日本とは好対照である。

この三年余の間で最大の画期ともいうべき変化は、二〇一三年に日本からは和食（正式には「和食：日本人の伝統的な食文化」）が、韓国からはキムチ作り（正式には「キムジャン文化：キムチのつくり方とその共有」）が、ユネスコの無形遺産（Intangible Cultural Heritage）の代表リストに登載されたことである。文化財保護法には未指定のものを代表リストに登載することなど、当初は予想だにしていなかったから、両国ともグローバル・ポリティクスの渦の中で大転換を迫られたといえる。後でも補足するが、韓国ではこれに合わせて文化財庁内に、二〇一三年一〇月、まずは国立無形遺産院という新たな附属機関を設置したのに加え、文化財保護法では今後の代表リスト登載に対応できないとして、文化財保護法の中から無形文化遺産を独立させ、別箇に「(仮称) 無形文化遺産の保全及び振興に関する法律」(以下、新法案)を制定する準備を整えるなど、更なる大転換を図ろうとしている。[4] それに対して、和食という文化財保護法の対象外のものが、無形遺産登録されても、農水省の先導で始まったとはいえ、日本では文化財保護法に関して、特段、新しい法律を作るといった話は全くといってよいほど聞こえてこない。

ユネスコ勤務の七海ゆみ子によれば、国際条約は「受諾（Acceptance）」によって成立する。受諾とは「国会承認を経てユネスコ事務局長に受諾書を寄託すること」を指し、国が「条約によって統一された規格（国際的な標準）を課せられることに自ら同意すること」［七海 二〇一二：二三〜二五］だとされる。結局のところ、日韓ではこの「受諾」に対する姿勢が、正反対なのだといっても過言ではない。

1　二つの復元事業――佐渡奉行所とソウル南大門

筆者がこの問題に関心を持たざるを得なくなったのは、一九九〇年代後半からである。それまで馴染んできた文化財の捉え方を揺さぶられる現実に、遭遇する機会が度重なってきたことによる。筆者が小学校低学年の頃から、毎年一一月一日からの一週間、文化財愛護週間に、繰り返し教わってきたのは、「法隆寺は世界最古の木造建築」だというフレーズであり、それと対になった「夏草や兵どもが夢の跡」という芭蕉の句である。法隆寺はその再建非再建論争はさておき、戦火や自然災害などの災禍から免れて、飛鳥時代の建築をそのまま現在にまで継続的に伝えているからこそ、貴重なのであり、平泉の栄華を築いた館の跡も、そこに存在したという史跡としての事実（史実）に価値があるのだと習ってきた。一九四九年の法隆寺金堂の火災焼損が契機となって文化財保護法が作られたと学んだ情景や、毎年、小学校の廊下に貼られていた文化財愛護週間のポスターが、一九六六年まで封書用の十円普通切手の図案が法隆寺金堂壁画の焼失した菩薩の顔であった記憶とともに、脳裏深くに沈殿している。筆者と同世代以上の者には、文化財の価値観に関しては、そうした理解の方がたぶん一般的だろう。

そのような認識のままに、筆者が一九七九年から長期的なフィールド・ワークの地として関わってきた新潟県佐渡相川において、いわば、出くわしてしまったのが、写真1・2の光景であった。一国天領であった佐渡には、徳川幕府の財政を支えた金銀山や、その関連諸施設の集中する中核地・相川町に佐渡奉行所が置かれていた。だが、一九四二年に旧奉行所の建物が火災で全焼し、その翌年、一九二九年に指定

写真1　佐渡奉行所の復元（2002年3月）

写真２　復元の立て看板（2002年９月）

された国の史跡指定は解除される。戦後は中学校の校舎が建っていたが、その校舎が老朽化したことから、旧相川町（平成の大合併で佐渡市に全島統合）は校舎新築か特養老人ホームの建造を計画する。しかし、そこに国から「待った」が掛かる。一九九二年度から「歴史ロマン再生事業」を進めていた文化庁は、飛騨高山の陣屋跡の整備等が観光的に成功したことから、陣屋や代官所の上位である奉行所遺構があるのは全国に佐渡だけであり、まちづくりに活かせと町を説き伏せて、一九九四年に他の七つの史跡と合わせて再度、国史跡に指定する。それと同時に、奉行所の「立体復原」[5]計画が示され、発掘調査ののち一九九七年から二〇〇八年の一二年間の国庫補助事業が確約され、同事業は開始される。

　写真1は二〇〇一年に復元された奉行所の御役所と呼ばれる中心的建物と正門であるが、その公開とともに写真2のような看板が立てられた。ここにある「復元しました」「本物です」とは一体何を意味するのか、その違和感を関係者に問い質していくと、町の文化財担当者は、安政年間の図面を元に、焼失した建物を鉄筋やコンクリートなどの現代工法に依らず、当時の建築技法や様式に従って木造再現されたことから「復元」なのだと答えた上で、いずれこれ自体も文化財になると、文化庁関係者から説明を受けたので、「本物」だと表記したとのことだった。[6]往

時の建築様式と技法に則っているがゆえに、本物だとする論理には、当初、その虚構性に胡散臭さを覚えたが、実のところ、むしろグローバルなレベルにおいては、それがすでにスタンダードになっていたのである。

二〇〇八年二月、韓国の国宝第一号・ソウルの南大門（崇礼門）が放火され、石垣の門を残してその木造楼閣部分はほぼ全焼した。国宝指定が解除になると思いきや(7)、二〇〇六年の補修の際に行った楼閣などの精密な測定により復元は可能だとし、二〇一三年五月四日には「崇礼門復元記念式典」が盛大に催された。再現に当たっては在来工法が用いられたのはもちろん、作業者は伝統的な民族衣装で正装し、復元工事自体が儀式的な様相を呈した(8)。さらに火災前の日本統治時代に一・六メートル高くなっていた周囲の地盤を創建当初の高さに戻したり、一九〇七年に取り壊された城門から伸びた両側の城壁の一部を元に戻すなど、「原形」の再現に重点が置かれた。焼失前や日本統治時代を飛び越えて、新聞紙上の表現では「六一五年前の姿を取り戻した」（『中央日報』同年四月三〇日付）と誇らしげに謳われ、国宝第一号の地位は何ら揺らがなかった。一九九七年に世界遺産登録された水原華城も、朝鮮戦争等で大部分が破損・焼失していたが、『華城城役儀軌』という築城記録から復原されている。最古の木造建築といったような連続性への拘わりは、日本のみで流通していた古い価値観の囚われにすぎなかった。しかし、このような文化財観は、何も日本に限定されたものではなく、以前は韓国でも同様であった。

二〇一〇年冬にソウルを訪れた際、東大門（興仁之門）の北側の城壁上に建つプロテスタントの東大門教会の撤去が、写真3にように問題となっていた。礼拝堂の壁面にはハングルで「東大門と一緒になった一二〇年の歴史、私たちの遺産です」と書かれてあり、左側の塀には小さく「東大門城郭公園」の文字が見えている。ソウルは朝鮮王朝時代には宮殿・官衙・市街全体が城壁で囲われた城郭都市であり、山城の間を結び、風水上の龍脈（気の流れる脈）として城壁が築かれた。城郭都市は都城と呼ばれるが、遅々として進まなかった修復事業が、「漢城都城」として世界遺産に登録する論議が浮上するや否や、ソウル市は二〇一二年の暫定登録を目指し、ピッチを速め、この教会の撤去問題が焦眉の急を告げてきた。「東大門城郭公園」の文字は、この教会脇まで改修工事が進んできたことを示していた。

写真3　東大門教会とソウル城郭（2010年12月）

新聞メディアを見る限り、例えば「六〇〇年の漢陽都城生かすため、一二〇〇年の教会を壊す？　歴史は歳月順なのか」と題した『中央日報』（二〇一三年一二月五日付）のように、東大門教会も「韓国の近現代史の記憶を大切に保存している由緒ある場所」だとする論調の議論の方が根強かった。この記事では、エジプトの一九七九年に世界遺産登録されたルクソール神殿の事例が紹介される。中庭に一三世紀に建ったイスラーム聖人のためのモスクや、神殿後方に紀元前四世紀のマケドニアのアレクサンダー大王の造らせた礼拝堂があるほか、紀元前三〇〇年から六〇〇年以上にわたり、この地を統治したローマによって伝えられたキリスト教の遺跡群も混在している、その実態を引き合いに出し、「これらすべてのものがルクソール神殿、さらにはエジプトの辛い歴史を物語るというガイドの説明に、自然とうなずいた」と論じている。しかし、二〇一四年五月に再度東大門を訪れると、テント小屋で抵抗の蠟燭祈禱会が続けられてはいたが、その年の一月、土地収用法に基づき、強制収容がなされ、写真4のように礼拝堂は取り壊されていた。

撤去側の強い論拠となり、反対の保存運動が打ち破ることができなかったのは、世界遺産条約の批准によって強化された文化財保護法上の「原形保存の原則」であった。一九九九年の同法改定で、異種並存の歴史より、城郭の「原形」を復原する〈復原主義〉[9]が優先されていく。日韓の文化財行政における複雑な交錯の歴史は、改めて後述するが、日本の植民地時代、朝鮮総督府令第一三六号として一九三三年に制定された朝鮮宝物古蹟名勝天然紀念物保存令によって、宝物第一号に南大門が、宝物第二号には東大門が指定される。日本本土内では一九二九年の国宝保存法の制定から「国宝」の称号が使用されるが、植民地ではその語の使用が許されず、「宝物」という名が代用された。第二次世界大戦後、独立した韓国では一九六二年に文化財保護法が公布され、「宝物に該当する文化財の中でも人類文化の見地から、その価値が高く、類例のごく少ないもの」を、「国宝」指定することになったが、その際、南大門が国宝第一号に、東大門は宝物第一号となり、ランク上の相違が生じた。その理由とされてきたのは、東大門は朝鮮太祖七年（一三九八）に完成したが、端宗元年（一四五三）に再建され、現在の門は高宗六年（一八六九）に建った新築造だとするもので[10]、同法公布当時には日本と同様、復原された「原形」よりも、継続してきた連続性に価値が置かれていたことがわかる。焼失した南大門が「原形」復原によって国宝第一号の地位を揺るがされなかったのは、すでにグロー

写真4　撤去された東大門教会と東大門（2014年5月）

バル・スタンダードに転換していた証であった。

2 文化財保護法の誕生と日韓類似の歴史的交錯性

日韓の文化財保護法は先行研究に従えば、条文の文言をはじめ、世界的には珍しい民俗資料や無形文化財を保護対象に包含するなど、外形的に近似する法律条項や法体系を持つとされてきた［大橋 二〇〇四；呉 二〇〇五］。一九五〇年に施行され、五四年に改正された日本の文化財保護法に対し、六二年施行の韓国の同法が、特に日本の五四年改定条項を大幅に受容したことは多くの論者が認めている。

近似しているのは、単に日本の法律を真似たというのではなく、交錯した両者の歴史が深く連動していることによる。一九一〇年の日韓併合後、日本植民地期に朝鮮総督府が、関野貞や鳥居龍蔵ら日本の内務省系の学者を動員して行った「韓国建築調査」や朝鮮「古蹟調査」は、一九一六年に至ると博物館設立の目的で本格化し、その遺物収集を裏づけるため、総督府令第五二号の「古蹟及遺物保存規則」となって結実する。これが日本の文化財保護法の前身となった一九一九年施行の「史蹟名勝天然紀念物保存法」のモデルになっており、その植民地適用が前述した一九三三年制定の「朝鮮宝物古蹟名勝天然紀念物保存令」であるが、保存規則の不備を補完し、かつ独立後もこの保存令の効力が持続した。一九五〇年に勃発した朝鮮戦争で、文化財の積極的保存は注目を集めたが、朴正熙政権が成立すると、旧法令の整備に関する特別措置法の発効で、旧法令はすべて一九六二年一月二〇日を期して廃止されることとなる。そうした時間的制約の中で、韓国の文化財保護法は同年一月一〇日付で日本の五四年改正法を「便宜的に大挙引用しながら誕生」した［丁 二〇一三：九三］。法律の淵源が両者の相互作用で形成されたため、類似するのは当然だともいえるが、元はたとえ異母兄弟だったとしても、どのように成長していったか、本章では類似性よりも、歴史的政治的な状況が反映された、その後の乖離の仕方を主軸に概観していこう。

韓国同法第二条は「文化財」のカテゴリを定義するが、そのうち例えば「民俗資料」は「衣食住、生業、信仰、年中行事などに関する風俗習慣とこれに使用する衣服、器具、家屋、その他のもので国民生活の推移を理解するのに不可欠なもの（以下、民俗資料と呼ぶ）」とあり、これは五四年改定の日本の条文とほぼ同文である。「民俗資料」は、韓国でも二〇一〇年改定で日本と同じ「民俗文化財」に改称されるが、一方、二〇〇四年改定以降の日本の現行法では、「衣食住、生業、信仰、年中行事等に関する風俗慣習、民俗芸能、民俗技術及びこれらに用いられる衣服、器具、家屋その他の物件で我が国民の生活の推移の理解のため欠くことのできないもの（以下「民俗文化財」という。）」（傍点筆者）と定義される。異なっているのは、傍点を付した「風俗慣習」「民俗芸能」「民俗技術」の三つが並列された点であるが、これは「民俗芸能」が一九七五年に、「民俗技術」が二〇〇四年に追加されたからであり、一九五四年から七五年改定以前は、この民俗資料に限らず、両国の文化財システムはほぼ一致していたといえる。

日本の文化財保護法は、前述したように法隆寺金堂壁画の焼失を一つの契機に、文化財を総合的に保護するため、戦前の先行法令を統合する形で発布される。一八九七年の古社寺保存法から一九二九年の国宝保存法、一九三三年の重要美術品等ノ保存ニ関スル法律を経て、網羅的に把捉された国宝・重要美術品・建築物という有形文化財系統の法律と、一九一九年制定の史跡名勝天然記念物の別系統があったが、これに無形文化財と民俗資料・考古資料を新たに加え、一九五〇年、一つの法律に統合された。中村淳は日本の同法の展開を「文化財カテゴリの拡充と〈寄せ集め〉」［中村 二〇一三：七五］だと評しているが、公布された一九五〇年段階の最初のカテゴリは、民俗資料と考古資料は有形文化財に含められ、①有形文化財、②無形文化財、③史跡名勝天然記念物の三種からスタートする。

最初の大幅改定は一九五四年で、施策の具現化のため文化財専門審議会の中に設置された民俗資料部会の提言により、有形文化財から民俗資料が分立した。文化財のカテゴリが①有形文化財、②無形文化財、③民俗資料、④記念物の四種となり、民俗資料は「衣食住、生業、信仰、年中行事等に関する風俗慣習及びこれらに用いられる衣服、器具、家屋その他の物件で我が国民の生活の推移の理解のため欠くことのできないもの」（傍点筆者）と定義される。傍点部分が無形の民俗資料で、及び以下の文言で有形の民俗資料を示す構成となっている。またこの際、カテゴリ②の無形文化財とともに、重要無形文化財、重要民俗資料という指定制度が導入されたが[11]、重要民俗資料は有形民俗資料に限定され、無形のものは時代とともに変化するので、記録作成等の措置をとれば良いとされた。日本法のカテゴリ拡充はその後も続くが、韓国の同法はこの五四年改定の四種のカテゴリ体系を、現在まで変更していない。

3　乖離する日韓の文化財保護法

日本では文化財の種類が付加・拡充する方向で展開し、一九七五年改定に「伝統的建造物群」が、またユネスコが「世界遺産条約履行のための作業指針」の中に〝Cultural landscape〟概念を盛り込んだことへの対応として、二〇〇四年改定で「文化的景観」が追加された。したがって、現行の文化財カテゴリは

①有形文化財、②無形文化財、③民俗資料、④記念物、⑤文化的景観、⑥伝統的建造物群の六種あるが、一九七五年に改称した民俗文化財の中には、民俗芸能が並列されるとともに、無形民俗文化財にも指定制度が導入されて、「重要無形民俗文化財」が誕生する。専門外の人にはなかなか理解しにくいことではあるが、日本では重要無形文化財と重要無形民俗文化財の二種類が存在することとなる。

今では、歌舞伎をはじめ能楽や浄瑠璃、落語など、家元制度でも支えられた古典芸能であり、かつ舞台芸術で、各個認定された名人（保持者）は通称「人間国宝」と呼ばれるのが重要無形文化財[12]であるのに対し、地方のローカルな保存会等が単位となって行われる郷土芸能等が、重要無形民俗文化財だという言い方で、ある程度の説明は可能である。ただ、七五年以前に無形文化財で選択された「民俗芸能」も存在するので、厳密な言い方ではないが、重要無形文化財／重要無形民俗文化財は、ナショナルなもの／ローカルなものという認識が、日本では民俗学者を含めて内在化している。これに対して重要無形文化財しか類別のない韓国人の目からすれば、韓国では古武道[13]も無形文化財として指定され、研究も蓄積されているのに、なぜ日本では伝統弓道や大相撲は対象化されないのか？　といった疑問が投げかけられる。

別な言い方をするならば、韓国には無形民俗文化財というカテゴリが存在しない。無形文化財に一元化されており、家元制度による習い事やお稽古事の発達した日本の特殊事情も起因していようが、ユネスコの無形遺産条約からすれば、宮中祭祀や宮中舞踊（例えば宗廟祭礼楽や處容舞）と民間の郷土芸能などとを区別しない韓国の方が、グローバル・スタンダードに適っている。日本ではこのように新たな保護対象が見出された場合、文化財の新たなカテゴリを新設し、並列させて拡充する傾向にあるが、韓国の場合、例えば世界遺産の〝Cultural landscape〟も、記念物の種目で対応可能としたのと同様、民俗芸能や民俗技術といった新概念の分立を許さない。日本のような並列では、「民俗芸能」や「民俗技術」があたかも「風俗習慣」ではないかのような論理矛盾が生起する。理を追究する朱子学（性理学）の知的伝統なのか、韓国にはそのような矛盾を正し、論理的一貫性を重視する精神風土が根付いている。

韓国では一九八四年、日本では一九七五年に文化財カテゴリに付加した伝統的建造物群に対する保護施策を、文化財保護法とは別個の法律として伝統建造物保存法を制定した。「伝統的建造物の滅失と棄損を防止」し、「原形を維持」し保存するため、「周囲の環境と一体をなして歴史的価値を形成」している場合、その地域全体を「伝統建造物保存地区」に指定可能にする、一歩踏み込んだ保護施策ではあった。だが、居住者の財産権を制限し、生活の不便を強いる結果となったため、一九九九年に廃止法案が成立し、同法は廃止された(14)。矛盾や曖昧さを残したまま運用していくやり方を好まず、論理体系性を重視し、ためらわず改変する思想的風土が、ユネスコ標準に合わせた、今度の新法案にも作用していよう。

4　運用の異なる文化財の保護と管理

日韓の文化財保護システムの相違について、細かい点は別稿［岩本 二〇一三］に譲るが、もう一点対極的な違いを紹介すれば、それは地方自治体の文化財の扱いである。日本の文化財保護法では、第一八二条第二項において都道府県や市町村の地方自治体は、国指定の文化財以外に関し、「当該地方公共団体の区域内に存するもののうち重要なものを指定して、その保存及び活用のため必要な措置を講ずることができる」と規定する。それらローカルな文化財は、それぞれの地方自治体が独自に設けた各「文化財保護条例」で設定されるのに対し、韓国では最初から同法により一元的に規定され、一貫的な管理がなされている。

韓国同法は「国家指定文化財」「市・道指定文化財」「文化財資料」の三段階に区分し、「市・道指定文化財」を上位の国家指定にならないものを対象に市・道が条例で指定する文化財とし、「文化財資料」は上位の「市・道指定文化財」に相当しないものとする。価値づけの階層構造が条文の中で明示されている。結果的に、国指定、都道府県指定、市町村指定というランキングの生じる日本とは内実を異にする。[15] 朝鮮王朝時代以来、中央集権国家で有り続けた韓国で、地方自治法が改正され、各首長選挙が実施されたのは一九九五年からである。このことが最大の要因であるが、国家が直接関与することで、文化財の保護に関しても、消滅・湮滅しないよう、国は強い責任を負うこととなる。

写真５　伝授教育の現場（2010 年 12 月）
パンソリ（東便制）・蔡水晶さんと伝授奨学生

日本では、無形民俗文化財の場合、基本的にその担い手たるローカルな保存団体や地方自治体に継承の役割・責任を一任させた形をとっている。韓国では現在の文化財庁が一九九九年まで文化財管理局であったように、無形文化財の継承が滞り、「湮滅」しないよう、国家が直接指導・監督し、手段を講じる必要があった。重要無形文化財の技芸を有する、いわゆる人間国宝＝「保有者」の技芸を継承するシステムとして、一九八二年から「伝授教育制度」が開始される。すでに一九六八年から人間国宝に「生計補助金」と「伝授費」を国庫補助する伝授事業が一部存在してはいたが、一九八二年改正で、国による重要無形文化財の保護育成の義務が謳われる。保有者の伝授教育実施の義務と、国によるその指導・監督の義務が明文化された結果、国は「保有者」以下、現行名称「伝授教育助教」「伝授奨学生」への「伝承支援金」給付の責を全面的に背負い込んだ。植民地支配や朝鮮戦争での混乱に加えて、職人・芸人への儒教的蔑視観も強く、伝統技芸の継承・保護は国家の強力な管理に委ねる以外に、方途がなかったこともあろう［金 二〇一三］。

この伝授教育制度と並び特筆されるのは、二〇〇〇年に文化財庁傘下の特殊大学校として、韓国伝統文化大学校が開校したことである。文化財管理学、伝統造景学、伝統建築学、伝統美術工芸学、文化遺跡学、保存科学の六学科が開設され、継承者の国家的育成の意思がより明確化した。二〇一二年には教育部所管の大学となり、翌年には大学院が設置されたほか、二〇一四年には平生教育院が開設し、生涯教育の機関としても性格づけられた。無形文化遺産法が公布されれば、さらに大学教育を介した伝授教育制度を開始して、既存の徒弟式の伝授教育と並行させ、履修証の審査と発給主体を保有者（保有団体）から文化財庁へ移行させることをはじめ、下位法令の振興活性化法案も設けて、伝統技術の開発支援や伝承工芸品の認証制の実施、国内外の特許権の取得防止をはかるなど、多くの変革が計画されている［文化財庁ほか 二〇一一］。無形の民俗資料を「そのままの形で保存するということは、自然的に発生し、消滅していく民俗資料の性質に反し、意味のないこと」(16)としてきた、日本の基本姿勢とは大違いである。

この関連で付言するなら、韓国の場合、文化財指定の指定品目も一元的に把捉されている。例えば重要無形文化財第一一号の農楽は、晋州三千里農楽が一一－①、平沢農楽が一一－②、裡里農楽一一－③……

のように、ひとつの文化財の各地のバリエーションとして扱われる。日本では条文に反映された民俗学的理念[17]とは逆になるが、例えば高千穂神楽、椎葉神楽……のように、隣接地の神楽も別箇に指定され、類似性よりも、いわゆる郷土の固有性や地域社会の個別性が強調されている。

5 グローバル・ポリティクスの場としてのユネスコ——熾烈化する登載競争

韓国では一九九七年「文化遺産憲章」を公布した。九五年の宗廟、海印寺大蔵経板殿、石窟庵と佛國寺の三件に続き、九七年には昌徳宮、水原華城の二件が世界遺産登録されたのを機に、国際標準を見据えつつ、「民族文化」の価値を強化する方針を打ち出した。文化財保護法も九九年改正に際し、第一条の目的に「民族文化を継承し」という文節が付け加えられた。これにより第二条の定義にも、前文に「この法で『文化財』とは、人為的又は自然的に形成された国家的、民族的、世界的遺産であって、歴史的、芸術的、学術的、景観的価値が大きい次の各号のものをいう」（傍点筆者）という傍点部分が加わる。「国家的、民族的、世界的遺産」の「世界的遺産」とは、ユネスコ条約との接合であるが、それと連動して「民族文化」というナショナル・レベルの「国家的、民族的遺産」であることが明言された。

さらにこの時、従来は文化財保護法施行規則の中にあった「原形」という用語が、本法の本文に「文化財の保存、管理及び活用は、原形維持を基本原則とする」という第三条の条項で登場した。有形文化財に関しては、前述の南大門の事例でも見た通り、真正性（Authenticity）の問題を伴って、素材や工法等で、創建当初の原形復原が標準化していくが、問題は無形文化財にも「原形保存の原則」が適用されることだった。日本の場合、人間国宝の洗練された高度な芸術性で評価される重要無形文化財に対し、重要無形民俗文化財には芸術性は求められてはいない。しかし、両者が一体となった韓国の場合、二つの基準が並立し、「原形性と芸術性のジレンマ」［南 二〇一四：二二二］に陥る。丁秀珍によれば、無形文化財という語が「原形」と結びついた時、芸術的創造に対立する概念として、「民族文化の原形」や「民族性の本質」を再現する知識人＝民俗学者の見解と利害関係を反映する「理念」となり、文化的価値を持つ文化芸術を産み出す生産者やその技芸そのものではなく、その生産物を指称するように調整されていったとする［丁 二〇〇六：二二九〜二三〇、一七七］。日本では無形の「わざ」が重要無形文化財に指定されるとともに、その技芸を高度に体得している個人または団体を保持者・保持団体と認定するのに対し、韓国のそれは「技・芸能を、原形のまま正確に体得した者」（傍点筆者）と規定する点で、原形／高度、正確に／高度に、という相違が、更なる差異を招来したとも指摘されている［丁 二〇一二：二六八］。このような制度的欠陥に対する批判や、無形遺産条約の定義する「創造性」を重視した無形文化遺産の概念とも乖離していたことから、新法案は不変の民族性を表象化する「原形」という真正性を体現した用語を廃棄することが盛り込まれている。しかし、新法案の策定を促した要因は、それよりも中国との間で熾烈化していった代表リスト登載競争が深く関わっている。

無形遺産の代表リストに和食とともにキムジャン文化が登載された前年、二〇一二年に韓国はアリランを登載した。実はアリランも重要無形文化財には指定されてはいない。従来の国内法で指定され難い品目であるのは、何よりもアリランは湮滅の危機に晒されておらず、かつ保有者を特定することができないからである。それだけではない。韓国民俗学の草創期、一九三三年刊行の『朝鮮民俗』第一号に宋錫夏は

「創刊辞」で「固有民俗資料は、一つずつ湮滅していく。川のせせらぎや昼間のニワトリの音を伴奏にして歌っていた純朴な民謡は、自動車の風とともに消え去り、草童の〝サンヨンファ〟は、沿道の〝ダイナマイト〟の音とともに俗謡〝アリラン〟に変わった」［宋 二〇〇四：九三三］と記している。民俗学者にとってアリランは流行りの歌であって、むしろ守るべきものを「湮滅」させる脅威であった。

韓国が方針の大転換に迫られたのは、二〇〇九年中国が延辺自治州の「朝鮮族農楽舞」を、中国の無形遺産としてユネスコ代表リストに登載したことにあった。[18] さらに一一年には中国の第三期国家級非物質遺産目録にアリランが記載され、アリランも同様にユネスコ登載の構えを見せたからだった。自国の文化が奪われたと韓国マスメディアは大喧騒となったが、同じ問題は、二〇〇五年に無形遺産条約の前身の「傑作宣言」で、韓国の江陵端午祭が選択された際、中国でも同じ反応が惹起されたことから、その報復行為だと評するメディアもあった。韓国は江陵端午祭の反省から、自らが中核となって多国間共同登載の仕組みを構築し、UAE、モンゴル、チェコ等一一カ国とともに二〇一〇年に鷹狩りを登載したのをはじめ、「人類無形遺産登載申請目録選定等に関する規定」を制定し、[19] アリラン・キムチ・朝鮮人参といった国や市・道に指定されていないものを含めた「無形文化遺産予備目録」を新たに作り直すなど、ユネスコの国際標準に向けて、このように文化遺産政策を全面的に大改革しつつある。

6　おわりに――理念と競争のはざまで

最初の「はじめに」の節で、日韓が握っていた主導権は二〇一〇年を境にユネスコ事務局に移り、両国の当初の思惑は外れ出したと記した。二〇一〇年、日本が推薦した一三件の候補のうち、「男鹿のナマハゲ」や「秩父夜祭」など一一件の審査が先送りとなり、ユネスコ事務局から人手不足を理由に、一カ国の年次登載数を制限する案が示され、この年から二件に、二〇一二年からは一件に絞られた。

日本の無形遺産条約に対する方針は、二〇〇八年七月に「ユネスコ無形文化遺産の保護に関する条約への対応について」が示され、「世界遺産とは異なり、専門機関による価値の評価は行われない」こと、代表リスト記載の有無で「我が国の無形文化遺産の価値には何ら影響はない」ことを条件に、提案候補は「重要無形文化財」「重要無形民俗文化財」及び「選定保存技術」から「原則として、指定の時期が早いも

写真6　江陵端午祭　巫俗（ムダン）の歌舞と祈禱（1990年旧5月）
信者や観客がぐるっと囲む中で演じられる。

写真7　江陵端午祭（2006年旧5月）
無形文化遺産登載でステージ芸能化。

のから」順次選定を行い、「将来的には、記載基準に適合し提案可能なもの全てが「代表一覧表」に記載されることを目指す」とするものだった[20]。基本的に今もこの大方針に変更はないものの、制限が加わったことで、すべての代表リスト登載は夢物語となったといえよう。

無形遺産条約は、世界遺産が欧米やキリスト教文化圏に偏りがちで、途上国が自国の文化を推薦しても諮問機関からOUVに乏しいと勧告されてしまう反省から、そうした評価を加えないはずであった。しかし、現在は審査も専門家組織に移しただけでなく、制限問題で議論が白熱した二〇一〇年のナイロビ委員会で、「ほとんど議論もされないまま、どさくさに紛れる形で」[国末 二〇一一]登載が決まってしまった「フランスの美食術」の与えた影響は甚大で、OUV化の傾向も帯びはじめてきた。日本の和食や韓国のキムジャン文化がリスト登載に転じたのは、このフランス料理を機にしているが、消滅の危機のある無形の文化遺産の「保護」や継承よりも、ナショナル・ブランドの国際的なお墨付きを与える性格のものへと変質してしまったことは、動かしようのない現実である。産業振興・地域振興等の意図は表立って出すことは許されていないものの、農水省の主導した和食は、どう見ても条約の理念からは外れている。

その一方、登載制限によって、見送り勧告を受けていた、例えば「男鹿のナマハゲ」や「秩父夜祭」などは、すでに代表リストに登載されていたものの類似行事として追加する形で登載する方針に変更となった。「男鹿のナマハゲ」は二〇〇九年登載の「甑島のトシドンに形式的にも象徴的にも類似している」と指摘され保留となったが[国末 二〇一二：一七八]、「甑島のトシドン」の記載名を「小正月の来訪神行事」へと変更することで、また秩父夜祭（秩父祭の屋台行事と神楽）は二〇〇九年登載の「京都祇園祭りの山鉾行事」を、山車を用いる全国の祭り三二件をまとめた「山・鉾・屋台行事」に変更して提案されることとなった。前述した韓国の文化財品目の一元的な把捉と結果的に一致することとなったが、「国民生活の推移を理解する」ための資料と定義した、民俗学の根源的な基本認識に立ち返ったことは、ある意味では、学問的原点に回帰する喜ばしい収斂である。

七海によれば、無形遺産条約はスケルトン構造だという［七海 二〇一二：五七］。コア部分の改築は困難でも、リノベーション可能な柔軟性を有しており、私たちがいかに運用していくかに掛かっている。当面は「文化の多様性」の持続という理念と、異質なら何でも審美的に捕獲する文化「遺産化の自動機械」［荻野 二〇〇二：一四］の間を揺れ動いていくのだろう。だがしかし、それにしても日韓の対応には相違がありすぎる。ある日本の文化庁関係者は、韓国は「ユネスコべったりだから」と漏らしたが、国際化対応を韓国と比較すると、難民条約然り、ハーグ条約（国際的な子の奪取の民事上の側面に関する条約）然り、常に国内法を講じても、日本の実情は実際の認定やその実施は国際基準とはかけ離れた、低水準のまで済まされている。[21]「受諾」しても変革はザル法的に遅々として進まない、あるいは進めないのが、韓国と合わせ鏡にして見えてくる日本の姿である。多国間共同登載された鷹狩りも、日本は文化財未指定という理由で見送った。[22]既存の積み重ねを重んじ、大胆な抜本的変革を好まない風土が根付いているのか、それはまるで筆者も囚われた「法隆寺は世界最古の」という古くからの連続性を重視する文化財認識とパラレルである。和食はたぶん文化財保護法的には「例外」として処理され、それに関する法的保護措置は、農水省の方で講じるのだろうか。日本の方は、皆目、先が見通せない。

【謝辞】本章をなすに当たり、資料の教示等をいただいた金賢貞氏・南根祐氏・丁秀珍氏に感謝したい。

※写真撮影は、すべて筆者による。

（1）文化財／文化遺産システムとは、文化遺産の保護＝保存とその公開に関する法律及び運営も含めた制度全般のこととし、また文化財と文化遺産の概念は微妙に異なるものの、本章では差異については言及しない。

（2）同じ東アジア文明圏に属する日本や韓国のそれは、どうしても中国の亜流にならざるを得ず、これは有形文化に限らず、無形文化についても同様である。韓国の江陵端午祭の登載をめぐって中国とのオリジン論争などが勃発したように、その大前提は明記しておく。

（3）日本は一九九三年から無形文化財保存・振興日本信託基金（後に「無形文化遺産保護日本信託基金」に改称）を設置し、二〇一三年度までの累計額一五六七万米ドルという巨額の拠出を行い、世界各国の無形文化遺産の保存・振興を支援しているのに加え、当時ユネスコ事務局長であった松浦晃一郎氏はじめ、初代課長愛川－フォール紀子氏ほか、日本人スタッフの多大な努力がなされた。

（4）脱稿後の二〇一五年三月三日に、新法案が「無形文化財の保全及び振興に関する法律」として国会をようやく通過した。原案は「文化遺産」であり、既存用語が保持された理由は、審査書や経過の開示要求が必要なため不明である。対象範囲がユネスコ条約に沿った大幅な拡大がなされる一方、保全原則の改定＝「原形」概念の廃棄により、世代間の伝承過程から変化する特性を考慮した内容に変更された。

（5）新潟県佐渡郡相川町教育委員会編『佐渡金山遺跡（佐渡奉行所跡）――国史跡佐渡奉行所跡復元整備に伴う発掘調査報告書』二〇〇一年では、副題にも「復元」とあるものの、「立体復原」に関しては「復原」の語が使用される。「立体復原は、将来、国の史跡に指定される建築物であることから、あいまいな部分をなくするために、佐渡奉行所跡の発掘と併せて、現存する奉行所絵図や佐渡年代記など、いわゆる佐渡五誌の史実資料等で科学的に証明して復原しなくてはならない」［同報告書：序］と記すように、文化財では建造物の分野で、失われた建物を当時のように再現する際、推測に基づく場合を「復元」、一方、改修等で形が変わっていたものを当初の姿に戻すこと、あるいは旧部材（部分品や材料）や文献等が残り、根拠が確かな場合を「復原」と使い分ける傾向があるようである。しばしば例として挙げられるのは、吉野ヶ里遺跡の住居は復元で、東京駅は復原となるとされている。

（6）この佐渡奉行所の復元事業の問題点に関しては、岩本［二〇〇三］で論じたほか、東京大学文化人類学教室の社会調査実習報告書［岩本ほか 二〇〇四］も参照されたい。

（7）日本では一九四八年に、仙台城大手門等の建造物四六件と華厳文義要訣等一九件の戦災焼失が確認され、国宝の指定解除がなされた以降、国宝の指定解除はない。重要文化財・建造物は文化庁公報に、例えば二〇〇九年全焼した横浜の旧住友家俣野別邸や二〇一二年に全焼の岡山金山寺本堂などのように「重要文化財としての価値を失ったと判断されるため、その指定を解除する」という文言でしばしば広報される。一九九八年の台風七号で屋根の損壊した国宝・室生寺五重塔は、心柱を含め塔の根幹部は損傷せずに済み、復旧された。

（8）丁秀珍によれば、放火事件後、この一帯は瞬く間に贖罪儀礼の空間に形を変え、連日すすり泣く市民の追慕行列や諸宗教団体による追悼儀礼が相次いだという［丁 二〇一三b］。南大門の国宝第一号に関して、焼失以前、一九九六年と二〇〇五年の二回、日本の総督府が一方的に付与した第一号に疑義が呈され、例えばハングルの「訓民正音解例本（国宝第七〇号）」に変更すべきだといった議論が示される度に、文化財庁は第一号に価値があるのではなく、単なる管理番号にすぎないと反論してきた。したがって、むしろ焼失したことによって国宝第一号は象徴的な代表性を獲得したともいえるだろう。

（9）〈復原主義〉の語は、南根祐［二〇一三・二〇一四］によるが、「原形」という起源に対する遡及主義であり、日本の現状保存という考え方とはかなり異なっている。

（10）大橋［二〇〇四：一八〇・一八三］や「不良復元議論崇礼門、国宝一号解除論の『峠』」『ソウル新聞』二〇一三年一一月一四日付、韓国文化財庁ホームページ南大門の項など。

（11）重要無形文化財の場合は「特に価値の高いもの」という基準であるが、重要民俗資料の場合は、民俗資料があくまで「生活の推移の理解」のための資料という位置づけであり、民俗資料の重要とは「典型」であって、重要民俗資料とそれ以外との間には、本質的な価値の違いはないとされた。しかし、一九七五年の重要無形民俗文化財の誕生で、民俗学としての学問的理念は失われた［岩本 一九九八］。また、指定や選択（記録）とは異なる制度として、一九九六年から登録有形文化財制度が新設され、二〇〇四年からは登録制度を記念物や有形民俗文化財にも拡大した。登録制度の新設に関しては韓国でも同様である。

(12) 略称である「重文」には、陶芸・染織、漆芸、金工、刀剣、木竹工などの工芸技術も含まれるが、本文では説明のため便宜的に省略した。

(13) テコンドウ（跆拳道）の原形とされるテッキョンは、一九八三年に国の重要無形文化財第七六号に指定され、二〇一一年には無形遺産の代表リストに登載された。

(14) 同法廃止後の指定物件の措置に関しては、岩本［二〇一三］と丁［二〇一三a］が論じている。

(15) 日本では市町村指定文化財の中から都道府県の指定文化財が、さらにはその中から国の指定文化財が選ばれることが慣例となっている。そのため長野五輪の開会式の演出に使われた「野沢温泉の道祖神祭り」は、一九九三年に国の重要無形民俗文化財に指定されるが、未指定であった村の文化財から、県の文化則を経て順次指定されていった。韓国では地方分権化の進む九五年以降、市・道の条例が整備されるが、例えば一九七一年に江原道無形文化財第一号として旌善アリランが指定されたものの、江原道文化財保護条例が制定されるのは九七年だった。また韓国の文化財の階層構造は、「登録文化財」と「非指定文化財」が追加され、現在若干複雑になっているが、基本的な階層構造に変化はない。

(16) この引用は、一九五四年六月二二日付の文化財保護委員会事務局長の各都道府県教育委員長宛て通達、文委企第五〇号「文化財保護法の一部改正について」であるが、一九七五年の重要無形民俗文化財の誕生で、現状保存が強化されたとはいえ、「変化」を常態と見る基本認識は「国民生活の推移を理解する」（傍点筆者）という民俗文化財の条文定義を変更しない限り、この通達で現在も生きていると考える［岩本 一九九八］。

(17)「国民生活の推移を理解するのに不可欠なもの」(傍点筆者)とする「生活の推移」を理解するための資料という位置づけは、柳田國男の民俗学理解、すなわち文化的中心(中央都市)から文化要素が波及的に伝播するという、いわゆる周圏論に基づく「方法」が投影されている。

(18) 韓国の農楽も、二〇一四年に中国の「朝鮮族農楽舞」とは別箇に代表リストに登載された。

(19) 二〇一二年四月一七日文化財庁例規第一〇九号として制定され、国家や地方自治体がしていなかった無形文化財の中から「予備目録」を作成するのを目的とするが、新法案成立までの繋ぎの措置だろう。

(20) 二〇〇七年一一月、文化審議会文化財分科会に「無形文化遺産保護条約に関する特別委員会」(委員長:宮本袈裟雄・武蔵大学教授)が設置され、その審議結果が翌年七月一八日開催の文化審議会文化財分科会(会長:石澤良昭・上智大学学長)を経て「文化庁としての対応」として発表され、同月三〇日に広報されている(最終アクセス日二〇一四年六月三〇日 http://www.bunka.go.jp/bunkashingikai/hogojouyaku/unesco/besshi.html)。

(21) 例えば難民条約に日本は一九八一年に加入したが、九七年以来難民認定者の一桁認定が続き問題化しているのに対し、九二年に加入した韓国も当初認定は困難を極めたものの、従来の出入国管理法から独立した難民法を二〇一二年に公布し、申請者に対する認定率は日本の一〇倍に増加した[藤原 二〇一二など]。ハーグ条約に関しては別稿を準備しているが、国際条約の内容が国内法に十分反映されていない場合、とりあえず講じているとする日本と、抜本的な改革を志向する韓国では、「受諾」の捉え方が異なっているとしか言いようがない。昨今のポツダム宣言「受諾」の揺らぎも同様だろう。

(22) 韓国の文化財庁のホームページを閲覧すると、トップページに世界遺産(文化・自然)・無形遺産と並べて世界記録遺産が大々的に掲げられている。日本で俗に世界記憶遺産とも呼ばれるユネスコ記憶遺産(Memory of the World)はユネスコが一九九二年から開始した事業で、人類が長い間記憶して後世に伝える価値があるとされる書物などの記録物(動産)を、事務局長の任命する委員で構成された国際諮問委員会を通じて二年ごとに登録する。条約ではないが、韓国・中国では活用され、同等に位置づけられるのに対し、日本では二〇一〇年に

「山本作兵衛の筑豊の炭坑画」が海外の専門家らから高く評価され、初めて注目を集める。翌年登録されるが、文化庁を飛び越え、作兵衛作品を保管する田川市と福岡県立大学と交渉されたためか、文化庁での位置づけは極めて低い。なお、韓国ではMemory of the Worldを、日本のような「記憶」ではなく、ユネスコ文書にDocumentary Heritageとも記されることから、その内実を示す、世界記録遺産という漢字（ハングルも同様）を当てている。そのことにも両国の受容の相違が看て取れる。

参考文献

【日本語】

岩本通弥　一九九八「民俗学と『民俗文化財』とのあいだ――文化財保護法における『民俗』をめぐる問題点」『國學院雜誌』九九巻一一号

――　二〇〇三「フォークロリズムと文化ナショナリズム――現代日本の文化政策と連続性の希求」『日本民俗学』二三六号

――　二〇一三「世界遺産時代と日韓の民俗学」（岩本編二〇一三所収）

岩本通弥・中村淳・門田岳久・鈴木洋平編　二〇〇四『佐渡・相川町――観光文化とローカリティ』東京大学文化人類学研究室

岩本通弥編　二〇一三『世界遺産時代の民俗学――グローバル・スタンダードの受容をめぐる日韓比較』風響社

大橋敏博　二〇〇四「韓国における文化財保護システムの成立と展開――関野貞調査（一九〇二年）から韓国文化財保護法制定（一九六二年）まで」『総合政策論叢』八号、島根県立大学総合政策学会

荻野昌弘編　二〇〇二『文化遺産の社会学――ルーブル美術館から原爆ドームまで』新曜社

金賢貞　二〇一三「韓国の無形文化財保護システムにおける『伝授教育制度』」（岩本編二〇一三所収）

国末憲人　二〇一一「日本とユネスコ：無形文化遺産を愛するが故の深い溝」『朝日新聞GLOBE』八月二一日付

――――　二〇一二『ユネスコ「無形文化遺産」――生きている遺産を歩く』平凡社
丁秀珍　二〇一三a「韓国における文化財保護法の展開」（岩本編二〇一三所収）
中村淳　二〇一三「日本における文化財保護法の展開」（岩本編二〇一三所収）
七海ゆみ子　二〇一二『無形文化遺産とは何か――ユネスコの無形文化遺産を新たな視点で解説する本』彩流社
南根祐　二〇一三「江陵端午祭の苦境」（岩本編二〇一三所収）
藤原夏人　二〇一二「韓国における難民法の制定」『外国の立法』二五三号、国立国会図書館調査及び立法考査局

【韓国語（原文ハングル）】
南根祐　二〇一四『韓国民俗学再考――本質主義と復原主義を超えて』民俗院
宋錫夏　二〇〇四「創刊辞」『石南宋錫夏――韓国民俗の再吟味・下』国立民俗博物館（『朝鮮民俗』第一号、一九三三）
呉世卓　二〇〇五『文化財保護法原論』Juluesung（ソウル）
丁秀珍　二〇〇八『無形文化財の誕生』歴史批評社（ソウル）
――――　二〇一二「〝無形文化財〟の行き先――日韓両国の制度の比較へと」『東亜研究』六二号
――――　二〇一三b「無形文化財から無形文化遺産へ――グローバル時代の文化表象」『東アジア文化研究』五三集、漢陽大学校東アジア文化研究所
文化財庁・仁川大学校産学協力団　二〇一一『（仮称）無形文化遺産保存及び振興に関する法律制定研究』文化財庁

日本の文化財政策
——無形文化遺産と文化的景観

菊池　健策

はじめに——日本の無形の文化財の保護制度

日本においては、昭和二五（一九五〇）年の文化財保護法制定以来、美術工芸品や建造物などの有形文化財、記念物などとともに、演劇、音楽、工芸技術などの無形文化財や風俗慣習、民俗芸能などの無形の民俗文化財を対象として保護を図ってきた。文化財保護法制定当初は無形文化財については指定、認定の制度はなく「無形文化財のうち特に価値の高いもので国が保護しなければ衰亡するおそれのあるものについては、委員会は、その保存に当ることを適当と認める者に対し、補助金を交付し、又は資材のあっ旋その他適当な助成の措置を講じなければならない。」とされており、指定、認定の制度が導入されたのは昭和二九年の保護法改正によってであった。この改正時にあわせて無形文化財、無形の民俗資料（無形の民俗文化財）に「記録作成等の措置を講ずべき無形文化財」、「記録作成等の措置を講ずべき無形の民俗資料」の制度が導入され、現在の無形の文化財の保護制度の体系ができあがった。また、昭和五〇（一九七五）年からは無形の民俗文化財に指定制度を導入するとともに、文化財の保存のために必要な技術を文化財保存技術として選定することとなった。さらに平成一七（二〇〇五）年からは民俗技術を新たに民俗文化財の分野として指定、登録、選択して保護を図ってきている。

その保護の制度について概略し紹介することとしたい。

1　日本における無形の文化財の範囲

「文化財保護法」では第二条において文化財について規定されている。そのうち無形文化財については第二条第一項二号において「演劇、音楽、工芸技術その他の無形の文化的所産で我が国にとって歴史上又は芸術上価値の高いもの（以下「無形文化財」という。）」と記され、同条第一項三号には「衣食住、生業、信仰、年中行事等に関する風俗慣習、民俗芸能、民俗技術及びこれらに用いられる衣服、器具、家屋その他の物件で我が国民の生活の推移の理解のため欠くことのできないもの（以下「民俗文化財」という。）」と記されている。また、第一四七条には「文部科学大臣は、文化財の保存のために欠くことのできない伝統的な技術又は技能で保存の措置を講ずる必要があるものを選定保存技術として選定することができる」と記されている。

以上のように無形の文化財の範疇には、保護法でいう無形文化財、無形の民俗文化財が含まれ、文化財の保存のために欠くことのできない伝統的な技術又は技能である選定保存技術も無形の技そのものである。

風俗慣習には、我々の日常生活の中の様々な部分が含まれている。その中の一つは生産生業であり、我々が日常仕事をするのに伴って行ってきた習俗や儀礼が含まれている。人が一生の間に経験する儀礼も対象に入っている。もう少し簡単にいえば、祭りや年中行事が大きなウェイトを占めているともいえる。例えば「秩父祭りの屋台行事と神楽」という指定は、毎年一二月に埼玉県秩父市で秩父神社の大祭の時に行われる屋台行事で、これには二基の笠鉾と四基の屋台が出て、屋台を展開した上で歌舞伎が演じられる。この祭りでは、歌舞伎を演じるために屋台が据え置きになったままであるわけではなく六基がすべて神社から御旅所まで巡行する。こうした屋台や山、鉾などのでる祭りも、風俗慣習の中の行事の一つとして指定の対象になっている。歌舞伎の指定は民俗芸能ではまだないが、秩父祭の歌舞伎のように屋台の上で演じられる芸能としては知立の山車文楽などが指定となっている。

民俗技術については、例えば和船を作る船大工の技術や、上総掘りと呼ばれている井戸掘りの技術が指定となっている。民俗技術については記録選択もできることになっている。民俗技術については技それ自体が指定の対象になると同時に、船大工が船を作る時に使う道具や作業場も、有形の民俗文化財として重要有形民俗文化財の指定の対象になりえる。

このように、民俗文化財の指定と保護に当たっては、指定、選択、登録という手法が用いられているが、特に無形の民俗文化財については指定と選択という手法を用いて保護が図られている。

重要無形文化財と重要無形民俗文化財は、指定をすることについては同じであるが、無形文化財の場合は指定すると同時にその技の保持者を特定して認定しなければならない。それに対して民俗文化財の場合は指定するだけで、保持者、保持団体というものを認定する行為は伴わない。例えば「烏山の山あげ行事」を例にすると、「烏山の山あげ保存会」という保護団体を特定はしているが、その団体は保持者ではない。保護団体とは、例えば祭りをやる時に道具が傷んできたので修理事業が必要になった時や、あるいは後継者の養成、伝承者の養成事業が必要になった時にその事業を行うことを適当であると認められるものということになっている。民俗文化財の場合は保持者、保持団体の認定はしないというところが無形文化財との大きな違いとなっている。

文化財保護法に規定された無形文化財、無形の民俗文化財、選定保存技術には例えば次のようなものが平成二六年三月末現在で指定、選定されている。

重要無形文化財：芸能

各個認定　能楽（能シテ方、能ワキ方、能囃子方小鼓、能囃子方大鼓、能囃子方太鼓、狂言）

文楽（人形浄瑠璃文楽太夫、人形浄瑠璃文楽三味線、人形浄瑠璃文楽人形）

歌舞伎（歌舞伎立役、歌舞伎女形、歌舞伎脇役、歌舞伎音楽長唄）

組踊（組踊立方、組踊音楽歌三線）

音楽（尺八、箏曲、地唄、長唄唄、長唄三味線、長唄鳴物、義太夫節浄瑠璃、義太夫節

三味線、一中節浄瑠璃、一中節三味線、宮薗節浄瑠璃、新内節浄瑠璃、新内節三味線、

常磐津節浄瑠璃、常磐津節三味線、清元節浄瑠璃、清元節三味線、河東節浄瑠璃、琉

球古典音楽）
舞踊（歌舞伎舞踊）
演芸（古典落語、講談）
総合認定　雅楽、文楽、能楽、歌舞伎、組踊、義太夫節、常磐津節、一中節、河東節、宮薗節、荻江節

重要無形文化財：工芸技術
各個認定　陶芸（色絵磁器、彩釉磁器、釉裏金彩、白磁、青磁、鉄釉陶器、無名異焼、志野、備前焼、萩焼）
染織（有職織物、羅、経錦、紬織、綴織、佐賀錦、精好仙台平、献上博多織、首里の織物、芭蕉布、友禅、江戸小紋、木版刷更紗、紅型、刺繍）
漆芸（蒔絵、螺鈿、沈金、蒟醤、髹漆）
金工（鋳金、茶の湯釜、彫金、鍛金、銅鑼、日本刀、刀剣研磨）
木竹工（木工芸、竹工芸）
人形（衣裳人形、桐塑人形）
手漉和紙（越前奉書、名塩雁皮紙、土佐典具帖紙）
団体認定　柿右衛門、色鍋島、小鹿田焼、結城紬、小千谷縮・越後上布、久留米絣、喜如嘉の芭蕉布、宮古上布、伊勢型紙、久米島紬、輪島塗、細川紙、本美濃紙、石州半紙

重要無形民俗文化財

：風俗慣習（岩木山の登拝行事、八戸三社大祭の山車行事、刈和野の大綱引き、烏山の山あげ行事、鳥羽の火祭り、京都祇園祭の山鉾行事、塩屋湾のウンガミ　他）

：民俗芸能（早池峰神楽、花祭、奈良豆比古神社の翁舞、三作神楽、高千穂の夜神楽、竹富島の種子取　他）

：民俗技術（上総掘りの技術、能登の揚浜式製塩の技術　他）

選定保存技術　雅楽管楽器製作修理、檜皮葺・柿葺、漆刷毛制作、文化財庭園保存技術、祭屋台等製作修理

などがある。

2　日本の文化財保護の歴史

このような日本の文化財保護制度の歴史について振り返ってみよう。

文化財保護法第二条第一項二号で規定された無形文化財と第三項で規定された風俗慣習、民俗芸能、民俗技術に係る衣食住、生業、年中行事等無形の民俗文化財については以下のような保護が図られてきた。しかし、このような定義は平成一六年の文化財保護法改正以降で、それ以前は民俗文化財は風俗慣習と

民俗芸能の二つの分野とされていたのである。

昭和二五年に制定された当初の文化財保護法では、現在の民俗文化財は民俗資料と呼ばれ、有形の民俗文化財のみが美術工芸品や建造物とともにその中の重要なものが重要文化財に指定されることとされていた。しかしながら、民俗資料の重要文化財指定は一件もなされないままであった。同時に特に価値の高いもので国が保護しなければ衰亡するおそれのある無形文化財については、補助金を交付し、又は資材の斡旋その他適当な保護の措置を講じなければならないと規定され保護が図られることになった。これを受け昭和二六（一九五一）年五月には「助成等の措置を講ずべき無形文化財の選定基準」が定められ、これに基づいて昭和二八（一九五三）年までに、無形文化財のうち特に価値の高いもので国が保護しなければ衰亡するおそれのあるものを選定して、資材の斡旋をするなどの助成の措置が講じられた。この時助成の措置を講ずべき無形文化財として選定されたのは、

芸能関係では

「文楽（人形浄瑠璃文楽）」
「アイヌに関連する詞曲、歌舞、祭礼等（アイヌ古式舞踊）」
「えんぶり（八戸のえんぶり）」、「延年」（毛越寺）
「大日堂舞楽」、「黒川能」
「谷地の舞楽（林家舞楽）」（山形県寒河江市、河北町）
「野馬追（相馬野馬追）」（南相馬市）

「遠山祭（遠山の霜月祭）」
「祇園祭（京都祇園祭の山鉾行事）」
「おん祭（春日若宮おん祭の芸能）」
「壬生大念仏（壬生狂言）」
「曳き山狂言（長浜曳山祭の曳山行事）」

工芸技術関係では

「漆芸　河面冬山」
「江戸小紋　小宮康助」
「小千谷縮　小千谷縮布技術保存会」
「伊勢型紙　六谷紀久男他」
「烏梅　井尾浅次郎（烏梅製造）」
「規矩術　吉田種次郎（規矩術（近世規矩））」
「備前焼　金重陶陽」
「日本刀　高橋金市」
「京友禅　田端喜八　上野為二」

などである。これらを見てもわかるように選定された無形文化財は、現在の無形文化財、無形の民俗文化財の民俗芸能、祭礼行事などや選定保存技術などが含まれ、無形の文化財全体に及ぶものが対象となっていた。これらに対して、映画や文書による記録の作製、補助金の交付や郷土芸能大会などの公開事業に対する補助などが行われたのである。

このような状況のもと昭和二九（一九五四）年に行われた文化財保護法の一部改正では、「助成の措置を講ずべき無形文化財」の選定は白紙に返され、衰亡するおそれのないものであっても歴史的、芸術的に価値の高いものは積極的に保護の措置を講ずることとし、重要無形文化財として指定を行い、同時にその保持者の認定を行うこととなった。以後ほぼ毎年一度指定・認定が行われ現在に至っている。また、この時の保護法改正では記録作成等の措置を講ずべき無形文化財の選択制度も取り入れられ、記録選択の制度も始まっている。

有形の民俗資料については有形文化財から切り離されて民俗資料が独立し、重要文化財ではなく重要民俗資料としての指定制度が設けられた。同時に無形の民俗資料についても保護の対象とされ、「記録作成等の措置を講ずべき無形の民俗資料」の選択制度が設けられ、その選択基準が定められた。その基準は以下のとおりであった。

○記録作成等の措置を講ずべき無形の民俗資料選択基準

一　次に掲げる無形の民俗資料のうち、その由来、内容等においてわが国民の基盤的な生活文化の特色を示すもので、典型的なもの

（一）衣食住に関するもの。たとえば復飾習俗、飲食習俗、居住習俗等
（二）生産・生業に関するもの。たとえば農耕、漁猟、工作、紡織等に関する習俗
（三）交通・運輸・通信に関するもの。たとえば旅行に関する習俗等
（四）交易に関するもの。たとえば市、行商、座商、両替、質等の習俗
（五）社会生活に関するもの。たとえば社交儀礼、若者組、隠居、共同作業等の習俗
（六）口頭伝承に関するもの。たとえば伝説、昔ばなし等
（七）信仰に関するもの。たとえば祭祀、法会、祖霊信仰、田の神信仰、巫俗、つきもの等
（八）民俗知識に関するもの。たとえば暦数、禁忌、卜占、医療、教育等
（九）民俗芸能・娯楽・遊戯・嗜好に関するもの。たとえば祭礼行事、競技、童戯等
（十）人の一生に関するもの。たとえば誕生、育児、年祝い、婚姻、葬送、墓制等
（十一）年中行事に関するもの。たとえば正月、節分、節句、盆等

二　無形の民俗資料のうち、前項には該当しないが、重要民俗資料の特質を理解するため特に必要なもの。

三　他民族に係る前二項に掲げる無形の民俗資料で、わが国民の生活文化との関連上特に必要なもの。

となっている。これを見ると無形の民俗資料は我々の生活全般にわたっていることがわかる。

これを昭和二六年五月に定められた「助成等の措置を講ずべき無形文化財の選定基準」、そして昭和二九年一二月に定められた「記録作成等の措置を講ずべき無形文化財の選択基準」と比較してみると、

○助成の措置を講ずべき無形文化財の選定基準（昭和二六年五月一〇日）
左に掲げるもののうちわが国文化の精髄を象徴し、古典的文化財として芸術的価値が高いもの、又はわが国民生活の伝統に根ざし、わが国文化の特質を保有し、歴史的意義を有するもの
一　芸能関係
音楽、舞踊、演劇その他のうち、たとえば雅楽、舞楽、声明、能楽、狂言、人形芝居、歌舞伎、琵琶、尺八、浄瑠璃、地唄、三曲、長唄、端唄、民謡、神楽、郷土芸能、民間伝承・行事等
二　工芸技術関係
漆工、金工、木竹工、染織、陶磁器、建築その他のうち、たとえば蒔絵、髹飾、象嵌、銅鏡、甲冑、日本刀、装刀具、截金、砂子、木画、工具、和紙、版画、唐組、和染、人形、玩具、轆轤、釉薬、上絵付、七宝、規矩術等

○記録作成等の措置を講ずべき無形文化財の選択基準（昭和二九年一二月二五日）
〔芸能関係〕
音楽、舞踊、演劇その他の芸能及びこれらの芸能の成立、構成上重要な要素をなす技法並びにこれらの芸能又はその技法を成立させる上に欠くことのできない技能又は技術のうち、わが国の芸能の変遷の過程を知る上に貴重なもの。ただし、重要無形文化財に指定されたものを除く。
〔工芸技術関係〕
陶芸、染織、漆芸、金工その他の工芸技術及び有形文化財の修理、模写、模造等の技術、規矩術等の建築術その他美術に関する技術のうち、わが国の工芸技術又は美術に関する技術の変遷の過程を知

る上に貴重なもの。ただし、重要無形文化財に指定されたものを除く。

となっている。これによれば「助成等の措置を講ずべき無形文化財」では芸能関係に含まれていた民謡、神楽、郷土芸能が昭和二九（一九五四）年制定の「記録作成等の措置を講ずべき無形文化財の選択基準」では郷土芸能、民謡、神楽などの例示がなくなり、「音楽、舞踊、演劇その他の芸能及びこれらの芸能の成立、構成上重要な要素をなす技法並びにこれらの芸能又はその技法を成立させる上に欠くことのできない技能又は技術のうち、わが国の芸能の変遷の過程を知る上に貴重なもの。ただし、重要無形文化財に指定されたものを除く。」と規定されることとなった。同時に定められた「記録作成等の措置を講ずべき無形の民俗資料選択基準」には民俗芸能が例示されるに至ったのである。これを見ると民俗芸能は民俗資料に属するもののように理解されがちだが、実際に民俗芸能の記録選択が行われたのは昭和四五（一九七〇）年六月八日が最初であった。この時の選択は記録作成等の等の措置を講ずべき無形文化財として行われたのであり、無形の民俗資料としての選択は昭和五〇年の法律改正から始まったのである。

昭和五〇（一九七五）年の文化財保護法の改正では、民俗資料の名称を民俗文化財と改め、無形の民俗資料についても指定制度を導入することとなった。これを受け、従来の重要民俗資料は重要有形民俗文化財という名称になり、同時に重要無形民俗文化財の指定制度もスタートした。この改正では風俗慣習と民俗芸能が無形の民俗文化財として位置付けられた。また、この時の改正では有形文化財や無形文化財の保存に欠くことのできない伝統的な技術も文化財の保存技術として保護の対象とされ、日本産漆の生産技術や漆塗り用の特殊な刷毛を作る技術などが選定保存技術として選定された。この選定保存技術に対しては、技術を保存するための事業に対して助成が行われることになり、無形文化財そのものの保存だけでなく、その基盤に当たる技術にまで広く保存の措置が講じられるようになったのである。

さらに、平成一六年五月二八日付けの文化財保護法改正では民俗文化財に新たな分野として民俗技術が導入され、風俗慣習、民俗芸能とともに三つの分野で構成されることとなった。

3　文化財保護のシステム

無形の文化財のうち無形文化財については、重要なものを重要無形文化財に指定することができることになっており、指定をするに当たっては、当該重要無形文化財の保持者又は保持団体（無形文化財を保持する者が主たる構成員となっている団体で代表者の定めのあるものをいう）を認定しなければならないことになっている。さらに、重要無形文化財以外の無形文化財のうち特に必要のあるものを選択して、自らその記録を作成し、保存し、又は公開することができると規定されている。

無形の民俗文化財については、特に重要なものを重要無形民俗文化財に指定することができることとなっており、重要無形民俗文化財以外の無形の民俗文化財のうち、重要なものについては記録作成等の措置を講ずべき無形の民俗文化財に選択している。

文化財保存技術については、保存の措置を講ずる必要があるものを選定保存技術として選定し、選定をするに当たっては、選定保存技術の保持者又は保存団体（選定保存技術を保存することを主たる目的とする団体（財団を含む）で代表者又は管理人の定めのあるものをいう）を認定して、その保護を図っている。

表1　指定・選定・選択数

①重要無形文化財

	各個認定		保持団体等認定	
	指定件数	保持者数	指定件数	保持団体等数
芸能	39	57	12	12
工芸技術	39	57（56）	14	14
合計	78	114（113）	26	26

（ ）内の数は同一人物が２つの技の保持者として認定を受けているため実人数を示す。
※重要無形文化財保持者（各個認定）には、技の錬磨向上及び伝承者養成のための経費として、「重要無形文化財保存特別助成金」を交付している。

②重要無形民俗文化財　286件
- 風俗慣習　116件
- 民俗芸能　158件
- 民俗技術（平成17年度から施行）　12件

③記録作成等の措置を講ずべき無形の民俗文化財　610件

④選定保存技術

選定件数	保持者		保存団体	
	件数	人数	件数	団体数
67	45	51	29	31（29）

※保存団体には重複認定があるため、（ ）内は実団体数を示す。

（文化庁HP報道発表資料より）

現在の指定、選定、選択状況は表1のとおりである（平成二六年六月末現在）。

（重要無形文化財の指定等）（参考）
第七十一条　文部科学大臣は、無形文化財のうち重要なものを重要無形文化財に指定することができる。
2　文部科学大臣は、前項の規定による指定をするに当たつては、当該重要無形文化財の保持者又は保持団体（無形文化財を保持する者が主たる構成員となつている団体で代表者の定めのあるものをいう。以下同じ。）を認定しなければならない。
3　第一項の規定による指定は、その旨を官報で告示するとともに、当該重要無形文化財の保持者又は保持団体として認定しようとするもの（保持団体にあつては、その代表者）に通知してする。

4　文部科学大臣は、第一項の規定による指定をした後においても、当該重要無形文化財の保持者又は保持団体として認定するに足りるものがあると認めるときは、そのものを保持者又は保持団体として追加認定することができる。

5　前項の規定による追加認定には、第三項の規定を準用する。

（重要無形文化財の指定等の解除）

第七十二条　重要無形文化財が重要無形文化財としての価値を失つた場合その他特殊の事由があるときは、文部科学大臣は、重要無形文化財の指定を解除することができる。

2　保持者が心身の故障のため保持者として適当でなくなつたと認められる場合、保持団体がその構成員の異動のため保持団体として適当でなくなつたと認められる場合その他特殊の事由があるときは、文部科学大臣は、保持者又は保持団体の認定を解除することができる。

3　第一項の規定による指定の解除又は前項の規定による認定の解除は、その旨を官報で告示するとともに、当該重要無形文化財の保持者又は保持団体の代表者に通知してする。

4　保持者が死亡したとき、又は保持団体が解散したとき（消滅したときを含む。以下この条及び次条において同じ。）は、当該保持者又は保持団体の認定は解除されたものとし、保持者のすべてが死亡したとき、又は保持団体のすべてが解散したときは、重要無形文化財の指定は解除されたものとする。この場合には、文部科学大臣は、その旨を官報で告示しなければならない。

4　保護施策

指定・選定された無形の文化財の保護のために、国は助成金や補助金を支出しその保護を図っている。指定された無形文化財を保存するため、認定を受けた保持者には自己の技術の錬磨向上及び後継者養成に資するため重要無形文化財保存特別助成金が毎年交付され、保持団体や総合認定保持者の団体には、指定された技の伝承のために行われる事業の内容や規模に応じて補助金が毎年交付されている。

無形の民俗文化財については、記録を作成するための調査事業や重要無形民俗文化財の施設や用具の新調、修理、伝承者養成、現地公開、発表会、映像記録の作成等の事業を行う際に必要に応じて補助金を交付している。この補助金は毎年決まって交付されるものではなく、保護団体等が事業を行う時に必要に応じて交付されるものである。

選定保存技術については、個人認定の保持者には毎年定額が、保存団体の認定を受けた団体にはそれぞれに応じて補助金が毎年交付されている。

無形の民俗文化財を対象とした補助事業を例示すると以下のようなものである。(1)

(1)　民俗文化財調査費国庫補助

ア)　趣旨

有形の民俗文化財及びこれに関連する無形の民俗文化財について、その保護に資するための調

査に要する経費についての補助

イ）事業者

地方公共団体又は文化庁長官が民俗文化財の調査に当たることを適当と認める者

ウ）対象事業

我が国の民俗文化財のうち、散逸、衰滅、変容のおそれのあるもの、又はかつて広域的に伝承されていたが、急激な社会変化に特定地域に伝承されているもの等、我が国の文化を理解する上で特に重要性が認められるものについての調査事業

（2）民俗文化財伝承・活用等事業（一部重要有形民俗文化財も可）

ア）趣旨

民俗文化財の伝承・活用等事業のために要する経費についての補助

イ）事業者

地方公共団体又は所有者若しくは保護団体（保存会等）等。Aのeの事業については、指定文化財を所蔵する博物館・資料館及び所在の地方公共団体

ウ）対象事業

A重要有形・無形民俗文化財伝承基盤整備事業

a重要無形民俗文化財の施設の修理・防災事業

b重要無形民俗文化財の用具の修理・新調事業

c重要無形民俗文化財の施設・用具の災害復旧事業

ｄ重要無形民俗文化財の伝承者養成事業
ｅ重要有形民俗文化財の使用法等の復元・調査事業
ｆ重要無形民俗文化財、記録作成等の措置を講ずべき無形の民俗文化財の現地公開事業
Ｂ無形民俗文化財伝承事業
ａ無形民俗文化財の周知事業
ｂ無形民俗文化財の伝承教室・講習会・発表会開催事業
Ｃ無形民俗文化財活用事業
ａ文書、写真、採譜資料による記録作成、刊行事業
ｂ録音、映像等の製作事業
※Ａのｄ及びｆの事業は、保護団体（保存会等）が行う事業に対し、地方公共団体がその経費を補助する事業を原則とし、ＢＣの事業は地方公共団体が行う事業を原則とする

5　無形文化遺産の保護に関する条約における無形文化遺産

文化財保護法上の日本の無形の文化財に関する規定とユネスコの「無形文化遺産の保護に関する条約」の無形文化遺産の定義を比べてみると、概ね一致するが相違も見られる。「無形文化遺産の保護に関する条約」の第二条は無形文化遺産の定義について以下のように規定している。

第二条　定義

この条約の適用上、

1　「無形文化遺産」とは、慣習、描写、表現、知識及び技術並びにそれらに関連する器具、物品、加工品及び文化的空間であって、社会、集団及び場合によっては個人が自己の文化遺産の一部として認めるものをいう。この無形文化遺産は、世代から世代へと伝承され、社会及び集団が自己の環境、自然との相互作用及び歴史に対応して絶えず再現し、かつ、当該社会及び集団に同一性及び継続性の認識を与えることにより、文化の多様性及び人類の創造性に対する尊重を助長するものである。この条約の適用上、無形文化遺産については、既存の人権に関する国際文書並びに社会、集団及び個人間の相互尊重並びに持続可能な開発の要請と両立するものにのみ考慮を払う。

2　1に定義する「無形文化遺産」は、特に、次の分野において明示される。

(a)口承による伝統及び表現（無形文化遺産の伝達手段としての言語を含む。）
(b)芸能
(c)社会的慣習、儀式及び祭礼行事
(d)自然及び万物に関する知識及び慣習
(e)伝統工芸技術

この規定によれば「「無形文化遺産」とは、慣習、描写、表現、知識及び技術並びにそれらに関連する器具、物品、加工品及び文化的空間であって、社会、集団及び場合によっては個人が自己の文化遺産の一部として認めるものをいう。(以下略)」と定義されている。これらのうち「慣習、描写、表現、知識及び技術」については日本における無形の文化財に相当するといえるが、「それらに関連する器具、物品、加工品」は日本では有形の民俗文化財あるいは有形文化財に相当するものと思われ、「無形文化遺産の保護に関する条約」の無形文化遺産のほうが一部有形のものを含む広い範疇であるといえよう。また、この定義では無形文化遺産が抽象的であり具体的ではないといえよう。

この定義については長くユネスコの無形文化遺産の保護に関する条約に関わってきた河野俊之氏は平成一五年度沖縄国際フォーラムの基調講演において「何が無形文化遺産であるのかは、無形文化遺産をどう定義するかという問題である。条約第二条はこれを「無形文化遺産とは、実務慣行、発表、表現、知識、技術——それらに関連した道具、対象物、美術品および文化空間を含む——であって、コミュニティー、集団、場合によっては個人が、自らの文化の一部と認識するもの」と定義する。この定義はきわめて抽象的で広く、かつ二項が、一項の定義にかかる無形文化遺産は「とりわけ以下のカテゴリーによく示されている」として五つのカテゴリー(口承伝承・表現——無形文化遺産の牽引車としての言語を含む、舞台芸能、社会慣行・儀式・祝典、自然と地球に関する慣行と知識、伝統的知識)を「例示」している。つまり条約上の無形遺産の定義はオープンエンドなものであり、今後運用指針等によって、より具体化されなければならないものである。この点、世界遺産条約第二条が、建造物、建造物群、史跡を挙げて、きわめて明快に文化遺産を定義しているのとは対照的である。

世界遺産条約は「卓越した普遍的価値」を世界遺産リスト搭載基準に設定しており、いわばエリート主義を採用している。他方無形文化遺産条約は、代表的無形文化遺産リスト搭載の基準については沈黙している。これは世界の無形文化遺産はすべて平等の価値をもつという前提に立っているからである。世界遺産条約とこの条約とは目指しているところが異なるのである。それゆえ、条約はリスト搭載の基準については沈黙し、詳細の決定は条約発効後に立ちあがる予定の無形文化遺産委員会に全面的にゆだねているのである。そして世界的に卓越したものであるというエリート主義的価値基準を採用しないから、「世界」無形文化遺産とはいわないで、単に「無形文化遺産」としかいわないわけである。なお、世界遺産条約への不満は交渉中何度となく表明され、例えば「リスト」という言葉の採用に当たっては、リストという言葉自体が世界遺産条約を彷彿させるという理由から無形文化遺産に用いることには反対が多く、賛成していたのは一時は日本、セネガル、トルコの三カ国だけであったほどである。

なおこの条約の目的は、条約前文にうたわれているように、無形文化遺産の保護を通じて世界の文化の多様性を確保することにあるから、多種多様な無形文化遺産がこの条約の対象になることが想定されている。」と指摘している（『平成15年度沖縄国際フォーラム報告書　沖縄のうたきとアジアの聖なる空間：文化遺産を活かしたまちづくりを考える』独立行政法人国際交流基金（文化事業部文化企画課）二〇〇四年一一月三〇日）。

世界遺産条約は「卓越した普遍的価値」を世界遺産リスト登載基準に設定しているのに対し、無形文化遺産条約は世界の無形文化遺産はすべて平等の価値をもつ、つまり無形文化遺産相互に価値の優劣はないという前提に立っているのである。この立場はまた日本の文化財保護法に規定された民俗文化財の以下のような規定と通じるものである。

第二条　この法律で「文化財」とは、次に掲げるものをいう。
一　建造物、絵画、彫刻、工芸品、書跡、典籍、古文書その他の有形の文化的所産で我が国にとつて歴史上又は芸術上価値の高いもの（これらのものと一体をなしてその価値を形成している土地その他の物件を含む。）並びに考古資料及びその他の学術上価値の高い歴史資料（以下「有形文化財」という。）
二　演劇、音楽、工芸技術その他の無形の文化的所産で我が国にとつて歴史上又は芸術上価値の高いもの（以下「無形文化財」という。）
三　衣食住、生業、信仰、年中行事等に関する風俗慣習、民俗芸能、民俗技術及びこれらに用いられる衣服、器具、家屋その他の物件で我が国民の生活の推移の理解のため欠くことのできないもの（以下「民俗文化財」という。）

これによれば有形、無形の民俗文化財は他の文化財と異なり、歴史上、学術上、芸術上価値の高いものではなく「我が国民の生活の推移の理解のため欠くことのできないもの」であるということになる。つまり価値の優劣を認めるのではなく、生活の推移を知る上で欠くことのできない資料として評価するという立場に立っているのである。以上のような点において日本の民俗文化財の価値付けの仕方と無形文化遺産の立場には共通するものがあるといえよう。

これらの立場に立って「無形文化遺産の保護に関する条約」の代表一覧表に記載された日本の無形文化遺産は表2のようなものである。

表2　日本のユネスコ無形文化遺産（23件）（2014年12月現在）

No.	名称	所在地	登録年
1	能楽（のうがく）	社団法人日本能楽会	2008
2	人形浄瑠璃文楽（にんぎょうじょうるりぶんらく）	人形浄瑠璃文楽座	2008
3	歌舞伎（かぶき）	社団法人伝統歌舞伎保存会	2008
4	雅楽（ががく）	宮内庁式部職楽部	2009
5	小千谷縮・越後上布（おぢやちぢみ・えちごじょうふ）	新潟県	2009
6	石州半紙（せきしゅうばんし）	島根県	2009
7	日立風流物（ひたちふりゅうもの）	茨城県	2009
8	京都祇園祭の山鉾行事（きょうとぎおんまつりのやまほこぎょうじ）	京都府	2009
9	甑島のトシドン（こしきじまのとしどん）	鹿児島県	2009
10	奥能登のあえのこと（おくのとのあえのこと）	石川県	2009
11	早池峰神楽（はやちねかぐら）	岩手県	2009
12	秋保の田植踊（あきうのたうえおどり）	宮城県	2009
13	チャッキラコ（ちゃっきらこ）	神奈川県	2009
14	大日堂舞楽（だいにちどうぶがく）	秋田県	2009
15	題目立（だいもくたて）	奈良県	2009
16	アイヌ古式舞踊（あいぬこしきぶよう）	北海道	2009
17	組踊（くみおどり）	沖縄県	2010
18	結城紬（ゆうきつむぎ）	茨城県、栃木県	2010
19	壬生の花田植（みぶのはなたうえ）	広島県	2011
20	佐陀神能（さだしんのう）	島根県	2011
21	那智の田楽（なちのでんがく）	和歌山県	2012
22	和食：日本人の伝統的な食文化		2013
23	和紙：日本の手漉和紙		2014

1998年「人類の口承および無形遺産の傑作の宣言」が採択され、「人類の口承及び無形遺産の傑作」が選出されている（日本の「能楽」「人形浄瑠璃」「歌舞伎」をはじめ90件）。これらは「無形文化遺産保護条約」が発効したことから無形文化遺産に統合された。

（文化庁HP報道発表資料より）

6　文化的景観

平成一六年の文化財保護法改正によって新たに文化財となった文化的景観は、文化財保護法第二条で次のように規定されている。

第二条（中略）

五　地域における人々の生活又は生業及び当該地域の風土により形成された景観地で我が国民の生活又は生業の理解のため欠くことのできないもの（以下「文化的景観」という。）

○重要文化的景観選定基準

（平成十七年三月二十八日文部科学省告示第四十七号）
一　地域における人々の生活又は生業及び当該地域の風土により形成された次に掲げる景観地のうち我が国民の基盤的生活又は生業の特色を示すもので典型的なもの又は独特のもの
（一）水田・畑地などの農耕に関する景観地
（二）茅野・牧野などの採草・放牧に関する景観地
（三）用材林・防災林などの森林の利用に関する景観地
（四）養殖いかだ・海苔ひびなどの漁ろうに関する景観地
（五）ため池・水路・港などの水の利用に関する景観地
（六）鉱山・採石場・工場群などの採掘・製造に関する景観地
（七）道・広場などの流通・往来に関する景観地
（八）垣根・屋敷林などの居住に関する景観地
二　前項各号に掲げるものが複合した景観地のうち我が国民の基盤的な生活又は生業の特色を示すもので典型的なもの又は独特なもの

7　まとめ

いずれも景観地であり有形の文化財として規定されている。無形文化遺産の対象にはなっていない。

以上述べてきたようにユネスコの無形文化遺産と日本の無形文化財、無形の民俗文化財、選定保存技術などはほぼその範疇が重なるものであるということが確認できた。しかしながら、異なる点もいくつか存在する。第一には無形文化遺産には条約の第二条に、「「無形文化遺産」とは、慣習、描写、表現、知識及び技術並びにそれらに関連する器具、物品、加工品及び文化的空間であって、」と定義されているように器具、物品、加工品などが含まれている。日本の文化財保護法ではこれらは有形の文化財として区分されており、無形の文化財そのものとしては扱われていない。例えば「川東のはやし田用具」は重要有形民俗文化財であり「壬生の花田植」は重要無形民俗文化財である。日本の文化財保護法ではたとえ無形の文化財に用いられる用具であっても、有形のものは有形の文化財として価値付けることが原則となっているのである。無形文化遺産と日本の無形の文化財のわずかと思われる範疇の相違が今後どのような展開をするのか気になるところである。

第二は価値付けの仕方の違いである。無形文化遺産はたぐいまれなる価値ではないとされている。この価値付けを日本の無形の文化財と比較してみると文化財保護法第二条には無形の文化財について次のように規定されている。無形文化財については、「二　演劇、音楽、工芸技術その他の無形の文化的所産で我が国にとつて歴史上又は芸術上価値の高いもの（以下「無形文化財」という。）」と記され歴史上、芸術上価値の高いものが対象になっている。これに対し民俗文化財は、「三　衣食住、生業、信仰、年中行事等に関する風俗慣習、民俗芸能、民俗技術及びこれらに用いられる衣服、器具、家屋その他の物件で我が国民の生活の推移の理解のため欠くことのできないもの（以下「民俗文化財」という。）」と記され、我が国民の生活の推移の理解のため欠くことのできないものが対象とされており、歴史上、芸術上価値の高いものとはされていない。もう一つ選定保存技術については、「第百四十七条　文部科学大臣は、文化財の保存のために欠くことのできない伝統的な技術又は技能で保存の措置を講ずる必要があるものを選定保存技術として選定することができる。」と記されている。このように日本の無形の文化財の価値付けの仕方を見てみると、無形文化遺産がいうたぐいまれなる価値ではないという価値付けの仕方と無形文化財の「歴史上、芸術上価値の高いもの」という価値付けの仕方は異なるものがありその齟齬をどう克服するべきか課題が残っているともいえよう。

第三は二〇一四年に無形文化遺産の代表リストに記載された「和紙：日本の手漉き和紙技術」や二〇一五年に再提案される「山・鉾・屋台行事」は、以前に個別の無形文化遺産として提案されたものが情報紹介とされ代表リストへの記載が先送りされたものである。この情報紹介の判断に当たっては既に記載されたものと類似のものであるということが指摘されていた。日本の無形の民俗文化財の指定は同種の祭り、行事等を個別に重要無形民俗文化財として指定し保護を図っている。これは歴史上、学術上、芸術上価値の高いものという価値付けではなく、我が国民の生活の推移の理解のため欠くことのできないものという観点から評価し指定しているからである。無形の文化遺産にとって似ているものは数多く存在するのであり、それぞれの価値を尊重していくことが無形文化遺産を尊重することを確保することにつながるはずである。

無形文化遺産代表リストへの記載がともすればたぐいまれなる価値を認められたものと受け取られがちな状況にあって、日本の無形の民俗文化財の価値付けのあり方は非常に重要な意味をもつものといえよう。この価値付けの仕方が無形文化遺産の保護の基本的な考え方となることが望まれるのである。

最後に再度いうならば、行政の側面からみた日本の文化財政策に関して基本的な考え方とその変遷について述べてきた。これまでの日本の文化財保護の施策は、有形であれ無形であれ保護法上の枠組みに従って保護を図ることを第一の目的としてきた。無形文化遺産の定義はその枠組みをはずれたところにあるともいえる。

また、古いもの、伝統的なものとしてとらえられてきた「文化財」が、ユネスコの「無形文化遺産の保護に関する条約」により、「遺産」と表現されるようになり、より古いもの、残されてきたものというイメージを持ったともいえるだろう。文化財と文化遺産という用語の使用も検討する必要があるのかもしれない。さらに、少子・高齢化が進む社会の中にあって、「無形文化遺産」を伝承してきた地域社会は弱体化が進みあるいは消滅の危機に直面していることも間違いない。そのような中で、我々日本人の文化の伝統を今後の世代にいかに伝えていくのかという課題を突きつけられているのである。

今、無形文化遺産には新たな保護の施策が必要とされている。

（1）文化庁ホームページ参照。平成二六年度現在である。

参考文献

独立行政法人国立文化財機構東京文化財研究所無形文化遺産部編　二〇〇八『無形文化遺産の保護――国際協力と日本の役割』

七海ゆみ子　二〇一二『無形文化遺産とは何か――ユネスコの無形文化遺産を新たな視点で解説する本』彩流社

文化庁　二〇〇一『文化財保護法五十年史』ぎょうせい

執筆者紹介（掲載順）

鈴木　正崇（すずき　まさたか）〔編者〕
慶應義塾大学名誉教授・慶應義塾大学東アジア研究所客員所員　文化人類学、宗教学
一九四九年生まれ。慶應義塾大学大学院文学研究科博士課程修了。文学博士。
主要著作に、『ミャオ族の歴史と文化の動態―中国南部山地民の想像力の変容―』（風響社、二〇一二年）、『山岳信仰―日本文化の根底を探る―』（中央公論新社、二〇一五年）など。

稲葉　信子（いなば　のぶこ）
筑波大学大学院人間総合科学研究科教授　遺産論、建築史
一九五五年生まれ。東京工業大学大学院理工学研究科博士課程単位取得満期退学。工学博士。
主要著作に、『世界遺産』（共著、ポプラ社、二〇〇七年）、『環境―文化と政策―』（共著、東信堂、二〇〇八年）など。

髙谷　紀夫（たかたに　みちお）
広島大学大学院総合科学研究科教授　文化人類学
一九五五年生まれ。東京大学大学院社会学研究科博士課程中途退学。博士（学術）。
主要著作に、『ビルマの民族表象―文化人類学の視座から―』（法藏館、二〇〇八年）、『ライヴ人類学講義―文化の「見方」と「見せ方」―』（責任編集、丸善、二〇〇八年）など。

石澤　良昭（いしざわ　よしあき）
上智大学特任教授・上智大学アジア人材養成研究センター所長　東南アジア史、カンボジア碑刻学
一九三七年生まれ。上智大学外国語学部フランス語学科卒業。文学博士。
主要著作に、『新・古代カンボジア史研究』（風響社、二〇一三年）、『カンボジア　密林の五大遺跡』（共著、連合出版、二〇一四年）など。

菊池　誠一（きくち　せいいち）
昭和女子大学人間文化学部教授　ベトナム考古学
一九五四年生まれ。筑波大学大学院人間総合科学研究科博士後期課程単位取得退学。博士（学術）。
主要著作に、『ベトナム日本町の考古学』（高志書院、二〇〇四年）、『朱印船貿易絵図の研究』（編著、思文閣出版、二〇一四年）など。

皆川　厚一（みながわ　こういち）
神田外語大学外国語学部教授　民族音楽学・バリ島の伝統音楽と芸能
一九五五年生まれ。東京藝術大学大学院音楽研究科修士課程修了。芸術学修士。
主要著作に、『ガムラン武者修行―音の宝島バリ暮らし―』（パルコ出版、一九九四年）、『インドネシア芸能への招待―音楽・舞踊・演劇の世界―』（編著、東京堂出版、二〇一〇年）など。

前島　訓子（まえじま　のりこ）
国立民族学博物館外来研究員　社会学・地域研究
一九八〇年生まれ。名古屋大学大学院環境学研究科博士後期課程修了。博士（社会学）。
主要著作に、「交錯する『仏教聖地』構築と多宗教的現実―インド・ブッダガヤの『仏教聖地』という場所の形成―」（『日本都市社会学会年報』第三一号、二〇一三年）、「インド『仏教聖地』構築の舞台―『仏教聖地』構築と交錯する地域社会―」（『地域社会学会年報』第二三号、二〇一一年）など。

前田　耕作（まえだ　こうさく）
文化遺産国際協力コンソーシアム運営委員・アフガニスタン文化研究所所長　アジア文化史
一九三三年生まれ。名古屋大学文学部卒業。
主要著作に、『アフガニスタンの仏教遺跡バーミヤン』（晶文社、二〇〇二年）、『玄奘三蔵、シルクロードを行く』（岩波書店、二〇一〇年）など。

藤木　庸介（ふじき　ようすけ）
滋賀県立大学人間文化学部准教授　建築計画・文化遺産観光
一九六八年生まれ。和歌山大学大学院システム工学研究科博士後期課程修了。博士（工学）。
主要著作に、『生きている文化遺産と観光―住民によるリビングヘリテージの継承―』（編著、学芸出版社、二〇一〇年)、『世界遺産と地域振興―中国雲南省・麗江にくらす―』(共編著、世界思想社、二〇〇七年)など。

菅 豊(すが ゆたか)
東京大学東洋文化研究所教授 民俗学
一九六三年生まれ。筑波大学大学院博士課程歴史人類学研究科中退。博士(文学)。
主要著作に、『川は誰のものか―人と環境の民俗学―』(吉川弘文館、二〇〇六年)、『「新しい野の学問」の時代へ―知識生産と社会実践をつなぐために―』(岩波書店、二〇一三年)など。

朴 原模(パク ウォンモ)
ユネスコアジア太平洋無形文化遺産国際情報ネットワーキングセンター研究情報チーム長 文化人類学、比較民俗学、無形文化遺産
一九六六年生まれ。立教大学大学院文学研究科博士後期課程満期退学。
主要著作に、「モーションキャプチャーを利用した無形文化財の記録作成の方案に関する諸研究」(『文化財』第三六号、二〇〇三年、韓国語)、「韓国の無形文化遺産の記録作成とデジタルアーカイブの構築」(中国民間文芸家協会編『田野の経験』二〇一〇年、中国語)など。

才津 祐美子(さいつ ゆみこ)
長崎大学多文化社会学部准教授 民俗学、文化人類学
一九六九年生まれ。大阪大学大学院文学研究科博士後期課程単位取得退学。博士(文学)。
主要著作に、『ふるさと資源化と民俗学』(共著、吉川弘文館、二〇〇七年)、『世界遺産時代の民俗学―グローバル・スタンダードの受容をめぐる日韓比較―』(共著、風響社、二〇一三年)など。

岩本 通弥(いわもと みちや)
東京大学大学院総合文化研究科教授 民俗学
一九五六年生まれ。筑波大学大学院博士課程歴史人類学研究科単位取得退学。
主要著作に、『ふるさと資源化と民俗学』(編著、吉川弘文館、二〇〇七年)、『世界遺産時代の民俗学―グローバル・スタンダードの受容をめぐる日韓比較―』(編著、風響社、二〇一三年)など。

菊池　健策（きくち　けんさく）
都留文化大学非常勤講師　日本民俗学・文化財学
一九五三年生まれ。筑波大学大学院博士課程歴史人類学研究科単位取得退学。
主要著作に、『山車』日本の美術第五一六号（ぎょうせい、二〇一〇年）、『日本の民俗9　祭りの快楽』（共著、吉川弘文館、二〇〇九年）など。

東アジア研究所講座

アジアの文化遺産
——過去・現在・未来

2015年8月20日　初版第1刷発行

編　者———鈴木正崇
発行者———慶應義塾大学東アジア研究所
　　　　　代表者　高橋伸夫
　　　　　〒108-8345　東京都港区三田2-15-45
　　　　　TEL 03-5427-1598
発売所———慶應義塾大学出版会株式会社
　　　　　〒108-8346　東京都港区三田2-19-30
　　　　　TEL 03-3451-3584　FAX 03-3451-3122
装　丁———渡辺澪子
カバー写真—鈴木正崇 提供
印刷・製本—中央精版印刷株式会社
カバー印刷—株式会社太平印刷社

Printed in Japan　ISBN978-4-7664-2235-1
落丁・乱丁本はお取替いたします。